日本の朝鮮植民地化と親日「ポピュリスト」

一進会による対日協力の歴史

POPULIST COLLABORATORS

The Ilchinhoe and the Japanese Colonization of Korea, 1896-1910

ユミ・ムン

Yumi Moon

赤阪俊一／李慶姫／徳間一芽

[訳]

明石書店

Populist Collaborators: The Ilchinhoe and the Japanese Colonization of Korea, 1896-1910 by Yumi Moon, originally published by Cornell University Press

This edition is a translation authorized by the original publisher, via The English Agency (Japan) Ltd.

謝辞

結果を出すまでに長くかかるとは想像もせずなされたいくつかの選択が、私の生涯を形作ってきた。自分の生活を変えようと努力したものの、歴史の進歩によって何が何だかわからなくなってしまった人々への深い共感を持って私は本書を書いた。幸いなことに多くのすばらしい人たちが助けてくれて、私は無知のせいにせよ、邪気のなさからにせよ、自分がおこなった選択の結果をなんとか切り抜けることができた。私は最初に私の先生たちに感謝しなければならない。ハーバードでの私の助言者であったカーター・エッカートは私に知的なインスピレーションと歴史家として成長する場所を与えてくれた。彼は、院生ならばその助言者から得るのを夢見るであろうこと以上に私の仕事の重要さを認識し、私の研究者としての能力に対してはっきりと彼の確信を述べてくれた。絶え間のない激励、貴重な批判、そして暖かい個人的な助言があって、私はハーバードでの、そして続くスタンフォードでのあの難しい時期を耐えることができた。私はエドワード・ベイカーにも感謝する。彼は、ハーバード燕京《イェンチン》客員フェローに私を受け入れてくださり、私に合衆国での新しい研究者生活を送り始めるチャンスをくださった。彼の支援と理解がハーバードでの年月において、私に息抜きの場を与えてくれた。ソンジュ・キムは彼女のアカデミックな専門知識、韓国人歴史家としての彼女の模範となるキャリア、そして暖かさと知恵で私を導いてくれた。彼女は私の論文を会議の際に紹介し、自分の本に引用してくれて、本書の諸章の草稿に詳細なコメントをしてくれた。アンドルー・ゴードンは、私に日本近代史を紹介してくれ、その研究者としての厳しさと正確さで私を驚かせた。彼の批判と助言のおかげで、大日本帝国の歴史叙述の中で私は自分の論文をもう一度考え直すことができた。入江昭は国際関係史の講座を聴講させてくれ、私の調査を読み、それが研究者として貢献できていると激励してくれた。スガタ・ボースは南アジア史における植民地主義、ポスト植民地主義についての主要な議論を私に教えてくれた。私は、明治史について教えてくれたことでアルバート・クレイグに、朝鮮王朝史への興味に火をつけてくれたことでミラン・ヘイトマネクに、歴史における方法論に関するコースのゆえにバーナード・ベイリンに、そして私の調査の初期の段階での批判のゆえに日本史セミナーにいたダニエル・ボッツマン、マイケル・アドルフソン、そして故ハロルド・ボリトにも感謝する。ソウル国立大学の私の助言者たちとのアカデミックなコミュニケーションを続けられたことは幸運であった。私は特に教えてくれたこととその個人的な激励のゆえに、ヨンチュル・ハ、ヨンスン・ハ、ジョンウン・チェ、ヨンクワン・ユンに特に感謝する。

スタンフォード大学やその他での私の同僚たちは、本書の草稿を読んで貴重なコメントをしてくれた。キョンムン・ファン、キュヒョン・キム、アンドレ・シュミットそしてセオドア・ジュン・ユは手稿を読んで、批判してくれ、それを訂正するための示唆を与えてくれた。マット・ソマーの助言のおかげで、私は本書の草稿についてスタンフォードでセミナーを組織することができた。マーク・ルイス、トム・マラニー、キウク・シン、マット・ソマー、ジュン・ウチダ、ケーレン・ワイガンがこのセミナーに参加し、彼らの洞察力に富んだ質問とコメントで私を助けてくれた。ピーター・ドウスは親切にも私の手稿を読んでくれ、改良できる部分について示唆を与えてくれた。スタンフォードの私が属する学部のメンターであるゴードン・チャン、エステル・フリードマン、デヴィッド・ハラウェイは知識と思慮深さで私の個人的な発展を導いてくれた。私の永住のために合衆国移民局に手紙を書いてくれた私の同僚たち、ナムヒー・イ、クラーク・ソレンソン、カーター・エッカート、キョンムン・ファン、セオドア・ジュン・ユ、キュヒョン・キムにも言及せざるを得ない。ソウル国立大学の教授たち、テギュン・パク、グンシク・チョンそしてヨンウク・チョンは、私の調査を助けてくれたり、ソウルでの滞在中、私に大事な学生たちを紹介してくれたりした。コーネル大学出版局で私の草稿を読んでくれた、名前がわかっていないお二人は、私の手稿が概念的にもっと首尾一貫するように貴重なコメントをくださった。『アメリカン・ヒストリカル・レヴュー』の名前がわかっていない書評者たちからも私は益を受けている。私の論文に関するそのコメントを本書の導入部やその他の章に組み込ませていただいたからである。アジア研究学会の年次会議、ハーバード大学、カリフォルニア大学バークレー校、ブリティッシュ・コロンビア大学、ソウル国立大学、南カリフォルニア大学、シアトルのワシントン大学、プリンストン大学などでのさまざまなプレゼンテーションにおける議論の相手とフロアーの参加者から私は多くを学んだ。植民地主義と協力に関する私のコースにいたスタンフォードの学生たちは協力に関する私の議論を明確化するよう私を助けてくれたし、このテーマに対する彼らの真摯な興味で私を驚かせてくれた。

院生時代の私の仲間たちがなつかしいし、彼らに感謝する。彼らの多くはいま大学で教えている。

その中には、チョンボム・キム、チウォン・シン、ジン・K・ロバートソン、マーク・バイントン、ヒョング・リン、ジョン・フランクル、ユージーヌ・パク、テヤン・クァク、チョンウォン・キム、スジン・チョ、イズミ・ナカヤマ、エマ・ドウヤー、ヨーイチ・ナカノ、マージャン・ブージャート、チホ・サワダ、故スコット・スウェイナー、そして多くの人たちが含まれている。彼らのうち、マイケル・キムは私の調査を読み、鋭い批判と編集についての示唆を提供してくれた。ハーバード燕京図書館の韓国人スタッフであるチュンナム・ユン、スンヒ・ペク、ヒャン・イはいつも親切に私の要望に応えてくれた。スタンフォードの韓国人図書館員キョンミ・チョン博士はゼロから韓国コレクションを作ってくれ、私の仕事を簡単に続けられるようにしてくれた。ハーバードでの私のライティング・アドバイザーであったK・E・ダッフィンと私の現在の編集者ヴィクトリア・R・M・スコットは、私の英文を読みやすいものにしてくれた。ヴィクトリアは寛容にも、また専門的に最後のぎりぎりの時間になっての緊急質問に答えてくれたことで特に感謝する。コーネル大学のロジャー・ヘイドンは素晴らしい編集者である。私は彼の知性と判断力に感謝をささげる。

私の研究の旅を通して、私の仕事生活は完全にわが家族の忍耐と支援に依存してきた。夫は我々の普通ではない結婚生活を同情と責任感を持って耐えてくれている。私の二人の子どもたちはその母親の長い労働時間と学校関係の旅やその他のことで家にいないことに耐えてくれた。私が彼らを愛しているのを、そして私が彼らと一緒に家にいたいと努力していたことを理解してくれるように望む。合衆国での年月を通じて、私の両親はいつも私の側に立ってくれ、私の夢と心配事を聞いてくれた。母は圧倒的なフラストレーションの克服や仕事を始めるにあたっての支援の究極の源であった。本書は彼女のインスピレーションと愛のゆえに彼女にささげられる。

本書の一部は、以下の論文の中で発表されている。"Immoral Rights: Korean Populist Reformers and the Japanese Colonization of Korea," *American Historical Review* 118, no.1 (February 2013);「민권과 제국 - 국권상실기 민권개념의 용법과 변화, 一八九六〜一九一〇」、손열，하영선 엮음『근대한국의 사회과학 개념 형성사』二（서울：창비）二〇一二年；"From Periphery to a Transnational Frontier: Popular Movements in the Northwestern Provinces, 1896-1904," in Sun Joo Kim,ed., *The Northern Region of Korea: History, Identity, and Culture* (Seattle: University of Washington Press, 2010). 以上の論文を本書に使わせていただいたことで、出版社ならびに編集者に感謝を申し上げる。

日本語版著者序文

本書は二〇〇五年末、ハーバード大学に提出した私の博士論文に基づいている。当初、一進会という団体を論文のテーマに選んだのは予定していたことではなかった。むしろ私の主たる関心は、朝鮮末期の開化勢力と改革運動に及ぼした日本の影響をどのように評価すべきかについて、もっと広範な問題に関してであった。一九世紀末から二〇世紀初頭における日韓関係に関する史料を読み始めると、当時朝鮮の開化的知識人が日本の言説に多大な影響を受けており、それによって忍び寄る植民地支配の可能性を正確に認知できていなかったという点に興味を惹かれた。朝鮮の開化勢力の多くが、植民地統治の可能性が明らかになる統監期の半ばに至るまで、日本の介入を朝鮮改革の機会と捉える立場を完全に捨てきれずにいたのである。これについてある研究者は、文明開化言説と植民地支配言説の間に存在した親和性の問題を指摘している。[1]

しかし私は文明開化言説の内部に存在した多様性と方向性の問題をどのように説明するのかについて、多くの疑問を持つようになった。言説の領域で文明と開化という言語を共有する勢力が、実際どの程度似通った歴史的方向性を指向していたと仮定できるだろうか。換言すれば、明治政府の官僚が「朝鮮の施政改善」を語る時、朝鮮の開化勢力が意味した「改革」とどれ程共鳴し合うものであったかを判断したかったのだ。このような疑問を抱きつつ日韓関係に関する当時の史料を読み進めるうち、一進会が史料に登場する頻度と割合に驚いた。朝鮮と日本政府側の公文書、当代知識人の記録、新聞など多様な史料の中で、一進会は中心的な行為主体《エージェント》として登場していたのだ。私が元々持ち合わせていた歴史の知識では、一進会とは日本の韓国併合に積極的に同調した、少数の親日集団程度の認識しかなかったため、私は非常に衝撃を受けたし、この集団の歴史的実態を究明すべきだと決心した。

同時代人の一進会認識は、記録する側によって大きく異なる立場をとっていただけでなく、統監府の前・後半期の記録の間にも重要な変化が確認できる。一進会の実態について信頼できる分析を提示するために、私はこの団体が最も活発な活動を示した朝鮮の西北地域を選択し、地方政府の史料を細かく読み進め、これを他の史料と対照した。このような分析を通じて明らかになった一進会のアイデンティティは、その集団の規模、運動の急進的方向性、そして大衆を直接動員する行動主義という面で、他の開化勢力と区別されつつも、朝鮮の開化運動と日本の朝鮮植民地化の過程を解釈する上で重要な歴史的意味を投げかける存在だと判断するに至った。

私は本書の中で一進会のアイデンティティを「ポピュリスト」と定義している。「ポピュリスト」という概念は、朝鮮の開化運動が二〇世紀初頭に至って主権の所在を巡り、朝鮮王朝の権力関係と制度をどのように再規定するかという、近代的問題に取り組んでいたことを明らかにするためである。本書序文で定義したように「ポピュリズム」とは、主権が人民に存在することを主張する思想に基づき、法を含む国家の公的政策が、人民の福祉と利益を反映せねばならないという政治的あるいはイデオロギー的立場を意味する。この時「ポピュリズム」の人民主権思想は、選挙による指導者の交替という西欧的民主主義と必ずしも結びつくものではなく、ロシアのナロードニキ運動および南米のポピュリズムに示されるように、人民の利益が国家および社会の既得権勢力と相反すると規定し、これらに対する敵対的主張を動員する傾向がある。[2] 博士論文を執筆する中で「ポピュリスト」という定義を選択した理由は、一進会が東学教徒を大衆的基盤としながらも、理念的には、独立協会が展開した改革運動に対して直接的な政治的相続権を主張した組織であるという点を発見したことに基づいている。一進会は独立協会が伝えた西欧の政治制度および人民主権思想の影響と、会員が体験した東学教徒弾圧の経験をもとに、朝鮮の君主制を専制主義と定義し、民権と人民の福祉向上を名分に、官僚に対する敵対的行動を組織したのである。

博士論文を書いて以降多くの人から、一進会に改革的意図があったとするならば、彼らの「親日」行為あるいは「対日協力」が持つ道徳的含意をどのように考えるのかという質問をたくさん受けた。したがって本書では、大戦間期ヨーロッパの「対独協力」問題に対する論争を参照して、植民地的状況で「親日」勢力が経験したジレンマを理解するためには、彼らが持ちあわせた複合的動機にのみ焦点を当てるのではなく、同時代人によって提起された協力の倫理性の問題と合わせて検討することが重要だという点を指摘しようとした。現在の韓国では、「親日」という用語は欧米で使用されるコラボレーション（collaboration）に相当する、強い否定的含意を持っている。このような理由から、植民地期の「親日」勢力に対する道徳的批判を超えて、客観的かつ歴史的な認識を試みる研究が長らく等閑に付されてきたとみられる。しかし近年、英米圏の日本植民地史の研究者の間では、親日と抵抗の二分法という対立的構図から、植民地で起きた多様な人間同士の相互作用を裁断してはならないという立場が強まっている。植民地下における支配と権力の関係とは、一方的な暴力と抑圧に依存していたというより、各主体の利害関係と価値判断にともなう選択、判断、交渉などによって葛藤が持続的に再調整される過程だったのである。多くの研究者はこのような脱民族主義的見解から、植民地下の朝鮮人、日本人間に表れた多数の人々の間での相互協力関係の政治、経済、文化、心理などを具体的に理解しようとする研究を発表している。[3]

私は植民地下における対日協力の複合性と多様性に対する脱民族主義的立場の論点を支持しながらも、他方、なぜ一進会が同時代の朝鮮人と一部の日本人の怒りと嫌悪の対象に転落し、消滅していったかという問題を軽視することはできなかった。一進会の歴史は植民地期の「親日」研究において、主体間の多様な相互作用と複合性という側面だけでなく、また「協　力《コラボレーション》」の正当性と倫理性が植民地社会内部で持続的に問題視される状況であったことを無視できないことを示している。日本の植民地統治が明治日本の近代性を表現するならば、朝鮮の開化運動もまた、近代化への道すじにおいて独自の方向性を発展させていた。一進会のポピュリスト的運動は、当時の朝鮮の改革勢力が、人民が国家権力との関係においてどのような権利とアイデンティティを持って存在し得るかについて悩み続け、すでに行動に移し始めていたことを示しているのである。

一進会は帝国が非植民地的な、あるいは普遍主義的方式で想像することができた二〇世紀初期の東アジア史の一つの契機の中で、ポピュリスト的改革勢力であると同時に、親日派としてその姿を表わした。しかしこのような歴史的想像の空間は、日本の朝鮮植民地化が確立される以前、そして韓国の民族主義が近代的主権理論と明確に結びつく以前の、非常に短い時間に許されたものだった。一進会の「ポピュリスト的親日」は帝国が脱植民地主義的に再調整され、被植民者に主権を付与しない限り実現されることはなかった。一進会の隆盛と失敗は、東アジアにおいて普遍主義的で汎アジア的な帝国、あるいは連帯の言説の現実性が消滅し、民族国家を単位とする人民主権思想の影響が急速に拡大する過程と軌を一つにする。したがって日韓併合以後、対日「協力」の主体はこのような思想的、歴史的脈絡の中で、統治主体と対象の権利と主権の問題を組み立てる特別な方式としての植民地統治の倫理性を、どのように正当化できるかについての問題に絶えず直面しなければならなかったのである。

この点で植民地期の「協力」研究は、植民支配の制度的枠組みの内側でおこなわれた多数者の相互作用そのものの分析にとどまることはできず、そのような「協力」が植民地内外のさまざまな脱（被）植民主義的、あるいは普遍主義的言説、運動、文化との複合的相関関係の中で成り立ったことを意識することが重要であるということを、このテーマの研究者に喚起したい。

日韓間のセンシティブなテーマについて、日本の読者に筆者の研究を紹介する機会を持ち得たのは光栄である。また、拙著を長い期間にわたり労力をかけて念入りに翻訳してくださった、翻訳者の赤阪俊一氏、李慶姫氏、徳間一芽氏に、心より感謝申し上げる。

註

1　Andre Schmid, *Korea between Empires, 1895-1919* (New York: Columbia University Press, 2002).

2　このような意味で、一九世紀後半におけるロシアのナロードニキ運動もやはりポピュリズムの一形態として規定できる。ある英語圏の著者は、ロシアのナロードニチェストボ（narodnichestvo：ナロードニキ運動）をポピュリズムとして翻訳し、ナロードニキの農民社会主義が知識エリートに対して大衆のヘゲモニーを主張する理論であったという点を含め、この運動の多様な思想的側面を検討している。Andrzej Walicki, *The Controversy over Capitalism: Studies in the Social Pilosophy of the Russian Populists* (Oxford: Clarendon P, 1969).

3　このような視点で書かれた最近の英文書籍の著者としては、Nayoung Kwon, *Aimee, Intimate Empire: Collaboration and Colonial Modernity in Korea and Japan*, 2015 ; Hwansoo Kim. *Ilmee, Empire of the Dharma: Korean and Japanese Buddhism, 1877-1912*, 2012 ; Jun Uchida, *Brokers of Empire: Japanese Settler Colonialism in Korea, 1876-1945*, Cambridge, Mass: Harvard University Asia Center, 2011; Takashi Fujitani, *Race for Empire: Koreans as Japanese and Japanese as Americans during World War II*. Berkeley: University of California Press, 2011.

日本の朝鮮植民地化と親日「ポピュリスト」

——一進会による対日協力の歴史

＊目次

第7章 権力に盲従する決断——一進会と日本人（一九〇四～一九一〇年） 393

凡例

◉翻訳にあたっては朝鮮史になじみの薄い読者についてもひろく本書に親しんでもらうべく、できる限り平易な用語に統一し、史料に基づき専門用語を用いる際には煩雑をいとわず内容説明を加えるよう心掛けた。

◉著者の了解のもと、史料の誤読、誤字などが発見された箇所については随時修正を施した。

◉一九世紀末から二〇世紀の朝鮮半島の国号について、一八九七年一〇月より以前を朝鮮、以後を韓国と表記する。民族名については時期を問わず一貫して朝鮮人とした。ただし序論では、行論の性格上、年代で朝鮮と韓国を分けることが難しく、第二次世界大戦後の大韓民国の場合を除いて、すべて朝鮮で統一した。

◉皇帝直属の財務部局について、著者からは特に時期区分についての説明が明示されていないが、一般的には一九〇五年五月以前が内蔵院、それ以後が経理院と呼ばれているため、本訳書においてもこれに従って用語を使い分けた。また財務部局派遣の収税代行者についても同様に、厳密な区分けが困難であるが、本訳書では史料および時期から判断して収租官、捧税官の名称を使い分けた。

◉朝鮮時代の警察組織は中央、地方にそれぞれ複数が存在しており複雑である。基本的には史料の用語に依りつつ括弧書きで説明を付したが、判然としない箇所についてはpolice officerに警察官、constableには捕吏の訳語をあてた。

◉（　）内は著者による補足説明であり、〔　〕内は訳者による補足説明である。

◉朝鮮における固有名詞は原則として旧字体にしたが、独立新聞など日本人になじみのある用語は新字体にした。

◉本書では韓国の国史編纂委員会（編）の『各司謄録』という資料が多く用いられる。本来であれば原典である史料で提示すべきと思われるが、本訳書では原書の表記に従い『各司謄録』およびその巻数のみを註に上げている。参考に、本書で引用される『各司謄録』に対応する原典の名称を左の通り記しておく。

『各司謄録』一〇巻（忠清道編五、一九八四年）『忠清南北道各郡訴状』
『各司謄録』二五巻（黄海道編四、一九八七年）『黄海道來去案』、『黄海道各郡報告』
『各司謄録』二九巻（平安道編一、一九八八年）『關西啓録』
『各司謄録』三六巻（平安道編八、一九八九年）『平安南北道来去案』
『各司謄録』三七巻（平安道編九、一九八九年）『平安南北道各郡訴状』
『各司謄録』三八巻（平安道編一〇、一九八九年）『平安南北道各郡報告』
『各司謄録』四〇巻（平安道編一二、一九九〇年）『箕府報鈔』

序論

一九四五年の光復（日本からの解放）からほぼ六〇年目にあたる二〇〇四年三月、大韓民国国会は「過去事清算」という名目で、植民地時代の「親日的活動調査」のためひとつの法律を通した。[1] 意外にもこの行動は一連のスキャンダルを引き起こし、著名な与党指導者たちの政治家としての将来を台無しにしてしまった。当時ヨルリンウリ党の議長を務めていた辛基南《シンギナム》は、大げさで見るに堪えないようなこの事件の中で重要な役割を演じた。辛基南は二〇〇四年八月一日に「真実・和解のための過去事整理委員会」を提議し、「過去の問題は個人の問題ではなく、遅くなったものの、先延ばしにされてきた歴史の問題だ。民主改革勢力が議会を支配している今こそ、我々がこの問題を明らかにして解決するべきだ」と語った。[2] 辛基南は、自分の父親が朝鮮戦争の際、共産主義者のパルチザンを鎮圧するのに貢献して国からその栄誉をたたえられたことを「穏健派」として誇らしげに繰り返した。しかしながら二〇〇四年七月一三日、ある市民が政治的なウェブサイト《チンボヌリ（進歩的世界）》に辛基南の父親の過去について疑いの声を載せた。この市民が書いたのは、この新しい法が植民地時代の日本軍憲兵隊下士官の伍長に関する調査を排除していたことであった。これを書いた人物は、辛基南の父親辛相默《シンサンムク》が日本の憲兵隊に所属していたため、辛基南が意図的に伍長の調査を省いたのかもしれないとほのめかしたのだ。

この文章は主要メディアの関心を引き、全国的な論争を引き起こした。この市民は、辛基南の父親が日本陸軍への入隊試験に通り、大邱地域で日本の憲兵隊に加わったことを示す記録を発見した。この市民には個人的な動機があった。彼の祖父は独立運動に参加したが、大邱の刑務所で拷問を受け、それがもとで五一歳で亡くなっていたのだ。[3]

辛基南議長は、最初この記事を捏造だと非難した。その後、独立運動についての記録を残している二人の人物が名乗り出てきて、辛基南の父親の日本名が重光國雄だと確認した。彼らは、日本の憲兵隊の軍曹であった重光が自分たちを拷問したと証言した。[4] 独立運動参加者金周錫《キムジュソク》の息子が雑誌『新東亜』で、重光が金周錫を四〇日間拷問し、それが元で下半身不随になったと書いた時、人々の怒りは沸点に達した。金周錫は解放後、美術の教師となり、亡くなる一〇年前の一九八三年、自分自身が拷問された場面のイラストを二〇枚添えた回想録を完成させた。[5]

辛基南は、自分の父親が日本の軍隊に入ったことはぼんやりとしか知らず、父親のしたことは正確には知らないと答えた。韓国人の中には、辛基南の苦しい立場に同情して、彼は父親の行為に対して責任があるわけではなく、メディアの連座的な非難の犠牲となったのだと語る人たちもいた。しかしながら辛基南は、最初に父親の過去を隠したことの責任を免れず、委員会の調査から父親が就いていた地位を意図的に除いたという、大衆からの疑惑を解消することもできなかった。辛基南は党の議長を辞任した。[6] 保守的なメディアはその後、与党の政治家の経歴を調査し、誰の親が日本の警察に属していたか、あるいは植民地政府に属していたかを報告した。[7] このスキャンダルは与党の士気をくじき、「過去事清算計画」を時代錯誤的な笑劇に変えてしまった。[8]

政府の委員会は親日者の名簿を公表してその調査を閉じた。二〇〇六年の報告の中で名を挙げられた「売国奴」の中には一進会――本書のテーマである組織で一九〇四年から一九一〇年にかけて存在――のメンバー二七名が含まれていた。これらの人々は次のような理由で売国奴とみなされた。⑴彼らは日本による植民地化に反対した反日ゲリラの「義兵」に反撃するため、「自衛団援護会《チャウィダンウォノフェ》」を支援する補助軍を一九〇八年一一月一九日に組織した。⑵彼らは一進会の支会長や、あるいは一進評議会で重要な地位を占めていた。⑶彼らは日本による義兵迫害を正当化する声明を公にした。⑷彼らは韓日合邦を要請する一進会による日本への請願に署名した。⑸彼らは日露戦争（一九〇四～一九〇五年）の間に日本軍を支援し報酬をもらった。委員会は、これらの行動が「日本による朝鮮植民地化への自主的援助」であり、「朝鮮人による独立のためのレジスタンスに対する積極的な破壊行為」への加担であると定義した。[9]

二〇〇四年のスキャンダルは、かなりの数の著名な韓国人エリートが、現時点での政治的所属のいかんにかかわらず、その父祖の「国家に対する反逆罪」についての告発にさらされたという点で、韓国の人々を驚かせた。人々はいくつかの問いに直面することになった。どの種の協力活動なら我慢の限界を超えているのか。重光の事例は、生活のために日本人と一緒に働いていた他の朝鮮人たちと変わりはないと言い得るのか。そしてもっと基本的なことだが、植民地期において「協力的である」とはどういうことを意味したのか。委員会は、これらの問いに直面して、本質的には何もなし得なかった。この委員会は、著名な歴史的人物が親日的行動をおこなったことと、歴史の中で忘れ去られないよう彼らの名前が記録されることを確認した。この委員会の名簿は完全なものとは言えなかったため、この事業はもっとひどい犯罪を調査する機会、あるいはリスト化された事例が単純に割り切れるようなものではなかったことを詳らかにする機会を逃してしまった。この事業は、日本支配下における朝鮮人の協力の範囲と性格についての新しい歴史的結論を提示することはなかったし、このテーマに関して人々が考えを深めるための意味のある知的土台を提供することもなかった。

植民地状況下における協力

親日協力に対する韓国と中国における公的な非難を考えた時、歴史家は、協力関係を研究することで道徳的な追及をするべきか否かについての問いに直面する。[10]『ジャーナル・オブ・エイジアン・スタディーズ』はそのような問いに二つの異なった解答を並置する。[11]ジョン・W・トリートは、協力について「事後の倫理的見解」は可能であり、必要でもあると示唆する。トリートは、ヨーロッパにおける協力について考察する際、ナチ支配下における西洋の道徳理論に言及しつつ、有名な韓国の知識人李光洙《イグァンス》（一八九二〜一九五〇）の植民地期における親日活動についての道徳的な理由づけと擁護論を批判する。トリートの分析からすれば、もし我々が李光洙の立場に立って、彼の論理に従って同じような選択をしたとするならば、私たちは道徳的責任という問題に直面することになるだろう。しかしながらトリートの後付け的な見解はアナクロニズムの危険を冒すことになるし、とりわけ大日本帝国についての最近の歴史叙述においては、東アジアでの日本による占領についての道徳的な問題については、まったく何も語られていないわけではないものの、歴史叙述のわきに追いやられているという事実を考慮すると、彼の見解は、トリート自身の道徳観を理解することにはなっても、協力者と「断定する」ための安定的な歴史理論とはならない。

ティモシー・ブルックは、このようなトリートのアプローチが歴史上の行為者たちの道徳的価値を救い出すよりもむしろ歴史家自身の道徳的価値を再生産しているのかもしれないと論じる。ブルックは「歴史化」を推奨するが、それは「**道徳的な学識を作り上げることではなく、協力者という道徳的主題を我々の共有財産とし、次いで真の協力者たちがこの道徳的主題に合致しているかどうかを問うための前提を探ること**」である。[12] 私の見解では、ブルックの「歴史化」は不十分である。というのは協力者たちの道徳的危機は、必ずしも彼ら自身の価値観と後世から見た「我々の前提」の間のギャップから生じたわけではなく、たいてい植民地支配あるいは植民地占領という歴史的状況の内部における彼ら自身の立場の正当化に失敗したことから生じたからである。ところが協力に批判的なこのような「前提」は、何から何まで政治的な御都合主義に依っていたというわけではなく、何を正とするか邪とするかの信念を含み、しかも正義に関するこれらの信念は、かつて占領されたことがある社会における公的な意識に広く見られるある種の前提を下支えすることになるという点をブルックは明確にはしない。歴史家がこのような「前提」を問題化するべきことは正当であるが、また協力者たちの「真の道徳的主題」がどういうもので、彼らはなぜ占領下においても擁護できないかを問うことも必要な作業なのだ。

植民地状況における協力を研究するには、いくつかの概念を明確にしておく必要がある。植民地の文化と植民地の言説の力を明確にしながら、過去二〇年間の植民地研究は、植民者側も被植民者側も、一枚岩的な集団からははるかに隔たっていたことを強調してきた。むしろ被植民者の側は植民地における多面的な出会いによって文化的にはハイブリッド化していたし、その結果、彼らは、帝国を統合する臣民、あるいは帝国の受動的な犠牲者であり続けただけではなかった。フレデリック・クーパーは、協力と抵抗の二分法は、帝国内における、そして帝国全体で生じるさまざまな相互作用を表現するには適切ではないと論じる。[13] 帝国というのは、地元の関係者たちが、機会や、富、自由さえも追求するための潜在的な舞台であると彼は示唆し、自由と国家が一直線に結ばれるような関係は、歴史の中で生じていることとは矛盾すると考える。この視座からの植民地研究は、「帝国の緊張」を強調するが、多くの地域の植民地化された人々が、植民地帝国を、どうして存続可能な「政治的道徳的共同体」としては受けいれなかったのか、また解放後政府を形成する際、少なくとも原理的には、どれほど、またなにゆえに非帝国的な方向を好んだのかについてを問う歴史的な作業過程をあいまいなものとする。

国内向けと海外向けの帝国の目論見に焦点が当てられた時、このパラダイムは、帝国内部における有利な機会を実際に追い求める地元関係者たちと、全部というわけではないが、いくつかの植民地状況の中で彼らが直面する深い「道徳的緊張」の間のジレンマを無視することになる。本書において、「協力」とは、植民地における所与の規範を支え、その社会においてその維持を正当化するべく、地元の関係者たちが「政治的にかかわること」と定義する。[14] 植民地での出会いの中で広く見られる不可避的な幅広い「コネと対立」とは異なり、この定義において、協力は、地方における帝国への服従を合法化するべく政治的規範的に説得することを含み、しばしば道徳的な含みをも伴う。協力者たちはさまざまな動機に基づいて、そしていくつかの場合には、「倫理的な」動機にも基づいて行動を選択したが、占領された人たちの間において、もし自分たちがおこなった選択の正当性をもっと広範に正当化するのに失敗したならば、彼らは政治的、道徳的な危機に直面することになった。

「協力」という用語は、強く否定的な含意を持っている。フランスの歴史家フィリップ・ビュランは、この用語は論争を引き起こすし、この用語を使えば、我々は、占領されることによって生じる構造的な緊張への適応（adjustments）を探求できなくなると論じる。[15] 協力の意味づけを、「政治学のレベルへと引きあげることになる順応（accommodation）」に限定しながら、ビュランは順応を、構造的形態と意図的な形態に分ける。構造的形態は、占領下にあっても経済、公共サービス、そして日常生活を送ることに不可避である適応に注意を向ける。意図的な形態は、日和見主義者と、「最小限の適合（adaptation）を超え」、「占領者の政策のための物質的道徳的援助を提供するまでに」及ぶ政治的順応を含む。ビュランによると、順応は、外国による占領においては「通常の現象」であり、その言葉はどのような道徳的含意とも結びつかないと論じる。[16]

しかしながら、あらゆる占領が人々のこのような適応についての激しい道徳的論争を引き起こしたわけではなく、占領という規範的な文脈の外側では、構造的なものを意図的なものからいかに識別するべきであるかは分析的に見て明らかではない。ブルックは、第二次世界大戦中の中国人の協力についての研究の中で、歴史家は「道徳的な光景を通してその底にある政治的なものを見る」べきだと示唆する。しかしすぐに彼が認めるように、この「政治的なものと道徳的なものとの分離」は、協力の研究に適用される時には、方法論的に限定される。[17]そして政治権力はその存在を正当化するために道徳的な言説を必要とするし、協力者もその言動についての「規範的正当化」を探し求める。[18]「協力」という用語とその道徳的な含意は、「占領権力への支援」が被征服社会という規範的物質的な文脈のなかでは異常なほどの道徳的な問題を惹起し、最終的にはそれを正当化するのに失敗することになる歴史の特別な時期のありようを示してくれる。[19]

戦時中のヨーロッパとは違って、植民地という状況下では、協力は、もしかしたらもっと受け入れ可能なものとみなされていたかもしれない。というのもこの植民地状況においては、さまざまな民族的コミュニティもしくは宗教的コミュニティが、まだ国民という名のもとに組み込まれてはいなかったし、[20]従って長きにわたる外国支配のもとで作られた文化的言説と競合することによって、そのアイデンティティがあいまいとなっているのが認められたからである。このような状況下では、コミュニティが外国勢力に従順であることは、歴史的には大目に見られてきたし、確かに地元の関係者たちの中には、権力、利益、安全を得るべき実行可能な枠組みとして帝国に順応した人もいたからである。[21]ロナルド・ロビンソンはこの種の従順さをヨーロッパの拡大には必須のものと呼ぶ。彼は、相互の協働の取決めであり、自由貿易体制の拡大という脈絡におけるヨーロッパ人と現地の代理人の間で取り引きするための取決めだと協力を定義する。[22] 帝国が信頼できる非ヨーロッパ系住民と協力可能な体制を作り上げることができた時には、帝国による直接的な征服は、不可欠なものでも望ましいものでもないとロビンソンは論じる。ロビンソンは、植民地拡大のため本国が主導権を握っていたことを軽視して、帝国の直接支配への転換を主として周縁部における危機のせいにする。——それはつまり「局地的な混乱」と民族主義の高まりであり、それは国際的な規模で帝国の安全を脅かしたのだ。ロビンソンは、主としてコストとベネフィットについての帝国による「合理的な」計算という観点から協力を論じるのみで、彼らがある地域で協力体制を作り上げた後のヨーロッパ帝国主義の規範的悪影響や危機を検討するための適切な枠組みについては教えてくれることはない。

協力について研究することは、時代錯誤的な道徳の枠組みを過去の経験に押しつけることではなく、征服された社会という政治的規範的物質的状況に変化をもたらす地元関係者たちの選択と諸結果を理解することなのである。征服された社会のある種道徳的な意識を、単純にポストコロニアルな国民国家の「作為」として退けることではなくて、ある社会において、このような意識が、なぜ、どのようにして現れてきたのか、またその社会がなぜ、どのようにして独特な性格を持った政治的共同体へと作り変えられたのかを問うことが重要なのだ。[23]

協力は、植民地状況下における人的交流の雑種性、あるいは多様性を否定しない。定義上、この用語は植民地的な二分法を「帳消しにし」、植民する側「とともに、あるいは、彼らのために働く」地元の人々の選択を示す。[24] とはいうものの本書における協力の概念は、植民地統治に屈服した現地の人たちに対する道徳的闘争の可能性をも含意している。道徳的な対決は、とりわけ所与の植民地において文化的経済的政治的二律背反を強いられたヒエラルキーを乗り越えることができず、植民する側の「人種的優越性」に基づく彼らの特権を消すことができなかった時に起こり得た。植民地状況において民族的異種混交、あるいは文化的ハイブリッド化が、政治状況と道徳的な言説へといかに翻訳されるか、そしてこのような翻訳が植民する側と植民される側の間の違いを些細なものにするかどうかを探求することは、依然として重要である。

朝鮮の改革者たちと大日本帝国

朝鮮人の協力についてのこの歴史は、日本による朝鮮の植民地に関しての過去数十年の歴史叙述――そこにおいては朝鮮の改革と大日本帝国との関係が中心であり、もっとも議論を呼ぶものであった――をかなり修正する。親日（韓国語でチニル）という用語は、日本に親しみを感じる人たちのことを意味するが、現代韓国語の用語法において親日は、日本に対して国を売り渡した「国家への反逆者」を直接含意する。少なくとも日露戦争勃発以前には、親日的であるということは、単に反愛国的であることだけを意味することはなかったし、「親日派」は、朝鮮宮廷において支配的であった「親露派」と対立していた朝鮮の改革者たちを指す用語でもあった。一九〇五年から一九一〇年にかけての統監府の時期に、「日本に近づくこと」、つまり朝鮮の改革のための実行可能な選択は、反逆と等しいものになった。ここでは「朝鮮の改革者」が「開化派」の伝統におけるエリートと結びついている。というのも一九世紀中葉以来、彼らが西洋と日本の思想、技術、そして制度を朝鮮文化へと導入し、朝鮮王朝を改革しようとしたからである。これらエリートが、一八八四年の宮廷クーデタ、一八九四年の甲午内閣の形成、そして一八九六年から九八年にかけての独立協会の運動へと至る改革のための連続的な政治運動を始めたのであった。彼らは、一八六八年の明治政府の成立以後の日本の発展を有益なものと認識し、自分たちの政治的努力の核心となる部分において日本の支援を求めたのだ。

「文明開化」の言説は、一八九六年から一九一〇年の間の朝鮮の改革者と日本人双方が、政治、改革、文化を論じた主たるイデオロギー的な枠組みであった。アンドレ・シュミットは、『帝国のはざまで――朝鮮近代とナショナリズム』という著作の中で、「文明開化」という言葉は、国家の進歩を助長するための道具を与えてくれたが、それと同時に日本――進歩した文明を持った国――に対する朝鮮の服従をも正当化したがゆえに、朝鮮の民族主義者の言説と改革思想の中に構造的なジレンマを作り出したと論じた。[25] 私の見立てでは、文明開化の言説は、構造的にはそのようなジレンマには縛られてはおらず、むしろ多様な政治的構想を発生させるべく開かれていた。このようなジレンマもしくは混乱は、さまざまな歴史的主体が朝鮮に向き合って、自分自身の政治的な必然性を正当化するさまざまな啓蒙主義の解釈を同時に提示する「全体的情況」を示しているのだ。[26] こうした「情況」の不運な結果――日本による朝鮮の植民地化――は、必ずしも啓蒙主義という言葉と帝国主義との特有の共犯関係から出てきたものではなく、歴史上それにかかわる者たちの主体的な選択から、そして自身の「改革された朝鮮」についての見解を強制しようとする彼らの権力から生じたものなのだ。このようにして、この時期の政治的ダイナミズムの中で歴史上の主体となった者たちの言説の中には混乱と相互の言説への浸潤が見てとれるが、それでも彼らの多面的な立ち位置を明確にし、「改革」によって彼らが意味したものを解き明かすことは重要である。この仕事における最初の取り組みは、朝鮮の改革と日本による朝鮮の植民地化が今までの歴史叙述でいかに語られてきたかを分析することである。

アメリカの日本史家たちは、長い間、日本の「文明化の言説」と朝鮮の改革自体の間のかかわりを強調してきており、しぶしぶ朝鮮を併合した「改革的」帝国として日本を描いてきた。[27] 英語で書かれた三つの重要な作品として、ヒラリー・コンロイの『日本による朝鮮占領』、ピーター・ドウスの『算盤と刀』、そしてアレクシス・ダッデンの『日本による朝鮮の植民地化』が挙げられる。[28] コンロイは、明治の指導者たちが自らの朝鮮政策を「現実主義的で啓蒙主義的な自己の利益という枠組み」の中で公式化し、「相互に受け入れ可能な日本・朝鮮関係」を構築しようとしたと論じた。一九〇九年四月まで、朝鮮の初代統監伊藤博文とその後継者の曽根荒助は、併合を朝鮮問題の最終的解決と見ていた山県－桂派に反対していたとコンロイは主張する。「啓蒙主義的な」現実主義が内田良平――日本の右翼組織黒龍会の中心人物――の反動的な動きに取り込まれた時、伊藤は最終的に併合を決意した。[29] 一進会は内田の「道具」であり、大韓帝国皇帝高宗を退位させ、併合を促進するための内田の計略を助けたとコンロイは書く。

ピーター・ドウスは、植民地についてより包括的な語りを提供してくれており、伊藤博文がもっと早いころ、一九〇三年の中ごろに併合についての最終的な決定をおこなったと示唆する。彼は、明治日本の指導部と朝鮮の日本居留民コミュニティという相互に影響し合う、朝鮮での日本勢力拡大のための二つの組織を強調する。[30] ドウスは、帝国の公式的な支配への移行を周縁部の危機のせいにするロナルド・ロビンソンとジョン・ガラハーに影響を受け、朝鮮を併合するという明治指導層の決定を朝鮮改革の見通しと結びつける。ドウスに従えば、明治の指導者たちのもともとの意図は、腐敗した朝鮮の政府を明治政府の構造と類似した「合理的に組織された近代的官僚機構」に置き換えることであった。[31] この日本の試みは二度失敗した。一度目は一八九四年から九五年であり、二度目は一九〇五年から一〇年にかけての伊藤博文の統監時代である。[32] 最初の試みは、三国干渉の結果と朝鮮改革者たちの「無能力さ」のゆえに失敗した。二回目の試みにおいて、一九〇五年の日露戦争後、日本は朝鮮の公式支配を不可避とせざるを得ないような外部からの差し迫った脅威には直面しなかった。ドウスは、朝鮮併合の理由を国内的な状況、すなわち一九〇七年七月までに伊藤を「事実上、併合」へと押しやることになった「朝鮮における信頼できる政治的同盟者の欠如」に求める。[33]

アレクシス・ダッデンは、統監期の改革的政策が朝鮮の征服を合法的なものとし、その時代の「国際的な観察者に理解可能」なものとするための、日本の首尾一貫性のない戦術だと考える。この枠組みにおいて、朝鮮での日本による「文明化の」使命は、日本が「本当に」意図していたことではなく、また日本人間の対立と「朝鮮人の無能力さ」のゆえに失敗した。むしろ日本の使命は、国際的な諸勢力がある場所の原住民を「自分自身では文明化することができない」と規定することによってその場所の征服を合法化するべく使用した、ダッデン言うところの「啓蒙された搾取」をすることで一貫していた。失敗どころか、日本は朝鮮に野蛮というレッテルを張り付けることによって、この国際的な用語を自家薬籠中のものとしていることを成功裡に示した。[34] 朝鮮における日本の諸改革は、朝鮮における日本支配の合法性についての国際的な承認を獲得し、一九一三年には朝鮮における治外法権を廃止した。[35]

ダッデンは朝鮮の異議申し立てと拷問やむち打ちを含む植民地朝鮮における日本の刑罰行政という陥穽に注意を向ける。しかし彼女は、日本の言説に不釣り合いなほどの焦点を当てたため、コンロイとドウスが日本を「しぶしぶ〔朝鮮を併合〕した」「改革的」帝国と描いたことを基本的に批判できず、その改革が朝鮮にとってどんな意味があるかを明らかにできなかった。すでに一八九五年に台湾を植民地化していた明治の支配層が、とりわけ高くつき過ぎたロシアとの戦争の後で、朝鮮を同盟国として近代化するという選択肢を持っていたかどうかはまだ議論の余地がある。朝鮮を公式的に植民地にするという決定が、まずは朝鮮の国内状況によって推進されたかどうかも疑問である。これら三つの著作すべてにおいて、日本の統監期における朝鮮の改革者たちの歴史は、まだあいまいな傍注であり続けている。

大日本帝国についての歴史叙述が、朝鮮における改革（者たち）の欠如とは言わないまでも、その不十分さと、彼らが明治帝国主義の「近代性」と折り合えなかったことを前提としてきたとすれば、韓国の民族主義的歴史家たちは、まさに朝鮮の改革者たちによる日本依存に問題を見てきた。少数ながら何人かの歴史家は、一八九四年内閣における朝鮮人エリートの動きと、日本人によるもっと保守的な朝鮮改革のアプローチに対する彼らの闘いに取り組もうとした。[36] しかしながら民族主義的な自主的な歴史家たちは、日本寄りの改革者たちが成し遂げたことに低い評価を下し、国王高宗《コジョン》の計画を自生的な近代化の「汚れなき」源とみなす。朝鮮王朝に関する著名な歴史家李泰鎮《イテジン》は、高宗が一八世紀末に正祖王《チョンジョ》によって代表される「理想の君主」という朝鮮の伝統を再び活性化させた「啓蒙君主」であったと見る。[37] 李泰鎮は、君主に対する国内での数件の異議申し立てを、高宗の改革を掘り崩すために計画された日本の陰謀の産物だとすらみなす。[38] この君主中心への転回は、韓国の大衆の間で、そして朝鮮王朝の最後の数十年についてのメディアの描き方において、最近は主流となってきた。[39]

しかしながらこの王政復古風の理論的枠組は、改革者であれ、君主であれ、政治関係者の面々について、相互作用のダイナミズムや当時の一般的な歴史的脈絡の中における分析がないゆえに限界がある。またこの枠組は、「日本の近くにあること」が、一九世紀末から植民地時代の初期にかけての間にその意味を変えたということも考慮に入れていない。その結果この枠組は、高宗による改革の進展を過大評価し、高宗が自分の改革への支持のもっと大きな土台を構築するチャンスをどのように失ったかを見過ごす。[40] 概して言えばこの枠組では、安定性と長さで知られていた朝鮮の君主制が、いかにして、なにゆえ、朝鮮人たちの間でその象徴的な重要性を失い、併合後一〇年もたたないうちに、一九一九年三月一日の「独立宣言」の中で明示されているように、共和制の構想へと屈することになったのかが説明できない。

一八九六年から一九〇四年の間に、親日派は朝鮮の反守旧派の中で大きく成長し、朝鮮を改革するために日本の「積極的な」役割を期待するかなりの政治勢力を形成した。この親日的勢力を確固たるものにしたのは、東学の転向であった。そしてこの東学が後に一進会の頼みの綱になった。親日改革者たちのこの成長は、国内での協力関係の弱さ、もしくは朝鮮の改革者たちが無能力であったがために、公式的に併合される結果となったというドウスのテーゼに異議を突き付ける。問いは、次のように言い換えることもできる。もし、かなりの数の親日改革者が朝鮮における日本の「良き意図」を待ち受けていたのなら、伊藤博文はなぜ朝鮮を「近代的で独立した同盟国家」へと変えることに失敗したのか。

この問いに対する答えは、朝鮮の改革者たちが日本人の目論見をどのように認識していたのか、そして彼らの運動は、朝鮮における日本帝国主義の目標や動きとどのように連動していたのかを明らかにすることにある。本書では、エリート主義者であれ、大衆主義者であれ、朝鮮の改革者たちの方向が、朝鮮における日本の主たる目的とは矛盾するものであったことを明らかにする。朝鮮人エリートと日本人の両者は恒常的に「改革」という言葉を繰り返していたけれども、朝鮮の改革者たちは、エリート主義者であれ、大衆主義者であれ、君主権の抑制を制度化することを望んでいたし、国家を強くするには、このような抑制が必須であるとみなしていた。初代統監伊藤博文は朝鮮の改革者たちの目論見よりも、日本による支配の安定性にもっと関心を抱いていた。朝鮮の人々の間での意見の不一致がその統治の邪魔になるとわかった時、伊藤は朝鮮の人々を親日派と反日派に分け、自分の命令に完全に従うようにと双方に命じた。伊藤の政策のため、親日改革者たちには自分自身の目論見を日本の目標に調和させるのが不可能となり、たんなる「売国奴」に過ぎないという告発に対抗することも難しくなったので、親日改革者たちにとっては極めてダメージが大きかった。

一進会――ポピュリスト的な協力者

一八九六年と一九一〇年の間に決定的な変化が生じ、それが、国家のイメージからの国王の消失、朝鮮の土俗的民族主義の明確な表現、そして将来の国家を共和主義にするという構想によって特徴づけられた「朝鮮の道筋」を作り上げた。アンドレ・シュミットは『帝国のはざまで』の中で、民族の発展という直線的な歴史内部においてではなく、帝国の広範囲なプロセスとの結びつきの中で、あるいはもっと広く言えば、「資本主義的な近代」との結びつきの中で、この時代の精神史を分析する。[41]先にも触れたように、彼は朝鮮の民族主義者がイデオロギーを形成する際の植民地の知の力を強調するのであるが、この時期の多くの政治的な評論家たちが格闘していた、特定の改革思想やその行動計画には、それほど注意を払わない。

この時期の朝鮮の改革者たちは、国王の統治権と人民の権利の再定義の仕方を議論した。日本とは違って、朝鮮の改革論者たちの言説は、君主制の「象徴的な聖性」に基づいて構築されていたわけではなかった。この相違は歴史的な探求に値する。というのも朝鮮の王朝は、儒教によるその臣民の教化と、王朝の精密な制度における抑制と均衡の調整によって安定していたからである。クリスティーン・キムは大韓帝国最後の皇帝純宗の式典を、統監の伊藤博文によって演出されたものと分析することによって、この問いを追究する。[42]キムは、伊藤が朝鮮王国の「象徴的首都」を奪取し、日本の指導下における朝鮮の「近代的な進歩」を喧伝するために、この巡幸を組織したと論じる。伊藤の意図に反して、この行幸によって、純宗は日本支配下における朝鮮の脆い運命の象徴とみなされることになり、朝鮮の民族主義と朝鮮における伊藤の支配についての対日批判を激化させた。それならばなぜ、君主に対する朝鮮人のこのような尊敬がその後の朝鮮人たちの政治的言説から消え去ってしまったのだろうか。朝鮮人は高宗の葬儀の際、そして植民地期における純宗の葬儀の際には嘆き悲しんだものの、国家の独立を韓国王室の再興と結びつけることはほとんどなかった。一進会の歴史は、一八九六年から一九一〇年の間のこの変化を説明することにおいて不可欠なエピソードを構成する。というのも、その間に、朝鮮の改革論者たちは、君主の「聖性」を放棄し、朝鮮民族のための「人民の国」を心に描くようになったからである。

本書の主たるテーマである一進会の会員は、東学として知られる宗教にそのルーツを持っていた。[43]東学は一八六〇年代に朝鮮で立教されていたが、朝鮮王朝の儒教体制に挑戦し、一八九四年には全国的な農民反乱を引き起こした。東学の人々は反乱の後、帝国を支えるという特異な道をとったが、彼らを「サバルタン」と呼ぶことは可能である。サバルタン研究は、「サバルタンの社会性と政治的コミュニティ」を問うことから始まったし、サバルタンの言説の「異種性」やサバルタンの声を「取り戻すこと」における「歴史的知識の限界」を認めることに行きついたが、その時には、「その主体としての位置は」、現代の歴史家たちに利用可能な「推論可能な構造では与えられなかった」。[44]このように「サバルタンの沈黙」を認めることは、こうした沈黙を現代の知識の限界を批判するための契機とし、しかも植民地主義の歴史を、サバルタンの立場の従属化に対する植民地の言説の力と失敗の双方を見極める方向へと向けようとするポストコロニアル研究の立ち位置と響きあう。[45]

ポストコロニアル的な批判の力を認めつつも、本書は、それにもかかわらず、「言語は束縛ではあるが、資源でもある」ことを前提として、「構造よりも行為者に特権を与える」歴史的で経験的な視点をとる。[46]朝鮮の人々は、むしろ植民地権力の言説によって構築される単なる主体以上であって、権力と生活に対する自分自身の主張を提案するために、自生のものであれ、外国のものであれ、さまざまな思想と語法を採用した。そのうえ、一進会会員たちは総じて字の読み書きができなかったので、自分たちの公式声明と行動の間に矛盾をさらけ出し、その行動の輪郭は、その公式声明とは対応してはいなかった。「言葉は行動である」[47]が、一進会の場合、言葉はしばしば行為を打ち消した。一進会の声明は、「文明開化」というボキャブラリーを共有しながら、その集団の立ち位置が日本の言説と朝鮮のエリートの視点の両方からどのように異なっているかについてはあいまいであった。しかしながら一進会会員のユニークな立ち位置は、その行動と結び付けて見る時、朝鮮君主制の改革と統監府の支配に接してその姿をあらわにした。

本書において、私は一進会の立ち位置を「ポピュリスト」と定義する。ポピュリズムは、一九世紀におけるアメリカの農業運動からラテン＝アメリカの国家コーポラティズムや二〇世紀の階級複合政党に至るまで、さまざまな歴史の事例を述べるために使われる概念である。[48]合衆国やロシアにおける一九世紀末のポピュリズムは、これらの国の成熟した民主的文化、あるいはラディカルな知的傾向から成長し、資本主義、あるいは独占的産業主義によって危険にさらされた農民階級、あるいはその他の小生産者の不安を反映していた。[49]その当時の普通の朝鮮人が民主主義思想、あるいは産業主義についてほとんど知らなかったとしても、それでも一進会は、ポピュリスト的な目論見を持っていたということができる。マーガレット・キャノヴァンは、ポピュリズムは「自分たちが人々のために語っている」、つまり「民主主義的な主権者を代表するという理由で正当」だとする主張だと言う。[50]ウィリアム・A・ライカーは、否定的な口調で、「ポピュリズムのエッセンス」は、「一、人々が統一体として欲することは社会的あるいは公的政策であるべきだ。二、人々は自分たちの意志が法になる時、自由になる」[51]という二つの前提にあると定義する。ライカーの定義は、民主主義についてのポピュリストの意見を否定し、選挙は、「人々の意志」とは関係がないということを「証明すること」に合わされている。――従ってこのようなポピュリズムの弁護は、一般意思が不可知である時には、空疎なものとなる。ライカーは、選挙とは人々の意志を遂行することよりも、むしろ専制者を拒否する効率的な制度であるとする自由主義的な解釈を持っている。この理論については議論があるけれども、ライカーの定義として、ポピュリズムは、公的な政策に関しては「人々の意志」を反映するべきであるし、自由に対しては私的な領域に対する国家による制限の欠如ではなくて、民衆の意志の制度化とみなされるべきだという思想を前提としていることを明らかにする。

この考えの枠組みとしてのポピュリズムは、民主主義の思想があいまいに導入されていて、選挙が十分にはおこなわれていなかった社会においてすら姿を現すことがあり得る。ここにおいて、エルネスト・ラクラウは、ポピュリズムは「特別な社会的土台もしくは特定のイデオロギー的方向をもつようなタイプの運動」ではなくて、むしろ「政治的なものを構築する」理路であると述べる。この理路は「全般的な民衆参加」に関心を抱き、相違と決断の複雑な配置を「二つの極がどうしても不明瞭にならざるを得ない硬直化した二分法で置き換える」ことで政治空間を「単純化する」。[52] ラクラウは、ポピュリズムのこの不明瞭さを自由主義とか社会主義といった「成熟した」イデオロギーには対置しない。それより、むしろ彼は、このあいまいさが社会的な現実自体が「決定されていない」ことの結果であるかもしれないし、また「二分法の理路は政治的行動のまさに条件として機能するかもしれない」と論じる。[53] ラクラウは、権力に対する集合的アイデンティティの構築と、このようなアイデンティティを「主導」する時のポピュリストの言説における象徴的な表現（シニフィエ）の役割を評価する。[54]この理論的な観点からすれば、一進会は、君主体制に対して「民衆」を代表しようと提案し、自分たちの望みを政府行政の中に制度化しようとする限り、ポピュリストの道をたどっていた。しかしながら彼らは既存の権力構造に対して、民衆の連帯性を強固にするのに十分なほど説得力のある行動や言葉を作り出すことはなかった。

一進会は日露戦争（一九〇四〜一九〇五年）の際、朝鮮における強力な政治勢力として、まずは姿を現した。一進会はもともと政治にかかわっていた人々の結社として設立されたのであるが、東学組織と合併した時に、大衆的な基盤を獲得した。[55]そしてその東学組織のメンバーは、一進会の地方支会において多数派となった。東学教は、「人間は道徳的に平等だ」との前提に基づく社会平等の理想像を発展させ、「人乃天《インネチョン》」（人すなわち天）、そして「事人如天《サイニョチョン》」（天主を敬う如く人と接せよ）と説教しながら、「基本的な理念としてすべての人々の平等な扱い」を提起した。朝鮮の哲学史を研究しているマーク・セットンは、東学の教義の理論的な土台が、「民意」を「天の意志」と同一視し、支配者の権威を「臣民の福利」を遂行するその行動の中に認める「孔子のポピュリズム」の中にあると考える。[56]一八九四年の反乱の敗北後、東学の指導者たちはその外国嫌悪を捨て、「文明開化」の理念を吸収した。一進会の開会宣言の劈頭の辞は『独立新聞』の論説からのフレーズを繰り返しており、この転向において、『独立新聞』がかなりの役割を演じたようである。転向した東学の人々は、日露戦争において日本の支持を宣言し、一九〇四年の春には国中で再び姿を現した。その秋、東学の人々は進歩会を組織し、一九〇四年の一〇月、進歩会はソウルにおいて一進会との合併を発表した。二か月後、二つのグループは一進会の名のもとに合同した。[57]

この合併後、一進会は会員数を一〇〇万人と主張しているものの、利用可能な証拠が示唆するところによれば、会員数は一〇万人以上、もしかしたら五〇万人もの会員がいたかもしれない。韓国駐箚軍司令官の報告では一九〇四年一一月、一進会の会員数は二六七〇名と算出されていたが、その中には、四九名の役員（一進会会長、副会長、評議員）がおり、また進歩会の会員数は一一万七七三五名――そのうち八八三名は（郡の会長や副会長のような）役員であった――と算出されていた。[58] 日本の研究者林雄介は、一進会はその解体直前、一九一〇年八月の日本による公式調査に従えば、一四万七一五名の会員数を擁していたと書く。[59] 日本以外の資料でも、少なくとも初期のころ、一進会は大量の会員を抱えていたと指摘する。たとえばイギリスのジャーナリスト、アーネスト・T・ベセル（一八七二～一九〇九）によって運営されていた『大韓毎日申報』は、一九〇五年一月に、一進会への登録会員数は全部で五〇万人に達したと報道した。[60] 朝鮮政府は、特定の数を挙げることはなかったが、一進会の集会が平安道の多くの郡において、数百名から数千名の会員を招集したという記録を残した。義州《ウィジュ》郡守であった具完喜《クワニ》は、[61] 東学教徒が決起した初期のころ、東学の指導者たちを逮捕して取り調べた。具完喜は平安道における東学組織の大きな組織（大包《テポ》、大接《テジョプ》）は、数万人の会員を擁していたが、他方、小さな組織（接《チョプ》）となると、三〇〇〇人から四〇〇〇人の会員数であったと見積もった。もし大接が道の単位で、接が郡単位であるなら、これらの数は進歩会の会員について先に述べた日本軍の調査――平安南道の一八の郡に四万九八五〇名と平安北道の一二の郡に一万九五六〇名の会員と算出した――を裏書きする。[62]

一進会会員の運動は民族的なものでも、植民地主義的なものでもなかった。彼らはリベラルではなかったが、まったく伝統的でもなかった。「帝国という名のもとでの人民への権限付与」は、彼ら自身にはそのような構想を固めることはできなかったが、彼らの提案したものに近かった。「ポピュリストの帝国」というこの観念は、植民する側とされる側の差異の消去、もしくは「空間的人種的限界なき帝国の民主主義の拡大」を要請することを唱導していて、撞着語法であるように聞こえる。一進会の運動は、資本主義的近代化に同調することよりも、むしろその限界を示してくれる。それならば一進会の会員を「協力者」と呼ぶことは適切であろうか。協力に関する我々の以前の議論へと戻ると、地元の関係者たちは外国による占領を支援する多くの動機を持っていた。しかしながら「協力」という用語は、植民地の人たちが、占領者の目標と方向を知り、それに影響を与える力をほとんど有していなかった時、どうしてそのような選択をしたのか、そしてその選択をしたことで自分たちがいかに傷ついたかについての地方社会内部における潜在的な道徳的争いを含意する。「順応」は、一進会会員のことを示す正しい用語ではない。というのも彼らは単にその状況に自分自身を順応させただけではなく、自主的に日本帝国を支援しようと行動したからである。一進会会員がなぜ、他の朝鮮人からのこれほどまでに強烈な敵意に遭遇したのか、またどうして自分たちに対して直接の非難を向けさせることになったのか、そしてさらに、どうして自分たちのポピュリスト的計画に肩入れするのにそれほどまでに弱腰であったのか、協力の概念がなかったならば、説明することは難しい。

方法論と史料に関して

一進会会員がとった行動様式を把握するために、本書は地方における一進会会員の方向性を発見することに焦点を当てる。このような地域の力学を精査するために、私は朝鮮西北部の平安道、黄海道の二道を選んだのだが、それは、一進会会員の半数以上もの人たちがこの地方の出身者であったからである。法律論争に関する第6章では、北部地域との比較の視点を与えるべく、忠清道の事例を付け加えた。忠清道において一進会は駅土の借り入れに関して苛烈な争いを通して貧しい一進会会員のために土地を配分する傾向を明らかにした。

第二に、私は一進会の運動を統監府と他の関係者たち——朝鮮の君主、朝鮮のエリート改革者、そして日本人——に対してのより幅広い政治力学の中に位置づけることに努力を注いだ。一進会の言葉も、それを額面通りにだけ理解するのではなく、他の関係者たちの言葉と一進会会員自身の行為の両方に対する彼らの態度に照らして分析した。北部地域における現象がその地域特有のものであるのか、あるいは全国的なものであるのかを見極めるために、全国紙を参照した。相互関係に対するこの用心深さは、一進会の独特な態度（つまりその「ポピュリスト」の要素）と日本人ならびに朝鮮人エリートとの論争を明らかにするのに役立つ。

協力について信頼できる歴史を描くためには、良質で内容のある史料を持つことが不可欠である。その意味で一進会の場合は、統監期と活動期が重なったことが幸運であった。日本が一九〇七年の中ごろ本格的に統治を始めるまで、朝鮮人官吏たちはそれまでずっとしてきたように、日々の行政上の業務を記録し続けており、さまざまな種類の文書を生み出していた。この時期におけるこれらの記録は、朝鮮人の生活と声を伝えてくれることに関して植民地期の文書よりももっと生き生きとしている。なぜなら一九〇七年以前には、日本は朝鮮の記録を完全には検閲できなかったからである。そのような記録の中で地方官や観察使たちの報告は詳細かつ豊富であり、朝鮮時代の官吏の厳格な文書主義文化を示している。地方の報告には地方の事件についての公平でさまざまな説明が含まれている。というのも官吏たちは自分たちがその報告とかかわっている問題を解決するまで、重要な地方的出来事についての文書を更新し続けたからである。官吏たちは争いにかかわっていた多様な関係者に質問をし、しばしば地方住民によって書かれた直接の請願書を綴りこんだ。彼らが自分の報告を中央政府に送った時、地方官たちは情報提供者の報告を引用したが、情報提供者の大部分は面の首長（面任）、あるいは地方エリート官庁の郡官吏であった。

『各司謄録』は、本書における主要な史料のひとつであり、地方官吏が中央政府の行政管理部門と取り交わした通信、命令、報告、訴状を綴りこんだものである。『各司謄録』は、責任のある中央行政組織と地方の発信者に従って、当時の朝鮮における地方生活の多くの層を明らかにしてくれる。[63]『各司謄録』は、行政官が定期的に地方の指導者から、とりわけたとえばその地方へ外国人が入って来たとか、住民が移動したというような基本的な治安問題について、報告を受け取っていたことを示してくれる。それは地方のエリート指導者が国家の行政にうまく統合されていたことをも示唆する。

『朝鮮王朝実録』は、朝鮮王朝の史官たちが各君主の治世について死後に編んだ公的な記録である。『高宗実録』は、一九一〇年に朝鮮が日本によって植民地化されて一〇年ほどたった一九一九年に、かつての大韓帝国皇帝高宗の死後に編纂されたので、そこには当然ながら高宗の関心と宮廷の決定を記録する際、日本の偏見が入ってくる。しかしながらこの記録はまだ朝鮮の宮廷の雰囲気と、君主と官吏の間の議論を理解するのに有用な情報を提供してくれる。一般的に言って地方の文書は、朝鮮政府の官吏が所与の地域における変革のすべての潮目をコントロールできなかった時でも、地方社会に関してしっかりした把握を維持していたという印象を与えてくれる。これは、日本の植民地化以前に、朝鮮政府と朝鮮社会は完全に衰微し、混乱していたという、流布されているイメージとは矛盾する。

本書では、これら朝鮮の文書を日本公使館と統監府の記録と組み合わせて利用した。施政改善というキャッチフレーズのもとに、伊藤博文は、大韓帝国皇帝高宗、彼の官吏たち、朝鮮のエリートたちと何度も会議をおこない、優れた技量と政治的な抜け目なさをもって、植民地化の全過程を調整した。伊藤の属僚たちは、宮廷の構成員や改革者グループの動向を監視し、朝鮮の人々とエリート間の噂を集めた。その結果としての日本の記録は、統監府による政策と目論見の全体的な展開における一進会の動きを検討するのに役立つ。

最後に、朝鮮の改革主義者や民族主義者によって出版されていた雑誌や日刊紙は全国的な範囲での一進会の動向をカバーしていた。それらの報告は一進会に批判的なものではあるが、しかしその報道は広範囲に及んでいた。『大韓毎日申報』と『皇城新聞』は定期的に一進会の活動を報道した。この二つの新聞は少々異なる立ち位置にあり、時が経つに従って一進会に関する報告のトーンを変えた。従ってこれらの記録は、朝鮮のエリート改革主義者たちが統監府の支配に従って、どのように一進会の運動に関する見解を変えたかを明らかにしてくれる。『皇城新聞』は、『大韓毎日申報』よりは控えめに一進会に関する報告をおこない、一進会の公式声明あるいは広告を載せた。これらの記録の多くはのちに『元韓國一進會歴史』として印刷された。これは一進会の公式的な声明、書簡、日常活動に関する一進会自身の編纂物である。この編纂物は朝鮮が併合されてから一年経った一九一一年に刊行された。一方、一進会の主要な反対者たちによって発刊されていた『大韓毎日申報』は、このグループの活動に関してほぼ連日、批判的な記事を載せた。有名な朝鮮の民族主義思想家の申采浩《シンチェホ》と朴殷植《パクウンシク》は『大韓毎日申報』に論説を書いた。彼らは一進会の会員に「売国奴」「愚か者」「哀れな奴」というレッテルを貼り付け、こうして同時代の朝鮮人が受け継ぐことになった一進会の悪評が公式化されることになった。

註

1 「過去事真相糾明：真実と和解、そして未来」『週間 경향』二〇〇四年八月二七日付。法律第七九三七号「日帝強占下反民族行為真相究明に関する特別法」国会法律知識情報システム、http://likms.assembly.go.kr/law/jsp/main.jsp
2 「辛基南、親日関連発言録」『韓国日報』二〇〇四年八月一七日付。
3 『미디어다음』二〇〇四年八月一八日付。
4 『東亜日報』二〇〇四年八月一八日付、『朝鮮日報』二〇〇四年八月一八日付。
5 「重光伍長から取り調べを受けた抗日運動家の苦痛の証言」『新東亜』二〇〇四年一〇月号、九五〜一〇五頁。ウェブサイトでも閲覧可。http://shindonga.donga.com/3/all/13/103784/1（訳者）
6 『東亜日報』二〇〇四年八月一九日付。

7 「李総理、『朝鮮東亜は私の手の内』、真意は」『朝鮮日報』二〇〇四年一〇月二一日付。

8 「第二の辛基南がでたら、おしまい」『朝鮮日報』二〇〇四年八月一九日付。金槿泰《キムグンテ》や李美卿《イミギョン》のような与党の他の指導者たちは、このスキャンダルを生き延びた。しかし民主化期のフェミニスト運動の有名な指導者であった金希宣《キムヒソン》は失脚した。というのも彼女自身伝説的な独立運動の将軍金佐鎮《キムジャジン》の孫娘だと広言していたものの、実際のところ、彼女の父親は満洲における日本の警察の下級役人であったからである「金希宣委員の父親は満洲国の特務警察」『朝鮮日報』二〇〇四年一〇月一八日付。

9 親日反民族行為真相糾明委員会調査三課『第一次調査対象者（予定）審議資料』二〇〇六年五月一九日、一〜三頁。

10 Robert B. Westbrook, "History and Moral Inquiry," *Modern Intellectual History* 9, no.2 (August 2012), pp.389-408.

11 John Whittier Treat, "Choosing to Collaborate: Yi Kwang-su and the Moral Subject in Colonial Korea," *Journal of Asian Studies* 71, no. 1 (February 2012), pp.81-102; Timothy Brook, "Hesitating before the Judgment of History," *Journal of Asian Studies* 71, no. 1 (February 2012), pp.103-114; Michael D. Shin, "Yi Kwang-su: The Collaborator as Modernist against Modernity," *Journal of Asian Studies* 71, no. 1 (February 2012), pp.115-120.

12 Brook, "Hesitating before the Judgment of History," p.103.

13 Frederick Cooper, "Conflict and Connection: Rethinking Colonial African History," *American Historical Review* 99, no. 5 (December 1994), pp.1516-1545; Jane Burbank and Frederick Cooper, *Empires in World History: Power and the Politics of Difference* (Princeton, NJ: Princeton University Press, 2010), pp.2-21, 219-229.

14 「協力」に関する他の定義については、以下を参照。Stanley Hoffmann, *France: Decline or Renewal? France*

since the 1930s (New York: Viking, 1974); Ronald Robinson, "Non-European Foundations of European Imperialism: Sketch for a Theory of Collaboration," in Roger Owen and Bob Sutcliffe, eds., *Studies of the Theory of Imperialism* (London: Longman, 1972), pp.117-142; Timothy Brook, *Collaboration: Japanese Agents and Local Elites in Wartime China* (Cambridge, MA: Harvard University Press, 2005), pp.1-31; Philippe Burrin, *France under the Germans: Collaboration and Compromise* (New York: New Press, 1996), pp.1-63, 459-467.

15 Burrin, *France under the Germans*, p.2. ヤン・T・グロスに従えば、協力とは「公的に存在しているひとまとまりの制度によって仲介される占領者と被占領者の間のひとまとまりの関係性」であり、それを通して、占領者は占領地域での権威を獲得することができる。Gross, "Themes for a Social History of War Experience and Collaboration," in Istvan Deak, Jan T. Gross, and Tony Judt, eds., *The Politics of Retribution in Europe: World War II and Its Aftermath* (Princeton, NJ: Princeton University Press, 2000), pp.24-25.

16 Burrin, *France under the Germans*, pp.460-463.

17 Brook, *Collaboration*, p.4.

18 政治と道徳の概観については、以下参照。Peter Fabienne, "Political Legitimacy," in Edward N. Zalta, ed., *The Stanford Encyclopedia of Philosophy*, Summer 2010 ed., http://plato.stanford.edu/archives/sum2010/entries/legitimacy/. 以下のハーバーマスの論文も参照した。Jürgen Habermas, *Moral Consciousness and Communicative Action* (Cambridge, MA: MIT Press, 1990); Habermas, *Justification and Application* (Cambridge, MA:MIT Press, 1993); Habermas, "Deliberative Politics: A Procedural Concept of Democracy," in *Between Facts and Norms* (Cambridge, MA: MIT Press, 1996), pp.287-328; Joseph Raz, *Morality of Freedom* (New York: Oxford University Press, 1986); Quentin Skinner, *Liberty before Liberalism* (Cambridge:

Cambridge University Press, 1998); Skinner, *Visions of Politics*, vol. 1 (Cambridge: Cambridge University Press, 2002); Faisal Devji, "Morality in the Shadow of Politics," *Modern Intellectual History* 7, no. 2 (2010): 373-390.

19 征服された社会において変化する物的規範的文脈の中での協力を研究し、協力者たちが、もしその選択がかつては有効であるとみなされたのであれば、後になって、いつ、そしてなぜ自分を弁護することができなくなったのかを調査することは重要である。

20 ベイリーが指摘しているように、一八五〇年以前の多くの世界においてネーションは主要な要素ではなく、主権という近代的な概念もよく知られた概念ではなかった。C. A. Bayly, Sven Becker, Matthew Connelly, Isabel Hofmeyr, Wendy Kozol, and Patricia Seed, "AHR Conversation: On Transnational History," *American Historical Review* 111, no. 5 (December 2006): 1442, 1449.

21 地方における帝国との協力については、以下参照。Ivor Wilks, "Dissidence in Asante Politics," in *Forests of Gold: Essays on the Akan and the Kingdom of Asante* (Athens: Ohio University Press, 1993), pp.169-188; David Robinson, *Paths of Accommodation: Muslim Societies and French Colonial Authorities in Senegal and Mauritania, 1880-1920* (Athens: Ohio University Press, 2001); Colin Newbury, "Patrons, Clients, and Empire: The Subordination of Indigenous Hierarchies in Asia and Africa," *Journal of World History* 11, no. 2 (2000): 227-263; Keith David Watenpaugh, "Not Quite Syrians," in *Being Modern in the Middle East* (Princeton, NJ: Princeton University Press, 2006), pp.279-298; Benjamin N. Lawrance, Emily Lynn Osborn, and Richard L. Roberts, eds., *Intermediaries, Interpreters, and Clerks: African Employees in the Making of Colonial Africa* (Madison: University of Wisconsin Press, 2006). ラナジット・グハも協力というカテゴリーの中でイギリス化されたインド人エリートの改革主義について論じている。Ranajit Guha, *Dominance without Hegemony*:

History and Power in Colonial India (Cambridge, MA: Harvard University Press, 1998), pp.1-99 参照。

22 R. Robinson, "Non-European Foundations of European Imperialism," p.120. 以下も参照。Ronald E. Robinson and John Gallagher, "The Imperialism of Free Trade," *Economic History Review*, n.s., 6, no. 1 (1953), pp.1-15; Ronald E. Robinson et al., *Africa and the Victorians: The Official Mind of Imperialism* (London: Macmillan, 1961); William Roger Louis, ed., *Imperialism: The Robinson and Gallagher Controversy* (New York: New Viewpoints, 1976).

23 言い換えれば、協力者たちの選択をその時代の歴史的文脈の中におくこと、そしてこの選択が当該帝国内において、どのように認識されていたかを評価することは重要である。協力者たちが道徳的に傷を負っていないところもあれば、傷を負ったところもあった。

24 James Mace Ward," Legitimate Collaboration: The Administration of Santo Tomás Internment Camp and Its Histories, 1942-2003," *Pacific Historical Review* 77, no.2 (2008), pp.159-201.

25 Andre Schmid, *Korea between Empires*, 1895-1919 (New York: Columbia University Press,2002), pp.24-38. 邦訳は、アンドレ・シュミット著、糟谷憲一ほか訳『帝国のはざまで——朝鮮近代とナショナリズム』（名古屋大学出版会、二〇〇七年）、二〇～三二頁。

26 Sebastian Conrad, "Enlightenment in Global History: A Historiographical Critique," *American Historical Review* 117, no. 4 (2012), pp.1005-1009.

27 東アジアにおける日本帝国についての主要な研究については、以下参照。Ramon H. Myers and Mark R.Peattie, eds., *The Japanese Colonial Empire, 1895-1945* (Princeton, NJ: Princeton University Press,1984); Peter Duus, Ramon H. Myers, and Mark R. Peattie, eds., *The Japanese Informal Empire in China, 1895-1937* (Princeton, NJ: Princeton University Press, 1989); Duus, Myers, and Peattie, eds., *The Japanese Wartime*

Empire 1931-1945 (Princeton, NJ: Princeton University Press, 1996); Louise Young, *Japan's Total Empire: Manchuria and the Culture of Wartime Imperialism* (Berkeley: University of California Press, 1998). 邦訳は、L・ヤング著、加藤陽子ほか訳『総動員帝国：満洲と戦時帝国主義の文化』（岩波書店、二〇〇一年）；Carter Eckert, *Offspring of Empire: The Koch'ang Kims and the Colonial Origins of Korean Capitalism, 1876-1945* (Seattle: University of Washington Press, 1991). 邦訳は、カーター・J・エッカート著、小谷まさ代訳『日本帝国の申し子：高敞の金一族と韓国資本主義の植民地起源　一八七六〜一九四五』（草思社、二〇〇四年）；Robert Eskildsen, "Of Civilization and Savages: The Mimetic Imperialism of Japan's 1874 Expedition to Taiwan," *American Historical Review* 107, no. 2 (April 2002), pp.388-418. アンドレ・シュミットは以下の論文で朝鮮問題に関する近代日本の歴史の総体的な問題について概観している。Andre Schmid, "Colonialism and the 'Korea Problem' in the Historiography of Modern Japan: A Review Article," *Journal of Asian Studies* 59, no. 4 (November 2000), pp.951-976.

28　コンロイは日本による朝鮮獲得を、明治日本の外交政策を作り出す中で、自由主義者、現実主義者、半島主義者たちの間に出現していた国内での対立という図式で見る。この対立という文脈においては、明治指導部の政治的リアリズムが一八七三年の征韓論の敗北後の日本の朝鮮政策を支配した。指導部は一八八〇年代と一八九〇年代には自由主義者の理想主義と反動主義者の時期を逸した拡張主義を牽制していた。コンロイは一八七〇年代初頭における征韓論以来の日本の持続的な拡張主義に、日本による朝鮮併合の原因を見るような「陰謀」的仮説を拒否する。Hilary Conroy, *The Japanese Seizure of Korea, 1868-1910 : A Study of Realism and Idealism in International Relations* (Philadelphia: University of Pennsylvania Press, 1960).

29　コンロイによれば、日本は二つの段階で「相互に認め合える日朝関係」を構築しようと試みた。第一段階は一八九四年七月から、日本による閔妃殺害後の一八九六年二月の高宗の露館播遷までである。この試みは三国干渉によって終わった。第二段階はさらに長く続き、一八九八年から一九一〇年八月の併合までである。明治指導部の失敗を例に挙げながら、コンロイは政治的なリアリズムが容易にリベラリズムの凋落と対外政策における反動の増大をもたらすことができるとアメリカの冷戦期の政治家たちに警告する。Conroy, *The Japanese Seizure of Korea*, pp.261-382.

30 Peter Duus, *The Abacus and the Sword : The Japanese Penetration of Korea, 1895-1910* (Berkeley: University of California Press, 1995), pp.12, 24. 明治日本指導層と朝鮮在住日本人植民者コミュニティという二つの組織は、外国による朝鮮への政治的経済的浸透において中心的な役割を演じたが、それをドウスは、自分の研究において意図的に二つの語りに分けている。

31 Duus, *Abacus and the Sword*, p.72.

32 R.Robinson and Gallagher, "The Imperialism of Free Trade," pp.1-15; R.Robinson et al., *Africa and the Victorians*; Louis, *Imperialism*.

33 Duus, *Abacus and the Sword*, pp.98, 220. ドウスは二四一頁において「もし明治の指導者たちの心配が、助けを日本に頼ろうとする強力で積極的な、近代化されつつあった韓国エリートの出現によってやわらげられていたならば、韓国はその独立を維持していたかもしれない」と仮説を立てる。

34 詭弁を弄して朝鮮を「他者」として構築したことは、その主権への朝鮮の国際的な訴えかけを無意味なものとし、日本を「統治者」として完全に植民地を持つ資格ありとされる「文明社会」の「合法的な」主体として確立することになったとダッデンは論じる。Alexis Dudden, *Japan's Colonization of Korea : Discourse and Power* (Honolulu: University of Hawai'i Press, 2005), pp.9-12.

35 Dudden, *Japan's Colonization*, p.100.

36 Yŏng-Ick Lew, "The Kabo Reform Movement: Korea and Japanese Reform Efforts in Korea, 1894," PhD diss.

Harvard University, 1972.

37 이태진『고종시대의 재조명』(서울：태학사、二〇〇〇年)、四〜一四頁。その他、高宗の改革に関する論文については、以下参照。김성혜「一八九〇년대 고종의 통치권력 강화 논리에 대한 일고찰：君父論과 君師論을 중심으로」『역사와 경계』제七八집、二〇一一年、二八七〜三二一頁：김성혜「고종시대 군주를 둘러싼 통치체제 구상에 대한 일고찰：갑오개혁기를 중심으로」『정신문화연구』제三三권、제三호、통권一二〇호、二〇一〇年、三一五〜三五二頁：장영숙『고종의 정치사상과 정치개혁론』(서울：선인、二〇一〇年)：강상규『一九세기 동아시아의 패러다임 변환과 한반도』(서울：논형、二〇〇八年)：이승렬『제국과 상인：서울·개성·인천지역 자본가들과 한국 부르주아의 기원』(서울：역사비평사、二〇〇七年)：서영희『대한제국 정치사 연구』(서울：서울대학교출판부、二〇〇三年)。

38 たとえば李泰鎮は独立協会によって組織された万民共同会を協会の中の親日分子が在朝日本公使館と秘密裡に協力し合いながらおこなった政治的陰謀として描く。이태진『고종시대의 재조명』四八〜七七頁。

39 高宗の再評価は一九九〇年代に韓国の歴史家たちのその他の「発見」と手を携えて進行した。朴賛勝《パクチャンスン》、朱鎮五《チュジノ》、金度亨《キムドヒョン》は、開化派の思想と運動を、朝鮮を植民地化しようとする日本の計画に組み込まれたものと見ており、エリート改革者たちの親日的態度を彼らの「上層ブルジョワジー」としての階級的地位に帰している。先の研究者らはこれらエリート改革者たちの日本との妥協的態度を一八九四年の東学農民反乱の抵抗とも対比する。そしてこの東学反乱を民衆史家たちは一九世紀における朝鮮民衆運動の頂点だと言祝《ことほ》いできた。金度亨「日帝侵略初期(一九〇五〜一九一九)親日勢力의 政治論 研究」『啓明史學』三、一九九二年、一〜六三頁。一九八〇年代以降の民衆史と朝鮮における民衆反乱の構造については、以下を参照。Kenneth Wells, "The Cultural Construction of Korean History," in *South Korea's Minjung Movement: The Culture and Politics of Dissidence* (Honolulu University of Hawai'i Press, 1995), pp.11-29; Namhee Lee, *The Making of Minjung:*

Democracy and the Politics of Representation in South Korea (Ithaca, NY: Cornell University Press, 2009), pp.23-69.

40 尹致昊『尹致昊日記』五巻および六巻、(果川：国史編纂委員会、一九七三～一九八九年)。

41 Schmid, *Korea between Empires*, pp.4-5. シュミット『帝国のはざまで』三～四頁。

42 Christine Kim, "Politics and Pageantry in Protectorate Korea (1905-10): The Imperial Progresses of Sunjong," *Journal of Asian Studies* 68, no. 3 (2009), pp.835-859.

43 東学は文字通り、キリスト教を表す「西の学」に対する「東の学」を意味した。

44 Gyan Prakash, "Subaltern Studies as Postcolonial Criticism," *American Historical Review* 99, no. 5 (December 1994), pp.1480-1490.

45 Prakash, *Subaltern Studies*, pp.1488-1490.

46 Skinner, *Visions of Politics*, 1, p.7.

47 Skinner, *Visions of Politics*, 1, pp.3-4.

48 従来の研究は、ポピュリズムを固いイデオロギー的な核をもたない立論、政治スタイル、戦術だと特徴づけてきた。ポピュリストは所与の制度の中で確立された権力によって利害を「裏切られ」てきた一般民衆のために語ろうと主張する。以下参照。Robert H. Dix, "Populism: Authoritarian and Democratic," *Latin American Research Review* 20, no. 2 (1985); David Peal," The Politics of Populism: Germany and the American South in the 1890s," *Comparative Studies in Society and History* 31, no. 2 (April 1989), pp.340-362; Ruth B. Collier and David Collier, *Shaping the Political Arena: Critical Junctures, the Labor Movement, and Regime Dynamics in Latin America* (Princeton, NJ: Princeton University Press, 1991); Hans-George Betz and Stefan Immerfall, eds., *The New Politics of the Right: Neo-Populist Parties and Movements in Established Democracies*

(London: Macmillan, 1998); Yves Mény and Yves Surel, *Democracies and the Populist Challenge* (New York: Palgrave, 2002); Alan Knight, "Populism and Neo-Populism in Latin America, Especially Mexico," *Journal of Latin American Studies* 30, no. 2 (May 1998).

49 アメリカのポピュリズムについては、以下参照。Michael Kazin, *The Populist Persuasion: An American History* (Ithaca, NY: Cornell University Press, 1998); Robert C. McMath Jr., *American Populism:A Social History, 1877-1898* (New York: Hill and Wang, 1992); Lawrence Goodwyn, *The Populist Moment: A Short History of the Agrarian Revolt in America* (Oxford: Oxford University Press, 1978). ロシアのポピュリズムについては、以下参照。Andrzej Walicki, *The Controversy over Capitalism* (Oxford: Clarendon Press, 1969); Franco Venturi, *Roots of Revolution: A History of the Populist and Socialist Movements in Nineteenth Century Russia* (London: Weidenfeld and Nicolson, 1960).

50 Margaret Canovan, "Trust the People! Populism and the Two Faces of Democracy," *Political Studies* 47, no. 1 (March 1999), pp.2-16.

51 William H. Riker, *Liberalism against Populism, and the Theory of Social Choice* (San Francisco: W. H. Freeman, 1982), pp.238-239.

52 Ernesto Laclau, *On Populist Reason* (London: Verso, 2005), p.117.

53 Laclau, *On Populist Reason*, p.74. ラクラウはポピュリズムが「民衆」を社会的な主体ないしは社会的な行為者として構成するための特別なロジックとして姿を現してくる三つの前提条件を確認する。(1)「民衆」を権力から分かつ内部の敵対的な境界の形成、(2)「民衆」の出現を可能にする要求の同等な分節化、(3)これらのさまざまな要求の安定的な意味のシステムへの統一。

54 Laclau, *On Populist Reason*, p.156.

55 東学については、以下参照。Susan. S. Shin, "The Tonghak Movement: From Enlightenment to Revolution," *Korean Studies Forum* 5 (Winter-Spring 1978-1979); Shin Yong-ha,"Establishment of Tonghak and Ch'oe Che-u," *Seoul Journal of Korean Studies* 3 (December 1990), pp.83-102; Shin Yong-ha, "Conjunction of Tonghak and the Peasant War of 1894," *Korea Journal* 34, no. 4 (Winter 1994), pp.59-75; Suh Young-hee, "Tracing the Course of the Peasant War of 1894," *Korea Journal* 34, no. 4 (Winter 1994), pp.17-30; Yŏng-Ick Lew, "The Conservative Character of the 1894 Tonghak Peasant Uprising: A Reappraisal with Emphasis on Chon Pong-jun's Background and Motivation," *Journal of Korean Studies* 7 (1990), pp.149-180; Mark Setton, "Confucian Populism and Egalitarian Tendencies in Tonghak Thought," *East Asian History* 20 (December 2000), pp.121-144.

56 Mark Setton, "Confucian Populism and Egalitarian Tendencies in Tonghak Thought," pp.121-144.

57 李寅燮『元韓國一進會歴史』巻之一（京城：文明社、一九一一年）、四三～四四頁。一進会は自分たちが独立協会の価値と資産を受け継いだと主張した。

58 『駐韓日本公使館記録』一巻（果川：国史編纂委員会、一九八六年）、原典は一九〇四年一一月二二日。

59 林雄介「運動団体としての一進会：民衆との接触様相を中心に」『朝鮮学報』一七二（一九九九年七月）、四六～四八頁。

60 『大韓毎日申報』一九〇五年一二月一日付。

61 一九〇四年七月一〇日付の紙面において具完喜は、東学に対して不満を持っていた人たちが彼の事務所に押し寄せ始めたと書いた。

62 『駐韓日本公使館記録』一巻、一九〇四年一一月二二日：林雄介「一進会の前半期に関する基礎的研究」『朝鮮社会の史的展開と東アジア』（武田幸男編、山川出版社、一九九七年）、五〇六～五〇九頁。

63　たとえば度支部の記録は地方在住の外国人居住者に関する諸問題を扱う。この記録は租税問題や地方居住者の訴えを含んでいる。

第1章　朝鮮の改革者たちと朝鮮末期という時代

朝鮮王朝は長期にわたり安定していた。大きな民乱はその最後の一〇〇年を迎えるまでは起こらなかった。朝鮮王朝は一九世紀に突然一連の民乱、エリート官吏たちのクーデタ、宮廷内の反抗運動、打ち続く外国人の侵入に見舞われた。しかしこれらの難題も、一八九四年に東学農民反乱が体制をひどく揺り動かすまで、朝鮮王朝の古くからの政治的枠組みを否定することはなかった。国王高宗は寛容で穏やかであった。彼は保守的な文人たちとエリート改革者たちの間にあって改革を調整した。彼が調整に乗り出したため王朝の崩壊は先延ばしにされたかもしれないが、蓄積された問題と社会的な憤りの根本的な解決は遅れることになった。

朝鮮末期の弾力性は、近代的な意味での強さではなかったにせよ、朝鮮改革論者による運動の歴史的な方向性の枠組みを作り上げた。王国の根本的な革新には、古いものに取って代わるイデオロギー的で制度的なネットワークが必要であったが、それこそ儒教国家が五〇〇年間にわたって支配層エリートと人民の間で築いてきた、相互に結びついていた価値と関心を弱め破壊し得るものでなければならなかった。朝鮮末期、王国はいろいろな問題を抱えていたにもかかわらず、改革者たちがそのような選択肢を成長させ動員する機会を上手に抑制した。東学農民反乱が王朝の政治的社会的制度に批判的な形で傷を与えた時、新しい政治的地平が開かれた。独立協会《トンニピョッペ》は普通の人々を政治へと動員し、王国を改革するための新しい政治思想と政治実践を公にすることによってこのような空間を拡大した。

高宗はさまざまな政治グループの改革提言を受け入れはしたが、大韓帝国期（一八九七〜一九一〇）に、主として君主の力を強化する方向へと政府の政策を誘導した。大韓帝国の時代は、立憲君主として自分自身を改造し、不満を感じていた人民を、市民権を持つ臣民へと変形するための高宗の最後の機会であったかもしれない。それなのに彼は独立協会を迫害し、帝国の社会的な周辺層と地理的な周縁地域を混乱に巻き込んでいた東学農民反乱の生き残りたちを弾圧した。高宗はさまざまな政治グループ間の対立を利用し、宮廷においてはこれらのグループを相互に牽制させて伝統的な王権を顕示した。彼の権力は、絶対的な地位を主張するには限定されたものであったが、官吏の一グループが優位に立つには強すぎた。

朝鮮末期は宮廷政治に限られていたわけではなく、官吏たちが国家の命令を強制するべく地方社会へと深く達した密度の高い制度とネットワークを備えていた。国王の権威はこれらのネットワークを単一の政治領域に統合し、国家の公的代理人と半官半民的な代理人に正当性を与えた。それと引き換えに、地方官たちは責任をもって地方の争いを解決し、人民の不安をやわらげた。一九世紀中ごろの朝鮮の改革者たちや反乱者たちが王朝の改革を目指した時、彼らは国王を自分の側につけて上意下達でシステムを革新するか、あるいは下からの民衆的な政治構想を作り上げて王朝の古い制度的枠組みに置き換えようとした。開化派の指導者たちは前者の道を取り、東学農民反乱は後者の道を試みた。本章は、朝鮮末期の特徴を再検討し、政局の難題に取り組んだ人たちが一九世紀末における国家の改革をどの方向へと引っ張っていこうとしたのかについて吟味する。従って本章は、エリート改革者たちと東学農民反乱の反乱者たちが国家の権力を抑制するために導入した組織的実験を詳しく説明する。このような実験はのちになって一進会の運動と政治的キャンペーンに利用されることになる。

朝鮮王朝末期における国家＝社会関係

ジェイムズ・パレは国家としての朝鮮を定義して、地方社会に浸透するには非効率的に過ぎる「中央集権的官僚行政」であるとした。彼が言うには、朝鮮の政治システムは、それを通して支配的エリートが自分たち自身の間で権力の均衡を維持する、君主と貴族階級＊の間の対抗関係であった。行政権力が弱かったにもかかわらず、均衡のこのシステムは朝鮮王朝のユニークな長期政権を補強し、この王朝は他の国の伝統的な王朝の二倍は長くもったとパレは論じる。近代国家と比べると、朝鮮の社会統治能力は限定的であった。しかしながら朝鮮は社会に働きかけるための自分自身の手段を持っており、国自体が社会問題を解決することにおいて決定的な役割を演じた。[1]

朝鮮は地方の官吏たちを管理するための手立てを全国的な法典の中に法制化することによって、初めからある程度の中央集権化を達成しており、[2] 王朝を通じて中央集権化と行政改革を繰り返していた。一八世紀には、韓国の歴史家たちが朝鮮社会における権力の中央集権化と呼んでいるように、朝鮮は目に見えてその地方支配を向上させていた。[3] 王朝の支配エリートである両班《ヤンバン》は軍事階級ではなかった。彼らはイデオロギー的に洗練されており、地方住民に命令を下し、行政を方向づけるための制度的権限をもっていた。しかし貴族的秩序への暴力的な抵抗に立ち向かおうとしても、彼らには私軍を動員することはできず、むしろ国家が排他的にコントロールしていた「暴力手段」に頼るしかなかった。このため国家が社会に対する優位性を維持するのがいっそう容易になったのだ。しかしながら朝鮮王朝中期までは、中央行政はその統治のために地方両班組織の力に大きく依存していた。[4] 地方貴族へのこの依存は、一八世紀には、その性格を変え、国家は観察使と地方官の役割をいっそう拡大し、面と里の間の直接的な行政上の結びつきを強くした。[5] 中央政府はまた、両班による私的な科刑の強制を抑制し、刑罰行政に対する中央政府自身の裁判権を強化し、新しく編纂された全国的法典を刊行した。[6]

正確には何がこの再組織化を推進したのかはわかっていない。国王の力が強くなっていた粛宗《スクチョン》（一六六一〜一七二〇）、英祖《ヨンジョ》（一六九四〜一七七六）、正祖《チョンジョ》（一七五二〜一八〇〇）の治世期にそうした中央集権化が加速されたのを考慮すると、君主のイニシャチブがひとつの説明になるかもしれない。もうひとつの可能性は貴族層内部の力学である。韓国の社会史家高錫珪《コソッキュ》は、中央集権的国家の拡張に伴う中央の貴族層と地方の貴族層の間の熾烈な闘争を明らかにした。支配的な貴族層であった老論〔朝鮮時代の朋党の一政派〕は、慶尚道地域において自分たちに歯向かっている地方貴族党派の自治を侵害すべく地方官たちを助け、自分たちの文化的権威、地方の両班組織の会員権、そして収税権を守るため慶尚道の貴族層との地方での闘争を始めたと高錫珪は論じる。[7]

原因が何であれ、中央集権化は一六、一七世紀に堅固になっていた地方両班の事実上の自治権を抑えることになった。地方におけるこの中央集権化の影響は、朝鮮末期の社会史の中でさまざまに解釈されてきた。[8] 金仁杰《キムインゴル》と高錫珪は崩壊しつつあった地方貴族層の自律性と一八、一九世紀においてますます大きくなりつつあった彼らの地位に対する批判を強調した。彼らはこの変化を、郷会《ヒャンフェ》〔地方の両班中心組織〕や郷案《ヒャンアン》〔地方有力者の名簿〕を分析して、郷会内において地方における社会闘争が演じられたと説明する。郷会は、地方エリートの家系とその利益を保持するための自主規制的組織であったが、これらの組織は、公共行政管理部門と軍事行政管理部門の職員、これらの管理部門に選ばれた官吏たち、そして配分された税と軍役を管理していたので、地方の安全と福利において重要な役割を演じていたというのだ。[9]

一八世紀にこれら地域の郷会は地方行政におけるその重要性を減少させた。[10] 地方官へのこの権力移行は、新しい地方エリートを出現させるか、もしくは地方の郷職〔両班より下位にあったエリート層〕と両班貴族層との疎隔を顕著にした。いくつかの南部諸地域では、地方貴族層は、課税とその他の行政的業務において、地方官を支える従属的役割を果たしていた郷職を敬遠した。他方、このような役割のために雇われた新しいエリートである郷吏、あるいは両班家系の長男以外の息子たちは、地域の富と権力を蓄積するためにこの機会をつかんだ。これら新しいエリートたちは、地方の貴族層の優勢な地位に挑戦し、郷案への登録資格購入もしくは登録資格請求闘争によって、郷会に参加しようとした。エリートたちの間での郷会の会員資格をめぐっての対立は郷戦と呼ばれたが、これは郷会における旧郷《クヒャン》（旧会員）と新郷《シニャン》（新会員）の間の闘争でもあった。[11]

同様の話が全羅道古縣内面《コヒョンネ》についての白承鍾《ペクスンジョン》の事例研究に見られる。この面における著名な両班家系の人たちは、その優越性を一七世紀初頭にはすでに確立していた。[12] これらの家系の人たちは、洞会《トンフェ》（村民集会）と連携し、自分たち以外の住民を統制した。しかし両班の優越性は、洞会の内と外の両方で崩壊した。朝鮮社会が「儒教化」するに従い、まずは門中《ムンジュン》（父系の血族組織）が一七世紀に優勢となった。[13] これらの新しい血族組織は、しばしば祖先の墓の位置のような問題についての法的な争論にかかわったので、両班の統一性を掘り崩すことになった。それに加えて、社会的な下位エリートたちは、洞会の独占的な成員資格を争って手に入れようとした。[14] 両班の統一性が瓦解するに従って、洞会は一八世紀には地方社会の支配権を失った。

一八世紀において不安定ではあるにせよ地方両班が優越性を保持していたことについて、研究者がすべて同意しているわけではない。李榮薫《イヨンフン》は、両班の優越性はのちに発展したものであり、もっと長く持続したと主張する。慶尚道の大渚里《テジョ》についての研究の中で李榮薫は、両班エリートたちは平民に対する一方的な優越性を一八世紀初めに確立し、一九世紀中葉を越えて、そのような優越性を維持したと論じる。一七世紀には平民たちは自分たち自身の組織に結集し、奴婢に対しての「自由民」として自分たちのアイデンティティを保持した。下契《ハゲ》と呼ばれる平民の組織は両班の上契《サンゲ》に対して相対的な自律性を享受していた。ところが一八世紀になると、両班は平民を「下民《ハミン》」として従属させ、村落を一方的に支配した。李榮薫は、平民と奴婢の間の通婚が自由な平民を「下民」へと変質させることになったと理解する。そして一方的な両班支配が崩壊し、村落内部の協約である洞約《トンヤク》が両班に属する人たちの排他的な結びつきへと変わったのは、ようやく一九世紀になってからであったという。[15]

川島藤也は、一六世紀における郷庁《ヒャンチョン》〔守令を補佐した自治機構〕の発展は、地方貴族層の自律性ではなくて、むしろ中央の官僚たちとの「相互依存」を示していたと理解する。川島に従えば、郷会は、一八世紀には中央の官僚たちとの結びつきを弱めつつあったが、その成員資格は、一九世紀の末ですら、相変わらず高名な貴族一族に独占されていた。[16] 金善珠《キムソンジュ》も、郷会は非貴族的エリートからの、そして税の金納化と貨幣経済化からの新たな圧力と闘っていたが、一九世紀にいたるまで、その貴族としての統合性と権力を維持していたと論じる。金善珠の仕事は、北方地域における両班貴族層の欠如についての最近の研究に修正を加えて、北部地域の郷会も、その貴族的系譜を確立し、その地域における秩序と社会的ヒエラルキーを維持することで、その権力と文化的威信を明示したことを示す。金善珠は、北方地域の両班アイデンティティに対する差別が、朝鮮宮廷に対する最初の大規模な反乱である洪景来《ホンギョンネ》の乱における決定的な要素だったとみなす。[17]

朝鮮末期社会についての先行研究は先に要約した通り、朝鮮の地方エリートの間に念入りに作り上げられたネットワークと地方における対立の複雑な政治力学を明らかにしてきた。しかしながら朝鮮の回復力の源はどこにあって、この国が全般的に公的な機能をどのように遂行したのかという点については、完全には説明されてこなかった。もし朝鮮の人々が、家族レベル、あるいは村落レベルを超えて、社会のために必要な秩序、福利、そして安全性を維持するために「公共財」を必要とするようになったというのであるならば、彼らはどこで変わったのか。朝鮮末期を通して郷会は、その役割を遂行し、それを支えたのであろうか。李栄薫は、一九世紀末の村落住民が安全や灌漑のような「公共財」を供給するために、そして村の森を維持したり、多くの個人を巻き込んだ契《ケ》〔特定の目的のために共通の意思を持つ者同士が相互扶助を形成することで任意に結ばれた民間共同体〕を教育等のために発展させたことを見つけた。[18] アンダース・カールソンは、朝鮮は念入りに作られた「救済援助ガイドライン」と「救済用穀物調達実行力」を有していたし、「一般的な国庫の窮迫という圧迫」にもかかわらず、それらを申し分なく実行してのけたと論じる。彼は一九世紀初めにおける朝鮮行政の衰弱は、先行研究においては、誇張されてきたと断言する。[19]

平安道に関する私自身の調査はカールソン説を裏付ける。[20] 平安道の記録によると、一八二二年、道は効果的な災害援助を提供し、大規模な飢餓救済を実行した。[21] 平安道は各月の一〇日毎に、定期的に中央政府に報告を提出した。この月例報告は、福利、刑罰行政、内的外的安全の問題を含んでいた。この地域は王室管轄区域であったから、刑罰行政に関して、道はこの地域のすべての殺人事件を集計し、その監査を求めて中央政府に報告した。国内の安全性に関しては、地方官たちは「異端」の拡大についての情報を秘密裡に集め、それらを鎮衛隊《チヌィデ》〔辺境防衛軍〕へと報告するよう指示された。地方官たちは自分たちの地域における火事の犠牲者、溺死者、虎に襲われた人たちへの公的支援に関しても、中央政府に月例報告を送った。[22] 地方官たちはその後、事故のあった場所、被害者の名前、性別、年齢、身分、そして世帯の大きさを調査した。穀物は被害者の世帯の大きさに基づいて配給された。[23] たとえば、道政府は、一八二二年二月に、全部で四九世帯が災難に遭遇したと報告した。政府は大世帯の一五の被害者の各戸に米を九小斗提供し、中世帯の各戸には八小斗、二五の小世帯各戸には七小斗を提供した。[24] もし被害者の家族も死んだならば、政府はその葬式費用として追加の支援をおこなった。[25]

平安道は、捨て子にも救済手段を整えた。〔数えで〕三歳以下の乳幼児が発見された時、道は授乳可能な女性のところにその赤児を連れて行った。これらの女性は政府から毎月、米を三小斗、それにワカメと醤油を受け取った。たいていの捨て子は平安道最大の都市平壌で見つかった。一八二二年五月には、この道で捨てられていた一八人の乳幼児のうち、一六名が平壌で発見された。道は、これらの乳幼児のための援助を中央政府の賑恤庁《チニュルチョン》〔救済部局〕に報告した。[26]

朝鮮における飢餓救済は、還穀《ファンゴク》あるいは還子《ファンジャ》〔どちらも穀物貸付制度〕の機能障害と崩壊という観点から描かれてきた。ジェイムズ・パレは一七世紀の中ごろにはすでに還穀は飢餓に対する支援策としてのその役割を捨て去り、「抑圧手段」と成り果てていたと指摘する。とはいうものの、『関西啓録』の記録は、飢餓救済を還穀の機能障害とは別の問題とみなす可能性を示唆する。[27] 道は、この事業の規模とその受益者の数が大きかったことから、飢餓救済の努力がとても重大なことだとみなしていた。この救済過程は、「公賑《コンジン》」〔凶作の際の国家による救済〕と「救急《クグプ》」〔緊急救済〕という、二つの異なる財政カテゴリーのもとで実行された。公賑は五つの町をカバーしていたが、その中には慈山《チャサン》とその隣接地域が含まれており、救急は二二の町に供与されたが、その中には平壌が含まれていた。一八二二年には平安道において一三万人以上の人々が飢餓救済穀物を受給した。大まかに言って、道は一人当たり三斗の米を供与した。

これらの救済手段が、北方辺境地帯における社会的な騒擾を防ぐため必要で一時的なものであったのか、あるいは平安道に限られたものであったかどうかを決定するためには、もう少し調査が必要だろう。一八一二年の悲惨極まりない洪景来の乱は、確かにこの救済を道政府に強いることになった。平安道の暗行御史《アメンオサ》〔秘密査察官〕は、反乱後、救済米に対する要請が増加したために、道政府の穀物倉庫はほとんど空っぽになったと報告した。[28] とにかく道の記録は、国家の救済手段はそれを必要としている世帯への支援物資分配が十分実行可能であったことを示唆する。一八世紀に強化された中央集権化は、一八二二年の平安道観察使の報告に記されているように、国家が相当規模で社会に関与していたことと関連しているかどうかの調査がまだ残されている。簡単に言えば、朝鮮王朝の安定性は、社会的な混乱に対する国家の関与と、政府の命令を遂行するためのその地方的なネットワークの存在によって支えられていた。朝鮮末期、国家は、貴族層の特権と身分に基づく差別を擁護したけれども、行政の代理者として、非貴族的なエリートを組み込み、救済手段を供与し、そして地方の両班組織たる郷会の権力を、中央政府の官吏たちに従属するものとして制限することによって、確かにその社会的な浸透力を高めたのであった。要約すれば、朝鮮末期の危機は、強化された中央集権制、社会関与、地方浸透という脈絡の中で検討されるべきなのだ。

朝鮮王朝末期の危機とエリート改革者たち

朝鮮王朝は一八世紀には繁栄していたのに、一八〇〇年に正祖王が亡くなった後、急速に傾いたのはなぜかという点については明らかではない。打ち続く民乱は正確には何が原因で生じたのか。課税と官吏の腐敗の問題は目立っていた。しかし一九世紀の官吏たちはそれ以前の時期以上に腐敗していたのだろうか。もしそうだったとしたら、それはどうしてなのか。ひとつの直接的な理由として君主の権力が弱かったためだという可能性はある。正祖王が亡くなった後、彼の後継者たちは外勢と有力な貴族家系の勢力を抑制することができなかった。このことが意味しているのは、朝鮮が高度に中央集権化されるにつれて、勢力のある貴族家系によって支配されて弱体化していた宮廷や中央政界から地方貴族が離反し始めたという点である。中央と地方の間で変貌したこのような力学は、朝鮮における改革運動の方向に影響を与えた。エリート改革者たちには、宮廷の中では政治的に限られた動きしかできないことがわかっていたし、中央における改革のためには王の恩顧に頼らざるを得なかった。地方という領域では、改革者たちは、改革と腐敗した政府官吏に対抗するために、不満を抱えた地方エリートの中に新しい社会的土台を作り上げるための潜在的な同盟者を見つけることができた。朝鮮の改革運動が、「きっちり整った」階級もしくは社会的・身分的区分を示さなかったのは、これがひとつの理由なのだ。

朝鮮末期の危機という難問は、収縮しつつあった歳入基盤であった。そしてそれは官吏の腐敗によって悪化させられた問題でもあった。郷吏たちの犯罪は、地方行政記録の中で際立っていた。平安道政府の一八二二年の報告（『關西啓錄』）では、平安道へと追放されて来た者に対してなされた告発が、その社会的な地位とともに記録された。記録は、六三件の追放事例のうち、半分以上（三一件）が、官吏の権力乱用にかかわったものであったことを示している。三五件についての被追放者は、郷吏か捕吏であった。地方官吏に対してもっとも頻繁になされた告発は、政府歳入の着服であった。朝鮮政府は、官吏の犯罪を厳正に罰した。[29] しかしながら朝鮮政府には、第一に官吏たちによる権力乱用を防ぐ適切な制度が欠けていた。一八世紀における中央集権化自体がこの問題をいっそうひどくしたのかもしれない。郷会が地方行政におけるその自治能力を失った後では、彼らは政府の諸機関と効果的につり合いを取ることができなかったのかもしれない。官吏が腐敗していたため、政府が課税と救済手段を遂行することができなかった時、このことは明らかに地方住民の不満を加速させた。というのも、彼らは政府の救済があってかろうじて毎年巡ってくる春の飢饉をしのいでいたからである。

朝廷の大臣たちには、官吏の腐敗と歳入危機がわかっており、彼らはしばしば改革について議論した。とはいうものの、彼らは自分たち自身の利害を毀損する可能性のある政策は策定しないようにと注意も払っていた。一八二二年に改革志向の官吏が追放され土地調査が宮廷によって先延ばしされたが、この一九世紀初めの宮廷における二つのエピソードが、いかに危機を解決するかについて官吏たちの間に対立があったことを明らかにする。宮廷は、純祖王（一七九〇～一八三四）に宮廷の腐敗について進言したという理由で任熿《イムヨフ》という名の政府官吏を追放した。[30] 任熿は売官がはびこっているのを批判し、勢力のあった貴族家系がわいろを受け取っていると非難したのだ。これは宮廷の官吏たちを激怒させ、彼らのために王は任熿の免官を余儀なくされた。王は何度も任熿を罰することを拒絶したが、結局、彼を朝鮮北部の慶源《キョンウォン》府へと追放した。[31] 宮廷は一八二二年に政府の歳入不足に対処するため、真剣に新たな土地調査について考えていたのだが、しかし最終的にそれを先送りすることに決定した。その議論の中で、宮廷の官吏たちは調査が緊急に必要であることを認めたが、すぐに大規模な調査をおこなうことは適切ではないと理由をつけ、何度もためらいを示した。[32] 一八九八年になってようやく朝鮮政府は一七二〇年以来初めての全国的な土地調査事業を企てた。[33] この一八二二年の宮廷における逸話が示しているように、宮廷の高官たちは、国王が改革者たちを擁護したとしても、この状況に批判的な改革志向の官吏たちを簡単に排除することができた。

宮廷におけるこのような手詰まり状態の下で、朝鮮社会は一九世紀末における根本的な危機の状態へ入りこんだ。一八六二年の晋州《チンジュ》民乱に関する金善珠の論稿は、危機のさなかにある朝鮮社会の鮮やかな概略を提供してくれる。金善珠は反乱へと至ることになった地方社会の多層的な状態を明らかにする。少数の名声ある両班家系が大きな土地を保有し続けていたが、残りの地方住民は貧しい両班世帯も含めて、貧窮化しつつあったがゆえに、この地方における土地所有権は大きく二極分解していた。金善珠は、この反乱の直接の原因を階級構造の中にではなく、むしろ「都結」と腐敗した還穀を原因とする租税問題の中に求める。金善珠に従えば、都結は、一九世紀初めに押しつけられ、南部諸道に広がった。都結とは、すべての租税が軍役税や還子も含めて「ひとつの土地課税」へと結び合わされ、「地方官の直接の監視下に現金で徴収された」ものである。このシステムの下で地方政府は、租税を支払う各世帯に対して課税したのではなく、租税の全額をひとつの単位として村に課税した。その結果村人全員が、金持ちであれ、貧者であれ、重税、もしくは増税の影響を受けた。そしてこの増税を促したのは、たいてい利益をねん出し、歳入を増やすために他所の市へと税収を貸しつけていた郷吏の「投資の失敗」もしくは官吏による着服であった。[34]

金善珠は、最終的にこの反乱の保守的な性格や危機を取り扱う政府の力量を強調する。哲宗（一八五〇～一八六三年）は、一八六二年の反乱を調査し終結させるために著名な改革派官吏の朴珪壽《パクキュス》を按覈使《アネクサ》として派遣した。哲宗は、反乱の目論見を顧慮し、「都結の廃止」、「法に則らず新しく新税を創出することの禁止」、そして還穀を定額土地税へと変形することを含む改革政策を公表した。金善珠が記しているように、提案された改革はそれが発表された直後に打ち切られた。[35] 一九世紀への転換期にこのような破棄がなされたことは朝鮮社会に問題を解決する能力がないことを示しているのではなく、その危機が、根本的な改革なしには「押しとどめようもない」ほどのものだったという事実を示していた。いくつかの改革の試みが一八七〇年代と一八八〇年代に失敗した時、一八六二年民乱の時に表現された社会的混乱は、一八九四年の東学農民反乱においては、中央の宮廷に対する大規模な農民一揆として現実化した。

朝鮮の新しいエリート改革者たちである開化派が、一八六二年民乱に遭遇し、国王の改革提案が「破棄」されるのを見た按覈使朴珪壽の知的な若き食客たちの中から現れてきたのは偶然の一致ではないかもしれない。開化派の指導者たちは、変化の構想の源を西欧と日本からの非正統的な知識に求めたという点で、過去の改革志向の文人たちとは異なっていた。[36] 改革者たちは政治的には首尾一貫しておらず、彼らの書いたものの大部分は改革運動中に発刊された新聞の論説あるいは記事であった。エリート改革者たちは決して国王の権力を退けることはなく、国王の権威を損なうのを避けるために、自分たちの書いたものを自主的に検閲していたようだ。それでも彼らが書いたものは、ある問題を強調し、朝鮮のため、他の問題よりもそれらを優先させることで、自分たちの本来の関心の中心をしっかりと示してはいる。

一般的に言って、朝鮮のエリート改革者たちは、「エリート主義者」であれ、「民主主義者」であれ、国家権力に対して制限を加えようと試みた。中央では彼らは改革志向の官吏たちが改革を制御し、国王とその宮廷の権力を抑制することのできる制度を構築しようと試みた。地方においては、彼らは官吏の腐敗と権力乱用に対する防波堤として郷会を再組織しようと計画した。これらの改革派エリートは、立憲王政の大きなメリットを認識しており、そのような計画を朝鮮で遂行するため漸進的なアプローチをとった。[37]

エリート改革者たちは甲申政変《カプシン》（一八八四年）、甲午改革《カボ》（一八九四〜一八九六年）、独立協会運動（一八九六〜一八九九年）という形で、次々と王国の諸制度の再調整を試みた。一八八四年の宮廷クーデタの指導者たちは、鍵となる行政決定とその執行をコントロールするために、大臣参賛会議〔大臣並びに副大臣の会議〕を利用することを計画した。[38] この計画は、それが君主と貴族家系の権力を徹底的に削ぐことになるという点で急進的であった。クーデタの失敗後、エリート改革者たちはこの立場をやわらげ、一八八〇年代の末には「君民共治」を提案した。[39] 共同統治というこの提案は、君主制に対する妥協であり、一八九四年内閣のエリート改革者たちの導きの糸となった。この内閣は、社会的な身分制度と官吏採用における両班の特権を廃止した。[40] 内閣は立法権力、行政権力、そして司法権力の分立を確立し、王の宮廷に代えて、内閣を政府における中心にしようとも試みた。彼らは国家行政を帝室の管理とは分けるために、宮内府から議政府《ウィジョンブ》〔国務担当最高政策決定機関〕を分離させた。[41]

一八九四年内閣の改革者たちは郷会を改革し、郷会を地方住民の幅広い層を代表するものとする条項を提案した。彼らは作り変えられた郷会が、その財政と租税徴収の改正という点で政府を援助することになると示唆した。改革者たちは、古い租税徴収方法は監視者がいないと納税者たちから搾り取り、国家の歳入を着服しがちであった地方の官吏や郷吏の問題を増大させると考えた。彼らは租税徴収方法を地方官と道観察使の管轄権から切り離し、郷会が中央政府の租税行政において納税者たちを「代表する」ようにと期待した。[42]

一八九五年一一月、改革内閣は「郷會條規」〔郷会に関する規則〕と「郷約辧務規定」〔郷約を改善することに関する規則〕を策定した。甲午改革の担当官庁であった軍国機務処《クングケキムチョ》〔改革総括機関〕は、一八九四年七月の「郷会設立に関する件」の中で「郷会」を「地方自治のための組織」と定義していた。この条項では、面の代表が決定を下す事柄に関して郷会が命令や医療政策を出す権利を持っていると述べられていた。この条項は、郷会の会員は、面住民の推薦によって選ばれるとも指示している。兪吉濬は、一八九五年の郷會條規は地方行政組織の三つの単位、つまり郡会《クヌェ》、面会《ミョヌェ》、里会《イフェ》に従って組織するよう郷会に指示しているのだと指摘した。この規則は、尊位《チョヌィ》〔村の長〕とか、執綱《チプカン》〔面や里の行政事務担当者〕のような地方の面会の指導層を選ぶ過程を管理する地方政府の慣例を廃止しようとした。この規則は、身分に基づく会員資格に対する郷会内部の差別をも撤廃した。

こうした規則は、古い郷会の性格を変えることを意図していた。というのも、そうした郷会の指導層は両班貴族層もしくは保守的な地方エリートであり、その役割が地方政府の下位におかれていたからである。しかしながら改革者内閣は、そのメンバーが厳密な議論の末にこの規則を決めたのではあったが、官報でこの一八九五年の規則を公にすることはなかった。[43] 改革内閣の在任期間は、これらの規則が地方社会を変えるには短すぎた。ポスト甲午期の間に、地方の制度がどのように変化させられたかを理解するためにはもっと多くの調査が必要とされる。李榮昊《イヨンホ》は、甲午改革の挫折後、郷任《ヒャンイム》

〔郷会の役員〕たちは、地方官の賛助者としてとどまり、郷約のような伝統的な社会秩序に関するエリートの慣例を維持していたと推定する。[44]

朝鮮のエリート改革者は、人数が少なかったため宮廷を支配することができず、日本の本当の意図を疑っていたにもかかわらず、日本の軍事的支援を求めた。このエリート改革者たちは高宗との複雑な関係を維持していたが、いくつかの決定的な瞬間に高宗の関与を引き出すことができなかった。彼らは「富国強兵」の観念を助長したが、それらを達成するための前提は君主の権力を制限するべく王朝の政治制度を革新することであった。一八九四年内閣の改革者たちは、いままで以上に広範な人民の政治参加についてはひとつの選択肢としてまだ考慮していなかった。

一八九四年の東学農民反乱と農民による執綱所

民衆の抗議は、一八六〇年代には主としてその地方的な範囲内にとどまっていたのだが、エリート改革者たちの運動と時を同じくしながら、一八九四年には、全国的な反乱へと成長した。東学教は、憤慨していた農民と信者がイデオロギー的にも組織的にも結びつくのを容易にした。この宗教の教祖崔濟愚《チェジェウ》は、その教義を一八六〇年代に作り上げ、一八六二年に布教を始めた。アヘン戦争および西洋列強に対する中国の降伏に愕然として、崔濟愚は、「西学」——朝鮮においては当時、これはカトリックのことであった——に対抗するために、自分の宗教を「東学」と名づけた。崔濟愚は、キリスト教を西洋の力の根本的な源であり、軍事力よりももっと手ごわいものだとみなしていた。[45] ところが彼はキリスト教あるいは西洋をまったく悪しきものだと決めつけたりせず、「東学とカトリックは天国への道を共通に持っている」とも語った。これは西洋を「野蛮だ」と非難し、その文化や知識は、儒教文明とは相いれないと断言する儒教の正統主義とは異なっていた。[46] 東学の信奉者が多くなると、政府は東学教徒を迫害し、一八六四年三月一〇日には崔濟愚を処刑した。[47]

東学は、「人乃天」と説教し、信奉者たちに「事人如天」、つまりすべての人間を崇敬せよと勧めた。[48] 崔濟愚の後継者であった崔始亨《チェシヒョン》（一八二七〜一八九八）は、この宗教の教義の平等主義的な性質を強化し、身分、富、性別に基づく差別をせず、人間を平等に扱うよう信奉者たちに強く勧めた。[49] この教義は当時にあっては革命的であり、身分の低い人たちに急速に広まった。東学のメッセージは世俗世界を転覆するという含意を持っていたため、信者たちの集会は人々が社会的な不満を表現する場になった。[50] 一八九三年の春における報恩集会の時期から、東学の請願は排外的な心情を表現し、地方行政の改革を要求した。[51] これらの会合はエスカレートし、一八九四年の大規模な軍事蜂起となった。蜂起においては東学が決定的な役割を演じてはいたが、東学教徒ではないもっと低い身分の集団もこの一揆に参加した。従って研究者の中には、蜂起の基底動因として階級闘争を強調し、それを一八九四年の農民戦争と呼ぶ人たちもいる。

一八九四年反乱は三段階に展開した。第一段階として、陰暦三月二〇日、農民軍が全羅道の全州城を攻略した。農民軍の勢力に驚いて、高宗王は逆賊を鎮圧するためとして清朝に軍派遣を要請した。日本も一八八五年の天津条約に従って中国軍に対抗するべく軍隊を送った。その時、日清戦争の引き金を引いてしまうのを恐れて、朝鮮政府と農民軍は一八九四年五月八日に休戦するに至った（全州和約）。六週間後、日本の派遣軍が六月二五日に慶福宮を占領した時、農民軍は再度の蜂起を企てた。「西洋人と日本人を追い出せ（斥倭洋）」というスローガンのもとに、農民兵たちは、エリート改革者の内閣や、日本と彼らの共謀に反対した。[52] 農民軍は、全州城を再度攻略し、国都であるソウルへと進軍した。一万名の農民兵士たちは、最終的に同盟を結んだ約二〇〇〇名の日本と朝鮮政府の兵士たちによって打ち負かされた。[53]

全州和約と最終的な敗北の間に、農民軍は全羅道の五三郡縣において執綱所《チプカンソ》と呼ばれる地方自治機構を確立し、農民による地方行政の管理を強制した。[54] 一八九四年反乱の研究者たちの意見は、蜂起が休戦に至る過程に関して一致をみていない。最近の研究では、農民軍は朝鮮政府の通常の遠征軍に対する戦いに敗北した後、自分たちの弱さについてはわかっていたと論じる。[55] 政府も、もし農民叛徒が進んで引き下がるならば、国土が清と日本の戦場となるのは避けたいと望んでいた。[56]

休戦に同意するのと交換に、農民軍の指揮者全琫準《チョンボンジュン》は、政府が農民軍の改革提案を受け入れ、農民兵が自分の町に帰った時、彼らの安全を保証するよう要求した。全琫準も、農民兵の暴力を制御するよう懸命に努力した。[57] 全琫準の交渉相手であった全羅道観察使金鶴鎮《キムハクチン》は武器を持っている農民兵の群れが、両班貴族層や奴婢所有者に対して、個人的な私怨を晴らしたり、政府の官吏あるいは郷吏を攻撃したり、地方の富裕な人々から金や穀物を奪ったりするのではないかと心配していた。観察使の金鶴鎮は、農民軍が自分たちの中から執綱を選び出し、執綱所を保持することができることを認めた。要するに、観察使はいくつかの地域において、地方の秩序をその支配下に置くため農民軍に権威を委任したのであった。[58]

「執綱」は朝鮮末期の行政においては、新しい用語ではなかった。執綱は、もともとは郷村社会の代表者を指したり、地方官を補佐する人士を意味したりしていた。[59] 執綱は、宮廷と観察使と地方官をつなぐ公的な伝達経路の末端に位置していたが、地方行政の役割に関して地方エリートのネットワークに取って代わった。こうして農民の執綱所においては、その社会的主導権が伝統的なエリートから農民叛徒へと移った。農民軍が既存の地方秩序に取って代わるほど強くはなかったところでは、それは既存の地方エリートの郷会もしくは諮問機構との暴力的な対立を鎮めることができなかった。叛徒が弱かったところでは、保守的な執綱がどうしても優勢であった。

執綱は、腐敗した官吏を辞めさせ、身分制度を廃止し、租税徴収のありようを修正し、外国人の商業活動を制限するという、[60] 鍵となる改革提案をおし進めた。[61] 二度目の蜂起の間に農民軍は、政府官吏の勢力を粉砕し、武器を奪取し、奴婢文書のような公的な記録を焼き捨てて奴婢を解放し、腐敗して自分たちを食い物にしている政府官吏を非難するなど、さらに前進した。[62] 彼らは多くの場合、租税記録の書かれた土地台帳を焼き、その年の秋の収穫以後の地租支払いも拒絶した。植民地期に書かれた『東学史』では、農民の改革案には「耕作者への土地の平等な分配」が含まれていたと述べられている。この土地分配の要求は一八九四年反乱の革命的性格の証拠として理解されてきた。しかしながら研究者たちは現在では著者の呉知泳《オジョン》がこの条項を後になって付け加えたのかもしれないと考えている。[63] この条項についての論争は第6章で再び取り上げることにする。

反乱の政治的な方向性は複雑であった。指揮者の全琫準は保守的な思考を示していた。というのも彼は周縁的な地位ではあったが両班の子孫であり、儒教教育を受けていたからである。[64] 最初の蜂起の時、全琫準は高宗の父大院君《テウォングン》――彼は一八六〇年代と七〇年代に鎖国政策を取り、フランスとアメリカの侵攻を撃退した――の復帰を求めた。二回目の蜂起の時に、彼は「西洋人と日本人を追い出せ」というスローガンを奨励し、農民兵たちのことを、国を守る「義兵」だと表現した。[65] 一八九四年六月二一日、開化派の指導者が日本の軍事力の支援を受けて改革派内閣を組織した時、実際に大院君は権力の座に返り咲いた。[66] しかし大院君の復帰はごくわずかな影響を与えただけであった。この内閣の軍国機務処は、速やかにさまざまな改革立法を通し、全羅道の観察使金鶴鎮によって伝えられた中央政府に対する農民軍の要求に取り組んだ。

農民軍は内閣の改革的立法に反対はしなかったが、日本への従属は批判した。改革派内閣は日清戦争を朝鮮の独立を確認するための日本の努力と考えており、「日本軍を精神的にも道義的にも支援する」義務があると感じていた。改革派内閣は、一八九四年八月には南部三道において増大しつつあった農民軍による暴力を抑えることを決定した。エリート改革者たちは農民軍を同盟者というよりもむしろ改革への敵対者とみなし、農民兵士たちによって侮辱され、財産を奪われ、地方での権力を奪取されつつあった両班貴族と地方エリートとともにそのことをむしろ強調した。一八九四年九月初め、改革派内閣は、叛徒の完全な鎮圧を始めるべく日本軍に援助を要請した。[67]

全琫準が二回目の蜂起のために農民軍を再動員した時、東学教の北接《プクチョプ》の指導者であった崔始亨はその決定に反対した。崔始亨は、この宗教の教祖の後継者として東学の信者たちの間に宗教的な権威を有していた。彼は、指揮者の全琫準と南接《ナムジョプ》があまりにも世俗的な問題の矯正に関心を集中しすぎており、農民の要求を吸い上げるのに、あまりに急進的に過ぎると批判した。崔始亨はとりわけ再度の蜂起には不満であった。「これら東学の南接は、正義という大義名分において自分のおこないを正当化し、平民たちを苦しめ、我らが信仰の兄弟に害をなす」と彼は非難した。一八九四年反乱の敗北後、北接は東学教の指導権を再度要求し、信者たちを親日、つまり改革賛成の立場へと変えた。従って、一進会の地方支会の指導層が姿を現すのは、この北接からであった。

独立協会と民衆の示威運動という新しい文化

エリート改革者たちの一八九四年内閣は一八九六年二月に高宗がロシア公使館に逃げ込んだ時に瓦解した。一八九五年一〇月八日の日本人による閔妃暗殺は高宗を打ちのめし、彼はエリート改革者たちとその親日的方向性に不満を募らせることになった。宮廷は、妃の暗殺に親日的改革者たちが「手を貸した」として無慈悲な復讐を要求して怒り狂った貴族たちの抗議で大騒ぎであった。この抗議の内容は、この時期における両班貴族の変わりつつあった立ち位置を明らかにする。彼らは王室の危機を見て、自分たち自身の貴族としての特権を失うことを恐れ、高宗を支持することへと結集し、一八九四年改革内閣のひどく「急進的な」規則をひっくり返してくれることを高宗に期待した。高宗は、儒者貴族らが武器を取って抵抗することになった髷を禁じる布告は修正したものの、身分制度の廃止のような甲午改革の改革条項を破棄することはしなかった。[68] その代わり、高宗はとくに強力な軍隊としっかりとした財政の裏付けのある朝鮮の帝室という、鍵となる政府制度を目標として王国を強化するよう自分の改革努力を進めた。高宗は自ら皇帝として戴冠し、新しい治世を光武と宣言し、こうして中国の地位に対してこの国の地位をあげた。韓国の歴史家は高宗の改革を光武の名をとって「光武改革」と呼ぶ。

そのような時期にエリート改革者たちは独立協会を組織した。彼らは政府から追い出された後、政府と官吏の不正行為を批判し、民衆の教育と彼らの政治参加を奨励した。彼らは一般の朝鮮人が手に取りやすいようにと朝鮮のアルファベットであるハングルで『独立新聞』という日刊紙を発行した。独立協会の集会は、民衆の示威運動と自発的な政治参加という形で都市大衆を引きつける新しい政治文化を育て上げた。

独立協会のモデルは、近代政党のモデルに近い。協会員たちは会員を見分けやすいように協会の会標すら作って佩用《はいよう》しようとした。[69] 協会は議会を開く将来構想をもって、その支会を拡大し、一八九八年の一二月には、支会を組織するための規則を公にした。第一に、地方支会を開始するためにはこの協会の目的に同意する者が三名以上いなければならない。第二に、最初の会員は、その地域において五〇人以上の追加の会員を組織しなければならない。第三に、その地域に支会が設立されるためには、人口が三〇〇〇人を超えていなければならない。第四に、選ばれた会員は家産を上手に運用し、よき知識と教育を有していなければならない。ひとたび支会の会員がこの四つの条件を満たしたならば、彼らは、この四条件の遂行を保証し、支会を推薦し得る信頼できる保証人を協会本部の会員の中に見つけなければならない。協会の本部は、支会を監査するために十分に知識のある会員を毎年地方支会に派遣しなければならない。協会の本部はこの派遣のための出費をまかなわねばならず、もし地方支会がこの目的と協会の規則を破ったならば、地方支会の認可を取り消す力を持つべきものとされた。[70]

独立協会は魅力的な組織実践、つまり総代制をも工夫した。『独立新聞』の中で、総代という用語は時に外国の銀行や会社の執行役員を意味するものとして使われている。[71]独立協会という文脈の外側では、東学農民反乱を鎮圧する時の功績リストを編纂した官吏を呼ぶべく総代あるいは総代委員という用語を朝鮮政府が使ったケースがあった。[72]ところが『独立新聞』はたいていの場合、この用語をひとつの集団が、その集団の意見を交渉相手に伝えるか、あるいは抗議をおこなうために、政府の官吏もしくはその他の組織に送った使者もしくは代表者として使った。これらの使者たちは協会内部に地位を有していたのではなく、その都度不特定の任務のために任命された。この文脈における独立協会の総代の用法が、政府に対する「二〇〇〇万人民の総代」というフレーズにおいて一進会が使用したものの元来の用法であった。

『独立新聞』の報道に従うと、人民集会への参加者はその総代を選び、彼らを適切な政府機関へと送った。これらの人々のその場での選出が自然発生的であったのか、あるいは協会によって前もって決められていたのかは、定かではない。集会での主な発言者たちがその使者に選ばれたように見える。使者たちは、集会の意見を政府に伝えるために請願書、もしくは書簡を書かねばならなかったので、適切な教育を受けた人でなければならなかった。『独立新聞』は、選出は自然の流れの中でおこなわれたし、少なくとも集会の参加者たちには是認されたと報道した。たとえば、『独立新聞』のひとつの記事は、「万民共同会〔全住民による一般集会〕のほぼ一万人の「人民」は、集会の議長として一人の米廛市井《ミジョンシジョン》（米商人）を選出し、自分たちの使者を政府へと送った」と記した。この集会で大韓民国初代大統領となる李承晩《イスンマン》が朝鮮政府の外部大臣へ集会の立場を伝える三人の使者のうちの一人に選ばれた。[73]

政府は、独立協会の公の集まりを民会と呼んだ。こうした行動は、政治に参加する資格が「人民」に与えられていなかった社会においては新しいものであり、「都市における示威運動の文化」を生じさせた。この新しい文化の歴史的な象徴は、協会の万民共同会であった。万民共同会の一回目の会合は、一八九八年三月一〇日にソウルの鍾路《チョンノ》で開かれた。集会の参加者たちはロシアと西洋列強に対する政府の経済的な譲歩に抗議した。彼らはロシアの財政顧問や軍事教官の任用撤回、朝露銀行の閉鎖、釜山にある絶影島《チョリョンド》（現在の影島《ヨンド》）のロシアによる租借要求の拒否を要請した。ロシアが釜山ではなく中国（遼東）に軍事基地を設けることに決定し、顧問の任用を撤回し、朝露銀行を閉鎖した時、抗議者たちの要請は、最終的に満足させられた。[74]

この成功に続いて、独立協会は一八九八年四月に国会を設立する運動へと乗り出した。会員たちは議会院設立に関して、独立会館で会議を持ち、その支会の拡大を促進した。[75] 協会は一八九八年一〇月、一八九四年内閣が削除した連座制とそれ以外の抑圧法（孥戮法《ノリュクポプ》）を光武政府が復活させようとしていることに反対して、王宮までの示威行進を敢行した。協会の指導者たちは一日に一〇〇〇人もの人々を動員し、その示威運動を一週間続けた。会員たちはこれが成功した後も抗議を止めず、政府内の七名の高官の辞任を要求するまで突き進んだ。

示威運動に対する民衆の興奮は異常なほどであった。ある匿名の知識人が一八九八年八月二四日の日記の中で、仁和門の前で開かれた集会についての観察を次のように記している。

ある者は演説し、ある者は金を集め、しかしてこの金は協会の費用となり……ある者は二元、またある者は一元を、あるいは数十銭を納めた。[76] 聴衆の中には自分の懐を空にした者もあり、ある時は焼き栗売りや飴売りの小僧もやって来て、みずから進んで金を工面した。この集会の中、聴衆の援助を見るに、一人が進み出てきて、（協会の）会長に呼び掛けて言うに、「聴衆からのこの支援、とりわけ焼き栗売りや飴売り小僧たちの支援で、我々はこの（民衆支援の）物語を書き上げ、それを世界に知らせるために　新聞社に送るのはいかがか。」この男を取り巻いていた人たちはすべて拍手喝采で、「賛成だ、賛成だ」と応えた。[77]

独立協会はそのモットーとして、「皇帝への忠誠、国への祖国愛」を標榜した。協会は高宗を直接攻撃せず、彼をその「悪辣な」官吏たちとは区別した。しかし協会の会員たちは政府官吏の不正行為を繰り返し語り、「官吏としての資格に欠けて」いたり「腐敗して」いたり、あるいは法を侵したとみなされた時には、その辞任を執拗に要求した。彼らは政府機関に請願と書簡を送り、彼らの関心事を議論するために執務中のそうした官吏たちと面会することを要求した。政治行動のこのパターンは、後にそっくりそのまま一進会が繰り返すことになる。

高宗はこの運動を自分の権力への脅威と見なし、不安にかられてそれを非難して、独立協会はその暴力行為において「政府の命令を無視し、無礼にも宮廷を否定し、大臣たちを追い出す」と断言した。彼は帝国のいくつかの布告にもかかわらず、協会の会員が退かず、協会の目的のために人々を唆《そそのか》したという事実に不満を持った[78]。高宗は報復のため、初めての議会設立選挙前日にこの組織の解散を命令した。協会員たちとその支援者たちはこの命令に抵抗し、ソウルにおける四二日間の示威運動を継続した。しかしながら最終的に一八九八年一二月に高宗は戒厳令を布き、独立協会の三四〇人の指導者を逮捕した。彼は示威運動を粉砕するために軍を送り、民衆集会を禁止した[79]。この後退の後、ほとんどの反対グループは日露戦争が国王の優位性を掘り崩すまで何年かの間、地下に潜った。

対決への道——国王の権力と民衆の抗議

朝鮮の改革者たちの運動に関するいままでの歴史叙述は、彼らの度重なる失敗と、彼らが日本による朝鮮の植民地化に最終的には抵抗できなかったことに中心をおいてきた。ここに焦点を当ててしまったので、朝鮮の改革者たちが取り上げた幅広い問題と、もっと長い歴史的な視点からのその運動の影響が見えなくなってしまった。日本の植民地支配が、朝鮮末期の制度的な土台を破壊し、王国の廃墟のうちにその支配を打ち立てたというのは神話なのかもしれない。一八世紀末以来、朝鮮は重大な変化を被《こうむ》っていた。国家の力はますます中央政府へと集中し、宮廷が少数の門閥貴族によって支配されるようになっていた。権力のこの集中は、少なくとも一九世紀の初めまでは必ずしも王国の堕落、もしくは弱さを意味していたわけではなかった。というのも、権力集中には国家がより幅広く公に関与していたのであり、地方への国家権力の浸透を容易にしたし、地方貴族の権力を抑制する複雑な地方の力学を涵養したからであった。朝鮮末期、王国は制度的には整備されていたが、しかしその批判者たちが力を増大させるような自治的な社会的空間あるいは地理的空間の余地はほとんどなかった。

このような「力」で朝鮮は地方における大きな民乱を鎮圧し、一九世紀末に至るまでエリート改革者たちの運動を頓挫させることができた。ところが朝鮮においてこのように異議申し立てが先延ばしにされたため、それが王国の危機への根本的な解決を妨げ、その結果、朝鮮の改革者たちは、国王と政府の力をさらに制約するようにと動くことになった。地方では、改革者エリートと農民反乱者の両方が、中央政府による既成のローカル・ネットワークと置き換えるべく、それに替わる機構を発展させようと試みた。先に述べたように、一八九四年内閣の改革者たちは、郷会の社会的土台を拡充し、その指導者を選出することに政府が介入するのを禁じ、彼らを「地方の代表」へと変形させるための規約を公式化した。東学の反乱者たちは短期間ではあったが、地方の執綱所の職位を農民兵で占めることで、地方での政務を民衆が管理する実験をおこなった。

独立協会が政府に対して直接人々を動員し、「人民の権利」とその政治参加を唱導した時、朝鮮の改革者たちの運動において王国に対抗する形での「対決的なやり方」が姿を現した。独立協会は、民主主義についてのアメリカモデルの知識をもとに政府の権威に挑戦し、また観察使と地方官の選挙をも要求し、議会設立を試みた。[80]同時期に、高宗は政府の直接支配を強化し、敵意もあらわに民衆集会とその民主化を抑圧した。高宗の改革は完全に反動的だったわけでもない。一八九四年内閣が貴族だけが官吏になることを許されるという障壁を取り除いた後、高宗は、官僚になれる身分の範囲を拡大し、貴族ではないエリートを「テクノクラート」として採用した。[81]しかし高宗は独立協会の「民主的な」方向性を受け入れることはなかったし、一般の人々の経済的な関心に譲歩することもなかった。[82]高宗は、一八九四年の改革内閣が租税納入者の負担軽減のために立法化した諸改革を取り消し、[83]国家の歳入の主たる財源も度支部《タクチブ》（財務省）から内蔵院《ネジャンウォン》（王室財務部局）へと移した。[84]彼は、ひとつには強制されて、ひとつには外国勢力を他の外国勢力に対抗させる試みとして、外国勢力にさまざまな経済的譲歩をもおこなった。こうした政策は人々の疑いを解消するよりはむしろ増大させた。

対決と都市における示威運動というこの文化は、王国に対する人々の態度を変化させ、エリート改革者の範囲を越えて広がった。『独立新聞』は政府に対する民衆の異議申し立てに反対ではなくむしろ擁護するという思想をはっきり述べた。一進会は独立協会運動において民衆の側に立つというこのような転換を熱心に受け入れたし、自分自身の解釈と目論見をもって協会の戦術を繰り返した。

註

1　パレの見方はN・アイゼンシュタットの理論に依拠している。アイゼンシュタットは伝統的な国家を、都市国家、封建制的組織、家父長的帝国、遊動帝国もしくは征服帝国、中央集権的官僚帝国の五つのカテゴリーに分類する。以下参照。S. N. Eisenstadt, *The Political Systems of Empires* (London [New York]: Free Press of Glencoe, 1963); Anthony Giddens, *The Nation-State and Violence* (Berkeley: University of California Press, 1985), p.35; James B. Palais, *Politics and Policy in Traditional Korea* (Cambridge, MA: Council on East Asian Studies, Harvard University, 1975), pp.7-16.

2　김인걸「조선 건국과 지방지배구조의 재편」『조선은 지방을 어떻게 지배했는가?』（서울：한국역사연구회編、二〇〇〇年）、二一〜四一頁。

3 이해준「관 주도 지방 지배의 심층화」『조선은 지방을 어떻게 지배했는가?』（한국역사연구회 編）一八三～一八九頁；이성무「오회연교」『조선시대당쟁사』二（서울：동방미디어、二〇〇〇年）、二五二～二五六頁；고석규『一九세기 조선의 향촌사회연구』（서울：서울대학교 출판부、一九九八年）、四八～七二頁参照。

4 정진영「一六、一七세기 재지사족의 향촌지배와 그 성격」『조선시대 향촌사회사』（서울：한길사、一九九八年）、二二九～二五七頁。

5 오영교『朝鮮後期郷村支配政策研究』（서울：혜안、二〇〇一年）、一三九～二一五頁。

6 この新しい制度の影響は地方の郷約の中に見て取ることができる。一六三一年、古縣内面の地方郷約は貴族あるいは嫡男を侮辱した下級身分の者、もしくは次男以下の息子は罰を受けると明記した。一六八七年の郷約は、これら不適切行為者を官吏に知らせ、三〇回の殴打で罰するように里長に求めた。一七九〇年にはすでに同郷約は若者が老人を侮辱した時、もしくは下級身分の者が両班に害を与えた時、里長は地方政府に知らせ、村人を罰するよう求めよと要請した。韓国の地方史家鄭震英《チョンジニョン》はこの変化を両班貴族に対する平民たちの異議申し立てが増大したことを示すものと解釈するが、このケースは後の時代の両班結社が自分たち自身で平民を罰するよりもむしろ、それを地方行政当局に頼ることになったことをも示している。정진영『조선시대 향촌사회사』四〇〇～四〇三頁参照。

7 고석규『一九세기 조선의 향촌사회 연구』四八～七二頁。

8 『조선은 지방을 어떻게 지배했는가?』（한국역사연구회 編）一八四～二〇一頁。

9 Sun Joo Kim, "Marginalized Elite, Regional Discrimination, and the Tradition of Prophetic Belief in the Hong Kyongrae Rebellion," PhD diss., University of Washington, 2000, p.80.

10 安秉旭「朝鮮後期 自治와 抵抗組織으로서의 郷會」『論文集』一八（聖心女子大学、一九八六年）、一八頁。（고석규『一九세기 조선의 향촌사회 연구』二二頁からの再引用。）

11 김인걸「향촌 자치체계의 변화」『한국사』三四（서울：국사편찬위원회、一九九五年）、二三二～二六七頁。

12 白承鍾『韓國社會史研究』（서울：一潮閣、一九九六年）、七八～一一四頁。

13 Martina Deuchler, *The Confucian Transformation of Korea: A Study of Society and Ideology* (Cambridge,MA: Council on East Asian Studies, Harvard University, 1992).

14 白承鍾『韓國社會史研究』一一六～一四八頁。

15 李榮薰「一八、一九 세기 대저리의 신분구성과 자치질서」『맛질의 農民들』（서울：一潮閣、二〇一一年）、二五五～二六八頁。

16 Fujiya Kawashima, "The Local Gentry Association in Mid-Yi Dynasty Korea: A Preliminary Study of the Ch'angnyong Hyangan, 1600-1838," *Journal of Korean Studies* 2 (1980), p.116-119; Fujiya Kawashima, "A Study of the Hyangan: Kin Groups and Aristocratic Localism in the Seventeenth- and Eighteenth-Century Korean Countryside," *Journal of Korean Studies* 5 (1984), pp.1-5.

17 Sun Joo Kim, *Marginality and Subversion in Korea: The Hong Kyongnae Rebellion of 1812* (Seattle: University of Washington Press, 2009); 金善珠「조선 후기 평안도 정주의 향안 운영과 양반문화」『歴史學報』제一八五집、二〇〇五年、六五～一〇五頁。

18 李榮薰「一八、一九 세기 대저리의 신분구성과 자치 질서」、二四八頁。

19 Anders Karlsson, "Famine Relief, Social Order, and State Performance in Late Choson Korea," *Journal of Korean Studies* 12, no.1 (Fall 2007), p.113.

20 国家による社会へのこの関与を一八二二年の平安道政府の記録（『關西啓錄』）の分析に基づき、私は未刊行の論文の中で「関与行政」と呼んでいる。『關西啓錄』は、一八二二年に平安道の観察使が承政院《スンジョンウォン》に送った記録を編纂したものである。この史料は、洪景来の乱後一〇年経った時点での平安道の状況や道と中央政府との間の相互関係の基本形態を明らかにしてくれる。

21 『關西啓錄』の各月の一〇日目の報告参照。

22 当時の移住者の増加趨勢を考えれば、この福祉手段は、居住者が北方の辺境域を去ってしまわないようにするためであったかもしれない。

23 世帯の大きさは、大中小の三つのカテゴリーに分類された。

24 斗は計量単位で、ほぼ一八リットルに相当する。斗は話し言葉ではマルである。小斗は、一斗の半分。

25 『關西啓錄』は『各司謄錄』二九巻に所収。二二頁。

26 たとえば『關西啓錄』四八頁参照。この記録の中で興味深いのは、捨て子のジェンダー比率である。一八二二年では女児より男児のほうが多く遺棄されている。五月では一八人の捨て子のうち女児は五人であった。このことが示しているのは、困難な時代には両親は女児を犠牲にして男児を救おうとしてはいなかったという点である。のちの時期の朝鮮における女性に対する強度な差別の存在を考慮するならば、この割合は注目に値する。

27 James Palais, *Confucian Statecraft and Korean Institutions* (Seattle: University of Washington Press, 1996), pp.689-704; Sun Joo Kim, "Marginalized Elite, Regional Discrimination, and the Tradition of Prophetic Belief in the Hong Kyongrae Rebellion," p.119.

28 『備邊司謄錄』二一（서울：國史編纂委員會編、一九八二年）、四一二頁。

29 『關西啓錄』二九巻。

30 「純宗實錄」二三巻、四一頁。ハングル訳版『이조실록』三六八巻（平壌：사회과학원출판사、一九九一年）。

31 「純宗實錄」二三巻、四六～五〇、五三頁。

32 「純宗實錄」二三巻、八七～九〇頁。

33 「純宗實錄」二三巻、一〇一、一二六頁。Edwin H. Gragert, *Landownership under Colonial Rule: Korea's Japanese*

Experience, 1900-1935 (Honolulu: University of Hawai'i Press, 1994), pp.27-28; 金容燮「朝鮮後期의 賦税制度이정책：一八세기中葉～一九세기中葉」『韓國近代農業史研究』（서울：一潮閣、一九八八年）、九七～一二六頁。

34 Sun Joo Kim, "Taxes, the Local Elite, and the Rural Populace in the Chinju Uprising of 1862," *Journal of Asian Studies* 66, no.4 (November 2007), p.993-1027.

35 Kim, "Taxes", pp.1016-1018.

36 改革運動の起源は開化派の勃興の中に認められる。改革派やその改革思想がいつ形成されたかについてはいくつかの説がある。愼鏞厦が一八五〇年代だと主張するのに対し、李光麟《イグワンニン》は甲申政変の一〇年前の一八七四年中ごろだと示唆する。왕현종『한국 근대국가의 형성과 갑오개혁』（서울：역사비평사、二〇〇三年）、五八頁参照。

37 兪吉濬「世界大勢論」『兪吉濬全書』三、兪吉濬全書編纂委員會編（서울：一潮閣、一九八二年）、三七～六〇頁参照。

38 왕현종『한국 근대국가의 형성과 갑오개혁』、七三頁。

39 왕현종『한국 근대국가의 형성과 갑오개혁』、七四～八五並びに四二一～四三〇頁。

40 柳永益『甲午更張研究』（서울：一潮閣、一九九〇年）、二一四～二一六頁。

41 高宗王がこの動きに抵抗した際、日本は王を支援する態度を取り、哲宗王を岳父に持ち、一八八四年クーデタの指導者で亡命中の朴泳孝を呼び戻すようにと高宗に進言した。朴泳孝は日本から送還され、いまだに自分自身の改革的立場を提案している改革内閣との争いにおいて高宗を支持した。朴泳孝は郷会改革の戦略を練った。彼は郷会の地位を改造して、地方行政の「駒」から国家に面と向かって対峙する地方エリートの「代表」にしようとした。

42 金泰雄「開港前後－大韓帝國期의 地方財政改革研究」（서울大學校博士学位論文、一九九七年）一一七頁。

43 왕현종『한국 근대국가의 형성과 갑오개혁』二八六〜二八八頁。

44 이영호『한국근대 지세제도와 농민운동』（서울대학교출판부、二〇〇一年）、九九〜一一一、二〇二〜二〇三頁。

45 Yong-ha Shin, "Establishment of Tonghak and Ch'oe Che-u," *Seoul Journal of Korean Studies* 3 (December 1990), pp.85-88, 93; Yong-ha Shin, "Conjunction of Tonghak and the Peasant War of 1894," Korea Journal 34, no.4 (Winter 1994), p.63.

46 Yong-ha Shin, "Establishment of Tonghak and Ch'oe Che-u," p.94.

47 Yong-ha Shin, "Conjunction of Tonghak and the Peasant War of 1894," pp.61-64.

48 Susan Shin, "The Tonghak Movement: From Enlightenment to Revolution," *Korean Studies Forum* 5 (Winter-Spring 1978-1979): 31-32; Yong-ha Shin, "Conjunction of Tonghak and the Peasant War of 1894," pp.65-66.

49 Susan Shin, "The Tonghak Movement," pp.31-32.

50 Yong-ha Shin, "Conjunction of Tonghak and the Peasant War of 1894," p.59.

51 Susan Shin, "The Tonghak Movement,"p.43.

52 김양식「一、二차 全州和約과 執綱所 운영」『역사 연구』二、一九九三年、一五五頁。

53 Young-hee Suh, "Tracing the Course of the Peasant War of 1894" p.28. およそ二万名から三万名の農民が全州の戦いに参加し、全州城を再占領した。農民軍指導部の急進的司令官金開南《キムゲナム》が南原《ナムウォン》城を攻撃した際、もっとも多い時で五万から七万名の農民がこの戦いに加わった。

54 Young-hee Suh, "Tracing the Course of the Peasant War of 1894," pp.19-20.

55 裵亢燮「執綱所時期 東學農民軍의 활동양상에 대한 一考察：外勢의 介入이 미친 영향을 중심으로」『歷史學報』一五三、一九九七年、六九〜七二頁。

56 裵亢燮「執綱所時期」。

57 Young-hee Suh, "Tracing the Course of the Peasant and War of 1894," p.23. 全琫準が金鶴鎮の休戦条約に同意して、執綱所の時代が始まった。金鶴鎮との約束を守って、全琫準は自分の部隊に目立たないようにするよう命じた。しかしながら、まもなく支配エリートに対する個人的な恨みを満足させるために農民たちが執綱所の権威を使うことを止めさせるだけの力が彼にはないことがわかった。

58 김양식「一、二차 全州和約과 執綱所 운영」『역사 연구』二、一九九三年、一三二〜一四六頁。

59 김양식「一、二차 全州和約과 執綱所 운영」一一九頁。

60 「農民軍の四大綱領」は以下の条項を明記した。(1)無実の人を殺すな、他人の財産を毀損するな (2)忠孝の義務を遂行し、国を守り、人々を安楽にせよ (3)日本の蛮人を追放し、儒教賢人の道を回復せよ (4)首都を襲い、権力を持った家門や貴族(の政府)を廃止せよ。

61 Young-ho Lee, "The Socioeconomic Background and the Growth of the New Social Forces of the 1894 Peasant War," pp.92-95; Ahn Byung-ook and Park Chan-seung, "Historical Characteristics of the Peasant War of 1894," *Korea Journal* 34, no.4 (1994), p.105.

62 Young-hee Suh, "Tracing the Course of the Peasant War of 1894," pp.19-20; Ahn and Park, "Historical Characteristics of the Peasant War of 1894," p.104; Yŏng-Ick Lew, "The Conservative Character of the 1894 Tonghak Peasant Uprising, p.149-180.

63 Ahn and Park, "Historical Characteristics of the Peasant War of 1894," p.104; Yŏng-Ick Lew, "Conservative Character of the 1894 Tonghak Peasant Uprising." この議論については、本書の第6章で再び扱うことにする。

64 Yŏng-Ick Lew, "Conservative Character of the 1894 Tonghak Peasant Uprising."

65 Yŏng-hee Suh, "Tracing the Course of the Peasant War of 1894," pp.20-25.

66 Ahn and Park, "Historical Characteristics of the Peasant War of 1894," pp.104-106.

67 Ahn and Park, "Historical Characteristics of the Peasant Way of 1894."., pp.106-110.

68 『高宗實錄』巻三三、高宗三二年一一月一六日、巻三四、高宗三三年一月七日、一月一一日、三月四日、四月八日。

69 彼らが提案したのは、丸くて銀色でその真ん中に太極のしるしを青で描く会標のデザインだった。丸い縁のところにこの模様を取り巻いて독립협회충군애국（独立協会忠君愛国）という八文字がハングルで彫り付けられることになっていた。『独立新聞』一八九八年三月一五日付。

70 『独立新聞』一八九八年一二月一五日付。

71 『独立新聞』一八九八年四月一二日付、八月一六日付。

72 「朴鳳陽經歷書」『동학농민혁명사료총서』、http://www.history.go.kr/url.jsp?ID=NIKH.DB-prd_0040_hj 二〇一三年一月二日閲覧。総代は、高官の葬儀に対する組織の代表者を指すこともある。「閔忠正公實錄」『閔忠正公遺稿』巻五附錄、二〇四頁、http://www.history.go.kr/url.jsp?ID=NIKH.DB-sa_007_0050_0010 二〇一三年一月二日閲覧。

73 『独立新聞』一八九八年三月一二日付。

74 愼鏞廈『韓國近代社會史研究』（서울：一志社、一九八七年）、六一〜六二頁。

75 『独立新聞』一八九八年四月九日付。

76 銭は、古い貨幣単位で、元の一〇〇分の一に相当した。

77 『日新』（果川：國史編纂委員會、一九八三年）、五頁。

78 『独立新聞』一八九八年一一月七日付。

79 愼鏞廈『韓國近代社會史研究』七九頁。

80 地方官吏の選出に関する独立協会の立場については、『独立新聞』一八九六年四月一四日一〜二頁参照。

81 Kyung Moon Hwang, "Bureaucracy in the Transition of Korean Modernity: Secondary Status Groups and the Transformation of Government and Society, 1880-1930," PhD diss., Harvard University, 1997.

82 政府は独立協会を解体し、一八九〇年代には東学農民反乱に対して懲罰的な遠征をおこなった。

83 甲午政府は還穀制度と民庫を地方政府の租税ベースから外し、地方政府に割り当てられていた土地を中央政府の陸總へと移管した。甲午政府は雑税のうち名目のなかった多くの品目も廃止した。

84 金載昊「甲午改革이후 近代的財政制度의 形成過程에 관한 연구」（서울大學校博士学位論文、一九九七年）：金泰雄「開港前後－大韓帝國期의 地方財政改革研究」：양상현「大韓帝國期 內藏院 財政管理 연구：人蔘・鑛山・포사・海稅를 중심으로」（서울大學校博士学位論文、一九九七年）：李潤相「一八九四〜一九一〇년 재정제도와 운영의 변화」서울大學校博士学位論文、一九九六年。

訳注

＊ 朝鮮時代には貴族という用語は使用されないが、両班家系の中の中央と地方における支配階層を著者はアリストクラシーと呼ぶ。訳者は著者の意を承けて、これを便宜的に貴族と訳すことにした。

第2章　民衆と外国人

――北西部の諸道（一八九六～一九〇四年）

カトリック信徒の朝鮮人青年安重根《アンジュングン》（一八七九～一九一〇）は一九〇九年に伊藤博文（一八四一～一九〇九）を暗殺し、朝鮮の愛国主義と民族主義の象徴となった。彼はその回想録（『安重根義士自叙伝』）の中で、日本がロシアと戦った時、韓国の独立を守ると伊藤が「約束した」にもかかわらず、それを破ったがゆえ、「東洋平和」のために彼を殺したと書いた。安重根は日露戦争中、日本がロシアを圧倒しているのを見て感じた歓喜と、伊藤博文が韓国に統監府を設置すると宣言した時の、欺かれたという苦い感覚を思い出した。[1] 安重根の人生は、西洋文明の強さを認め、明治日本とその汎アジア主義的言説の成功を是認しながらも、戦闘的な民族主義者としてその政治的経歴を終えた多くの朝鮮人改革者を象徴している。[2]

カトリックと汎アジア主義への安重根の改宗は、朝鮮のエリート改革者たちがポスト甲午期（一八九六～一九〇四年）、つまり日清日露の戦間期に経験したイデオロギー上の不確実性と流動性を反映していた。その時期の民衆運動はそのような流動性を持っていた。人々は外国からの複合的な侵略と影響にさらされて、さまざまな運動、抗議、そして政治的な協定の形で、その問題点と困難さを表明した。一進会の会員たちは一八九六年から一九〇四年の間に、民衆運動の中に見られるさまざまな要素を自分たちの運動に持ち込んだのであり、一進会の運動は単に日本人によって作られただけのものではなかった。

カーク・ラーソンは、一八八二年から一九〇四年にかけての時期を清朝が朝鮮において多国間帝国主義を行使した年月だったと特徴づけた。この多国間帝国主義は、日清戦争において中国が敗北した後ですら、清朝に代わって英国が日本による排他的な特権を求めての一方的なアプローチに対抗し、多数の国がかかわる条約港制を後押ししたがゆえに存続したとラーソンは論じた。[3] このテーゼは、ポスト甲午期が朝鮮に対する清の「宗主権」と日本の支配の間の単なる幕間の時期だと考える認識を修正する。三国干渉後、西洋列強勢力が優勢になったため、一八八二年以後続いていた中国による朝鮮宮廷支配に終止符が打たれ、日本も朝鮮半島において政治的に後退せざるをえなかった。西洋の外交官、宣教師、そして商売人たちは、朝鮮の宮廷に今まで以上に接近し、自分たちの要求を実現し利益を得るために朝鮮政府に圧力をかけた。実際この利権のかけひきが朝鮮をそれ以外の世界といままで以上に緊密に結びつけ、社会的な騒擾を引き起こすことになった。

このような混乱は、半島の他の地域よりも北西部諸道においてはるかに顕著であった。キリスト教の宣教師たちは、カトリックもプロテスタントも、北西部における大きな成功を報告した。[4] 金や材木などこの地域に豊富に存在する自然資源は帝国主義者の利権の標的となった。そのうえ、この地方が北方に位置していたため、この地方の人々は、中国人による満洲への盛んな移住や、合法非合法を問わず朝鮮の北部国境地帯や海岸部地域に沿っておこなわれていた貿易のような清朝由来の混乱にさらされていた。この地方において外国人との出会いが著しく増大するに従って、民衆運動は前例のない方向へと発展した。この時期の民衆運動は単純に民族主義的であるとか、純粋に中央支配への地方的不満のせいであったというだけではなかった。むしろこの時期における民衆運動は、外国人や国境をまたぐ動きがこの地方へともたらした思想、利害関係、そして権力の変化に流動的にかつ複雑に結びついていた。たとえば黄海道におけるカトリック信徒の反乱者たちは、朝鮮政府との闘いの中で、西洋の宣教師たちの保護を求めた。それとは対照的に平安道の鉱夫たちは、自分たちの生活における経済的文化的衝撃を西洋の利権のせいだと考えていたがゆえに、西洋の利権に抵抗した。一方、北西部諸道における東学農民軍は一八九四年の反乱の時には日本軍と戦ったが、東学教の指導者たちはその後親日的な方向へと転向した。[5] 東学の指導者によるこの立ち位置の変更は、日清戦争後における朝鮮半島での汎アジア主義的言説の増殖と似ていた。アンドレ・シュミットは、この時期の『皇城新聞』が朝鮮における汎アジア主義の主な提唱者だと見た。というのもこの汎アジア主義は、「もともとは、西洋に対して朝鮮の主権を守り、ロシアとの戦いの際には、日本を支持するつもりであった」からである。シュミットは、「東洋」についての『皇城新聞』の論説は、漫然とした「中立の立場」を追い求め、この地域の過去を西欧文明という唯一の「権威」に従属させることを拒否し、相変わらず「世界的な発展と啓蒙」という物語へとこの地域を組み込もうとし続けたと見ている。[6]『皇城新聞』以外のエリート改革者たちがこの地域を自分たちの語りの中心的な要素として明確にしなかったとしても、それにもかかわらず、彼らは、一八八〇年代以後のこの地域の生き残り、あるいは同盟を重要とみなし、そして日清戦争後は親日的立場を強化した。

東学指導層の親日への転換には、東アジア文明に関する『皇城新聞』の「とりとめのない主張」と比べると、西洋列強の存在とロシア保護下の朝鮮宮廷の脅威の影響のほうがはるかに大きかった。逃走中の東学の指導者たちが北部地域において、自分たちの組織を再組織化しつつあった時、彼らはそこにおいてカトリックとプロテスタントの成長を目の当たりにした可能性がある。[7] 当時、フランス人カトリック司教のギュスタヴ・ミューテルは朝鮮の君主制を支持し、[8] カトリックの宣教師たちや朝鮮人信者たちの地方行政への介入を容認していた。[9] 東学の指導者たちは、いまだに国王による迫害に苦しんでいて、東アジアの強国たる日本に自分たちの宗教に対する潜在的な支持者になってもらいたかったのかもしれない。

本章は、一八九六年と一九〇四年の間の北西部諸道における民衆運動の方向性を略述する。以下で論じるのは、⑴黄海道におけるカトリック信徒の蜂起、⑵平安道における鉱夫の抗議、⑶北西部諸道において変貌しつつあった東アジア秩序の影響、⑷東学指導層の親日的な立ち位置、である。一般的に外国人に対する民衆の心情は流動的であり、伝統的な価値観に固定化されてはいなかったし、彼らの大部分は「民族原理主義者」でもなかった。カトリック信徒も鉱夫も西洋人に対する態度はばらばらであったけれども、両者とも中央政府とは距離を取っていた。少なくとも日露戦争前には、戦闘的

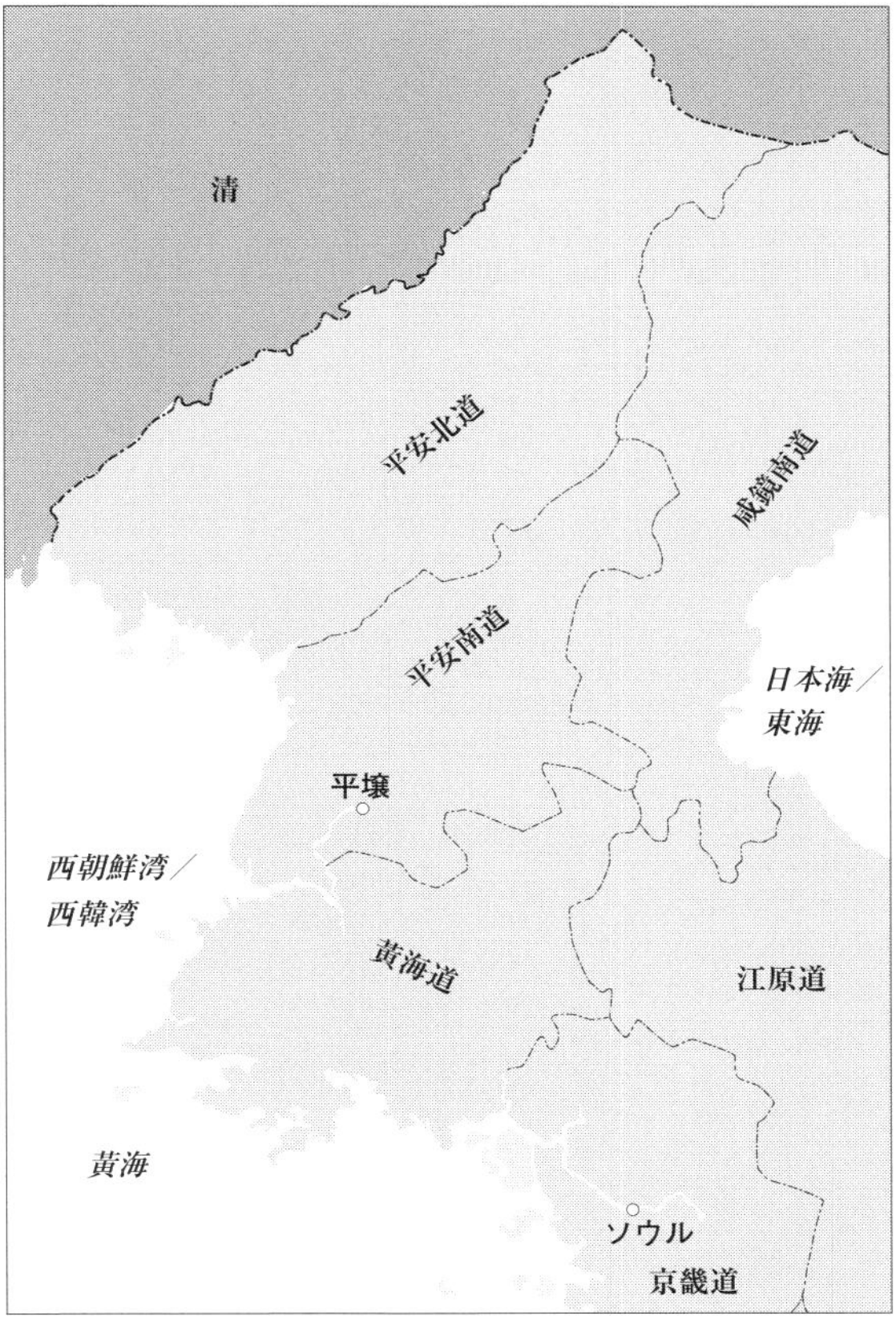

図１　韓国の北西部諸道

な民族主義思想は、北西部諸道においては主導的な地位を占めてはいなかった。

外国勢力と協力する蜂起者たち──黄海道におけるカトリック信徒の抗議

カトリック信徒はポスト甲午期に政府に対する重要な抗議行動を組織し、朝鮮政府と在朝フランス公使館の間に大きな外交問題を発生させた。カトリック教会は、朝鮮におけるフランス人の治外法権とフランス人宣教師が朝鮮内地を旅行する権利を認めた一八八六年の朝仏修好通商条約の後、法で守られた地位を得た。これによってカトリックの宣教師たちは朝鮮人を改宗させるのが容易になったが、それでも一八世紀末から一九世紀中ごろにかけての、政府による残忍なカトリック信者迫害を見ていた朝鮮人の恐怖を取り除くことはできなかった[10]。三国干渉後、ようやくカトリック教会は民衆の成長を目の当たりにすることになった。フランスの宣教師たちは、自分たちだけではなく、朝鮮人改宗者たちのためにも治外法権を要求した。宣教師たちは、時に、カトリック信徒と争っている非信者を逮捕し、あるいは私的に彼らを罰することもあった。彼らは政府の監獄に入っていたカトリックの信者たちを解放しようとすらした。この介入の結果、カトリック信徒は、観察使や地方官の権威に対抗するひとつの勢力として姿を現すことになった。このことは、伝統的な朝鮮の政治にとっては先例のないことであり、許容しがたいことであった[11]。

黄海道におけるカトリック信徒の数は、一八九六年の五五五人から一九〇二年にはおよそ七〇〇〇人へと増加したが、この一九〇二年の時点で韓国全体におけるカトリック信者の数は全部で五万二五三九名であった。[12] 安重根の家族と、朝鮮では洪錫九《ホンソック》として知られていたフランス人司祭ニコラ・J・M・ヴィッレムとの結びつきが、黄海道におけるカトリックの広がりを促進した。この増大に伴って、課税や刑罰行政のような世俗問題に関してカトリック信徒の抗議が生じた。朝鮮政府は、カトリック信徒の政治への関与を東学教徒の残存者のせいだと考え、一八九四年の反乱後、東学教徒がキリスト教へと改宗したのではないかと疑った。[13] 政府の多くの報告は、かつての東学教徒がキリスト教徒に仮装し、政府の収税命令に従わなかったと示唆した。黄海道観察使は、これら仮装した東学を「教会藉托者」（教会を食い物にする者たち）と呼び、彼らを「偽キリスト教徒」とみなした。

一八九六年一二月七日、黄海道観察使閔泳喆《ミンヨンチョル》は、黄海道におけるカトリック勢力の増大と、その結果である収税業務におけるトラブルについて外部大臣李完用《イワニョン》に報告した。閔泳喆によれば、村に一〇軒の家があれば、そのうち半数はカトリック信徒と見なされた。[14] これらの世帯は、福音書の説教をする「ふりをして」、カトリック信徒ではない村人たちに公納《コンナプ》（貢納金）を支払うよう強制した。彼らはまた、村人たちにカトリックの書物を買うことを強制し、書籍代として現金や穀物を徴収した。閔泳喆はこれらのカトリック信徒をかつての東学教徒と呼び、以前蜂起した叛徒たちは「反乱のとき」のように人々を「略奪する」ため、「カトリック教会に入ったと見せかけて」旧党《クダン》（昔の仲間）を集めたと記した。[15]

閔泳喆は、これら「カトリック信徒の蜂起者」が人々の間に政府への不服従を育くんでいることを憂えた。しかし彼は、外交上のトラブルが予想できたため、カトリック信徒を簡単には罰することができなかった。彼は蜂起者を鎮圧し、同時に西洋の宣教師からの不平を回避するために、キリスト教徒に対する宗教的迫害以外のものとして鎮圧行動を描こうとした。閔泳喆は、「教会藉托者」の振る舞いは、朝鮮政府の規則と「調和可能」であったキリスト教の教義からは外れていると主張した。閔泳喆は、外部大臣の李完用に、これらの「キリスト教徒に仮装している叛徒たち」がもし政府の法に違反している場合には罰することができるように、西洋の外交官たちを説得してほしいと依頼した。[16]
閔泳喆は、次のように書いた。

西学教（キリスト教）は、元来いいもので、花花之世（美しく花の咲く世界）の素晴らしい信仰（を持っている）。この信仰は、農作物の栽培と生活の改良ならびに精神と振る舞いの純化を大事にしている。黄海道の古くからのキリスト教徒はこの原則に従い、人々を害さないように気をつけ、自分たちにふさわしい場――農夫にとっては農業、商人にとっては商業――から離れなかった。それとは対照的に、新しい種類のキリスト教徒は、東学の心をもって東学の大騒ぎをまねている。

黄海道にいたプロテスタントたちの中には、西洋の宣教師たちの権力を笠に着て、不法な行為をしようとする者たちもいた。一八九七年三月二八日、在朝米国公使館は一通の書簡を朝鮮政府に送り、黄海道平山《ピョンサン》における二人の「耶蘇教人」の不法な振る舞いについて、朝鮮では元杜尤《ウォンドゥウ》として知られているアメリカ人医師兼宣教師の報告を引用した。このアメリカ人宣教師とはホレース・G・アンダーウッドのことであり、米国公使館は黄海道におけるキリスト教徒のトラブルを継続的に報告するよう彼に調査を依頼していた。[17] キリスト教徒を騙《かた》り、不法な振る舞いの口実として自分の名前を使用したかどでアンダーウッドは二人の朝鮮人を告発した。[18] 彼らは、アンダーウッドの威信を利用し、人々から盗みを働くために、彼からもらったものだと偽った洋服を着た。アンダーウッドは、この二人の朝鮮人詐欺師がこの地方の他の朝鮮人に対して偽りの告発をなし、平山郡当局にその人物を逮捕させたと報告した。アンダーウッドはこの逮捕に反対したのだが、平山郡当局は、もしアンダーウッド自身が手紙を書いて自分自身でその件を説明しないならば、この朝鮮人を釈放しないと拒否した。そのため、アンダーウッドは在朝米国公使館へこの逮捕を報告し、このトラブルのかどで、二人の「キリスト教徒」を告発した。

米国政府は当時、アメリカ人宣教師たちに朝鮮の国内事情に介入することを許さなかった。この命令は、一八九五年一一月の「春生門事件《チュンセンムン》」──高宗を誘拐して、日本人の閔妃殺害後に成立した一八九四年内閣を転覆させようとした、親米親露派官僚によって画策され失敗した陰謀事件──の後に発令された。ホレース・G・アンダーウッド、ホーマー・B・ハルバート、ホレース・N・アレンがこの事件に巻き込まれた。その後、米国公使館はアメリカ人たちに、朝鮮の内政に手出ししないように命じた。[19] 黄海道におけるキリスト教徒のトラブルに関して、在朝米国公使ジョン・M・B・シルは外部大臣に、自分は、西洋の宣教師たちの権威を勝手に利用し、朝鮮の人々の諸権利を害さないよう二人の「キリスト教徒」に命じたと答えた。シルは、アメリカ人宣教師たちの立場はこれらの「悪しき人々に、自らの悪しき行為を不法にも永久に隠し続ける隠れみのとしてキリスト教の名前を使用することを禁じるものだ」と述べた。シルはアンダーウッドの署名付きの手紙を外部大臣に宛てた自身の書簡に同封した。[20] 観察使閔泳喆は、在朝米国公使の要請がカトリック信徒を罰する保証だとみなした。閔泳喆は、カトリック信徒を罰するのを西洋人が止めさせようとするならば、この書簡を提示せよと地方官たちに命じた。

黄海道におけるカトリック蜂起の中心を担ったのは、安重根の家族であった。安重根の父である安《アン》泰勳《テフン》は富裕な一族の出身であり、開化派指導者たちと関係があった。安泰勳は、一八八四年の宮廷クーデタの時、朴泳孝《パクヨンヒョ》と知り合った。朴泳孝は留学のために外国に送ることになった七〇名の学生のうちの一人として安泰勳を選んだ。クーデタの失敗後、安泰勳は海州《ヘジュ》を去り、政府による迫害を避けるために人里離れた信川《シンチョン》郡清渓《チョンゲ》里に居を構えた。キリスト教への改宗者である安泰勳と、その弟の安泰乾《アンテゴン》〔安泰建と記される場合もある〕は次に述べる「カトリックの暴力ざた」を指導した。[21]

一八九七年の春、安泰勳とその一派は郷長の柳萬鉉《ユマニョン》を誘拐した。彼らは政府から送られたとする偽の書状で彼をおびき出し、馬の背にくくりつけて逃走した。柳萬鉉の孫は安泰勳の屋敷を訪れ、安泰勳とその一味は政府による「無実の」カトリック信徒の逮捕に抗議するために柳萬鉉を誘拐したと聞かされた。

信川郡守は安泰勳の主張に反駁し、この事件のそもそもの原因はカトリック信徒による収税業務への介入であるとした。彼によれば、安泰勳は信川郡斗羅坊に住んでいた。彼は東学叛徒に対する砲軍《ポグン》（遠征軍）の哨將《チョジャン》（指揮官）であり、反乱の後、この地方にカトリックを布教した。彼は一八九六年の冬の間にカトリックに関する本を何箱か輸入し、それを買うようにと人々に強制した。その後彼は地方の租税行政を批判し始めた。一八九五年規則が税率を引き下げた時、安泰勳は、規則で決められた定額の税率に加えて、[22]結《キョル》当たり三両《ヤン》をこの地方から集めるとする通達[23]をこの地方に送るよう自分の仲間である崔元錫《チェウォンソク》と柳銀錫《ユウンソク》に命じた。

一八九五年規則は、甲午内閣の租税改革政策と関連している。甲午内閣は租税を現金で徴収するように決定し、さまざまな課税対象品目をひとつの地税に一本化し、より納得できる税率を作り上げようとした。京畿道の観察使は、沿郡《ヨングン》（海岸沿いの平野部の郡）には結当たり約三〇両、山郡《サングン》（山間部の郡）には二五両の税率を決定した。この定額の租税以外の余分の収税や、収税官ならびにその代行者のためのさまざまな報酬を政府は禁止した。このため納税者にとっては実際に租税減額という結果となった。信川郡守によれば、安泰勳は結当たり三両の余分の税を課したことで、一八九五年規則を破ったことになった。

この郡守の報告に従えば、統首《トンス》（五家作統制の指導者）の中には安泰勳の要求に応えた者たちがいたので、郡守は安泰勳に金を支払った者を罰した。この郡守は安泰勳の収銭有司《スジョンユサ》（集金代理人）であった崔元錫と柳銀錫を逮捕し、鞭打ちを加えた上で、投獄した。しかしながら郡守が書いたところによれば、収銭有司を逮捕し罰したものの、カトリック信徒の助けにより、彼らが真夜中に脱獄するのを防ぐことはできなかった。この「反抗的な」カトリック信徒たちは後に郷長（柳萬鉉）を誘拐し、この行為を不当にも政府によるカトリック抑圧のための「復讐」と呼んだと郡守は主張した。

信川郡守は収税における安泰勳の「犯罪」に対する告発をさらに詳しく述べた。安泰勳は甲午法令によって決められ、減額された税率の総額以上に自分の小作人から金銭を集めた。一八九四年の春に租税は當五銭〔法定価値を流通通貨の五倍にして発行した通貨〕で八二両八銭八分であった。[24] 同年の冬には、政府は租税を結当たり三〇両に減税した。というのも新しい法令がこの率以上の「付加税」を禁じたからである。郡守は、安泰勳とその一派が法令に定められた以上の税率で租税を集められるよう度支部大臣に請願したと主張した。度支部が信川郡当局に状況の調査を命じた時、郡当局は安泰勳が徴収した一八九五年春の税には、甲午法令によって廃止された課税対象品目がいまだに含まれていたことを見つけた。郡当局のこの命令にもかかわらず、安泰勳はあたかもすべては郡当局のためであるかのように、総額を支払うよう人々に無理強いした。[25]

この郡守の観点では、安泰勳には金を集める権限が与えられていなかった。問題はカトリック信徒の宗教的な信仰というよりもむしろ収税にかかわる法令の違反であった。郡守は、カトリック信徒が誘拐した郷長を殺害した後、郡庁を攻撃するために清渓里に集まったという噂話を政府に報告した。このように政府の歳入を不法に流用し、私軍を組織し、自分の本当の意図を隠して西洋の宣教師たちを欺いたと、この郡守は安泰勳を告発した。

安重根は処刑執行前に書いた回想録の中でこの件に言及している。彼は自分の家族と仲間のカトリック信徒たちに対する政府の弾圧は、安泰勳と閔氏一族の中心人物であった閔泳駿《ミンヨンジュン》（一八五二〜一九三五）との間の対立に端を発したと論じる。回想録に従えば、安泰勳は東学教徒たちを鎮圧するために地方遠征軍を組織し、叛徒からおよそ一〇〇〇袋の米を没収した。閔泳駿は、東学の叛徒から没収された穀物を安泰勳が所有するのは無効だとし、それを政府に戻すようにと安泰勳の家族に命じた。安重根としては自分の家族が東学教徒たちを鎮圧したことを考えれば、この命令は不公平だとみなした。[26] 安重根はこの争いを、開化派の同盟者である安泰勲の家族に対する「守旧」官僚たる閔泳駿による攻撃として描く。安泰勲とそのカトリック仲間たちは「租税」紛争を解決するために西洋人の保護を求めた。安泰勲はフランス人宣教師ニコラ・ジョゼフ・M・ヴィッレムとともにソウルを訪れ、横領の告発を撤回させるべく中央政府にロビー活動をおこなった。[27] このことはカトリック信徒たちに有益な結果をもたらしたようである。外部大臣の李完用は郡当局に、この郡守の告発の信憑性を問いかける返書を送った。李完用は、安泰勲が地方の租税法を侵したことと、私軍を組織したことのさらなる証拠を提供するようにと郡守に命じた。[28]

安一族とカトリック信徒たちは、地方政府の刑罰行政をも問題にした。安岳《アナク》郡守が一八九九年二月、四名のカトリック信徒を逮捕した時、数百名の安泰乾の追随者たちが武器を持って彼らを救い出し、捕吏に傷を負わせた。その後、安泰乾、ヴィッレム、そして一〇〇余名のカトリック信徒たちが安岳郡庁を襲った。彼らは捕吏が適切に訓練されておらず、彼らに無実の人たちを逮捕するよう強制したと郡守を告発した。安泰乾は「不当にも」「匪賊」とレッテルを貼られていた三名をたんなる被疑者にした。三名の被疑者、けがをした捕吏、そしてすでに拘禁されていた四人目の「匪賊」がみな郡庁へと連れてこられ、反対尋問のために面通しをさせられた。逮捕されていた李俊七《イジュンチル》は、三名の被疑者を正しく名前で特定し、彼らに「この犯罪に加担しなかったか」と問いかけた。郡守の報告によれば、この三人の顔は青ざめ、彼らは一言も発しなかった。李俊七はむち打ちされたりはせずに、自分の犯罪を自白したことを認めた。安泰乾はすぐさま李俊七の衣服を脱がせ、その体を調べた。身体的な罰の跡がなかったので、安泰乾は、郡庁の門を開け、この建物から立ち去った。

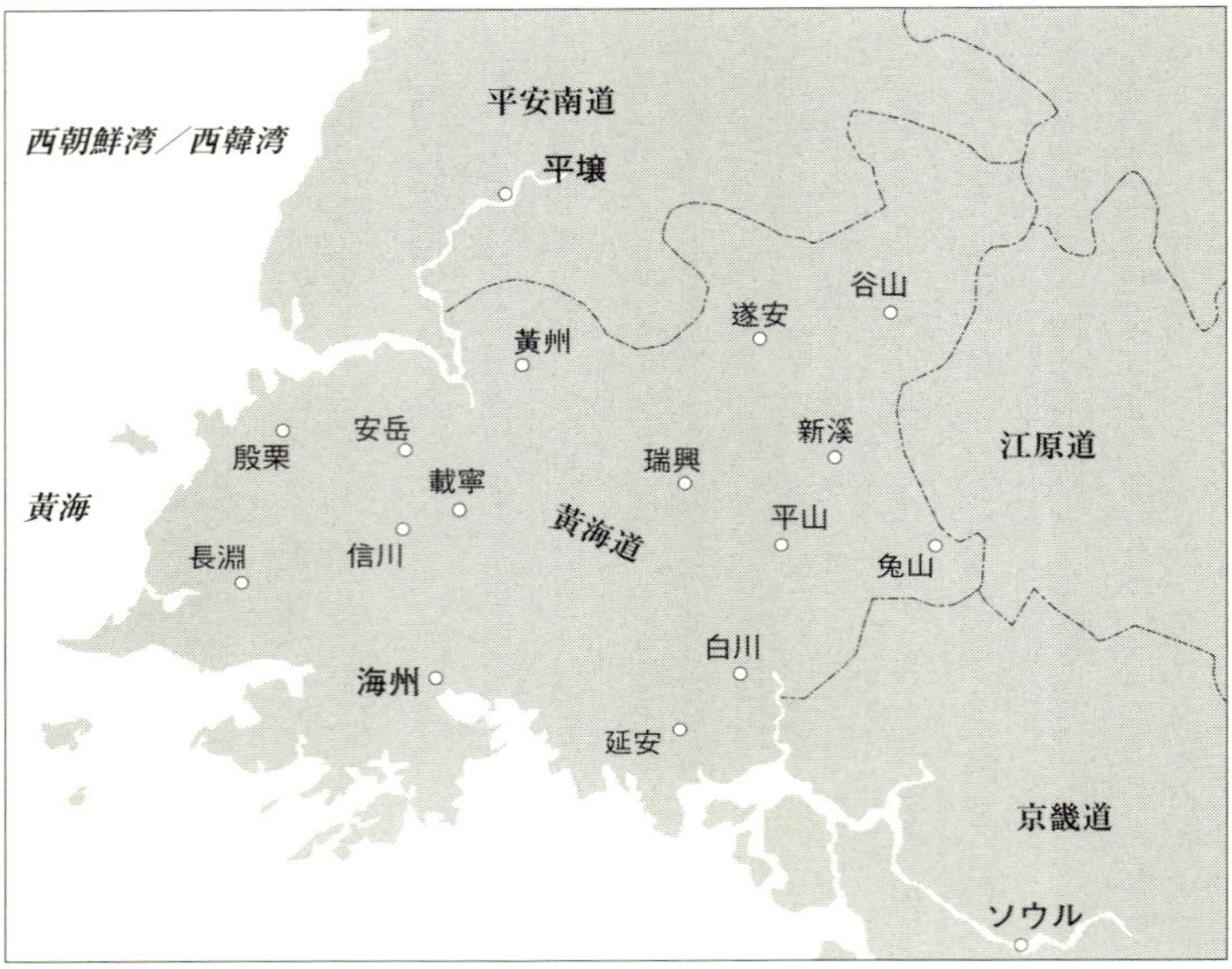

図２　黄海道

その後安泰乾は郡庁に戻り、「三人の被疑者たちは自分の無実を証明することはできなかったが、匪賊の被害者たちが直接会って彼らの犯行だったと確認できないならば、彼らを『匪賊』と呼ぶことはできない」と結論づけた。それから彼はカトリック信徒の仲間たちとともに郡庁を立ち去った。安岳郡守はカトリック信徒たちの犯罪がいかに「道理に反して」いるかを説明するために詳細にこの件を叙述した。しかしこのエピソードは、逮捕した人々の犯罪の明確な証拠を政府が持っているかどうか、また逮捕された人たちが拷問されたかどうかをカトリック信徒たちが問題にしていたことをも明らかにする。彼らは、政府がその犯罪を証明できないならば、被疑者を釈放するよう政府に集団として圧力をかけた。郡守にとっては刑罰行政におけるカトリック信徒たちのこの干渉は国法に対する違反であった。[29]

こうした対立は黄海道の他のカトリック信徒の騒乱においても続いた。[30] 一九〇二年一二月、信川の韓致淳《ハンチスン》――フランス公使によると、彼は『皇城新聞』と関係があった――は人々を虐待したかどで、カトリック信徒の金順明《キムスンミョン》と金炳浩《キムビョンホ》を告発した。韓致淳は、カトリック信徒たちは朝鮮人の同輩たちと敵対して朝鮮政府の法を破ったと言い張った。韓致淳によれば、伝染病のせいで韓致淳の隣村の李という名の住民の牛が死んだ。後に、李の隣人の牛も同じ病気で死んだ。カトリック信徒の指導者とこの地域の他の人たちが、この村の「汚れのない土地」に疫病の牛を持ち込んだと李を非難した。彼らは李を殴打して、隣人の病気の牛のための支払いを彼に強制した。彼らはまたその近隣の女性が、この騒ぎの間に失くしてしまったと主張する金簪《クムジャム》（金のかんざし）の代金として李に一〇〇両を支払わせようとしたというのだ。韓致淳は、信川のカトリック信徒たちが一九〇二年八月に教会の建設のために人々を働かせたとも主張した。人々が従わなかった時には、その信奉者たちが彼らを教会に連れて来て、私的に彼らを罰した。郡庁がカトリック信徒たちの逮捕のために捕吏を差し向けた時、捕吏たちは攻撃され、追い払われた。郡守はカトリックの司祭が捕吏を攻撃するために自分の仲間を送ったと告発した。

もうひとつのエピソードでは、カトリック信徒たちが租税徴収に抗議して、地方官吏と郷長たちを滅多打ちにした。このケースは宗教的な目的のために金銭を集めていたかもしれない安泰勳とその仲間たちの場合とは異なっていた。一九〇三年一月に、長淵《チャンヨン》郡守は、信川のカトリック信徒たちが違法に捕吏たちの邪魔をし、郡庁による収税を妨げたと報告した。郡守がカトリック信徒たちを逮捕した時、何十人もの彼らの仲間が捕吏たちを襲い、拘禁されていた人たちを解放した。カトリック信徒たちは自分たちへの不当収税とみなしたことのための訴訟に使われた金の返済として、三万両を郡守は自分たちに払えと要求した。郡守はこの要求を拒絶し、中央政府への報告に、キム・トンニョン——その父親はかつての郷長であったが、一九〇二年カトリック信徒に攻撃されて、ひどい傷を負った——による請願を添付した。

当時、地方政府は、郷長として「旅の諸費用の埋め合わせをする」ようキム・トンニョンの父親に要請していた。キム・トンニョンの父親は、不足分をいかにして埋め合わせるかについて、坊長《パンジャン》（地区長）たちや頭民《トゥミン》（村の指導者）たちと討議した。それから彼らはその郡の各世帯に負担を按分し、金を集めた。一人のカトリック信徒趙秉吉《チョビョンギル》はソウルで訴えを起こし、郡政府はその金を世帯に戻すべしという判決を得た。それに続いて、一九〇三年一月、カトリック信徒たちはキム・トンニョンの父親の家にやって来、人民の富を盗んだと彼を非難した。カトリック組織の指導者は、その信徒たちにキム・トンニョンの父親を捕まえるように命じ、キム・トンニョンの父親は、その後、長い棍棒で打たれた。キム・トンニョンは、カトリック信徒たちは自分の父をあまりにもひどく打ち、父親の頭にけがをさせ、体から血を流させたと主張した。訴えにおいて、キム・トンニョンは、カトリック信徒によるこの独りよがりの正義は国法をひどく侵していると述べた。

カトリック信徒たちと政府のエリートたちとの間の同様の対立がこの時期、朝鮮の他の諸道でも生じており、済州島ではこの対立が激しくなって、カトリック信徒たちとフランスの宣教師たちに対する全面的な「蜂起」へと立ち至った。この島では、カトリック勢力は地方エリートたちの利益を侵害するまでに大きく成長していた。収税行政へのカトリック信徒のこの干渉に激怒して、郷任《ヒャンイム》（郷会の役員たち）やその他の住民たちが蜂起を組織した。蜂起者たちは、三〇〇人のカトリック信徒たちを殺害したが、フランス政府が済州島の海岸に砲艦を派遣し、宣教師たちを救出するために朝鮮政府と交渉して、二名のフランス人宣教師は釈放された。[31]

印象的なことに、黄海道観察使閔泳喆は暴力をふるったカトリック信徒たちを東学教徒だとみなした。この二つの集団は政府の権威に対する不信感、租税行政への不満、苦情の原因を解決するべく組織された力に頼る点で、確かに似ていた。在朝フランス公使は、フランス人宣教師たちの立場を支持し、朝鮮政府がカトリック信徒を抑圧することを禁じるように介入した。[32] 要するに、抗議していたカトリック信徒たちは、外国人嫌いであったのではなく、朝鮮政府との争いのことしか考えていなかったのだ。

反西洋の抗議——平安道の鉱夫たち

黄海道におけるカトリック信徒とは対照的に平安道では鉱夫たちやそれ以外の労働者たちが西洋に対する多様な抗議をおこなった。朝鮮国王高宗はアメリカ人実業家のジェームス・R・モースに一八九五年七月平安道雲山《ウンサン》における金採掘権を与えた。[33] これが、朝鮮による外国への最初の鉱山採掘権授与であった。この利権授与は、鉱山業における同様の利権にかかわる帝国主義者たちによる競争の引き金となった。[34] 朝鮮政府は最初外国人による国内居住を制限しようとした。また国際協定の条項を強制し、外国人に土地や家屋を購入したり、条約港以外で店舗を構えたりすることをも禁じようとした。地方の官吏たちは定期的に調査し、条約港から一〇朝鮮里（四キロメートル）を越えて外国人が不法に購入していた土地と家屋のリストを作った。[35] しかしながら西洋人たちが、平安道に商圏を広げ、外国人の会社に協力してくれるよう土地の人々に促してくれと中央政府に要求したので、政府によるこの禁止の実施は遅れた。

西洋人たちは、その地での経済的なかかわりが活発になるに従って、ますます頻繁に平安道を訪れるようになった。多くのアメリカ人たちには平安道やその他「内地」への道中、食事をとるところや寝るところを見つけるのが難しかったので、当時、合衆国の在朝総領事であったホレース・N・アレンは、外部大臣李完用にアメリカ人旅行者のために特別な宿を開設するように頼んだ。[36] 西洋人たちは中央政府と直接的あるいは間接的に取引して利権を獲得したものの、もともとその地方で採掘業に従事していた人たちやその他の経済的特権を持っていた人たちによる反発に直面することになった。李完用は外交にかかわる争い事を避けるために、外国人に害をなす者たちを逮捕するよう地方官吏に指示した。[37] それにもかかわらず、平安道では外国人実業家や商業者への襲撃が頻発した。雲山にあったアメリカ人の金採掘会社はこのような反西洋抗議を引き起こした主要な舞台のひとつとなった。

アメリカ人実業家リー・S・ハントが雲山郡にやって来、一八九六年七月に鉱山を開いた時、[38] この鉱山の近隣の朝鮮人たちは、自分たちの損失について雲山郡守へ苦情を申し立てた。請願者たちは、この会社が個人所有の数万本の松の木を切り倒し、その所有者たちに補償をしなかったと主張した。それ以上に、この会社のために鉱夫を雇い入れる責任を担っていた朝鮮人斡旋者たちは、鉱夫たちが消費した食べ物や物品の代金をその地方の商人たちに支払わなかった。斡旋者たちは、外国人たちの権力を笠に着て、その未払いの勘定を踏み倒そうとし、その地方の商人たちに対して暴力をふるったと告発された。

平安道の地方官たちも外国人の国内定住を制限せよという朝鮮政府の最初の指示にこだわり、この会社に協力するのを拒絶した。この指示に従えば、外国人たちは土地を買うことができず、条約港からの決められた境界線の外側に位置していた雲山には倉庫を建てることができなかったので、この会社によるすべての建設は違法であった。雲山郡守は、伐採した松の木一本当たり一両を支払うようにとこのアメリカの会社に命令し、また斡旋者たちには人々に迷惑をかけることを禁じる命令を出した。この会社は、係争中の木の大半を切り倒し、売り払ったのはこの地方の住民だと主張した。この会社は、斡旋者たちによって引き起こされた問題を処理するべきなのは、郡であるとも主張した[39]。しかしながらこの責任逃れのせいで、郡は不法な材木伐採のかどでこの会社を罰する方向へと動いたため、会社にとって最良の利益を得ることにはならなかった。雲山郡守は、自分は厄介な斡旋者たちを追放し、木を不法に伐採した者たちが、その木材を所有している人々に賠償するように命じると中央政府に報告した。

会社は後に、観察使が不法に木を伐採した外国人を射殺するおそれのある警務官を派遣したと中央政府に苦情を申し立てた。会社は、観察使が会社の監督者たちに会ってくれないと不平を言い立てた。外部大臣は、この会社は宮内府と契約を結び、木を伐採する許しを農商工部から受けていると観察使に通知した。その後、外部大臣は会社に伐採作業を続けさせるように観察使に命じた[40]。このように採掘会社は道の地方官吏と住民たちからの抗議を解決するために中央政府の介入に頼った。[41]

会社が採掘用機械やその他の備品を移動させるために博川《パクチョン》から雲山郡への道路を作ろうとした時、朝鮮人労働者の賃金に関する紛争に直面した。会社は博川郡守が頑迷で敵対的ですらあると批判した。というのも郡守が労働者の抗議に対し、どっちつかずの立場を取ったからである。会社は朝鮮政府への報告の中で、郡守自身が賃金紛争を促し、もし会社が一日に二〇〇文（二両）支払わないならば、その仕事を引き受けないよう朝鮮人たちに命じたと示唆した。会社は中国人「苦力」であれば一日に一五〇文で雇うことができたかもしれないのに、朝鮮人労働者には、一日につき一七五文も支払ったと主張した。外部大臣署理兪箕煥《ユギファン》は、この告発について郡守を強く叱責した。博川郡守はひどく憤慨しながら自己弁護をし、この状況について異なる説明をした。

彼に従えば、アメリカ人たちは一八九八年三月に博川郡にやって来、道路での輸送が不便であったので、川を使って機械を輸送しようとした。会社は郡守に道路を補修するために労働者を送ってもらいたいと依頼し、彼はそのために労働者を動員した。最初のうち、会社は金を支払わなかった。労働者たちが建設を終えた後会社は、もし郡守が労働者を再び送ってくれるならば、すぐに彼らを雇うことにすると言った。それゆえ郡守は人々に会社の申し出に応じるようにと命令を出した。郡は、賃金の増加には責任を持っていなかったので、郡守は会社が一日に二両支払うよう要求したのは労働者たちであったと主張した。さらに彼は会社がもっと安い賃金で中国人労働者を雇えたというのは真実ではないとも主張した。海岸部の中国人たちのほとんどは貿易と商業に従事していたため、会社の申し出を受ける気などなかったのだ。郡守は紛争を引き起こしたのは会社であるのに、不当にも自分を告発したと会社を批判した。彼は、会社が朝鮮人労働者に公正な賃金を支払わなかったし、その抗議に適切に対応しなかったと結論づけた。[42]

雲山の金採掘は経済的な紛争を引き起こしたのみならず、平安道に社会不安を引き起こした。平安北道裁判所判事趙民熙《チョミニ》は外部大臣に書簡を送り、雲山郡の採掘会社の三名のアメリカ人が朝鮮人農民を金泥棒と間違えて、一八九九年三月二八日に射殺したと伝えた。この判事は、たとえ「盗人」を罰するのが正当であったとしても、そのような犯罪のかどで誰かを射殺するのは違法であると書いた。朝鮮政府は殺人事件のための伝統的な調査手続きに従ってこの出来事についての詳細な報告を作成したものの、「不平等条約」の治外法権条項によると、朝鮮政府にはアメリカ人を逮捕することはおろか、捜査することもできなかった。[43] これらの報告は、この射殺に責任のあるアメリカ人に対して村人たちが感じていたショック、恐れ、怒りを取り上げた。この死亡した農民、雲山郡の金奉文《キムボンムン》とその他の二人の村人たちが村に隣り合っていた畑を耕していた時、村の入り口から喚き声が聞こえた。[44] 驚いて振り返ると、三人のアメリカ人が近づいてくるのが見えた。金奉文はそのアメリカ人たちをひどく怖がった。というのも彼らは黒衣を着て、銃を乱射したからである。彼は逃げようとしたが、三人のアメリカ人は彼を追いかけた。そのあとまもなく、金奉文は胸に銃弾を受けた死体となって発見された。

政府への報告の中で、村人たちは、黒い服を着て野蛮にふるまうアメリカ人を見た時に、どれほど自分たちが恐怖におののいたかを繰り返し述べた。村の女たちは正確には誰が金奉文を撃ち殺したかはわからないと証言した。彼女たちは黒い服のアメリカ人を見た後、炊事場に隠れ、怖くて家の外に出ることができなかった。すべての証言者は金奉文が逃げたのは罪の意識ではなく、恐怖のためであったと口を揃えて言った。彼らは、金奉文が単に隣人の畑で働いている間に何の理由もなく殺されたと怒っていた。大きな喚き声や発砲から考えるに、このアメリカ人たちは村に入って来た時、酒に酔っていたのかもしれない。報告によると、彼らは真夜中に村に戻って来、村の中のある家から葦を一束取っていった。彼らは死んだ農民を葦と松の板で覆い、死体をある村人の畑の真ん中まで動かした。郡はその殺人を会社に知らせ、このアメリカ人たちの名前を教えるよう要求した。会社は、銃を撃ったのは金が盗まれたことに対処するためであり、郡にそれ以上の情報は渡さないと回答した。[45]

殷山郡の英国鉱山は平安道におけるもうひとつの紛争の舞台となった。平安南道観察使への殷山郡守の報告に従えば、朝鮮で薛弼林《ソルピルリム》という名で知られていたイギリス人と、その他三名のイギリス人、そして五〇名の日本人雇員が一九〇〇年二月七日に殷山鉱山を占拠した。彼らは政府の指令書を郡守に提出せずに採鉱を開始した。郡守はこれを国際条約違反とみなし、鉱山に巡検〔観察府所管の警察業務担当官〕を派遣した。郡守はイギリス人たちにこの鉱山の接収を禁じ、朝鮮の鉱夫たちにそこで仕事を続けるよう告げた。派遣された巡検の報告に従えば、イギリス人たちはイギリス国旗を掲げ、鉱山に入ってくる者を検問した。彼らは山の高所を通っていた道路におかれていた二か所の歩哨所に小さな国旗を掲げた。彼らは剣や銃を携行しており人々を怖がらせた。夜になると彼らはランプを吊るし、通行人を監視した。巡検は、鉱山を訪れたのは三名の西洋人、一名の黒人、五八名の日本人、一名の日本人監督、そして一名の中国人だと報告した。加えて、鉱山にはほぼ一〇〇名の朝鮮人雇員がいた。この郡守による採鉱禁止に直面して、イギリス人たちは一八九九年七月、韓国政府が平壌、載寧《チェリョン》、信川、咸興《ハムン》、吉州《キルチュ》、端川《タンチョン》、遂安《スアン》の鉱山に加え、もうひとつの鉱山を選ぶことを許可したがゆえに、殷山で採鉱を始めたのだと抗議した。[46]

イギリスの会社はまもなく、先にそこで採鉱をおこなっていた朝鮮人鉱夫たちの騒擾に直面した。寧邊《ヨンビョン》郡の数百名の鉱夫たち、あるいは成川《ソンチョン》や順安《スナン》の三~四〇〇名の鉱夫たちが集まり、イギリスの鉱山近くの山に陣取った。イギリス人たちは、大韓帝国皇帝が自分たちにこの鉱山を与えてくれたのだと説明する立札を立てた。彼らは日本人が会社の雇員たちを保護し、彼らを邪魔した者たちを罰するであろうと警告した。彼らはハングルで次のように書いた。

> ロハバン金鉱で大騒ぎしている鉱夫たちは戻るべきです。あなたたちは私たち会社の関係者を傷つけたり、とらえたりしてはなりません。我が会社で雇っている日本の警察官は、私たちの会社の関係者を保護するでしょう。この村に住んでいる人たちは我々の会社に友好的であるので、彼らは私たちの仲間です。もし何か問題があれば、それらは私たちの会社の牧師薛師に報告されるべきです。[47]

この掲示が貼りだされたからといって、何百人もの鉱夫が一九〇〇年二月一九日に陣取っていた人たちに加わり、龍化鉱山の東の谷を占拠するのを妨げるものではなかった。会社の日本人雇員たちは、会社の備品を龍化坊の西の谷へと運んだ。鉱夫たちと会社の雇員たちの間の対立線は三朝鮮里

（約一・二キロメートル）もの長さに延びた。会社の日本人通訳が何人かの雇工《コゴン》（一時的な労働者）とともに市場が開かれる二月二一日に順川《スンチョン》へとやって来、そこで騒擾に加わっていた鉱夫たちが、この通訳の持ち物を取り上げ、彼を個人の家へと監禁した時、対立はエスカレートした。イギリス人たちはこのことを聞き、二〇名の日本人と数人の労働者を市場へと派遣した。彼らは武器を携行しており、続けて何発も発砲した。鉱夫たちは散り散りになったが、翌日再び集まり、会社に雇われていた二人の朝鮮人什長《シプチャン》（監督）の家を破壊した。イギリス人たちと二〇名の日本人が再び町へとやって来、一人の鉱夫を捕まえ、彼の頭を殴り、意識を失うまでめった打ちにした。彼らは剣でもう一人の鉱夫を傷つけもした。この血なまぐさい争いは、さらに鉱夫たちを煽り立て、近隣の他の鉱夫たちを町へと集結させることになった。順川郡守は、鉱夫たちが暴徒へと変わり、町の人々を襲ったことを憂慮し、一〇〇人もの鎮衛隊兵士を騒擾鎮圧のために派遣した。[48]

鉱夫たちによるこれらの抗議は、採鉱地区において繰り返されていた西洋人への襲撃と同時に発生した。一九〇〇年八月一九日、雲山金鉱のイギリス人技術者が酒場に赴き、鉱夫たちに飲酒を禁じたところ殴り殺された。[49] 安州《アンジュ》では、身元不詳の男が、アメリカ人の住んでいる西洋式建物に発砲した。[50] 二〇〇名近い朝鮮人が、朝鮮人女性への性的暴行に対する復讐だとして、雲山金鉱会社のアメリカ人やその事務職員たちを襲撃した。[51] そしてアメリカ人外交官たちは、一九〇三年一二月に雲山地域の住民たちが外国人たちに石を投げたと言い立てた。[52]

ロシア人たちが、平安道において影響力を広げた時、彼らは紛争のもうひとつの火種となった。ロシア人たちは一九〇三年龍川《ヨンチョン》にある龍巌浦《ヨンアムポ》の不動産を購入し始めた。朝鮮政府は、ロシア人の行動は章程遵守義務違反であり、土地の風習にも背いていると報告した。[53] ロシア人がしでかした最悪の不始末は、龍川において電信設置計画を履行する際、その地の人々の祖先の墓を破壊してしまったことであった。住民たちの怒りはすさまじいものであった。龍川郡の洞任《トンイム》（洞の長）たちは村の住民たちの署名を含んだ嘆願書を提出した。尊位の安素謙《アンソギョム》は、ロシア人たちが山の中にトンネルを掘り、汽車で土を運び出していると不平を表明した。山にあったいくつかの墓が、このトンネルのために崩れ落ちた。[54] 政府の調査官は、「死者の叫び声が川に沿ってこだまし、生者の怒りが地を満たした」と報告した。朝鮮政府が龍巌浦においてどれほどの墓が損傷されているかを調査するために、村の指導者たちを集めた際、その地区の四六二基の墓のうち、三六二基で死者の骨が地上に出ているのが見つかった。政府は被害墓のリストを作成し、再埋葬費用を一部補償した。[55]

変貌する東アジア秩序と汎アジア主義の出現

平安道における反西洋の抗議は、平安道の人々が保守的であり、他地域の朝鮮人より民族主義的だったということを必ずしも意味しているわけではない。平安道の地理的な位置は鴨緑江を挟んで中国や満洲と隣り合っていたので、[56] 人々は新しい思想や中国の商品に何年もの間さらされてきていた。この道は、満洲における商業制限の解除や人口の変化に呼応しながら、一九世紀末における王朝の新しい社会的フロンティアとなった。この時期における二つの出来事、富裕層の義州《ウィジュ》からオーストラリアへの旅と、一八九五年の日本人による閔妃暗殺後結成されたもっとも有名な義兵軍のひとつであっ

図3　平安道

た柳麟錫《ユインソク》の部隊に対する冷めた対応がこの変化の指標となる。

一九〇一年四月に、ソウルの日本領事は平安道義州からの三名の旅行者の死について韓国政府に通知した。この旅行者たちは、一九〇〇年一二月、オーストラリアに向かっていた日本の蒸気船八幡丸に乗船していた。彼らはマニラで病死した。日本人船長は彼らのために葬儀をおこない、マニラの日本領事館経由で、彼らの所持金と私物を韓国に送った。これらの旅行者は四〇歳の金尚慶《キムサンギョン》、二六歳の劉在豊《ユジェプン》、そして三六歳の金聖八《キムソンパル》であった。金聖八はイギリスの金貨八〇ポンド、当時の日本における金価格で七五〇円九一銭を遺した。彼らのそれ以外の持ち物には、革靴、衣類、朝鮮人参製品、洋傘、そして銀時計が含まれていた。[57]これらの旅行者は商人であったかもしれない。というのも、彼らが朝鮮人参を持ち運んでおり、彼らの目的地が、日本や西洋諸国のような「文明の勉強」と結びついた場所ではなかったからである。彼らの旅行は、義州が朝鮮周縁部の単なる一国境都市であったのではなく、近代日本の輸送システムを通じて、太平洋を横切る旅行回路につながっていたことを示している。この時期に義州で撮影された一枚の写真には、瓦葺の家が連なっており、同時代のソウルの繁栄と比肩しえたことが示されている。[58]

同様に、儒教の保守主義は当時の平安道におけるイデオロギー的状況を決して支配などしてはいなかった。柳麟錫の「義兵軍」が平安道に本部を作り上げようとした時、彼らはその地方の熱意のない反応に遭遇した。[59]北方人は軍事的な才能と勇気で有名であり、平安道には、華西学派に属する正統的な儒教教育機関が存在していて、この部隊の何人かの指導者たちもその講筵に連なっていた。ところが柳麟錫の部隊のある指導者は、平安道からの好意的な反応が欠けていることに対して不満の意を表した。彼は、甲午改革中に国家の官吏の採用における北方人に対する差別を開化党《ケファダン》（開花知識人グループ）が廃止した後では、平安道の住民たちは官吏の地位を求めるだけだと不平を漏らした。[60]柳麟錫の部隊のもう一人の指導者李致永《イチヨン》の事例も参考になる。[61]李致永は、一八九七年柳麟錫のために鴨緑江の対岸部にその地方の根拠地を作ろうと試みた。彼は、人々が自分たちの国を守るために立ち上がり、閔妃の仇を討つことを主張した。李致永の使喚《サファン》（個人的従者）である金才成《キムジェソン》が語るところによれば、柳麟錫は、大義のために戦うべくこの地方の住民を説き伏せるために国王高宗の命令を求めさえした。しかしながら彼の根拠地の住民は、李致永が人々を「略奪した」と非難して彼を殺害し、彼の首を韓国政府の地方官のもとへと送りつけた。[62] この悲惨な運命が示唆しているように、イデオロギー的な傾向は保守的な儒教を離れつつあったし、平安道においては甲午内閣が支持される趨勢であった。

先に論じたように、ポスト甲午期における西洋の主導権に対する民衆の反応は協力から敵意まで幅広かった。この地方の不安定な雰囲気を考慮すると、反西洋的心情のかなりの部分が、汎アジア主義へと方向づけられたかもしれない。開化派のエリート改革者たちは、すでに一八八〇年代には日本人のアジア主義者たちと接触しており、西洋の脅威から生き残るために朝鮮との合邦および東アジア〔具体的には清〕との合従を働きかけた。[63] 朝鮮のエリート改革者たちは「文明と開化」というその言説の中で東洋文明を批判し、朝鮮と清を改革するためのモデルとして西洋を称賛し、東洋の協力という理想をいまだに主張していた。[64] 東洋の連帯についての朝鮮のこの言説は、清の宗主権からの独立と東アジア三国間の平等と協力を要求するものであった。日清戦争後、朝鮮の改革者たちの言説は以前にも増して親日的な色合いを強め、朝鮮とアジアへの日本の拡大を局地的な平和を建設する方法であると表現した。『独立新聞』は、清と東洋文明をこき下ろし、日本の汎アジア主義者の言説との近さを表明した。

この間にも、西洋諸国は経済的な利権を得るべく張り合っていて、朝鮮人の感情をやわらげることにはほとんど関心を示さなかった。フランスはカトリック信者への改宗者の中に現地人協力者を見つけ出したが、しかしその同盟国であるロシアに遠慮して、朝鮮を支配することに真剣な関心を寄せてはいなかった。ロシアは一八九六年に高宗がロシア公使館へ逃げ込んだ後、朝鮮の宮廷支配をさらに強めてはいたものの、ロシア拡大のための支持を朝鮮人の中に獲得することはなかった。ところが日本は、東アジアにおいて変貌しつつあった地域的秩序に対する朝鮮人の反応を注意深く監視しており、その反応を日本の野望に役立つように形成するべく動いた。こうした取り組みゆえ、日本政府が朝鮮内で汎アジア主義的心情を広げることには批判的であったのも理解できる。

平安道における地方的な事情は、清の指導力についての汎アジア主義者からの批判にも当てはまった。清が東北地域での統制を失ったため、平安道の人々は清の衰退のあおりを受けることになった。無許可の中国人交易業者や中国人匪賊の度重なる侵入は、この地方の人々をいらだたせた。平安南道三和《サモア》郡守は、清の貿易船がこの地方の海岸部に群がっていると不平を漏らした。彼は一八九六年四月、風が良好であれば一日に二〇艘から三〇艘の船が甑南浦《チュンナンポ》のような三角江の奥まったところにまで帆走してきて、貿易のために係留されると書いた。[65] 彼の報告に従えば、これらの商人の多くは清の鄧州《テンチョウ》地域の居住者で、西洋の木綿織物や鉄製品を朝鮮の大豆や米と交換するためにやってきた。大半が公文《コンムン》（一種の旅券）を保持していなかったにもかかわらず、内陸部の平壌付近や平安道沿岸諸地域にまで足を延ばした。一八八二年に署名された貿易章程が清商に朝鮮での貿易特権を保証したため、彼らは商業活動を拡大することができた。韓国政府が一八九九年に商業と交易に関する新たな韓清通商条約に署名するまで、郡守は清商の行動に制限を加えるいかなる法的権限をも有してはいなかった。[66]

平安道では中国人による材木の密輸もひどかった。韓国首相朴齊純《パクジェスン》（一八五八〜一九一六）は中国人の伐採者たちが税を避け、韓国政府の財政に損害を与えると心配した。彼は平安道観察使に対し、いかにして材木密輸を取り締まるべきかについての指示書を送った。もし韓国の官吏たちが、山の中、あるいは川そばに違法な材木が積まれているのを見つけたら、その市場価格を算定し、韓国政府によって失われた歳入の補償とするべく材木に課税するべきだとされた。不法な木材伐採と闘うために、韓国政府は地方の官吏に猟手《ヨプス》(用心棒)を雇うことも許可した。もし地方の官吏が不法な伐採を許した見返りに清商から賄賂を受け取ったならば、地方官たちはこうした腐敗官吏を投獄することができた。[67]

しかしながらこの規則は、鴨緑江に沿う国境地帯へ侵入してきた数百人といわず、わずか数十人の「木匪」(木材匪賊)ですら阻止することができなかった。満洲への中国人の大量移住は、この匪賊行為を激化させた。[68] 一九世紀末に清朝政府がこの地域への居住制限を撤廃して以後、中国北部から満洲への移住が増大した。この流れは中国の東満洲鉄道と南満洲鉄道の発展が蒸気機関による輸送と就業機会を提供した時に加速した。一八九〇年代には平均して一年につき、七九〇〇名の乗客が煙台《ヤンタイ》の山東《シャンドン》港からウラジオストクへと蒸気船で旅をした。この数は一九〇〇年から一九一六年の間には年に二万二〇〇〇人以上と増加し、一九〇七年のピーク時にほぼ七万人となった。清朝政府の海関は一八九三年に四万四〇〇〇人以上の中国人乗客が中国北部の港を出て満洲へと向かったことを記録した。その七年後の一九〇〇年に、この数は一二万人となった。鉄道が敷設され、居留区が発展するにつれて、満洲における木材需要は増大し、匪賊は森林の豊かな地域へと韓国の北部国境を越えたのであった。[69]

表1は、平安道の国境地帯が中国人の強盗、殺人、あるいは匪賊の襲撃という多くの被害を受けや

すかったことを示す。一九〇〇年の八月と九月に義和団が北京を逃れ、鴨緑江の対岸にやって来た。叛徒たちは数人の朝鮮人キリスト教徒を殺害し、その死体を川岸にさらした。寧邊郡守は、叛徒たちが黒い制服を着た韓国の警察官を外国部隊、あるいは日本部隊と間違え、警察官が叛徒の基地を襲うことを恐れていると報告した。[70]

『独立新聞』は中国人によるこの騒動には批判的であり、平安道に関する報告の中でその住民たちの反清認識を伝えた。たとえば、一八九七年三月には平壌とその近隣の住民たちからの書簡を掲載し、鎮南浦《チンナムポ》と木浦《モッポ》を追加の条約港とし、外国人商人たちから関税を徴収するための税関を設けることを主張した。[71]『独立新聞』の記事は、平安道においては、清潜商《チョンジャムサン》（法を無視した清国人密売商）が税を納めないで商品を輸入しており、他方、南部の諸道では日本人がそのような関税回避をおこなっていると記した。『独立新聞』は朝鮮において反清的な言説を広めるのにひとつの役割を果たした。『独立新聞』は日本の雑誌、新聞の影響をより色濃くし、親日的な色合いを強化して、[72]平安道の読者に影響を与えた。この新聞は配送のための地方事務所分局を平壌に持っていたが、それ以外に、済物浦《チェムルポ》、元山《ウォンサン》、釜山《プサン》、坡州《パジュ》、松島《ソンド》、水原《スウォン》、江華《カンファ》のような商業の中心地あるいは輸送の中心地にも事務所を持っていた。[73]

一八九七年九月の『独立新聞』の別の記事は、何名かの平壌のキリスト教徒たちの反清的親日的心情について伝えた。これら「教友」は、総勢三〇〇名ほどであったが、高宗の誕生日に平壌の大同江《テドンガン》付近で誕生祝を挙行した。この記事はこの儀式の「愛国主義的な」性質に言及した。キリスト教徒たちは朝鮮の国旗を掲げ、朝鮮の独立を祝うスピーチでこの儀式を始めたし、そのあと、参列者たちは立ち上がり、「独立歌」を歌った。『独立新聞』はこの儀式において指導者の李永彦《イヨンオン》がおこなったス

表1　1896年～1903年の平安道における清人匪賊に関する記録

年	記録月日	場所	事件数	係争問題
1896			記録なし	
1897			記録なし	
1898	2月11日	平安北道川沿い部あるいは沿岸部	約400	強盗
	8月13日	閻延面	数十	強盗
1899	6月9日	厚昌郡	数十あるいは数百	木材強盗
	6月21日	平安北道川沿い部あるいは沿岸部	16か17	窃盗
	7月14日	龍川	数百	不法な石炭採掘
	8月31日 (9月7日)	昌洲面	16か17	武装強奪
	9月9日 (10月10日)	龍川	数百	不法な石炭採掘
1900	7月3日	江界,文玉面	60から70	強盗と木材
	7月21日	慈城郡	300から400	木材強盗
	8月15日	江界,文玉	捕縛された清人盗賊	木材強盗
	8月27日 (9月17日)*	鴨緑江対岸の楚山	数十	義和団の乱**
	12月13日	厚昌郡	16	
1901	4月1日	慈城,厚昌	約300	木材強盗
	4月26日	鐵山	数十	強盗傷害
	5月28日	昌城		強盗と木材
	6月29日	国境沿い		強盗
1902	4月19日 (4月26日)	国境沿い		朝鮮人浮浪者に対する攻撃
	7月18日	楚山	約10 (日本人、清人の荷運び)	木材強盗
	10月5日 (10月10日)	厚昌	約10	匪賊によって人質にされた朝鮮人官吏
	11月5日	慈城		強奪

年	記録月日	場所	事件数	係争問題
1903	4 月 27 日 (5 月 5 日)	白馬山城	ロシア人と共謀	不法伐採
	10 月 19 日	三水		木材
	10 月 31 日 (11 月 14 日)	厚昌		誘拐
	11 月 15 日	龍川		殺人

* (　) 内の日付は、同じ襲撃事件についての他の記録のもの。

** 北京での迫害から逃れた義和団は鴨緑江付近にやってきた。

出典：『各司謄録』36: 1-232 頁 .

ピーチを次のように記録した。

我が国は清国に属し奴隷の如く振る舞ってきたが、今や自主国となった。我が人民も各々自主の心を持ち、大君主陛下の聖徳を助け、西洋各国の如く文明開化しよう。或いは風聞に聞くに我が国は開化するに難しいと言う者があるが愚か者の言葉である。日本国は三十年前に衰微を極めたが、今や東洋一に開化し富国強兵で人民は太平なり。その所以とは人材の教育にあり。[74]

この記事における清朝への非難と日本への称賛は、独立協会自身の立ち位置を反映していた。一八九七年一一月付の『独立新聞』の社説は、一九世紀末以来の朝鮮の歴史を要約し、エリート改革者たちの親日的な方向性を擁護した。『独立新聞』はこの社説を閔妃暗殺事件という悲劇のあった二年後の一八九七年一一月二二日、閔妃の公式的な葬儀に合わせて掲載した。『独立新聞』は葬儀が遅れたことをこの国で起きた一連の出来事に帰し、暗殺後の高宗のロシア公使館逃亡事件を言いつくろった。

一一月二〇日の社説は閔妃についての略歴から始めて、開化派の指導者――保守的な文人たちは閔妃の暗殺後、彼らのことを「親日的売国奴」と激しく非難していた――の選択を擁護した。この社説は朝鮮を開国させた諸条約は正しい方向線上にあったと主張しながら、一八六六年と一八七一年における合衆国の砲艦に対する朝鮮の戦闘は、アメリカの砲艦が「単に朝鮮の周囲を見回っているだけ」であったのを朝鮮人が「理解しそこなった」がゆえに、「誤って」生じたと論じた。[75] 合衆国は、朝鮮人が「無知で」外の世界について「何も知らされていなかった」とみなしたがゆえに、報復しなかったのだとこの社説は主張した。

さらにこの社説は一八八二年の反乱（壬午軍乱）を清朝の軍隊が朝鮮侵略を引き起こすことになった事件として描いた。その時以来、「我が国（つまり朝鮮王朝）五〇〇年において初めて」中国が朝鮮内に兵站を設け、「かくも長く維持されてきた朝鮮の自治」を辱めた。この社説は、中国による占領こそ、怒りに燃えた若き指導者たちが清朝を急いで打ち倒そうとしたが、殺されるか逃亡へと追い込まれた一八八四年のクーデタの直接原因であるとした。この社説は、中国が日清戦争勃発以前には朝鮮の自治を阻んでいたと断言した。さらに中国が一八九四年の東学農民反乱を鎮圧するために、日本に通告せずに軍隊を送り、それによって一八八五年に批准された天津条約を破ったがゆえに、「自国民保護」のためこの戦争に日本がかかわったとも描写した。『独立新聞』の社説は、「日本と朝鮮は清朝中国を追い払うために同盟し」、しかも日本と中国の講和条約は第一条において、朝鮮の独立を保証していると主張した。この社説は最後に朝鮮王妃の悲劇を悼んでいるが、しかし彼女の暗殺に至る日本人の暴力については言及しなかった。[76]

歴史についてのこの語りは、日本自身の日清戦争解釈を反映させていたし、朝鮮建国以来の出来事についてその読者たちの認識をはっきりと形作ったにちがいない。平安道における『独立新聞』の読者たちは、政治的には活動的で、腐敗した官吏を批判したり、あるいは政府に根本的な変革を要求したりする書簡を新聞に投稿した。[77] 独立協会がソウルに「万民共同会」を組織し、外国人顧問の朝鮮政府からの排除を要求した時、平壌のキリスト教徒たちは、ソウルの運動と連帯してひとつの集会を組織した。[78] おそらくはこうした行動が、忠清道の公州《コンジュ》と慶尚道の大邱《テグ》と並んで、平壌が独立協会の三大支会のひとつとなった理由であった。ソウルの独立協会は一八九八年九月に協会規約五〇〇部を平壌に送った。[79] 一八九八年一〇月の『独立新聞』によると、そのころまでに協会は八つの支会を組織しており、そのうち四つ（江界《カンゲ》、平壌、宣川《ソンチョン》、義州）は平安道にあった。咸鏡道北青《プクチョン》を入れると、五つの支会が北部地域にあったことになる。[80]

平壌支会は総代をソウルの独立協会に送り、清朝の特使を迎えるために使用されていた平壌の旧公庁を改築することを求めた。平壌支会は、まさにソウルの独立協会が、清朝の特使を迎えるための門を壊し、そのあとに独立門を建てたように、この会堂を協会事務所に変えるつもりだった。[81] 独立協会は、この平壌の要請を許可してくれるようにと度支部大臣に依頼したのであるが、度支部大臣の閔泳綺《ミンヨンギ》は、それに同意しなかったと『独立新聞』は伝えている。[82]

『独立新聞』の親日的な調子がその読者に影響を与えていた一方、日本は静かに、だが着実に平安道へと入り込んだ。日本領事代理新庄順貞は一八九九年八月に平壌の大同《テドン》門内の隆徳《ユンドク》部に事務所を開いた。[83] また、東亜同文会も平安道に勢力を拡大した。東亜同文会は一八九八年六月に近衛篤麿公によって設立され、日本の反露的汎アジア主義の右翼版を積極的に展開した。[84] 國友重章という名の同会会員が一八九九年六月に仁川《インチョン》に入って、朝鮮に同文会の支部を組織し、平壌に日本人学校を建設することを決めたことを『独立新聞』は伝えている。[85] 東亜同文会は、この仕事のためにすぐに一人の会員を派遣した。一八九九年六月、学部は真藤義雄という日本人の請願を平安南道観察使に送付した。真藤は平壌での学校開設を願い、観察使からそれを歓迎する意向と共にその許可を得た。[86]

請願者の真藤義雄は後進の教育にあたる任を引き受け、労苦を厭わず……近年日本は東亜同文会を設立し、才識ある人士を選び西洋各国に派遣したのだが、この人物（真藤）がその任務を引き受けた。……昔日百済の時に王仁が日本へ渡り、論語と千字文を伝えた。……この（日本）人がまた、文明の学をもって我が人民を導くことは、天道が回り巡る故であり、この伝授は偶然ではない。

日本領事代理の新庄は真藤とともに、英語学校を開くべく働き、韓国政府が彼らに度支部大臣の管轄下に政府の建物の使用を許可してくれるよう要請した。この要請は一般的ではなかったものの、真藤の学校が学部の傘下におかれたので、平壌郡守はそれを許可した。彼はこの建物を無料で使用することをこの学校に許したくはなかったので、二年に限ってそれを貸し出すことへの同意を度支部大臣から得た。[87]『独立新聞』は『皇城新聞』同様、真藤が（英語学校の代わりに）日本語学校を建てていると伝えている。『独立新聞』によると、この学校は二〇〇名の生徒を擁し[88]、同文会は、義州にもうひとつ学校を建てると語っていた。[89]

同文会のイデオロギー的な方向性が真藤の学校経営と平安道における日本の汎アジア主義の拡散にどのように影響したかを理解するためには、さらなる研究が必要である。しかし真藤の学校は、当時それを通して日本人が汎アジア主義を伝える手段であっただけではなかった。『独立新聞』の場合が示すように、平安道の住民たちは、反清的で親日的な語りが印刷された新聞やビラを読んでいた。[90]著名な医学者李濟馬《イジェマ》は、伝統的な韓薬を総合し、四象医学（四身体構造理論）を作り出したのだが、彼のことがこれらのビラに掲載されたのは意味深長である。李濟馬は朝鮮北東部の咸鏡道咸興の出身であった。国際情勢に関する興味深い情報について熱狂的になり、多くの政治的な随想と、政府内の彼の官房を訪れた日本の役人たちとの間に交わされた会話の記録を残した。集められた彼の書き物の中には、汎アジア主義的な視点からその時期の国際的な環境を分析した随想がある。この随想はロシアの脅威を予見し、もっと日本に近づき、その指導を受け入れるべきだと韓国に勧告する。李濟馬の文章を後に編集した人は、李濟馬自身がこの随想をこのような「親日的な」調子で書いた可能性を否定する。その代わりに、この随想は当時の韓国の知識人の間でかなり広く流布し、それゆえにそれが李濟馬の集成に入れられた理由なのだとこの編集者は考える。[91]

東学の指導者たちの親日的親改革的転向

先に言及しておいたように、東学の指導者たちは、ポスト甲午期に改革志向的で親日的な方向へと変わった。この結果、朝鮮における二つの反現状維持勢力である開化派の改革主義エリートと東学叛徒たちの政治的見解の一致がもたらされた。[92] 朝鮮の改革主義エリートと東学教徒のこの見解の一致は、彼ら両方ともが進歩というイデオロギー、西洋文明の力、そして朝鮮を改革することにおいて日本モデルが重要であるということを是認するようになったことを意味した。この見解の一致は日本の植民地計画に影響を受けていた。しかしながら改革者と反乱者によるこの選択は、自分たち自身の持続的な目論見を維持しており、それには政府の無制限な権力を認めることに対する嫌気と政府官吏に対して制度的な縛りを設けたいという願望が含まれていた。

敗北した東学教徒たちは、しばらくの間は彼らを狩り立てていた政府からばらばらのままに逃げていた。著名な儒学者黄玹《ファンヒョン》は自身の日記の中で、散り散りになったこの時期の東学の活動の痕跡を記録した。東学教徒の中には閔妃暗殺の復讐のために義兵に加わり、日本人に対する抵抗を続ける者たちもいた。また叛徒としての東学教徒の宗教的政治的アイデンティティを維持していた者たちもいた。黄玹は一九〇〇年に宗教としての東学の集まりが南部地方で見られたことを記している政府の報告書を記録した。他の東学教徒たち――あるいは少なくとも政府がそのようなものと見ていた人たち――の中には、「匪賊」となる者たちもいた。[93]

東学の組織を再建し、東学の信奉者たちへの指導権を再度主張したのは、東学の北接の指導者たちであった。北接の指導者たちは自分たちの拠点を朝鮮北部へ移すことによって南部における政府の迫害から逃れた。政府はその地域で地下に潜っていた東学の組織を追求したが[94]、それらを完全に根絶するのには失敗した。東学教主孫秉熙《ソンビョンヒ》がこの北方への拡大を始めた。孫秉熙は一九〇〇年七月、東学の核心指導部の集まりで法大道主として単一指導体制を確立したが、政府が一九〇〇年八月に孫秉熙の主たる対立者たちを迫害して、孫天民《ソンチョンミン》を処刑し、金演局《キムヨングク》を逮捕した時に、自らの権力を固めた[95]。孫秉熙は、改革主義と親日的外交を前面に出すことで、東学の信者たちに新しい思想を押しつけた[96]。この戦略は一八九四年反乱の指導者たちが甲午改革内閣に対して持っていた敵意とは矛盾した。黄玹に従えば、全琫準《チョンボンジュン》がまさに首をはねられようとした時、彼は、朴泳孝、徐光範《ソクァンボム》、それに甲午改革のその他の指導者たちを親日的「売国奴」だと罵ったという[97]。

一九〇〇年ごろ、孫秉熙は文明開化についての言説への転換の証人となった[98]。『本教歴史』（以後『歴史』と略記）は、李容九《イヨング》に守られて政府の捜索から逃げている間の孫秉熙の転向を述べる。孫秉熙は、「文明」の真の性格を勉強することが必要だと考え、こうして一九〇一年の春、海外に出ることを決意したと説明する。

> 我々は、自分たちのやり方をはっきりと世界に示すことを望んでいるが、文明を十分に理解して文明の擁護者になった後になってようやく我々の目的を達成することができる。旅をし、世界諸国を見て――この一〇年でそれを成し遂げようと私は思っているのだが――そして文明の性格と世界の状況を理解した後では、その時には我々のやり方を広く宣布するのになんの障害もなく

なっているだろうと私は思う。聖師《ソンサ》[99]はこう言い、そして彼らがどう考えているかを尋ねた。彼らは彼の言葉が正しいと皆賛成した。[100]

この逸話は、孫秉熙と東学の指導者たちが、自分たちの宗教の目標が文明の敵ではなく、「文明の擁護者」となることだと鋳直すことで自分たちの宗教の目的と「文明」の進歩を和解させようと決心したことを明らかにする。反乱的な東学から、愛国的な義兵へと、さらには植民地期における民族主義的抵抗運動への関与へと至る軌跡は、一直線につながっているとは言い難いものであった。『歴史』に従えば、東学教主孫秉熙はもともとアメリカ合衆国に行くつもりであった。孫秉熙はアメリカ合衆国へと向かう船に乗って日本に行ったが、切符を買うのに十分な資金を集めるのに失敗したとされている。[101]カール・ヤングはこの説明を疑っている。というのも日本での孫秉熙の生活はたっぷりと資金に恵まれ、ぜいたくなものですらあったからである。孫秉熙は韓国と日本の近さのゆえに韓国における東学組織の管理がもっと簡単になるという理由で日本を選んだのだとヤングは論じる。[102]一九〇一年三月、孫秉熙は弟の孫秉欽《ソンビョンフム》と、後に一進会の指導者となる李容九とともに咸鏡道の元山から日本にもっとも近い韓国南部の港湾都市釜山へと旅をした。孫秉熙はそれから長崎、ついで大阪へと赴いた。一九〇二年の初頭、孫秉熙は東学の信奉者たちの子どもの中から二四名を選び出し、彼らを元山から奈良まで連れていき、そこで彼らに日本語で教育を受けさせた。彼は一九〇二年六月には京都へと移り、学生たちを公立の中学校に入れた。東学の指導者たちは、一進会へと加わった後ですら、学生たちを日本へと送り続けた。[103]

孫秉熙は、一九〇六年一月に朝鮮に戻るまで、四年間にわたって日本に滞在した。[104] 日本にいる間、彼はかつての甲午内閣の指導者たちと交わったが、その中に含まれていたのは、朴泳孝、趙羲淵《チョウィヨン》、権東鎮《クォンドンジン》、呉世昌《オセチャン》、李軫鎬《イジノ》、趙羲聞《チョウィムン》、そして日本に亡命していたその他の人たちであった。孫秉熙がこれらの改革者たちと接触したことが、彼らの改革思想をもっと徹底的に理解する助けになったにちがいない。孫秉熙は、これらの亡命者たちの何人か、たとえば権東鎮や呉世昌などを東学の信者へと改宗させた。呉文煥《オムノァン》に従えば、孫秉熙は一九〇三年に自分の新しい改革思想を『三戦論《サムジョンノン》』（三度の戦争についての理論）と『明理伝《ミョンニジョン》』（教義を説明するための文章）と呼ばれる二つの文章の中で総合した。『明理伝』の中の「教政双全《キョジョンサンジョン》」（宗教の二重のフロンティア）という概念は孫秉熙の政治的思考を要約していると呉文煥は論じる。この概念によると宗教としての東学は政治的領野と道徳的領野の二つのフロンティアで闘うべきであった。つまり宗教は政治を矯正しなければならないし、政治は道徳化されるべきなのだ。このプロセスは西洋の用語においてではなく、「人乃天」そして「天心即人心」（人々が天であるかのように人々を扱え）という東学の教義における人々の道徳的な啓蒙から始まったのかもしれない。道徳的啓蒙と政治学とのこの結びつきは儒教にも見られるものであるが、宗教としての東学は人々を道徳と政治的解放に集中させると呉文煥は論じる。[105]

孫秉熙が一九〇三年に書いた『三戦論』は政治を改革するための特別な方向性を提案した。彼の提案は朝鮮のエリート改革者たちの思想に似ていて、教育による民衆の「啓蒙」、民衆の政治参加、議会の開設、そして産業化による富の漸進的発展を強調した。孫秉熙は宗教、軍事、そして経済の三つの分野で努力するようにと民衆に要請した。民衆がたとえすぐには西洋の軍事力を打ち負かすことができなかったとしても、彼らは道徳的な優位性を追求し、産業化によって経済力を蓄積することで西洋と競うことができるというのだ。[106]

一九〇三年の孫秉熙の論稿は、日露間に起こりうる戦争を利用してロシアの保護下にある韓国宮廷に異議を申し立てるもうひとつの政治的図式を東学の信者たちに準備させることを狙っているように見受けられる。[107] 日本における孫秉熙の生活を研究した崔起榮《チェキヨン》は、一九〇三年以後孫秉熙は日本にいる韓国の亡命者たちと同盟し、韓国政府を打倒する計画を練ったと論じる。[108] これらの試みのひとつが大日本帝国陸軍参謀本部次長田村怡与造（一八五四～一九〇三）と関連していた。『歴史』に従えば、孫秉熙は一九〇三年田村と東洋の状況について議論をした。[109] 彼らは「東洋の平和」を達成するためには韓国における親露派は除かなければならないし、ロシアは孤立化させねばならないということで意見が一致した。その後、孫秉熙は、弟の孫秉欽にロシアの影響力に対抗するため、田村を伴って韓国に行くようにと命じた。

この計画は、孫秉欽と田村が釜山についた直後、二人とも突然の病で死去したため実現しなかったと『歴史』は続ける。孫秉熙が彼らの死について電報を受け取った時、彼はこの計画の失敗についてひどく嘆き、三日間食を取らなかった。しかし崔起栄はこの話の信憑性を疑っている。というのも田村は実際には釜山に行かず、東京の日赤病院で流行病のために死去したからである。崔起栄は孫秉熙が田村と知り合い、日本にいる韓国からの亡命者たちとともに温めていた計画を田村と議論した可能性は認めている。孫秉熙は、韓国政府を打倒するための自分の努力に協力してくれるようにと日本の軍部を説得しようとした。[110] 孫秉熙は軍部からの支持を得るのに田村が助けになると期待していたので、田村の死は、孫秉熙をがっかりさせたようである。日露戦争が勃発した時、孫秉熙はこの戦争遂行を支援するべく日本政府に一万元を寄付した。この資金は「白人種たちを駆逐するために戦う黄色人種のための彼による支援」のしるしであったと『歴史』は付け加える。[111]

西洋の勃興と汎アジア主義の成長

甲午内閣の崩壊から日露戦争の時期は、朝鮮の歴史における「移行期」であった。この時期の特徴は、北西部諸道における民衆運動においてかなり明確に示された。しばしば方向性を異にするイデオロギー的、政治的、文化的な要素と多様な政治の可能性の結合がこの一〇年を特徴づけた。この期間に朝鮮国王高宗はいくつかの近代的な制度を国政へと繰り込むことによって王国を強化しようとした。彼は大韓帝国を樹立し、この国の権力と資源を自身の掌中に独占することによって君主の権力と威信を高めた。ところが北西部諸道においては、この君主政治に対する人々の態度は衷心からというよりも、むしろ敵意のこもったものであった。カトリックの反乱者たちは宗教的抑圧や刑罰における公平性から経済的な利益や腐敗した収税に至る諸問題を議論するために西洋教会の存在を利用した。アメリカやイギリスの鉱山における抗議者たちは、自分たちが長い間利用してきた採掘場から自分たちを追い出すことになる国王による特権授与を苦々しく思っていた。彼らの隣人たちもこれら西洋人たちによる文化的経済的な不法行為に苦しんでいた。

北西部諸道におけるさまざまな民衆運動が直接的にはその地における民族主義の高まりに置き換え

られるようなことはなかった点に注意しておくのは重要である。たとえば、東学教徒の蜂起中、そしてその後の安重根の家族と金九《キムグ》との出会いは、金九が東学叛徒から戦闘的民族主義者へと変わったのが儒学者の影響であったことを示している。[112] ところが儒教は、少なくともこの甲午改革期の間は北方諸道において栄えてはおらず、むしろ衰退しつつあった。華西学派によって組織された義兵軍の義兵長たちは、その地域で彼らが熱意なく迎えられたことに落胆した。彼らは「親日的な」甲午内閣の改革法令を北西部の人たちが是認していることにも嫌でならなかった。その間に独立協会はその影響力を拡大し、その八つの地方支会のうち、四つが平安道に出現した。それゆえ張志淵《チャンジョン》は近代教育における地方の「進んだ」状態を称揚し、それを「頑迷な」儒教の徒によって支配された南部諸地域の状態と対照させた。[113]

こうした情勢のもと、汎アジア主義が北西部諸道にその聴衆を獲得する場を見つけた。『独立新聞』は汎アジア主義についての日本人の言説に次第に巻き込まれていった。日露戦争の直前までは、汎アジア主義は安重根――その家族は黄海道においてカトリックによる抗議運動を指導した時には親西洋派であった――にその価値を納得させるのに十分なほど影響力を持っていた。この汎アジア主義が広がったのは、北西部諸道のうち地下に潜った東学組織が拡大したところであり、東学のイデオロギーに染まったところであった。正確には、どうして北西部諸道において東学が拡大し、新しい地位を獲得したのかは明らかではない。ここで述べられた民衆運動は、この地域の人々がこの時期に直面したものがどういうものであったか、そのヒントだけでも与えることができる。新しい東学の汎アジア主義と朝鮮における諸問題のその改革主義的解決は、明らかに北西部の人たちの関心と共振していた。

というのも北西部の人たちは、西洋列強の積極的な侵入、鴨緑江を越えての、また海岸部に沿っての中国人の侵害と暴力、そして韓国の宮廷に対するこの地方の複雑な関係を処理しなければならなかったからである。要するに、本章で論じた民衆運動の多面的な方向性は、必ずしも日本の統監府時代に明確になった排他的民族主義者的な方向での解決策に影響を受けていたわけではなかった。これらの民衆運動は、もっと強い君主権を作ろうとする高宗の野望にも同意しなかった。この地域における出来事を考慮すれば、民族主義者の言説がこの時期に朝鮮人の間でヘゲモニーをすでに確立していたという結論を出すには用心深くあらねばならない。

註

1 안중근「동양평화론」『안중근 의사 자서전』（범우사 편집부編、서울：범우사、二〇〇〇年）、一一九～一二三頁：안중근『安應七歷史』（漢文）、『안중근 의사 자서전』（이은상訳、서울：안중근의사숭모회編、一九七九年）、九五～九七、一二二～一二三、一一六～一一七頁。

2 一九一〇年二月一四日、伊藤殺害のかどで安重根に死刑判決が下った際、彼の家族は日本による迫害を逃れるため沿海州へと移った。安の兄弟や従兄弟の多くが彼の死後、朝鮮独立運動に参加した。

3 Kirk Larsen, *Tradition, Treaties, and Trade: Qing Imperialism and Choson Korea, 1850-1910* (Cambridge, MA: Harvard East Asian Center, 2008).

4 李光麟「開化期 關西地方과 改新敎：改新敎 受容의 事例」『論文集：人文社會科學篇』五（서울：숭전대학교、一九七四年）、三三～三五頁：이광린「평양과 기독교」『한국기독교와 역사』一〇、一九九九年、七～二五頁。

5 姜孝淑「황해・평안도의 제二차 동학농민전쟁」『한국 근현대사 연구』제四七집、二〇〇八年、一一四～一四

八頁。

6 Schmid, *Korea between Empires*, p.56. 邦訳、四八頁。

7 이광린「평양과 기독교」、一一頁。

8 Gustave Charles Marie Mutel, *Journal de Mgr. Mutel*, 한국교회사연구소／韓国語訳（서울：한국교회사연구소、一九八六～二〇〇八年）、二：七〇頁。

9 Mutel, *Journal de Mgr. Mutel*. 二：三〇頁。

10 김태웅「한국 근대개혁기 정부의 프랑스 정책과 천주교：왕실과 뮈텔의 관계를 중심으로」『역사연구』제一一호、二〇〇二年、一八〇頁。

11 박찬식「韓末 敎案과 敎民條約：교회와 국가의 관계를 중심으로」『敎會史硏究』제二七집、二〇〇六年、五九～六〇頁。

12 尹善子「「한일합병」전후 황해도 천주교회와 빌렘 신부」『한국근현대사연구』四、一九九六年、一一一～一一五頁。

13 東学教徒の残存者たちのキリスト教への改宗は他の地域でも見られた。たとえば、全羅道の東学教徒たちは英学党（英語学習会）を組織した。李榮昊「대한제국시기 英學黨운동의 성격」『한국민족운동사 연구』제五집、一九九一年。

14 もともと教人という言葉は信者のことであり、朝鮮においてはカトリックをプロテスタントと区別してはいない。教人は文字通り「キリスト教徒」を意味している。本研究は、本書の評者の一人であるマイケル・キムの、この言葉は抗議者たちの宗教的背景をよりはっきり示すために「キリスト教徒」と訳すよりも「カトリック信徒」と訳すべきだとの忠告をいれて、彼の提案を採用した。

15 観察使の見解は、当時もっとも著名な両班家系のひとつである閔氏一族の政治的立場を明らかにする。彼らは光武政権の改革派を構成していた。この一族は西洋人に対し宥和的であった一方、混乱した国内状況には寛容ではなかった。

16 『各司謄録』二五、二七〇、二七一頁。

17 Lillias H. Underwood, *Fifteen Years among the Top-Knots* (Boston: American Tract Society, 1904)、韓国語訳は『상투의 나라』신복룡：최수근／共訳（서울：집문당、一九九九年）、二七三～三〇二頁。

18 『各司謄録』二五、二七一～二七三頁。

19 尹善子「「한일합병」전후 황해도 천주교회와 빌렘 신부」一一四頁：李光麟「開化期關西地方과 改新教」『韓國開化思想研究』（서울：一潮閣、一九七九年）。

20 『各司謄録』二五、二七一～二七二頁。『美案』外部編（서울：朝鮮王朝外部、一八八二～一九〇五）、二一二～二一四頁。

21 趙珖「安重根 연구의 현황과 과제」『한국근현대사연구』제一二집、二〇〇〇年、一八七～一九三頁。

22 結は朝鮮時代における土地の大きさの単位。一結の大きさは時代によってまちまちである。当時一結は一万八〇九平方メートルで、一九〇二年には一万平方メートル（一ヘクタール）となった。

23 土地税に関する甲午法令については、이영호『한국근대 지세제도와 농민운동』（서울：서울대학교 출판부）二〇〇一年、七五～一一八頁。

24 朝鮮政府は一八八三年以来、當五銭通貨を鋳造していた。當五銭の名目的な価値は銅貨の五倍と等価であったが、その実際の価値は銅貨の二倍に過ぎなかった。

25 『各司謄録』二五、二七一～二七二頁。

26 『안중근 의사 자서전』（안중근 의사 숭모회／編）、一九七九年、三二～三五頁：尹善子「「한일합병」전후 황해도 천주교회와 빌렘신부」一一三頁。

27 『各司謄録』二五、二七三～二七六頁。

28 『各司謄録』二五、二七八頁。

29 『各司謄録』二五、三三八～三三九頁。

30 『各司謄録』二五、二八二～二八三頁。これらのカトリック信徒の騒擾は朝鮮史では海西教案と呼ばれている。崔奭祐「海西教案の研究」『韓國教會史의 探究』第二巻（서울：한국교회사연구소、一九九一年）、四一三～四六一頁。

31 朴贊殖「한말 제주지역의 천주교회와「濟州教案」」『한국근현대사연구』四（서울：한국근현대사연구회、一九九六年）。

32 『各司謄録』二五、三七〇～三七一頁。フランス公使館はカトリック信徒の犯罪については沈黙していたが、朴貞模《パクジョンモ》という名の巡校をキリスト教徒を迫害したかどで罰するようにと要求した。

33 柳承宙『朝鮮時代鑛業史研究』（서울：고려대학교 출판부、一九九三年）、三七一頁。

34 李培鎔「舊韓末 美國의 雲山金鑛採掘權獲得에 대하여」이화여자대학교博士學位論文、一九七一年、九三～九四頁。

35 『各司謄録』三六、二六頁。

36 『各司謄録』三六、二八頁。

37 『各司謄録』三六、二六頁。

38 ハントはシアトル出身の商人で、アレンと商売上の関係を持っており、もともとそこでの認可権を持っていたジェームス・R・モースから雲山金鉱の権利を買った。李培鎔「舊韓末 美國의 雲山金鑛採掘權獲得에 대하여」一〇七～一一七頁。

39 『各司謄録』三六、三一～三二頁。

40 『各司謄録』三六、三五〜三六頁。
41 『各司謄録』三六、三九、四二〜四三、四七頁。
42 『各司謄録』三六、四四〜四五頁。
43 『各司謄録』三六、六七〜八三頁。
44 『各司謄録』三六、七八頁。
45 『各司謄録』三六、八一頁。
46 『各司謄録』三六、一〇五〜一〇六頁。
47 『各司謄録』三六、一〇六〜一〇七頁。
48 『各司謄録』三六、一〇八〜一〇九頁。
49 『各司謄録』三六、一二七頁。
50 『各司謄録』三六、一〇〇〜一〇一頁。
51 李培鎔「舊韓末 美國의 雲山金鑛採掘權獲得에 대하여」、一八二〜一八三頁。
52 『各司謄録』三六、二二九頁。
53 『各司謄録』三六、一八二頁。たとえば一九〇三年、ロシア人は白馬《ペンマ》山城の森で木を切り倒した。ところがこの白馬山城は彼らが木材切り出し認可を獲得していた領域の外にあった。
54 『各司謄録』三六、二〇四〜二〇五頁。
55 『各司謄録』三六、二一八、二二一頁。
56 義州郡守は、この地区が中国へのもっとも近い道路上に位置していたため、朝鮮時代には中国との軍事的外交的相互対話を担当していた。
57 『各司謄録』三六、一四四、一四六〜一四七頁。

58 『사진으로 보는 近代韓國：산하와 풍물』下、이규헌／解説（서울：서문당、一九八六年）、七八～七九頁。

59 신승권「러일의 한반도 분할획책」『한국사』四一（서울：국사편찬위원회、一九九一年）、九五～九六頁。閔妃暗殺後、柳麟錫は「国母の復讐」と「髷禁止令反対」というスローガンのもとに義兵を組織した。義兵は国中に展開し、金弘集《キムホンジプ》内閣を支えていた「親日」的観察使や守令たちを殺害した。

60 具玩會『韓末의 堤川義兵：湖左義陣研究』（서울：집문당、一九九七年）、二〇七～二一九頁。

61 『各司謄録』三六、二二～二五頁。具玩會『韓末의 堤川義兵：湖左義陣研究』五六四頁。

62 『各司謄録』三六、二二～二五頁。

63 樽井藤吉『大東合邦論』（長陵書林、一九七五年）参照。

64 鄭文祥「一九세기말～二〇세기초「개화지식인」의 동아시아 지역 연대론」『亞細亞文化研究』제八집、二〇〇四年、四一～六〇頁。

65 『各司謄録』三六、二頁。

66 『各司謄録』三六、二八頁。權錫奉「淸日戰爭이후의 韓淸關係研究（一八九四～一八九九）」『淸日戰爭을 前後한 韓國과 列强』（서울：韓國精神文化研究院、一九八四年）、『한국사』四二（서울：국사편찬위원회、一九九一年）、三七頁からの再引用。Karl Larsen, "From Suzerainty to Commerce: Sino-Korean Economic and Business Relations during the Open Port Period (1876-1910)," PhD diss., Harvard University, 2000, pp.106, 132-133.

67 『各司謄録』三六、五七頁。

68 Thomas R. Gottschang and Diana Lary, *Swallows and Settlers: The Great Migration from North China to Manchuria* (Ann Arbor: Center for Chinese Studies, University of Michigan, 2000), pp.2-3, 36-37, 64.

69 李勳求『滿洲와 朝鮮人』（平壤：平壤崇實專門學校經濟研究室、一九三二年）、四五～五五頁。

70 『各司謄録』三六、一二六～一二九頁。
71 『独立新聞』一八九七年五月一三日付。
72 강동국「조선을 둘러싼 러·일의 각축과 조선인의 국제정치 인식 :「공아론（恐俄論）」과「인종중심의 국제정치론」의 사상연쇄（思想連鎖）」『日本研究論叢』제二〇호（서울 : 現代日本學會、二〇〇四年）、一六三～一九七頁。
73 『独立新聞』一八九六年四月一一日付。独立新聞一部当たりの価格は銅貨一分、月間購読料は一二銭、年間購読料は一元であった。
74 『独立新聞』一八九七年九月二日付。
75 合衆国の外交関係におけるこの戦争の意義については、Gordon Chang, "Whose 'Barbarism'? Whose 'Treachery'? Race and Civilization in the Unknown United States-Korea War of 1871," *Journal of American History* 89, no.4 (March 2003) 参照。
76 『独立新聞』一八九七年一一月二〇日付。
77 『独立新聞』一八九八年三月一二日付。
78 『独立新聞』一八九八年四月二日付。
79 『独立新聞』一八九八年九月二三日付。
80 『独立新聞』一八九八年一〇月一二日付。他の四つは、北青、木浦、公州、大邱であった。
81 『独立新聞』一八九八年九月一三日付。
82 『独立新聞』一八九八年九月二九日付。
83 『各司謄録』三六、八九頁。
84 この結社は一九〇一年九月二四日に設立された国民同盟会（反露国民同盟）の主な構成団体のひとつであった。

一九〇一年一月に黒龍会が設立された。
85 『独立新聞』一八九九年六月二四日付。
86 『各司謄録』三六、九七～九八頁。
87 『各司謄録』三六、一〇二～一〇三頁。
88 『皇城新聞』一八九九年七月一四日付；『独立新聞』一八九九年九月三〇日付。
89 『独立新聞』一八九九年一〇月二七日付。
90 Schmid, *Korea between Empires*.
91 『東武遺稿』（서울：청계출판사、一九九九年）、三五、二三五～二五一頁（『東武遺稿：東武李濟馬가 남긴 글』이창일／역주からの引用）。
92 Vipan Chandra, *Imperialism, Resistance, and Reform in Late Nineteenth-Century Korea: Enlightenment and the Independence Club* (Barkeley: Center for Korean Studies, Institute of East Asian Studies, University of California, 1988), chapter 8.
93 『（完譯）梅泉野錄』김준訳（서울：教文社、一九九四年）、三八〇～三八一、四五五、四六一～四六四頁。
94 최기영『한국 근대 계몽사상 연구』（서울：일조각、二〇〇三年）、二二五頁。
95 李龍昌「韓末孫秉熙의 동향과「天道教團再建運動」」『中央史論』제一五집、二〇〇一年、五九～六〇頁。
96 「본교역사」『韓末天道教資料集』二、朴孟洙、崔起榮共編（서울：國學資料院、一九九七年）、二七〇頁。
97 『梅泉野錄』三三八頁。
98 최기영『한국 근대 계몽사상 연구』二二七頁。
99 韓国語で「聖なる僧侶」を意味するこの言葉は、この文章では孫秉熙のことである。
100 「본교역사」『韓末天道教資料集』二、朴孟洙、崔起榮共編、二七二頁。

101 「본교역사」二七二、二七五頁。

102 Carl Young, "Tonghak and Son P'yong-hui's Early Leadership, 1899-1904," *Review of Korean Studies* 5, no.1 (2002), pp.63-83.

103 永島広紀「一進会の活動とその展開――特に東学・侍天教との相関をめぐって」『年報朝鮮學』五、一九九五年、六六頁。

104 최기영『한국 근대 계몽사상 연구』二二七頁。

105 오문환「의암 손병희의「교정쌍전」의 국가건설 사상：문명계몽、민회운동、三・一독립운동」『정치사상연구』一〇집二호、二〇〇四年、五九～六〇頁。

106 『정치사상연구』、六〇～六二頁。

107 최기영『한국 근대 계몽사상 연구』二三二～二三八頁。

108 최기영『한국 근대 계몽사상 연구』。

109 Benjamin B. Weems, *Reform, Rebellion, and the Heavenly Way* (Tucson University of Arizona Press, 1964), p.54.

110 최기영『한국 근대 계몽사상 연구』二三三頁。

111 「본교역사」二七四～二七五頁。

112 安家の居住地における金九と儒学者たちとの関係については、김구『백범일지』（서울：삼중당、一九九〇年）、四四～四八頁。

113 張志淵「祝辭」『韋庵文稿』（서울：國史編纂委員會、一九五六年）、二五三、二五四頁。

第3章　驚くべき軍事行動
——日露戦争と一進会の勃興（一九〇四〜一九〇五年）

一九〇四年二月に日本が日露戦争へと乗り出した時、朝鮮の改革者たちはこの軍事行動を驚きと疑いの目で見ていた。独立協会の指導者尹致昊《ユンチホ》はこの二つの感情の間を右往左往していた改革者の一人であった。日本が勝利を宣言した後、尹致昊は日記に次のように記した。「日本がロシアを負かしたのは喜ばしい。あの島の人たちは栄光のうちに黄色人種の名誉を回復した。白人は四世紀以上もの長きにわたって、東洋人種を管理するという状況の主人公であった。」彼はそれにもかかわらず、この勝利を祝う気にはあまりなれず、「私は黄色人種の一人として日本を愛し、尊敬の念を持つが、しかし日本によってあらゆるものが、独立すらも奪われつつある朝鮮人としては、日本が憎い」と付け加えた。[1] 尹致昊のような最高度の教育を受けた改革エリートの何人かはこのようなジレンマに苦悩していたが、他方、社会についてそれほど真摯には考えていなかったそれ以外の朝鮮人は、日本が東アジアの人々のために戦い、朝鮮の改革を後押しするという日本のレトリックに希望を託していた。これら朝鮮人のうち、一進会や転向した東学教徒たちはもっとも積極的にその政治的な構想を戦争における日本の躍進と結びつけた。日本の部隊が朝鮮半島に上陸しつつあったころ、一進会と東学教徒は同時に大韓帝国政府に対する全国規模での決起を主導した。日露戦争の進展と一進会の勃興との関係は、日本の部隊が満洲の戦場へ向かう際に通過した韓国の北西部諸道においてもっともはっきりと観察された。

　先行研究が認めていた以上に、一進会は日露戦争中韓国における恐るべき政治勢力として姿を現した。一進会は、もともと一九〇四年八月二〇日に、かつての独立協会の会員尹始炳《ユンシビョン》と日本軍司令部通訳宋秉畯《ソンビョンジュン》を含むソウル政界の実力者たちによって組織された。[2] 一進会は転向した東学教徒によって構成されていた進歩会とまもなく合体した。東学教主孫秉熙《ソンビョンヒ》が進歩会を組織し、日本へ亡命している間にこの宗教の新しい方向性を打ち出した後、進歩会の目的、綱領、そして規約を決定した。[3] 亡命中、孫秉熙は一八九四年反乱（東学農民反乱）時の有名な指導者であった李容九《イヨング》を進歩会の司令塔に据えた。[4] 一進会と進歩会は一九〇四年一〇月一日に、同じ改革目的を共有すると公表した。この二つのグループは一九〇四年一二月に「一進会」の名のもとに統合された。[5]

　一進会の出現はスキャンダラスなものであった。この団体は自分たちこそが「総代《チョンデ》」あるいは「代表者」だと宣言し、その開会集会を、集団的な断髪儀式という、朝鮮の人々にとっては著しく目を引く見世物から始めた。この儀式を見たある貴族は、断髪はその参加者たちの「堕落と不合理な慣習」

を示しているとコメントした。『大韓毎日申報』の一論説委員は、短髪の一進会会員を「醜くて哀れだ」と述べた。[6] この断髪の儀式は、親から受け継いだ体や髪を毀損することに対する儒教のタブー意識を打ち砕いただけではなく、一進会が、伝統的な服装や髪型で体現されていた社会的なヒエラルキーを拒否したことをも示していた。一八九四年内閣の親日的改革者たちが朝鮮の伝統的な髷を切り落とすように命じた時、怒りに満ちた社会的反発に遭遇し、自分たちの目論見に民衆の支持を得ることができず、運動は頓挫した。[7] 一進会の断髪の儀式は、一八九四年内閣の断髪令への反発を踏まえての、ひとつの声明であった。本章では、一進会がどのようにして日露戦争中に地方および全国レベルの両方において前面に登場し、その強力な出現がどのように韓国の君主および支配層、そして日本人をいらだたせたかを明らかにする。

戦争の進展と一進会の勃興——北西部諸道

日本は平安道の龍巖浦《ヨンアムポ》におけるロシアの動きを大韓帝国領への侵入だとみなしており、一九〇三年には、韓国北西部各道のそこここで小さな諍いが表面化した。この地域で日本人とロシア人の動きがますます攻撃的になるに従って、彼らは公然と韓国政府の権威を踏みにじり、この地域で利用可能な物質的資源、行政的資源、人的資源を求めて張り合った。この地域の住民は迫りくる戦争の緊張へと、そしてその後の全面的な戦争の展開へと引きずり込まれた。一進会会員は、日本側に立ってこの戦争のために労働と資源を動員し、自分たちの勢力を拡大し、あるいは地下に潜っていた自分たちの組織を公にするため地方官庁の失敗を利用した。

日本人は、韓国の北部国境沿いではそれまで見られなかったようなレベルでの積極的な行動をおこなった。一九〇三年二月、四人の日本人の男が銃、剣、そして鳥銃《チョチョン》で武装して、龍川《ヨンチョン》郡の監営〔政庁〕を襲った。彼らは、忠清道牙山《アサン》出身の徐丙澈《ソビョンチョル》という名の朝鮮人案内者を連れていたが、彼自身は攻撃の際、日本人に変装していた。日本人は龍川郡守を襲い、一万三〇〇〇元を盗もうとした。鎮衛隊の将校たちがこの郡守を救出するために監営へと入ろうとした時、これら日本人は監営の門を閉じ、彼らに打ちかかったり、あるいは狙い撃ちしたりすることによって、将校たちを撃退した。郡守はかろうじて逃れた。日本人たちは、この郡守の後を追って、翌日、龍川の町をくまなく探索した。[8]

鉄道敷設や電信架設のために戦略的に重要であった木材を巡る対立がますます激しくなってきた。この地域で日本人商人の武蔵熊太郎は木材論争を挑み、韓国とロシアを相手に、外交的な対立を作り出した。[9]一九〇三年に何万立方フィートもの木材が慈城《チャソン》から龍巌浦が位置する義州《ウィジュ》へと川を流れ下って来た時、ロシア人は龍巌浦沿いの川に浮かんでいた木材にロシア国旗を立てた。それに対抗して武蔵はロシア人がまだ国旗を立てていなかった木材に日本の国旗を立てた。このロシアと日本の対立は朝鮮人の木材所有者をいらだたせたが、彼らは手をこまねいて見ているしかなかった。[10]韓国の一地方官吏は、このような争いが朝鮮人木材商の損失を引き起こしたことを嘆いた。彼はロシア人と日本人の間でますます大きくなりつつあった敵意をも記し、「彼らの間で殺し合いが起こるかもしれない」と述べた。[11]

この日露間の木材紛争は、龍巌浦におけるロシア人定住地の建設と結びついていた。この建設の結果、木材に対する大きな需要が生じ、ロシア人による不法伐採を後押しすることになった。[12] 龍巖浦のこの状況は一九〇三年四月末、ロシア人が白馬《ペンマ》山城内の木を切り倒し、龍巖浦に鉄道と電信を作り始めた時に度を増した。義州の鎮衛隊《チヌィデ》が五月初めに韓国政府に電報を送り、四〇ないし五〇名のロシア人が龍巖浦に定住し、家や土地を買っていると知らせた。[13] 慈城郡守署理も六月二一日、一五〇名のロシア人が通化《トンファ》縣から龍巖浦に近い慈城へと国境を越えたと報告した。ロシア人が地方の木材貿易を妨害したため、当該地域の朝鮮人商人たちは、港に自分たちの木を積み上げざるを得ず、それを動かすことも売ることもできなかった。[14] 韓国政府がロシア人に対してこの地方から撤収するよう要求しても、彼らはこれを無視した。[15] 日本人と西洋人たちもロシアの侵入を調査するために、しばしばこの地域にやって来た。平壌の日本領事新庄順貞（在義州外務書記生）は龍川を訪れるふりをしつつこの機会を利用して、龍巖浦の状況について偵察した。[16]

韓国政府はこの地域にロシア人が電柱を立てて電信線を引き、一九〇三年七月には安東《アンドン》縣地域から龍巖浦まで電信線を伸ばしつつあると報告した。韓国外部大臣はロシア領事館に抗議し、義州の官吏たちに電柱を引き抜くよう命じて、義州の弥勒洞《ミルクトン》に建てられていた一五本の電柱を撤去した。[17] しかし一九〇三年八月にはすでに龍巖浦の外国人の数は増大し、ロシア人が三〇人、清国人労働者は一三〇〇人になっていた。政府が測定した龍巖浦のロシア人定住地の大きさは、東西が六三六〇フィートで、南北が四二六〇フィートであった。義州の官吏たちは、ロシア人定住地内の居住者が韓国政府の規則に従ってくれないと不平を言い立てた。この定住地の清人労働者はアヘンを吸っていたが、これは韓国政府によって厳禁されていたことであった。他方、この定住地の通訳や巡検たちは村人に害をもたらしていた。[18] 韓国政府は国際紛争が国境内部で生じないようにと心底願っていたが、龍巖浦の状況は、韓国政府が制御できるものではなかった。

日露戦争は、ロシアと日本による六か月間の交渉後、韓国と満洲についての紛争を解決するのに失敗した一九〇四年の初めに始まった。日本人はロシアが鴨緑江《アムノクカン》沿いに中立地帯を設け、韓国の鉄道を南満洲へと延伸するのに同意するよう主張していた。他方ロシア人は、日本が、日本の利害の範囲を越えた満洲については配慮し、三九度より北の韓国北部に中立地帯を設けることに同意するよう要求した。[19] 両者とも韓国および満洲における利権の譲歩を拒否した。イアン・ニッシュは、もしロシアが韓国と清国への膨張政策で日本を挑発しなかったならば、そして一九〇二年四月の協定に基づく、満洲からのその軍隊の撤収を遅らせなかったならば、戦争を避け得たかもしれないと論じる。彼は、ロシアの指導者たちが組織的には、また兵站関係についても、戦争の準備をしていなかったし、この紛争の解決のために日本が戦争を選ぶとは予想していなかったので、戦争の勃発自体は日本に責任があると主張する。[20]

三国干渉の後、日本は韓国から一〇年間手を引いていたが、結局はロシアと戦うことを決めた。予告なしに、日本軍は一九〇四年二月八日深夜、旅順港のロシア旅順艦隊を攻撃した。日本とロシア両国は、一九〇四年二月一〇日に宣戦布告をおこなった。日本の指導層は、韓国内の戦略上重要な地点の占領が、戦争初期において日本軍が戦術上有利な立場を確保するのに不可欠だとみなしていた。日本軍の先遣隊は公式的な宣戦布告に先立つ二月八日にソウルを占領した。日本は戦争物資の輸送を迅速にするために、ソウルと、日本にもっとも近い港湾都市釜山の間の鉄道建設へと突き進んだ。[21] 日本

1　平壌に入城する日本軍第二師団（1904 年）

H．W．ウィルソンは日本による平壌占領を戦争の帰趨を決める上でもっとも重大な瞬間のひとつであったと言う。ミチェンコ将軍麾下のロシア軍は平壌における日本軍の規模について正確な情報を持たず平壌に到着し、日本軍によって攻撃されるやすぐに退却した。

H. W. Wilson, *Japan's Fight for Freedom*, vol.1 (London, Amalgamated Press, 1904), p.312 から転載。

は四月末までに朝鮮半島を鴨緑江まで占領しようと計画した。そのためには日本がロシアより先に平壌を占領するのは決定的に重要であった。日本軍は二月二三日に平壌電信会社を接収し、電線を中和《チュンファ》郡まで延伸した。[22] 日本の部隊は四月一〇日に龍川へと入城し、龍巌浦まで行軍した。日本軍は四月後半に鴨緑江の渡河を始め、五月一日にはロシアに対して勝利を得た。鴨緑江の戦いにおける日本の勝利の結果、日本は平安道の大部分を確保し、ロシア軍に北方への退却を強いることになった。

　日本軍がロシア人からその

地域を確保した時、東学教徒も政治的な動員を再開した。この動員に関する李龍昌《イヨンチャン》の研究に従えば、日本に滞在中の孫秉熙は韓国の君主制を打倒するための構想を押し立てて蜂起を計画した。彼はこの蜂起についての特別な指令を一九〇三年初頭に発し、国内の東学組織の指揮を李容九に任せた。[23]この地方における東学蜂起の性格は『箕府報抄《キブポチョ》』（平安道政府の報告）と日本の部隊への戦争物資の供給を担当していた義州郡守兼陸軍参領の具完喜《クワニ》の報告に記されている。一九〇四年四月に平安道観察府から内部大臣へ宛てた報告では、地方における政府の統治が戦争により不安定化したため、民擾《ミニョ》（民衆蜂起）が出現すると予想された。間もなく東学や白学《ペッカク》のような「匪賊」が日本軍の通り過ぎた村へと侵入し、そこで民衆を一揆へと煽り立てるのが観察された。[24]日本軍はこの状況に関心を示し、金永學《キムヨンハク》なる男が五〜六〇〇〇人の男たちを集め、糧食を備蓄し、騒動に立ち上がった中和郡における一揆について、観察使に情報を提供した。観察使は官吏たちを送り出し、金永學も含めこの蜂起の指導者たちを逮捕した。観察使は彼らが東学あるいは白学と関連があると疑って、その急速な拡大が平安道で生じないようにと努めた。[25]

一九〇四年の夏と秋に、平安道観察使は、東学がさまざまな郡において何百人あるいは何千人という規模で再び出現したという一連の報告を受け取った。東学教徒は一九〇四年九月七日に三登《サムドゥン》郡と江東《カンドン》郡に集まり、ソウルまで行進するとの声明を発した。三登郡守は、宣川《ソンチョン》郡と谷山《コクサン》郡から二〇〇名の東学教徒が九月六日に三登郡に入り、翌日明け方に江東に向けて出ていったと報告した。それに加えて、三〇〇名の東学教徒が二本の旗を振りながら翌日三登郡に入って来て、陽徳《ヤンドク》、谷山、遂安《スアン》、さらにその他の地域からやって来たほぼ一〇〇〇名の東学に合流した。江東郡守はこのことについて、日本の後方支援部隊の隊長に知らせ、助力を要請した。東学教徒はこの郡守の命令を無視したので、日本の司令官宮原正人が兵士と共に介入し、東学教徒を脅かし、彼らを追い散らした。彼はその指導者たちを逮捕し、彼らを尋問のために郡守のもとへと連行した。[26]

その後、九月二三日に観察使は、東学教徒が順川《スンチョン》で何千人もの人々による集会――北方地域で形成された集会のうち最大のもの――を画策したと報告した。観察使はこの報告の中で初めて東学教徒のうち何人かは自分たちのことを「一進会社人《イルチンフェサイン》」とか、「一進会民《イルチンフェミン》」と呼び始めたことに言及した。彼は、彼らが日本の報復を避けるために東学教徒であることを偽ろうとしていると書いた。[27]

具完喜の記録もこの地方における東学蜂起の全般的な性格を明らかにするのに役に立つ。具完喜は日記の中で戦時中のこの地方の状態について所感を述べ、また定期的に外部大臣に報告を送った。彼の記録は観察使の報告と比べれば、ある種の時間的なずれを示している。このずれは、おそらく平安道観察使がその状況を記している郡の北方に義州が位置していたためであり、また東学教徒が日本軍にすっかり占領されてしまっていた南部領域からその活動を始めたためであった。具完喜が、その日記に初めて東学教徒について書き記したのは一九〇四年五月二七日（陽暦七月一〇日）であり、東学教徒の活動に対する不平が義州郡庁に殺到し始めたと書かれている。彼は即座に東学教を禁止し、この組織の何人かの接主《チョプチュ》（教区長）を逮捕した。この地方における東学軍は一八九四年の南部諸地域における蜂起の際の勢力に匹敵するほどの大きさに成長していたと彼は見積もった。[28]

具完喜はこの地域における東学教徒を監視すべく官吏を派遣した。東学がその組織を再生させてからすでに何年も経っており、この地方に包《ポ》（小教区）や接《チョプ》（教区）を創設していたことに彼は気づいた。彼らの指導者である「大先生《テソンセン》」はほとんどが東学教の北接の出身であった。北接は一八九四年の反乱の際、指導者全琫準《チョンボンジュン》の指揮下にあった南接よりももっと穏健な政治姿勢を維持していた。平安道における東学教の教義や龍潭遺詞《ヨンダミュサ》〔一種の詠歌〕は、一八九四年の東学農民反乱の時のものと同じであると具完喜は書いたが、しかしその組織の根はどう見ても東学の南接とは異なっているように見えた。

具完喜は逮捕した接主を尋問し、北方諸地域における東学の組織が平安道の北部に隣接する咸鏡道のはるか西方の三水《サムス》と甲山《カプサン》から始まったことを発見した。この組織の門派《ムンパ》（支会）は宣川、价川《ケチョン》、安州《アンジュ》、長津《チャンジン》、江界《カンゲ》、そして平安道の中和地域にまで広がった。それらは義州とこれに隣接する鐵山《チョルサン》郡、龍川郡でも発展した。具完喜は、各接における東学の会員は大包《テポ》や大接（大きな教区や小教区）にあっては、何万人という規模であったと推定した。小さな接にあっても、会員は三～四〇〇〇人を下らなかった。[29] 東学は人々がいるところでも詠唱し、トラブルを引き起こすことを恐れなかったと具完喜は書いた。具完喜はとりわけ宣川郡の木沙津《モクサジン》の東学門派の活動に注意を払い、それらが一八九四年の南接の反乱者たちと同じであるとした。宣川の東学は地方の東学組織の中では「白白徒」と呼ばれており、全琫準と金開南《キムケナム》指揮下の一八九四年の叛徒と似ていると具完喜は書いた。宣川郡守は政府に対する宣川の東学教徒の敵意を恐れるあまり、あえて彼らを追求したり、罰したりするようなことはしなかったと具完喜は付け加えた。具完喜は、この地方の東学の勢力を「燎原の火」になぞらえ、もし彼らが電信線を奪い取るようなことになれば、国家にとって壊滅的な結果になるだろうと警告を発した。この東学の復活を説明しながら、具完喜は、この地方における東学の成長について政府に知らせることに失敗したと郷吏たちを非難した。具完喜は、地方の下級官吏が東学と密かに結託しているのではないかと疑っていた。さらに、これら官吏がこの地方には東学教徒などいないと虚偽の報告をしたと主張した。[30]

具完喜は、一九〇四年一〇月一五日付の報告において東学の変質を初めて認めた。[31] 彼は、東学が進歩会と呼ばれる集団、もしくは運動を組織し、「異常な」集会を催していると述べる多くの町からの一連の報告を引用した。これらの報告は、進歩会が一九〇四年一〇月八日に具完喜の管轄区の中心的な場所で集会を持ったと主張していた。その会員が長い演説をおこなった後、彼らは全員一緒になって髪を切ったとそれらの報告では述べられた。平安道観察使の報告も東学は一九〇四年の一〇月初めに大衆の前での断髪を始めたと指摘した。平安道観察使は、三〇〇名から四〇〇名の東学教徒が一〇月八日价川に集まり、進歩会の手紙を大衆の前で読み上げ、自分たちの髪の毛を切ったと書いた。[32] 具完喜はこの儀式をひどく嫌悪しており、進歩会の集会を指導した者たちを逮捕するべく鎮衛隊の部隊を派遣した。[33]

鎮衛大隊の大隊長として、具完喜は東学を鎮圧するために部隊を動員した。[34] 彼は一九〇四年九月二六日に月化面《ウォルファ》の東学指導者劉厚澤《ユフテク》を逮捕するべく校卒〔郡所管の捕吏〕を派遣した。しかし東学は校卒を負傷させ、彼らはから手で帰らざるを得なかった。その後具完喜は、その地方の東学が道いっぱいに広がって、ソウルへと行進しつつあるという何件かの報告を受け取った。具完喜はこの情報を元帥府《ウォンスブ》のもとへと送った。彼の報告は、東学がソウルへと向かうことによって政府に脅威を与える可能性があると示唆して、国王を驚かせた。

東学はその地方全体を通じて進歩会のための支援を獲得し、会員数を増やすべく一九〇四年一〇月に民衆集会を開いたため、政府は迫害を再開した。具完喜が元帥府から「東学の匪賊」を逮捕せよとの命令を受け取った時、彼は綿密に観察し、進歩会の支会会員が集会を組織した場面の簡単なスケッチを提供した。彼らは集会日以前にその面内の中心的な場所において、通文《トンムン》〔回覧文〕を貼りだした。これら各面の面執綱たちは東学が三々五々徒党を組んで邑に入りこんできているという秘密の報告を義州郡庁に送り、具完喜は道を見張るために校卒や兵士を送った。

一九〇四年一〇月八日、天候に恵まれる中で集会は催された。集会は成功し、その参加者は一〇〇〇名を超えた。進歩会のリーダーが演説をしたのち、参加していた進歩会の会員たちは大衆の見ているところで、ひとまとまりになって断髪した。具完喜は、この集会の参加者たちが東学の宣川包からやって来たと耳にした。当時、具完喜は病を患っていたが、民会《ミヌェ》（一進会集会）が開かれていた百一院《ペギルウォン》に自ら出かけた。集会中の人々を追い払うように命令を出した後、彼は東学の接主（教区の指導者）数十名を逮捕した。しかし具完喜は、大接主（大きな教区の指導者たち）――具完喜は、それを李容九、李萬植《イマンシク》[35]、權鍾德《クォンジョンドク》等と見ていた――を捕えることには失敗した。具完喜は、一八九四年の東学農民反乱の時に目撃した時と同様の厄介事にまたも遭遇することになったと嘆いた。

具完喜がその地域の重要な地点を守るために巡卒〔郡所属の警察官〕を派遣した時、日本の軍隊が加わり、巡卒たちが守りを固めるのを日本軍が援助してくれると書いた。具完喜は、この集会を蹴散らした後、さらに多くの東学教徒を探し出すために巡卒を派遣した。彼はこれが東学に関する三三回目の調査だと書いた。彼は、進歩会の集会を追い散らした後、この地域の民情がどんどん不安定になっていったことを憂慮した。彼は、進歩会が集会を催し、公然たる断髪の儀式をおこなっているという事実を引用している緊急の報告を鐵山、龍川、朔州《サクチュ》から受け取った。ところがこれらの報告には、進歩会の会員はどんな重大な騒ぎも暴力活動も煽り立てるようなことはしていないと付け加えられていた。[36]

具完喜は、東学についての記録を一か月半ほど止めていたが、一九〇四年一二月一七日に再開した。彼は日本軍への戦争物資調達の義務と管轄区内の警備で疲労困憊してしまっていたのだ。彼は一〇月一八日から一二月一日まで病で伏せっていた。しばしば意識を失ったが、それは彼の病が極めて重篤なものであったことを示していた。病状は一二月初めに回復に向かい、彼は東学への追求を再開した。一九〇四年一二月三日に進歩会は、一二月九日に集会を開くと通告を出した。安州《アンジュ》郡の進歩会支会長安鴻翼《アンホンイク》と朔州居住の副会長朱昌建《チュチャンゴン》が義州に到着し、自分たちが集会を指導すると告知した。彼らはこの集会が公的な後ろ盾を得ているかのような表現を用いていると、具完喜は書き留めた。彼は、進歩会についての民衆の「思い込み」から民衆を「目覚めさせる」ために、「邪悪な」主張のかどで公然と彼らを罰した。

進歩会に対する具完喜の迫害が続いたので、一進評議長である尹吉炳《ユンギルビョン》が抗議のために一九〇四年一二月五日義州を訪れた。尹吉炳は、具完喜との接見を求めたが、監営に入る許可を得ることはできなかった。尹吉炳が他の郡に向けて去るや、具完喜は、管轄区の境を尹吉炳が越えるまで尹吉炳を見張るべく七人の兵士を派遣した。具完喜は、東学の不法な扇動が地方社会を不安定にするだろうと頑なに思いこんでいた。彼らが人々を導いて、政府の命令を拒絶するように、また「自由に行動する」

ようにしていると心配していた。具完喜は、進歩会と一進会は名前を代えただけで、東学に過ぎないと信じていたし、国家のために大きな危険の種になると予想していた。[37] 彼は自分の管轄区にある各郡に進歩会もしくは一進会がその地域に入ってくるのを禁止する旨の厳格な命令を下した。[38]

一九〇四年一二月末、具完喜は、進歩会の弾圧に関して日本からの介入に初めて直面した。日本の介入は、進歩会が公式的に一進会と併合し、一進会の名のもとにその運動を遂行するようになった後に始まった。一九〇四年一二月二四日、義州郡楊下《ヤンハ》面の金道善《キムドソン》が一進会支会長となり、事務所を開いた。彼は旅舎《ヨサ》〔旅館〕をその活動拠点とし、「一進会事務所」と書かれた看板を掲げた。具完喜は政府の許可なく断髪したとの嫌疑ですぐに金道善を逮捕した。

ところが具完喜が金道善を公に罰しようとした時、彼は日本の軍司令部から一通の告知を受け取った。メッセージには、一進会の設立は日本の軍事目的と大いに関連しており、一進会会員は鉄道建設のために労働力を提供し、日本の軍事的要求に忠実に応えてくれていると書かれていた。具完喜は、このメッセージは自分が一進会の「不法な」活動を制限するのを禁じるものだと中央政府に報告した。彼は、もしこのメッセージにもかかわらず一進会を弾圧し続けたならば、この行動は日本軍への戦争物資調達の責任者としての義務と矛盾することになるのが心配だと報告に付け加えた。

この日本の介入の後に、具完喜は、一進会と日本の軍部との秘密のやり取りにもっと疑り深くなった。内部大臣が具完喜にこの地方における義兵の蜂起について調査せよと命じた時、具完喜は、当地にはまだそのような動きは見つかっていないが、その代わり、一進会は義兵のふりをしている者たちと同じくらい危険ではないかという疑惑を報告した。一進会会員は、その「後ろ盾」である日本の軍部の力を頼みにし、荷役人夫として日本軍に志願した。彼らは正草《チョンチョ》（政府に支払う税）のために取っておかれた相当な干草を、日本軍司令部にまとめて譲渡する準備さえしていた。[39]

日本の軍部にとって一進会会員は有益だった。というのも彼らはソウルと義州間の鉄道建設のために働き手を動員してくれたからである。一進会は平安道と黄海道の会員に呼び掛けて、この任務につかせようとした。彼らの動員数の大きさは北部の各道における一進会支会の組織の大きさを推測するのに役に立つ。安州では一九〇四年一一月から一九〇五年一月の間に、延べ人数でも二万六六九七名がこの建設計画のために労働を提供した。建設の間、地方支会の指導者たちが会員を監督した。[40] 北部三道において、この建設計画のために動員された一進会の会員数は、一九〇四年一〇月から一九〇五年九月の間で、一四万九一一四名であった。会員の犠牲者数は小さなものではなかった。一進会の記録では平安道からの七七名の会員がこの建設工事中に亡くなったか傷を負ったという。[41]

総出費額は一四万八一一四元であった。そのうち、日本の軍部は賃金分を支払っただけなので、一進会がその残りを引き受けた。実際には何日間仕事をおこなったのかは確認されていないが、一人当たりの賃金は平安南道ではほぼ〇・一五元、黄海道では〇・二元であった（表2）。日本人が支払った賃金率は、黄玹《ファンヒョン》の日記によれば、戦争の始まったころは一日につき一人七両であったことがわかる。当時の為替レートを勘案すると、一〇両は二元であり、実際に支払われた賃金は、日本によって公的に発表されたものよりははるかに低く、また当時の実際の日当よりもかなり低かった。[42]

日本軍に対する一進会の協力、そして一進会に対する日本軍の協力の結果として、一進会は一九〇四年一二月以後も支会を開き続けることができた。具完喜が抑圧に力を注いだにもかかわらず、一進

表2　1904年10月〜1905年9月の鉄道敷設における一進会会員動員数

地域	一進会の参加人員数（名）	経費（元）	日本の支払い（元）
平安南道	64,700	63,700	10,350
平安北道	72,900	72,900	12,900
黄海道	11,514	11,514	3,160
計	149,114	148,114	26,410

出典：『元韓國一進會歷史』2、167〜174頁。

会は一月五日に日本の兵站司令部の許可のもとに、集会を開催すると発表した。具完喜は、今回も会合を監視するために、巡校《スンギョ》（郡所管の警察官）を派遣した。一進会支会長の金道善と副会長の李哲弘《イチョロン》は、日本軍の穀物貯蔵所付近の日本軍基地の真正面の野原で集会を開いた。一進会の集会は断髪を済ませた二〇〇人もの人々を集めた。彼らは演説の中で一進会の四大綱領を宣言した。その第一点は帝室を尊崇し、独立の基礎を強固にすることであったと具完喜は記録した。第二は施政の改善を勧告することであり、第三は民生と財産を保全することであった。そして第四は彼らの同盟国たる日本に軍事上の援助をおこなうことであった。

具完喜はこの集会について述べながら、人々が政治に関与することに対する率直な貴族としての憤りを示した。彼は「もし我々がこれ（集会）について法に基づいて判断するなら、状況は著しく常軌を逸しており、馬鹿げている。もし我々がそれについて慣習に基づいて判断するなら、人々は言葉と振る舞いの両方において己の分を忘れてしまっている」と書いた。具完喜は、日本に敵対するのを避けなければならなかったために、一進会の会合を止めることができなかったとしても、自分の支配下にある各坊里に圧力をかけて、その活動を禁止する手段を見つけるだろうと主張した。[43]

具完喜の報告が明らかにしてくれるのは、一進会の出現がこの地方では段階を踏んで進行したということである。日露戦争以前に、東学は、接と包を含む東学組織の伝統的な単位を通じて地下組織の土台を拡大していった。これらの地下組織は、三水と甲山から始まり、そこから北部の各道へと広がった。大きな接の場合、会員は何万人をも数え、包では数千人であったと見積もられた。平安道と黄海道の両地方での日本の鉄道建設計画に合わせて約一五万人を動員したと一進会が記録しているので、この算定はそれほど誇張ではなかっただろう。

その出現の初期においては、新たな東学の運動はそれほど組織だってはいないように見えたし、彼らのうちには、実際上、自分たち自身を旧東学とは区別していないものたちもいた。東学が自分たちの新しい政治構想を明確に示したのは一九〇四年の秋であった。彼らは大衆集会を組織し、劇的な断髪儀式を始めた。具完喜は、一九〇四年一二月末に日本軍が介入してくるまでは、その地方で彼らを抑圧することができていた。日本の介入は進歩会が一進会と合同するのと同時に生じた。その後、いくつかの一進会支会は、その集会を日本軍基地の前で開き、日本人による支持に彼らが依存していたことを大衆の目にいままで以上にはっきり見えるようにした。

国政における一進会の台頭――『大韓毎日申報』の報告

日露戦争の間に刊行されたさまざまな新聞の中で、『大韓毎日申報』は民族主義的な立場を取り、日本を批判した。この新聞の所有者はイギリスのジャーナリスト、アーネスト・T・ベセル（一八七二〜一九〇九）であったため、日本人はこの新聞を検閲することができなかった。『大韓毎日申報』は、日本の対韓政策と一進会の親日的な態度に疑惑を持ち、一進会の活動を詳しく報道して、その噂と諸事実について語った。これらの報道はしばしば一進会に対する軽蔑を隠さなかったが、国家的規模における一進会の台頭を描写するには役に立つ。具完喜の報告は、自身の管轄地域における新たな東学の強さについて、また彼らに対する鎮圧の努力についてだけに焦点を当てているのだが、新聞記録は中央の政策における一進会の台頭の影響について視点を集中させている。このように『大韓毎日申報』の記録は改革者たち、大韓帝国皇帝、日本の軍部に対する一進会の複雑な関係を明らかにしてくれる。

　新聞はまず、一九〇四年八月二二日におこなわれた一進会の最初の集会を報じる。この集会は最初ソウルの商業地区鍾路の紙廛都《チジョンド》家《ガ》（紙製品の卸売店）で開かれた。ところがこの店では狭すぎたので、集会は白木廛都《ペンモクチョンド》家《ガ》（白木綿を扱う卸売店）へと移された。四〇〇名から五〇〇名の会員と傍聴者たちがこの会合に参加した。この集会中に、会長の尹始炳は四点の一進会綱領――(1)韓国の朝廷を強化せよ、(2)韓国の施政を改善せよ、(3)人々の生活と財産を保護せよ、(4)軍政と財政を整理しなおせ――を告知したが、これは具完喜によって記録されたものとは少しばかり異なっている。[44] その後尹始炳は、この組織の規約を読み上げた。会員は二一歳以上でなくてはならず、奏任官より高い役職にある官吏は会員になる資格を持たなかった。通例の会合は、毎週土曜日の午後二時に決められていたが、特別な会合は必要に応じて開かれた。『大韓毎日申報』は、この最初の会合を日本が保護したことを強調した。韓国の兵士と巡検三十数名が、この集会に参加するのを人々に禁じた時、十数名の日本憲兵がやって来て、一進会が会合を継続するのを助けた。同日の別の記事の中では、日本の政党である立憲改進党の総裁がこの団体を支援しているという噂を報告している。[45]

『大韓毎日申報』は、一進会の地方集会や転向した東学教徒の地方集会について立て続けに報道している。記事では、具完喜の報告とは違った視点を提示してくれるし、平安道の三登における東学の前記の集会についてももっと詳しいことを教えてくれる。東学が持ち運んでいた旗には漢字で、「慈悲深い国」を意味する仁《イン》と周《チュ》の字が書かれていた。具完喜の報告に書き留められているように、三登の日本兵たちが三名の東学指導者を逮捕し、彼らを三登郡の官吏に引き渡した。『大韓毎日申報』は東学集会の際の通文を紙面に掲載したが、それはある地方官が書き写して中央政府に送ったものであった。ソウルに住む朴南壽《パクナムス》が、この通文に含まれていた以下の点について書き記したと報告された。

一　韓国の帝室を守り、独立を強固にせよ。

二　韓国施政を改善し、人々の自由を獲得せよ（百姓の自由権）。

三　日本は東アジアに平和をもたらすという「大義」のためにロシアと戦っている。それゆえ日本の軍部の業務と（日本人と東学の）共通の大義を妨げないように厳しく己を律せよ。

四　自分たち自身の持ち物で出費を引き受け、決して（運動の資金のために）人々（の財産）を害してはならない。

五　国と国の間に友情を促進し、文明を発展させ、外国列強に譲歩せず中立国家の義務を守れ。

六　九月二五日に全土で集会を始め、首都での再結集に加われ。

七　あらゆることにおいて会長の命令に従え。もし誰かがこの規則に従わないならば、その者は厳しく罰せられるべし。

八　その他のことについては、さらなる通知に従え。[46]

この通文の内容には好奇心がそそられる。最初の二点は東学が一進会と合同する以前の、一進会の綱領を繰り返したものであることは明確である。しかし、これは以前の「人々の生命と財産を守れ」という弱い主張にとどまらず「人々の自由」――当時としては危険な言葉であった――に明確に言及している。また第四点目として、東学は、人々を物質的に搾取するなら、それはこの組織の目的を傷つけることになるだろうと会員に警告する。

この通文の第三点目と第五点目は、国際関係についての組織の見解を明らかにする。この通文では、東学が、東アジアにおける平和を希求する戦いをこの戦争の大義とみなしたがゆえに、東学の綱領が日本を支援していたということが示されている。そうではあるが、それは独立した韓国を思い描き、文明化された国々の間での友好的な関係を促進し、強制された譲歩に反対した。この通文には中立国としての義務――これは見たところ日露戦争中の大韓帝国皇帝高宗の政治的立場に当てはまるようだ――についての混乱した意見が含まれていた。その他のものは、直接的行動の指令であった。つまり全土で地方集会を開催し、指導者の指示に従えというものだ。『大韓毎日申報』は、羅仁協《ナイニョプ》――彼は東学の次会長〔教長〕とみなされており、のちに一進会の支会長となった――が書いた東学の広告も紙面に載せた。この広告は、ソウルにおける結社の設立を報知し、人々にその大義を支援するようにと激励した。この広告の理路は、啓蒙と汎アジア主義の言説の中に埋め込まれていた。この広告は、世界の諸国は韓国の人々の「後進性＝後ろ向きの態度」、政府官吏の腐敗、そして人民の搾取のゆえに、韓国を「野蛮だ」とみなしていると嘆く。この広告は、日露戦争に注意を払い、朝鮮人をロシアの侵略の犠牲者として描き出した。平安道や咸鏡道にいたロシア兵は住民の家に火を放ち、女性を凌辱したし、政府はその住民をロシア人の暴力から守れなかったという。興味深いことにこの広告は、政府のこの無力さは朝鮮人が「啓蒙されてもいないし、統一されてもいない」ためだとしている。広告は、結社の目指すべき到達点が啓蒙と文明を樹立した他国の努力に倣って人々を結びつけることだと述べた。その目標は、韓国と日本と中国、そして東アジアに平和をもたらし、その政府を強固なものにし、大臣や地方官の苛斂誅求を取り去り、人々の利益を満たすことであった。もし韓国が啓蒙化されれば、韓国はロシアの暴力に対して闘うことができるだろう、とこの広告は続ける。もし韓国の人々が啓蒙化され、文明化されれば、彼らは韓国を崩壊から救い出せるだけではなく、日本をも救い出せるだろう。[47] 李龍昌は、羅仁協のこの広告は進歩会の初期の形態である中立会《チュンニペ》の組織化を指令した一九〇四年夏の孫秉熙の声明と同じものだと論じる。[48]『大韓毎日申報』に載せられたもうひとつの東学の布告文《ポゴムン》には忠清道観察使により逮捕された四名の東学指導者たちの公式声明が含まれていた。この声明はいっそう愛国的な調子で、汎アジア主義的な立ち位置を取っていた。その声明は、日露戦争は東亜大勢《トンアデセ》（東アジアの一般的情勢）を定めるのに決定的であると断言した。その時、日本は偉大な勝利を得つつあったが、黄色人種は、日本が最後までロシア人を打ち負かし続ける時にこそ、自活することができるだろうと、この声明は主張した。結果として東洋の人民は不安を感じながらも日本が勝利するよう努力せざるを得ないだろう。そうはいうものの、この戦争でどちらが勝利を得ようとも、韓国は戦後独立を維持するのが難しくなるだろうと声明は続ける。声明はこのように、国を守るために努力するよう朝鮮の人々を促した。つまり国というものは結局のところ、官吏や国王のものではなく、自分たちのものだからだというのだ。[49]

　この声明はなぜ人々がこのような努力を引き受けなければならないかを彼らに説得するために、自分自身の国家観と市民観を提供した。東学の声明に述べられている理屈に従えば、国土とは、人々が住む土地のことである。この土地に住む人々がすべてそれを「我らが国《ウリナラ》」と呼ぶのだ。この土地は国民の国《クンミネナラ》なのだ。もし二〇〇〇万の朝鮮人がこれを理解しないならば、彼らは生きる場を失うだろうと、この声明は続ける。[50] この国と韓国帝室を守るために、二〇〇〇万の人々は、老いも若きも心をひとつにして、ひとつの社会を作り上げる。たとえ一〇人のうち一人しか残らずとも、国家に報いる気持ちで力強い努力がなされ続けるべきである。官と民はひとつに結びつき、政治を改革し、より文明化された社会へと進んでゆかねばならない。韓国の独立維持について言えば、国は国内統治と外交関係について良き政策を考え出すべきなのだ。最後にこの声明は、一八九四年の反乱の際の輔国安民《ボグカンミン》（国を守り、人々を慰撫する）が自分たちの目的と共有されていると主張することによって、現在のこの決起を正当化した。この声明は宗教に関して興味深い見方を結論として出している。つまり五大陸が互いに情報を共有し、通話交渉《トンファギョソプ》しあう時代にあっては、儒道《ユド》（儒教）、佛道《プルト》（仏教）、西道《ソド》（キリスト教）は、国を改革する努力において相互に尊敬しあうべきだというのである。[51]

これら東学の布告文、声明、広告は、一進会の綱領と共にすぐさま行動に移るようにと人々を促した。一九〇四年の九月と一二月の間に一進会は急速に全土にその組織を拡大した。『大韓毎日申報』によれば、もし正当な理由なく旅をする郷客《ヒャンゲク》（地方から来た宿泊者）に対し、彼らを追い出すべくソウルの宿屋を巡検が調査すると、彼らの中には、門中《ムンジュン》（一族）のもめ事を解決すべくソウルに来たと語る者もいたし、あるいはキリスト教の教会のもめ事を解決するためにやって来た者もいた。しかしそれ以外の多くは、一進会の会員だと答えたのであった。[52]

『大韓毎日申報』に載せられた報道記事は、地方政府からの報告ほどには細部に気を配ってはいないが、それでも一進会の全国的規模の輪郭を描くのにはるかに役に立つ。たとえば慶尚南道晋州《チンジュ》郡守が内部大臣に宛てた電報についての報道では、数百名の者たちが徒党を組み、その集団を一進会と称した。彼らは晋州に入り、みんなで一斉に髪を切った。[53] 平安道の永興《ヨンフン》郡では一〇〇〇名の東学教徒が集会を開いた。郡守は彼らを説得して散会させたが、再び結集することを心配した。[54] 京畿道の水原《スウォン》府では、観察使は五〇名の短髪者《タンバルチャ》が、一九〇四年一二月五日、三々五々町へとやって来たと報告した。彼らは城門に、ソウルの鍾閣《チョンガク》通りで立会演説会を開くという告知を貼りだした。これらの人々は別々に居酒屋へと行き、他の人々を説得して髪をすぐに切るよう納得させることができた。[55] 平安道の平壌では、平壌山城の外側の漆畑峠で二〇〇〇名の進歩会会員が四大綱領を宣言するために公の集会を招集した。[56] 京畿道の抱川《ポチョン》では、断髪した五人の一進会会員が町に姿を見せ、彼らの公的書簡を政府に送ってくれるよう郡守に依頼した。その後、数百人が松陽駅へと集まって、事務所を開こうとした。[57] 黄海道海州《ヘジュ》の郡守は、四〇〇から五〇〇名の一進会会員が同地で集会を実施したと報告した。[58]

一進会地方支会の拡大は上意下達方式と下から上への積み上げ方式でおこなわれた。ソウルの一進総会は、その会員を地方へと送りこみ、そこに支会を設立して、[59] その支会長に公的な印章を配布した。[60] 地方官による報告中の一進会の「到着」の記述は、上意下達方式に関連していたかもしれない。逆にひとつの報告に従えば、ある住民は進んでその地域の人々を組織し、その組織が一進会の地方支会だと宣言した。徳山《トクサン》郡のチャン・ギョンファンとその関係者は、進歩会の集まりを組織するために、三〇〇名の友人知人を集めた。彼らはその布告文を広く近隣地域に配布し、公的書簡をソウルの一進会会長へと送った。彼らは自分たちの目的が一進会の目的と同様であると主張し、会長にその組織を一進会と認定するようにと要請した。[61]

一九〇四年の冬には、地方の一進会集会について、その反税運動の報告と関連させながら報告がなされた。全羅道観察使は内部大臣に電報を送り、一進会の会員が急速にその数を増し、収税に関して問題を引き起こしつつあると述べた。[62] 光州《クァンジュ》郡の郡守も、見た目にも明らかな短髪の一進会会員が郡に集まり、立会演説をおこなっていると報告した。郡守は、彼らに対して断固たる行動をとると脅かしたが、会員は怯まず、収税活動を妨害し続けた。[63]

一九〇四年一二月二二日、『大韓毎日申報』はソウルと地方とを合わせて一万三〇〇〇人の一進会会員が大義への支持を示すために断髪したと推定した。この新聞は、彼らが四か月間をまかなえるだけの食物と穀物を集めたとも報じた。[64]

一進会は印刷機を購入し、一九〇五年一月には会報『一進会会報《イルチヌェフェボ》』を発行し始めた。『大韓毎日申報』は、一進会の重要な資金源が日本ではないかと疑っていたが、一進会への財政支援の日本以外の国内や海外の資金源にも言及した。たとえばある清国人紳士は、大安門《テアンムン》の前にあった二階建ての洋館にこの団体が引っ越すのを助けた。この紳士は、その家の持ち主である清国商人に、一進会を支援するため毎月四万元の家賃を放棄するように頼んだのである。[65]また、ある一進会会員の父親は横城《フェンソン》郡の土地を売却し、息子のために二五〇〇両と新調された衣服一式をもってソウルへと向かった。というのもその息子はソウルで所持金を生活費に使い果たしてしまっていたからであった。不幸なことに、父親は楊根《ヤングン》の飲み屋で盗難に遭い、息子の一進会活動を支えることができなかった。[66]

高宗による一進会の抑圧と大安門事件

一進会の全国的な出現は平和的なものではなかった。先に述べたように、一進会の綱領と東学の通文は、彼らが韓国の帝室を守る意思があることを明らかにしていた。しかしながら彼らの声明は、大韓帝国のイデオロギー的な土台を危険にさらす要素を含んでいた。声明では、韓国が君主に属しているだけではなく、同じく民衆にも属していると主張したし、韓国独立のためには、人々の自由と韓国の政治改革が必須であるとも断言した。そしてもっとも重要なことは、一進会が、民衆を受動的な政治の客体として見る見方を拒否し、より幅広い民衆の政治参加を促した点である。

エリート改革者たちも元はそうした思想を提起していたのだが、しかし民衆が「無知」であることや、民衆が権利を要求する以前に早急に彼らを教育する必要があるという点を強調した。一進会は、運動の役割は民衆を教育するよりむしろ民衆を代表することだと主張した。かくしてこの運動は、民

2　ソウルの警察官たちと民間人（1903 年）
近代的警察制度は 1894 年の改革内閣の下で、韓国に導入された。光武政権はこの制度を維持し、警察を内部の管轄下においた。写真に写っている警察官たちは短髪で、西洋風の制服を着ているが、民間人はそうではない。韓国皇帝は断髪令の強制を無効としたが、1902 年には警察と軍に属している者に断髪するよう命じた。
H. W. Wilson, *Japan's Fight for Freedom*, vol.1 (London, Amalgamated Press, 1904), p.66 から転載。

衆が日々生活する場にその政策を持ち込み、宮廷、文人のサロン、あるいは戦場よりも、市場、宿、居酒屋でのキャンペーンを指導することになった。一進会はその最初の集会を卸売店で開き、その最初の事務所をソウルの中心的な市場街である鍾路の倉庫に設けたが、このことは商人と都市住民が一進会の社会的な土台を構成していたことをよく示している。

「民衆」の利益に訴えかけながら、この運動は、政府官吏を利益の「略奪者」として攻撃目標と想定した。この運動は、政府官吏の個人的な腐敗や非道徳的な行為を暴露することは、民衆の生活と財産を守ることであり、それこそが一進会の綱領における明らかな点なのだと論じて、政府官吏の個人的な腐敗や非道徳的な行為を公にした。こうした個人攻撃は必ずしも真実であったわけではなかったが、明らかにそれによって政府官吏の権威は低下した。政府が新たに観察使、あるいは地方官を任命する際、もしその官吏が歳入を横領したとか、あるいは人を殺《あや》めたとして告発されたことがあった時にはいつでも、一進会はその任命に反対を表明した。[67] この文脈において、一進会の綱領が韓国帝室の保護を含んではいたものの、その運動は事実上韓国の君主とその官吏たちの権威への異議申し立てであり、君主や官吏たちに対する民衆の態度を変化させた。

高宗は、一進会と東学の異議申し立てに素早く対応した。一八九四年の反乱によって王国がほぼ壊滅しかかった記憶が、彼に重くのしかかっていた。一九〇四年九月二〇日、高宗は各道観察使と鎮衛隊に東学教徒たちを逮捕し、その指導者を即座に処刑せよと命令を下した。[68] 彼は治安維持に携わる地方官たちが行動を起こさなかったと叱責もした。

　最近、いわゆる民会《ミネ》（民衆集会）が大衆を集め、誤った話で彼らを煽り立てている。この者たちは全土に訴えかけをなし、雲の如く集まった愚かな民を引き付けている。この者らによる政府への誹謗中傷と政府高官への侮りは耐えがたき水準にまで悪化してきた。こうしたことがあったにもかかわらず、法の執行はこの集会の違法行為を抑えこめず、警察官らは彼らの動静を監視していなかった。官吏たちは、手をこまねいて眺めながら、それらに対して断固たる処置を取れず、政府官吏たちは自分たちに与えられた義務に心を向けないがゆえに……無垢の人々が騙されつつあるということを悟っていない。これほどまでに明確に朕が訓戒を発したる後でも、万一官吏らが無垢な民心を支えることに失敗し、以前同様、我が命に抗い続けるならば、尊重されるべき法が我が国にはあるのだから、朕はもはや口を出さない。[69]

韓国政府は一九〇四年九月二四日、町や村の中心部に皇帝の布告を掲示し、警告した。「いわゆる民会が群衆を集め、何の根拠もない噂話をまき散らしている。その扇動と誤った噂話のせいで、『愚かで騒々しい大衆』が雲や霧のごとく、この国で群れを成す。政府を罵り、高官たちを侮辱して、その誹謗中傷は野放図に何の抑制も慮《おもんぱか》ることなく、人々の心の中に次第に入り込んでいる」と。[70] 内部はこの布告に続き、政府の法と規則に反しておこなわれた民衆の違反行為を管理下に置くようにと、警察機関に指示した。この布告は地方では進歩会を、ソウルでは一進会を標的にしていた。布告掲示から一週間後の一〇月二日、韓国警務庁の警吏（捕吏）はある旅館にいた一進会会員を急襲し、彼らを追放した。警吏は宿の主人を逮捕し、彼が一進会の会員に食事と宿を供するのを禁じた。一進会は、警吏によるこの追放が一進会会員の食事を妨げ、彼らが寒い街路で寝ざるを得ないようにして、彼らに不当な苦難をもたらしていると抗議した。[71]

韓国政府が平安道で逮捕した東学教徒を処刑しようと準備していた時、当時大韓帝国軍陸軍参謀部副長《チャンモブブジャン》であった尹雄烈《ユンウンニョル》のもとを一進会会員が訪れ、東学の人々を殺さないでほしいと嘆願した。一進会は尹雄烈の息子が独立協会会長の尹致昊であったこと、しかも東学が発展的に解消して、一進会そのものに他ならない進歩会になったことを思い出させた。その時尹雄烈は、この弾圧は道からの要請に基づいており、東学教徒が犯した「犯罪」のためだと答えた。その地に掲げられた布告の中の王の字を東学教徒が生に書き換えた。これにより「先王」という言葉が「先生」の意味に置き換えられてしまったのであり、それは、東学の指導者のことだと理解され得る。つまりこの行為が、国王に対する不敬罪と解されたのである。[72]

一九〇四年一〇月、韓国政府は人民集会を催す指導者たちへの発砲を許可する電報を地方政府に送った。この結果、進歩会の集会で大惨事が起きた。ソウルの一進会は、当時の新聞に流血の進歩会弾圧を喧伝し、政府の暴力は犯罪であると非難した。一進会は、村や町の大通りに政府の非道を非難する告知も掲げた。治安当局がこの告知を取り去らないように、一進会が番人を配置することさえあった。[73] 一進会は、この弾圧に責任がある観察使に抗議の電報を送り、たとえば平安北道の観察使宛てには、次のように書いた。

本会は二〇〇〇万人民の代表であり、現今の暴虐政府には大いに反対、批判するものであります。閣下が進歩会会員を砲殺したのが事実であるならば、二〇〇〇万同胞、不倶戴天の敵となりましょう。何名の者を殺害したのか詳細にお答えいただいた上、即座に辞任し、裁判に服するよう望みます。[74]

一進会は、すべての観察使に宛てて「二〇〇〇万人民の総代」という名で警告する電報を打った。この電報では、もし観察使が進歩会を罰するならば、一進会はこれを専制政治の擁護ととらえ、

「開明《ケミョン》」（文明化された規則）への反対であるとみなすだろうと彼らに告げた。義州郡守具完喜もまた、即刻辞任を要請するこの抗議電報を受け取った一人であった。[75] それに加えて一進会は、地方での進歩会の弾圧についての情報を集めるべく、査察員を派遣することに決定した。それに応じて、尹吉炳と金士永《キムサヨン》が平安北道への調査委員として選ばれ、派遣された。[76]

このように国王は一進会を弾圧したが、他方、一進会と日本との関係は問題含みであったようだ。一九〇四年一一月、一進会が日本語学校を設立すると報知した時、『大韓毎日申報』の論説は、この企ては日本の支持を再び取りつけようとした一進会側の努力であるようだと述べた。『大韓毎日申報』は、一進会を支持することが日本の最善の利益にはならないということが日本人にはわかっていたと推測した。この論説は、日本人がこの団体への保護から手を引き、その一掃を韓国政府に任せたと主張した。[77] 他の諸史料は、高宗が一進会に対する弾圧について日本軍と相談し、その同意を得ていたことを示している。[78] 尹致昊は一九〇四年九月二七日に、次のように書いた。在韓公使林権助は、日本が一進会を抑え込むと実際に皇帝に約束し、[79] その際、同年一二月の高宗自身によるこの団体への迫害を正当と認めた、と。尹致昊は、日本人は当初韓国皇帝を脅迫し、皇帝から長森案と呼ばれる荒蕪地開拓案のようないくつかの譲歩を得ようとして、一進会を庇護したと推測した。尹致昊は、父親の尹雄烈についても弁護している。一九〇四年一二月に政府が民会を厳重に取り締まった際、尹雄烈はこれらの人々に対しての武力使用に対する指示を取消すようにと高宗を説得した。尹致昊の日記によると、韓国駐箚《ちゅうさつ》軍司令官長谷川好道は高宗に問われて、「日本では規則に従わない五〇〇人もの人間が一度に粉砕されねばならなかった」と語った。日本軍は最初一進会を保護したが、そうでなければ、彼らは生き延びることはできなかっただろう。ところがその後日本軍は、会員を「虐殺する」よう高宗に助言したと尹致昊は書いた。彼は長谷川を批判し、「これは朝鮮人が言うように、病を移して薬を遣るようなものだ」と述べた。[80]

一進会は不安になり、当時日本人が一進会を支援することについて抱いていたと考えられる疑念を払拭しようと試みた。一進会は一九〇四年一〇月末に長谷川と韓国駐屯中の大韓駐箚憲兵隊長に書簡を送った。これらの書簡では、一進会がロシアと日本の戦争において日本人を支援したこと、そして日本軍の軍事行動を妨げる意図などないことが強調されていた。この書簡は、一進会が「罪を犯していないこと」についても訴え、国内の混乱に対して自分たちに責任があることを否定した。その代わり、彼らは不穏な状況を引き起こしたとして、民会を弾圧せよという高宗の布告を非難し、韓国政府は一進会会員を殺すのを「楽しんだ」と主張した。韓国政府がこのような行動をとったのは、彼らが政府内の親露派とロシアの「専制主義」の影響下にあったためだと、その書簡の中で一進会は主張した。[81]

この弾圧の最中、進歩会は大衆の意見が自分たちに味方するよう、さらに努力を重ねた。『大韓毎日申報』が報じるところによれば、ソウルの進歩会は咸興《ハムン》郡支会に一通の伝言を送った。この伝言は、進歩会の名を騙《かた》ってその地方に混乱を煽り立てようとする政府に対して用心せよ、と警告するものだった。このメッセージではさらに、政府は最近、進歩会会員に見せかけるため、偽の会員五〜六〇〇人を雇ったと述べた。これらの偽進歩会員は、人々の家に火をつけ、何の罪もない人を虐待し、あるいは軍務の邪魔をすることになっていた。こうした手段を用いて、政府は進歩会から民衆を離反させ、支援をなくすことで、この組織の消滅を試みていた。[82] 一進会も韓国政府の参賛《チャムチャン》（高官）許蔿《ホウィ》の従兄弟である許兼《ホギョム》が出所のわからない何万元かを受け取り、南方へと下ったと一進会告示（大衆への報知）をおこなった。一進会は、一進会の地方支会を破壊するべく地元の「悖類《ペリュ》」（ごろつき）を集めようとしている許兼の企みに対して、監視を怠らないようにと会員に指示した。[83] 他方、『大韓毎日申報』は、一進会が一五〇名の一進査察員を選び出し、彼らを漢城五署（ソウルの五地区）に配置したと報じた。これらの査察員は、一進会会員の非違と一進会会員を騙る者たちによって引き起こされた紛争を調査するべく、昼夜を問わず活動することになっていた。[84]

一進会は政府により損害を受けた進歩会の地方支会についての報告を直接受け取った。この報告は、政府の手先として進歩会の会員を主として殺害したのは地方鎮衛隊であると指摘した。[85] 公式の一進会史に従えば、政府によるこの弾圧が進歩会と一進会の公式的合併の直接的理由であった。進歩会の会長李容九は、この合併について、ともに「文明化された規律」と「専制に対する反対」という目標を共有していたのではあるが、二つの異なる組織の「予期せぬ」遭遇であったと述べた。[86]

一九〇四年一二月一四日、韓国政府がその四大綱領を推進する一進会の権利（四大綱領の自由公権）を認めた時、一進会と大韓帝国皇帝との間に短いながら対立中断の時期が生じた。一進会は特別な公的集会を催して政府のこの譲歩を祝った。[87] しかしながら実際のところ、それによってこの組織への弾圧が弱くなるようなことはなかった。一進会は、晋州《チンジュ》支会からの報告によると、鎮衛隊による会員への残虐行為があったと軍部大臣に抗議した。一進会が書き送った書簡によれば、政府が一進会にその四大綱領を推進することを許可した後ですら、一進会会員の生命財産に危害を加えるようにと、政府は秘密裡に地方の各軍隊に命令を下していた。多くの地域からの報告は、一進会がその目論見を公にできるようにと政府が保証しているにもかかわらず、軍は一進会の会員を残酷に扱い続けていたと証言する。[88]

一九〇四年も暮れに差しかかるころ、国王と一進会の対立は、ソウルの宮殿付近での流血事件で頂点を迎えた。『大韓毎日申報』はまず、一九〇五年一月二日にこの事件について報じた。事件の二日前、一進会は代表団を警衛院《キョンウィウォン》（宮城護衛警察）に送っていた。巡検と兵士が彼らの行く手を遮った時、代表団は大安門近くの彼らの事務所へと向かったが、ソウルに配置されていた兵士が彼らに向けて発砲し、一二名が負傷した。巡検は一進会に解散を命じたが、一進会会員たちは四大綱領が表明されるまでは引き下がらないと拒否した。その時、日本の憲兵がやって来て、四名の韓国軍士官を捕縛した。[89]

『大韓毎日申報』は別の報道でさらなる詳細を伝えた。一九〇四年一二月三一日に一進会会長尹始炳と副会長兪《ユ》鶴柱《ハクチュ》は、大安門正面の洋館の二階に新たな事務所を開設し、そこで集会を開こうとした。午後五時に警衛院が、宮城付近での集会は禁じられており即刻解散すべしとの内容の命令を発した。尹始炳はそれを拒み、次のように言った。「もし解散すれば、それは我々が人民（の意志）に従わないことを意味する。そうなれば、我々は人民の石か棍棒で殺されなければならない。もし我々が散会しなければ、それは王の命令に反することになる。その時には我々は王の法によって殺されねばならない。人民の石によって殺されるよりも王の法によって死ぬ方がましだろう」と。こうして何千人という一進会の会員は会合を続けたのであった。[90] 後日、『大韓毎日申報』はこの事件で一七名の一進会会員が負傷し、漢城病院で手当てを受けたと報じた。[91]

『大韓毎日申報』によるとこの事件後、一進会は政府の立場を考慮することなく、自分たちの責任において政治改革を実行する（自行自止）と宣言した。一進会は政府が「施政改善」することを勧めていたのだが、いまだ何もなされないままだった。[92] そのころ『大韓毎日申報』は、地方の一進会会員が首都へと行進しつつあるという複数の噂を報じた。これらの噂や憶測は先に述べておいた北西部各道からの報告の中にも認められる。一九〇五年一月二日の記事では、何万人もの一進会会員が首都を目指していることを報告する全羅北道からの一進会の電報を引用した。[93] さらに新聞では六〇〇〇人――南の慶尚道から三〇〇〇人、そして北の咸鏡道からも三〇〇〇人――の一進会会員がソウルに向かっているというまた別の噂を詳報した。[94] 最終的には一月一〇日の記事で地方支会会員のソウルへの最初の到着が報じられた。会員たちは断髪を済ませており、咸鏡道の方言を話していたという。記事では、彼らは独立門の外で集会を開く予定だと報じられた。[95]

この時、日本の憲兵隊が戒厳令を宣言し、百姓の社会（大衆の結社）を組織したいと願う者は、規則に従わねばならないという命令を出した。政治にかかわる団体の組織を望む者は、会員全員の名簿とその事務所の所在地を付して、その団体の目的を記載した報告書を日本軍のもとに提出する必要があった。そして最終的には、その団体は憲兵からの許可を必要とした。この報告書には会員の氏名、身分、年齢に関しての詳細な情報が含まれねばならなかった。もし集会の開催を望むならば、日時、場所、目的について官憲に届け出をおこない、許可が下りるのを待つ必要があった。野外での大衆集会は禁じられた。許可の下りた集会は臨席する日本憲兵の指示に従わねばならなかった。憲兵はこれら結社の名で作成されたすべての文書もしくは声明を、それらが配布される前に検閲することにもなっていた。もしこれらの規則が守られなければ、軍法により処分されることになっていた。一方、日本の憲兵隊はソウルとその近傍の秩序維持のため、韓国の警察権力からその責任を引き継いだ。『大韓毎日申報』によれば、日本の憲兵隊が地方会員（住居地がソウルではない一進会会員）は解散し、故郷に帰るべしと命令を下した。[96]

日露戦争中における日本の戦争物資調達と一進会

一進会に対する日本の立ち位置は、農村部と首都、それぞれの条件によって異なっていた。日露戦争で勝利を手繰り寄せるには、日本軍が朝鮮半島を占領し、軍需物資の補給線を安定させることが決定的に重要だと考えられていた。これを保証するため一九〇四年二月二三日、日本はひとつの議定書に署名するよう韓国政府に強制し、必要に応じて韓国の領土内に日本が軍隊を配備することを可能にさせた。[97]なるほど一進会は戦争中、日本を忠実に支援していた。しかし、観察使や地方官に日本軍に軍事施設のための土地や食糧、労働力を提供するように命じ、日本軍への戦争物資調達を引き受けたのは、もともと韓国政府であった。[98]韓国政府の戦争協力はこの議定書に署名する以前ですら、すでに確保されていた。一九〇四年二月一四日に陸軍参将《チャムジャン》（韓国軍の副司令官）李址鎔《イジヨン》は、もし日本軍が当該地方を通過するなら、彼らに宿所と食糧を提供するよう観察使たちに命令を出していた。

日本は戦争の初期、韓国からの支援と同情を慎重に呼び込もうとした。たとえば日本の補給部隊司令官生田東作は、ロシア軍のために犠牲となった朝鮮人の補償のため、宣川郡守に三〇〇元を寄贈し

3　順安の寺《ママ》を接収し、それを厩舎として使用している日本軍　(1904年)
日本軍は韓国の北方地域を通過中、地方政府庁舎やその他の地方政府施設を接収した。写真のなかの建物は寺ではなく、地方政府庁舎のように見える。
H. W. Wilson, *Japan's Fight for Freedom*, vol.1 (London, Amalgamated Press, 1904), p.360から転載。

た。[99]日本軍は韓国での物資供給の支払いのため軍票を発行し、朝鮮人民からの戦争物資供給の徴発に対しても補償を提供した。[100]在韓公使林権助は、日本軍はその軍票を可及的速やかに処理するであろうと公に約束し、韓国首相がこの約束を地方官に保証するようにと要請した。[101]こうした努力は、コサックを含むロシア兵が韓国領土から撤退する際、北方の国境沿いの村で起こした略奪や虐殺とは対照的であった。[102]

平安道は満洲への行軍の進路にあたっていたため、この地域の人々は日本軍のための鉄道敷設と物資調達においてもっとも頻繁に動員された。日本は弁償政策をとったものの、日本の部隊が監営を占拠し、平安道で物資を徴発したのちには、地方からの不満が韓国政府に殺到した。韓国政府はこれらの不満を抑えつけた。外部大臣李夏榮《イハヨン》は地方官を叱責し、補償に関する日本の約束を繰り返し強調した。[103] 政府に強いられて、平安南道観察使李重夏《イジュンハ》は歩調を合わすべく、日本軍がどこに駐屯していようと地方の状況について肯定的な意見を書き述べた。供給物資には十分な補償がなされており、問題があったのは、部隊の移動と軍事用穀物の積み上げにより、耕作地にさまざまな損害がもたらされたことだけだと彼は報告した。[104] 李重夏は一九〇四年六月中旬、日本部隊の駐屯地として平壌、順安《スナン》、粛川《スクチョン》、安州、江西《カンソ》、殷山《ウンサン》、順川、价川を挙げた。日本軍の部隊は、これらの郡の監営や官庁、鎮衛隊の兵舎、将校庁《チャンギョチョン》（軍士官のための官舎）を占拠した。日本軍部隊は平壌と安州の電報司《チョンボサ》（電報事務を執る官舎）をも接収した。[105]

その楽観的な調子にもかかわらず、李重夏の報告は、日本軍が実質的にその地域全体を占領していたことを示唆している。義州郡守具完喜は一九〇四年五月、義州の人々が日本部隊による際限のない要求を満たさねばならないという困難に直面していたことを報告した。日本軍が具完喜の庁舎を接収したため、町の西門の中に借り上げた私邸の中で彼は職務を継続した。[106] 鎮衛隊の兵舎は負傷兵のための軍事病院に変えられてしまい、衛生隊《ウィセンデ》が官衙に駐留していると具完喜は書いた。日本軍の兵站司令部は郷庁《ヒャンチョン》（郷会の建物）に駐留した。戦争物資を負担するため、義州の町から三〜四〇里以内に居住する農民にその畑を放棄させることになったと具完喜は書いた。[107] 彼はまた日本軍部隊に雇われていた通辞《トンサ》（通訳）や募軍《モグン》（日雇い）の中には、この機会を利用して軍への補給のためと口実を作り、安価に牛馬を手に入れた者もいると不平を述べた。この地域の住民の請願が殺到し続けたため、具完喜は必要に応じて兵士や巡校（郡所管の捕吏）を派遣することを決め、人々に重い負担を加えるような

4　仕事待ちをしている朝鮮人荷運び人夫（1904 年）
調達物資の戦場への輸送は、日露戦争中極めて重要であった。日本軍は食料、衣服、そしてその他の物資を日本軍兵士のもとへ届けるための荷運び人夫を補充するよう韓国政府に求めた。韓国政府は日本からの朝鮮人労働者の要請を満足させるのに苦労した。
H. W. Wilson, *Japan's Fight for Freedom*, vol.1 (London, Amalgamated Press, 1904), p.297 から転載。

不正を働くことを禁じた。[108]

　日本軍は、主戦場が韓国領外に移った時ですら、実際には朝鮮人の労働力と戦争物資に対する要求を増大させていた。郷長たちは、中国の長甸《チャンディアン》に駐屯していた兵站部司令官歩兵大尉田坂定富が、一日につき七〇〇名の荷運び人夫が必要だと要求していると一九〇四年六月一七日に報告した。具完喜は田坂に会うべく長甸に赴いた。田坂は、龍巌浦から長甸に運ばれる戦争物資は一日につき一万袋以上にのぼり、さらに長甸から雄甸地《ションディアンディ》まで運ぶ必要があるものが一日に五〜六〇〇〇袋もあると具完喜に告げた。日本軍はこれらの補給のために絶望的なほど多くの荷運び人夫を必要としていると説明した。農繁期だったため、具完喜にはこの要求に応えるのがとてつ

5　平壌へ向かう途中の荷運び人夫たち——一列に並んだ5000名の荷運び人夫たちの一部（1904年）

写真のなかの朝鮮人荷運び人夫たちは、道路脇の背負子のそばに立っている。荷運び人夫の数が大量であったことが韓国における日本の物資調達のための労働者の動員の規模を示している。

H. W. Wilson, *Japan's Fight for Freedom*, vol.1 (London, Amalgamated Press, 1904), p.301から転載。

もなく難しかった。具完喜は、三つの面の執綱たちにこの負担を分担させ、人々を動員するよう命じた。具完喜は、募軍たちの間でもっとも信頼のおける監督（都《ト》什長、都監督《ガムドク》）を面任たちに選出してもらい、その名前を日本軍司令官のもとに送った。[109]

具完喜だけではなく多くの地方官にも、朝鮮人募軍に対して増大し続ける日本軍の要求に応えるのが難しいことが判明した。一九〇四年七月、日本軍の兵站部隊は、前線への軍事物資運搬のために奉天へ一〇〇〇名の働き手を送ってほしいと定州《チョンジュ》郡守に要請した。定州郡守は二二三名の働き手と二七頭の牛馬を選び出し、それを七月一二日に送った。さらに七月二〇日には、三一二人の荷運び人夫と荷車を追加で送りだした。こうした支援にもかかわらず、日本軍司令部は、世帯数、住民数、田畑の大きさ、年間の収穫量、そして家畜の数を調査するようその区域の長（面任、里任、頭民）に要求した。このことはこの地方に大きな不安を引き起こした。[110]

日本軍は一進会に対しても協力を求めることとし、日本部隊への補給の補助を要請した。韓国駐箚軍司令官長谷川は、一九〇五年六月一〇日に李容九と宋秉畯の両名と会合し、北方の国境地帯における日本軍補助のため、一進会による北進輸送隊（一進会の補給部隊）を組織するよう、彼らと秘密協定を結んだ。[111] 李容九は朝鮮半島北東部の咸鏡道へ向かい、そこで一進会支会を動員した。彼は尹甲炳《ユンカプピョン》、韓貞奎《ハンジョンギュ》、韓景源《ハンギョンウォン》、崔雲渉《チェウンソプ》を伴い、康徳《カンドク》に駐留していた日本軍付の倉田という名の参謀将校と秘密裡に会合した。一進会がロシア軍偵察の任を引き受け、それに加えて日本軍部隊への緊急の軍事物資輸送のために、会員のうち数千人を動員することを彼らは決定した。李容九は咸鏡道の一進会の指導者たちに命じて、朝鮮半島南部の慶尚道にある一進会事務所に二～三万人の会員を送り込むようにさせた。[112]

李容九は、各一〇〇〇名の一進会会員からなる二つの補給部隊を組織するつもりだと倉田参謀将校に報告した。[113] 七月に倉田は、前線での補給が急務であるゆえ、即刻五〇〇名の人員を手配するように李容九に迫った。翌日、李容九は五〇〇名の会員が到着したのを知った。彼は日本軍の命令に従ってこれを組織し、高青竜《コチョンヨン》にこの部隊を率いさせた。李容九は一〇人ごとに一人の指揮官（什長《シプチャン》）をあて、さらに五〇人ごとをこれより上級の指揮官（五什長）に組織させた。李容九はまた、会員二名を餉務員《ヒャンムウォン》（物資輸送担当士官）に任命した。[114] 一九〇五年六月一〇日から一〇月二〇日の間に一進会の北進輸送隊に参加した会員の総数は一一万四五〇〇名であり、その全体の支出額は一九万七七六〇圓であった。日本軍はその雇金領収額《コグムヨンスエク》（労賃）として六万三五三〇圓を支払い、一進会が残りの費用を負担した。日本人部隊への補給任務遂行中に、四九名の一進会会員が死傷した。[115]

李容九は北進輸送隊に伴って咸鏡道を通過した際、多くの地域で公的な集会を開き、一進会会員に一進会の四大綱領——日本軍を支援する民衆の「義務」、民衆の教育、現今の政治情勢、そして産業発達——のような問題について話すようにさせた。城津《ソンジン》では、李容九は郡の郷長である許昌《ホチャン》のもとを訪れ、郡での過度な収税について尋ねた。郷長の許昌が雑税を徴収したことについて謝罪し、それらを廃止すると約束した時、李容九は城津の一進会支会長金哲濬《キムチョルチュン》に、これを人々の前で知らせるよう命じた。

一進会が日本軍のためにその会員を犠牲として捧げ、朝鮮の人々には日本を支援する「義務」があると説教するのと同時に、他方では、厳しい戦時調達の要求が北方諸地域における反日抗議を引き起こすことになった。とりわけ鉄道敷設は土地の接収と労働力の徴用を伴ったがゆえに、地方の住民を激怒させた。地方住民は線路を打ちこわし、電信線を切断することで怒りを表現した。日本軍は「日本の戦争遂行に損害を与える者は誰であっても処刑する」という厳格な処置で応えた。ソウル、元山《ウォンサン》間の電信線を切断した朝鮮人を日本人が逮捕して殺害したという報告がしばしばなされた。尹致昊は次のように書き綴った。「京釜鉄道が走る南部の各道では、何年も前にアメリカで白人がインディアンを扱ったように、そして現在でもなおアフリカから来た黒人を扱っているのとほとんど同じように、日本人は朝鮮人を扱っている。日本人は、名目上は買いあげると言っておきながら、実際には畑や森や家を朝鮮人から盗んでいる。もし誰かが日本人の身勝手さに抵抗したならば、日本人は朝鮮人をまるで犬のように殴り、蹴り、時には殺すこともある。[116]」

日本兵は全体としては十分に抑制されていたが、確かにいくつかのひどい犯罪をおかした。たとえば一九〇四年六月に二万人の日本兵が数か所の官衙を占拠した際、彼らは設燎《ソルリョ》（一晩中火を絶やさないようにすること）に供するため、郷校の祭床《チェサン》や祭器《チェギ》（朝鮮の法事＝祭祀《チェサ》の際に使用する机と器）をかがり火の中に投げ入れた。また、日本兵による殺人や強姦事件もあった。[117] 一九〇四年一〇月、豊原鐵次という名の日本兵が鉄道敷設に動員されていた朝鮮人を殴り殺した。定州郡守がこの事件を調査したのち、日本軍に豊原を逮捕するよう要請したが、回答はなかった。[118] 日本軍とその巨大な兵站部隊がこの地方を通過した時、それは地方の心情を変化させた。この地域全体に日本軍の施設に対する朝鮮人の攻撃を増加させることになった。[119] 一進会は、韓国内での日本の戦争とその戦争への自分たちの奉仕に対する、このような社会的反動に直面することになった。

一進会の出現に対する朝鮮人および日本人の反応

一進会は朝鮮半島を日本軍が占拠していた間に、全国的な影響力を確立し、韓国における反現状維持勢力が政治的に意思を表明する場をつくりだした。一進会の強力なキャンペーンと不敬な言葉使いは韓国の君主を怒らせ、権威への異議申し立てに対する皇帝の復讐を促すことになった。このため一進会会員と高宗の部隊との流血の対決が生じることになり、一九〇四年末における大安門近くでの大規模なデモ行動へとエスカレートする事態となった。日本軍は、一進会運動への熱狂的な民衆参加と韓国政府との衝突が朝鮮半島における計画を危険にさらすことになるのを恐れた。こうして大安門での示威行動の後、日本軍は一九〇五年一月に突如戒厳令を発令し、自由な集会を禁じ、韓国民衆の政治結社によるすべての刊行物を検閲することにした。[120] 日本軍は、ソウルとその近郊の秩序維持のため、韓国の警察機関の代わりに日本の憲兵隊を配備した。この時期的な一致を見ると、一進会の最初の集会が、日本が韓国において軍事支配を始める口実となったのは明らかである。戒厳令が布告された後、『大韓毎日申報』の民族主義的な論説は一進会を日本の「奴僕」と呼んだ。記事は一進会の運動を否定し、一進会の運動は、弾圧的な法を導入し、日本の植民地化に対する反対を妨げるための日本側からの「詐術」だと呼んだ。このように一進会の運動は、より排他的な韓国の民族主義――彼らから見れば一進会会員は「売国奴」であった――の出現と同時期であった。

日露戦争中の日本と一進会の関係はかつて理解されてきたよりも複雑であった。日本は戦争遂行中、物資調達を韓国政府に強く依存しており、それゆえその政情安定に関心を持っていた。一進会はその忠実な親日的立ち位置にもかかわらず、簡単には日本による擁護を確保することはできなかった。一九〇五年春に日本の戦争需要が増大した時、日本軍は、募軍として働き手となり、前線での偵察をおこなってくれることを一進会に期待した。戦時におけるこの支援が一進会に対する韓国政府の迫害の軽減をもたらすことになった。しかしながら長期的には、一進会は日本による過酷な戦争物資調達と国土の軍事占領に対する民衆的な反動の影響から免れることはできなかった。最初の成功段階では、一進会はその国内的な目的と、日本との協力の間の潜在的な矛盾にはまだ気がついていなかった。一進会が大規模な反税運動に乗り出した時、この緊張と矛盾がますます大きく浮かび上がることになる。

註

1 尹致昊『尹致昊日記』六（果川：國史編纂委員會、一九七六年）、一四三頁。

2 一進会の元の呼称は維新会《ユシネ》であった。

3 「본교역사」二七六頁。教主はその時東学の信奉者となった権東鎮《クォンドンジン》、趙義淵《チョヒヨン》という改革者たちとこの宗教の新しい方向性について議論した。彼らはともにこの新しい組織を進歩会と名付けることに決めた。

4 李容九のそれ以前の名前は李萬植《イマンシク》だった。彼は進歩会を組織した後に容九に改名した。李龍昌の研究によると、一九〇三年三月、李容九は孫秉熙の命令で東学の指導者たちとコンタクトを取り、立ち上がる時機を一九〇三年一〇月と決めた。李容九と東学の指導者たちは大同会（一九〇四年三月）、中立会（一九〇四年七月）、進歩会（一九〇四年九月）とさまざまな名前で民衆集会を組織した。孫秉熙は四〇人の東学指導者を一九〇四年二月に日本に招き、彼らに日露戦争中は日本を支援するようにと命じた。李龍昌「韓末 孫秉熙의 동향과「天道教團再建運動」」『中央史論』제一五집、二〇〇一年、七〇～七一頁。

5 李寅燮『元韓國一進會歷史』巻之一（京城：文明社、一九一一年）、四三～四四頁。

6 『大韓毎日申報』一九〇四年一一月一九日付。

7 Carter J. Eckert et al., *Korea Old and New: A History* (Seoul: Ilchogak for Korea Institute, Harvard University, 1990), pp.228-229; Hyung Gu Lynn, "Fashioning Modernity: Changing Meanings of Clothing in Colonial Korea," *Journal of International and Area Studies* 11, no.3 (2004); 李玫源「조선의 단발령과 을미의병」『毅菴學研究』제一호、二〇〇二年、三九～六四頁。『大韓毎日申報』は一進会の断髪についての記事を多く含んでいる。この集団の最初の断髪儀式に対しての社会的な反発については、一九〇四年の九月と一〇月の記事を参照。

8 『各司謄録』三八、一七九〜一八〇頁。

9 『各司謄録』三六、一七七〜一七九頁、および三八、一八一頁。

10 『各司謄録』三六、二一三頁。韓国の山林監理は朝鮮人商人の難儀を観察し、浮いている木材から国旗を取り外すようにロシア人と日本人を説得した。武蔵は四、五日後、他の一〇名の者とともに執綱所を訪れ、朝鮮人が彼らに日本の国旗を木材につけてくれと頼んできたのだと抗議した。彼は木材への課税を避けるのを意図しているのではなく、ロシア人がそうするのを抑制する意図があったのだと主張した。その時、彼は執綱所にその歳入から六〇〇〇両の支払いをするよう求めた。武蔵はこの事件の後も木材係争を続けた。一九〇三年九月、彼の会社の商人四名が銃を携帯して、韓国商人の木材への押印を再開した。彼らは木材を動かし、抗議する朝鮮人の持ち主に暴行した。彼らは隣村の木材もあさりまわり、自分たちの印をそれに押した。

11 『各司謄録』三六、二〇五頁。

12 『各司謄録』三六、二〇七頁。義州郡古城《コソン》面執綱の報告によると、龍巖浦のロシア人が洪水を防ぐべく植えられていた川岸の柳の木を切り倒した。地方政府は再度木を植えるように村人に金を渡さねばならなかった。

13 『各司謄録』三六、一八四頁。

14 『各司謄録』三六、一九四頁。慈城の郷長は、ロシア人がこの町に家を建て、そこで商売を営むつもりだと主張していると報告した。

15 『各司謄録』三六、一八八〜一九〇頁。朝鮮人官吏たちは、この地域の外国人の数と活動を監視していた。『各司謄録』三六、一九一頁。

16 『各司謄録』三六、一九四頁。一九〇三年六月二一日付の報告書によると、鎭西面執綱の文用坤《ムンヨンゴン》は早朝の上げ潮の際、この面に蒸気船がやって来たと報告した。乗船していた者たちは日本人の服装をしていたが、その全体の数は確認されなかった。彼は船内を調査するべく官吏を送った。朝鮮人李學仁《イハギン》、イギリス人一名、そして三～四名の日本人が乗船していた。彼らは韓国と清国の河岸に徴税事務所を設置するために訪れたと主張した。六月二二日（これは報告書の日付で実際は五月二一日、陽暦六月一六日）に、鐵山《チョルサン》で二五名が乗船している蒸気船が見つかった。彼らと共に旅をしていた清国人通訳が、彼らはイギリスからの旅行客だと主張した。彼らはすぐに出港したので、地方政府は彼らの訪問の目的、あるいは彼らが運んでいる積み荷の調査をすることができなかった。

17 『各司謄録』三六、二〇四頁。

18 『各司謄録』三六、二二一～二二三、二三一～二三三頁。

19 James Wilford Garner, "Record of Political Events," *Political Science Quarterly* 19. no.2 (June 1904), p.331.

20 Ian Nish, *The Origins of the Russo-Japanese War* (London: Longman, 1985), pp.239-244.

21 H. W. Wilson, *Japan's Fight for Freedom* (London: Amalgamated Press, 1904), p.163.

22 Wilson, *Japan's Fight for Freedom*., p.308.

23 이용창「동학교단의 민회설립 운동과 진보회」『中央史論』제二一집（특집호）、二〇〇五年、三五九頁。

24 『各司謄録』四〇、一～三頁。

25 『各司謄録』四〇、四頁。

26 『各司謄録』四〇、二一～二二頁。

27 『各司謄録』四〇、二二頁。

28 『各司謄録』三六、二六二頁。

29 この評価は当時の東学教の組織の原理に対応している。一人の大接主（大接の指導者）は一〇〇〇人の教徒たちによって指命され、一人の接主は一〇〇人の教徒たちによって指命された。天道教のこの公的な記録は二〇〇名以上の大接主が当時活動していたことを主張する。이용창「동학교단의 민회설립 운동과 진보회」、三五

九頁。

30 『各司謄録』三六、二六二～二六三頁。

31 一九〇四年夏における具完喜の報告は、東学の勃興を一八九四年反乱の再開であるとするが、この変質の特別なしるしについては言及しなかった。

32 『各司謄録』四〇、二四頁。

33 『各司謄録』三六、三八二頁。

34 具完喜は進歩会を指して東匪《トンビ》という言葉を使った。しかしながら彼は簡単に匪という言葉も使用した。不確かさを避けるため、ここでは同地方での進歩会の活動を追うために東匪という言葉を使っている記録のみを使用する。

35 この郡守はこれら指導者たちの名前を耳にしたのだが、この二つの名前（李容九と李萬植）が同一人物であることを知らなかったと推定される。

36 『各司謄録』三六、三八一、三八二頁。

37 『各司謄録』三六、三九一頁。

38 『各司謄録』三六、三九二、三九三頁。

39 『各司謄録』三六、三九四、三九五頁。この地方の状況は他の記録で一進会と日本人の間のいたるところで見られる関係とは少し矛盾している。尹致昊に従うと、日本軍は首都における一進会の開会儀式は保護したが、まもなくこのグループの支援からは手を引いた。長谷川は一九〇四年には高宗に民衆集会を押しつぶすよう忠告した。尹致昊『尹致昊日記』六、七九～八〇頁。

40 『元韓國一進會歴史』一、一六、一七頁。監督の名の下に記録されている、建設に携わった一進会会員数は、文學洙《ムンハクス》の監督のもとでは六五七〇名、金永學《キムヨンハク》のもとでは六三五九名、洪基兆《ホンギジョ》のもとでは六一九八名、李謙洙《イギョムス》のもとでは二一九六名であった。一進会はこれら動員した人たちへの出費として安州では一万二二元二〇銭を費やした。

41 『元韓國一進會歴史』二、一六七～一七四頁。

42 『梅泉野録』、五六二頁；이영호『한국 근대 지세제도와 농민운동』（서울：서울대학교출판부、二〇〇一年）、二三九頁。当時の交換レートに従えば、一〇両は二元と等しかった。統監府が一九〇五年に旧朝鮮通貨を変えた際、白銅貨の交換比率は新通貨一圜《ファン》につき一〇両（二元）であった。銅貨（葉銭）では、交換比率はもっと高く、二圜につき一〇両まで上がった。

43 『各司謄録』三六、三九五頁。

44 これらは『梅泉野録』に引用されている孫秉熙の元々の提案とは少々異なっている。孫秉熙が一九〇四年に政治活動を再開した時、彼は自分の立場を変えたことを広く公告し、五つの提案を韓国の新聞社と韓国政府に送った。その提案とは、政府は国会を開設し、宗教を尊重し、政府の財政を健全な形で運営し、施政を改善し、留学を奨励せよと要請するものだった。黄玹は、尹始炳の政治活動の開始を見た後に孫秉熙がこの提案を送ったという点を疑っている。『梅泉野録』五六一、五六二頁；「본교역사」三〇八頁。

45 『大韓毎日申報』一九〇四年八月二四日付。

46 『大韓毎日申報』一九〇四年九月一四日付。

47 『大韓毎日申報』一九〇四年九月一四日付。

48 이용창「동학교단의 민회설립 운동과 진보회」三七四頁。

49 『大韓毎日申報』一九〇四年九月二一日付。

50 この理路は基本的に『独立新聞』の論説の中に抜粋された概念を繰り返している。この東学の声明は救国のために「民衆」がもっと直接的な行動を起こすよう要請した。

51 『大韓毎日申報』一九〇四年九月二一日付。
52 『大韓毎日申報』一九〇四年九月二一日付。
53 『大韓毎日申報』一九〇四年一〇月一一日付。
54 『大韓毎日申報』一九〇四年一〇月一一日付。
55 『大韓毎日申報』一九〇四年一二月一二日付。
56 『大韓毎日申報』一九〇四年一二月一五日付。
57 『大韓毎日申報』一九〇四年一二月二六日付。
58 『大韓毎日申報』一九〇四年一二月二九日付。
59 『大韓毎日申報』一九〇四年一二月二日付。
60 『大韓毎日申報』一九〇四年一二月一二日付。
61 『大韓毎日申報』一九〇四年一二月一三日付。
62 『大韓毎日申報』一九〇四年一二月一二、一四、一五日付。
63 『大韓毎日申報』一九〇四年一二月二一日付。
64 『大韓毎日申報』一九〇四年一二月二三日付。
65 『大韓毎日申報』一九〇五年一月五日付。
66 『大韓毎日申報』一九〇五年一月五日付。
67 『元韓國一進會歴史』一、九〜一〇頁。
68 『高宗實録』四四巻、高宗四一年九月二〇日。
69 『高宗實録』四四巻、高宗四一年九月二〇日。
70 『高宗實録』四四巻、高宗四一年九月二四日。

71 『元韓國一進會歷史』一、一四～一六頁。
72 『大韓每日申報』一九〇四年一一月一九日付。
73 『元韓國一進會歷史』一、二六～二七頁。
74 『元韓國一進會歷史』一、二六頁。
75 『元韓國一進會歷史』一、二六、二九頁。
76 『元韓國一進會歷史』一、二七頁。
77 『大韓每日申報』一九〇四年一一月一九日付。
78 趙恒來『韓末社會團體史論攷』（大邱：螢雪出版社）一九七二年、六一頁。
79 尹致昊『尹致昊日記』六、六四頁。
80 『尹致昊日記』六、六一、六二、七八～八〇頁。
81 『元韓國一進會歷史』、一、一六～一八頁。
82 『大韓每日申報』一九〇四年一一月一九日付。
83 『大韓每日申報』一九〇四年一二月二九日付。
84 『大韓每日申報』一九〇四年一一月二一日付。
85 『元韓國一進會歷史』一、三八～三九頁。
86 『元韓國一進會歷史』一、三九～四〇頁。
87 『大韓每日申報』一九〇四年一二月一四日付。
88 『大韓每日申報』一九〇四年一二月二六日付。
89 『大韓每日申報』一九〇五年一月二日付。
90 『大韓每日申報』一九〇五年一月二日付。

91 『大韓毎日申報』一九〇五年一月六日付。
92 『大韓毎日申報』一九〇五年一月六日付。
93 『大韓毎日申報』一九〇五年一月二日付。
94 『大韓毎日申報』一九〇五年一月六日付。
95 『大韓毎日申報』一九〇五年一月一〇日付。
96 『大韓毎日申報』一九〇五年一月一二日付。
97 James Wilford Garner, "Record of Political Events," *Political Science Quarterly* 19, no.2 (June 1904), pp.332-333. この議定書には、施政「改善」のために日本の「助言」を受け入れることを韓国政府に強制し、韓国内政にかかわることを日本に認める条項も含まれていた。
98 Wilson, *Japan's Fight for Freedom*, p.308. 多数の「朝鮮人荷運び人夫」が極東では驚くほど高い賃金で日本人によって使役されていたという宣伝活動があった。これら朝鮮人は背中に一五〇ポンド（約六八キログラム）の荷物を軽々と担いで長い道のりを運ぶことができた。
99 『各司謄録』三六、二四七〜二四八頁。
100 軍票の交換レートは一元につき日本通貨で八九銭であった。日本は、日本軍の輜重《しちょう》部隊司令部と第一銀行の支店を、朝鮮人物資納入者たちの軍票取扱いのための交換機関とした。
101 『各司謄録』三六、二三四、二三五頁。
102 『各司謄録』四〇、六〜九、一二、一三頁。
103 『各司謄録』三六、二三六、二五九頁。
104 『各司謄録』三六、二三六〜二三七頁。
105 『各司謄録』三六、二三七頁。

106 『各司謄録』三六、二四六、二四七頁。
107 一里は〇・二五マイルに相当する。
108 『各司謄録』三六、二四五頁。
109 『各司謄録』三六、二六六頁。
110 尹致昊は日記の中で民衆への日本の要求についての地方での恨みをも記録した。尹致昊『尹致昊日記』六、五三～五四頁。
111 『尹致昊日記』二、一三五～一六五頁。
112 『元韓國一進會歴史』二、一二八～一二九頁。
113 『元韓國一進會歴史』二、一二九頁。
114 『元韓國一進會歴史』二、一三〇頁。
115 『元韓國一進會歴史』二、一六一～一六五頁。
116 『尹致昊日記』六、三一頁。
117 『各司謄録』三六、二六〇頁。
118 『各司謄録』三六、三七三頁。
119 『各司謄録』三六、三六六、三七一～三七三頁。
120 『大韓毎日申報』一九〇五年一月一二日付。

第4章　自由と新しい外見

——一進会会員の文化とレトリック

一九〇五年二月、原州《ウォンジュ》鎮衛隊《ジヌィデ》参領李敏和《イミノァ》は一六名の一進会会員との一対一の面通しのため原州軍事裁判所に招喚された。李敏和は、一進会が集会の中で大韓帝国皇帝の権威を侵犯したと非難して一進会を提訴した。彼はそれ以前、この集会の成り行きを見るために私服兵士の二つの分遣隊を派遣していたのだ。兵士たちは、一進会の会員が集会において「大韓帝国皇帝陛下も我が会員もすべて国禄《クンノク》之臣《ジシン》であり、同じように自由の権利を有している」という声明を自分の演説の中に紛れ込ませていたと報告していた。李敏和は後にこの言葉を発した疑いのある一進会の支会長を招喚し、彼に、どうして皇帝を国禄之臣だなどと言えるのかと問いただした。一進会の支会長が自分の「犯罪」を認めたため、李敏和は、その集会に交じっていた兵士チャン・ウォンイルの捺印証言とともに、支会長が自白した「証拠票《チュンゴピョ》」をつけて、その件を裁判所に提訴した。李敏和は、この件を道裁判所に提訴してすべての法手続きを正しくおこなうと書いた。

ソウルの一進会本部はこの陳述書に対抗するために、チョン・ソンファンという名の一進会会員を原州に派遣し、彼はそこでこの演説の報告は誤りだと訴えた。チョン・ソンファンによれば、実際には支会長が民衆に対して「我々（一進会会員）も皇帝陛下の臣民だ」と言ったのだが、李敏和はこの言葉を「皇帝陛下も（国家の）臣民だ」と変えることによって、この言葉を「変作《ピョンジャク》」してしまったというのだ。チョン・ソンファンは次のように付け加えた。原州鎮衛隊の証言を証拠として持ち出すことはできない。というのも一進会支会長は、武装した兵士たちに取り囲まれて自白を強いられており、この兵士たちが支会長の味方をしてくれることなどありえないからだ。[1]

裁判をめぐるこのエピソードが明らかにしているように、一九〇五年初めには、君主の統治に無礼を働くことは犯罪であった。しかしながら統監期の末ごろ、『大韓毎日申報』は「人民の政府」を求める記事を掲載し、『皇城新聞』はジャン＝ジャック・ルソーの社会契約論に含まれている思想を「深遠だ」と賞賛した。朝鮮のエリート改革者たちは一九世紀末以来立憲君主制への傾倒から逸れ、共和制を求めるようになっていた。このイデオロギー的な移行は、一進会による一九〇五年の原州事件、ならびに韓国皇帝の統治を侵害していることへの一進会会員の「恐怖」と「大胆さ」の両方において示された。

一進会は、民権という言葉に生気を与え、そのために人々を動員することによってイデオロギーを変え始めた。韓国の活字メディアは、一進会に「民権党」というニックネームをたてまつることに

6　フレデリック・ヴィリエ氏によって韓国皇帝に紹介されているイギリス、アメリカ、フランス、ドイツ、イタリアからの特派員たち（1904 年）

イギリスの戦争画家、フレデリック・ヴィリエ（1851 ～ 1922）は日露戦争の遠征を取材した。韓国皇帝高宗および皇太子純宗と西洋の特派員たちとの謁見がここに描かれている。ここに姿を見せている韓国皇帝、皇太子、官吏は白い礼服を着ているが、おそらくは皇女（死後、純明孝王妃とおくり名された）の喪に服していたのだろう。

H. W. Wilson, *Japan's Fight for Freedom*, vol.1 (London, Amalgamated Press, 1904), p.638 から転載。

よって彼らの主導権を認めた。民権という言葉は、一進会が発明したものではなく、『独立新聞』によって人々に紹介されていたものであった。一進会は独立協会の遺産を再請求し、自分たちが協会の「合法的な遺産相続人」だと称した。[2] 一進会の開会宣言には『独立新聞』に掲載された論説からとった民主主義的なフレーズが再掲載された。ところが一進会は最終的な目的を日本による韓国支配の擁護に設定したので、そのレトリックはやがて変化することになった。この「再調整」を通じて、一進会は、民権の思想にしがみつきながらも、国民国家を超えた政治的統一体、つまり帝国という統一体内における「人民の諸権利と福祉」の遂行をほのめかすことによって日本による韓国支配を支持することになった。

一九〇五年の原州事件は、一進会の言説の鍵となる特質――公式的な言葉遣いと実践活動中に話された個々の会員の言葉との間の不一致――をも明らかにしている。多くの場合、一進会の会員は明らかに君主がまとう権威の聖性に疑問を呈し、人民の諸権利と自由を主張していたが、この集団の公式的な見解はあいまいであり、政治的な危険にさらされるのを避けようとしていた。一進会の公式的な声明は、韓国の君主に対して明示的に「反逆的」でも「敵対的」でもなかった。その声明は時には統監期に愛国啓蒙運動を指導していた韓国のエリート改革者たちの書き物の中に認められる「独立、愛国主義、そして君主権」という慣用句を含んでいることがあった。研究者の中には、一進会の声明の中の言葉を額面通りに受け取り、このグループはその最終目的を国民国家建設においている民族主義者集団であると言う人たちもいる。それ以外の研究者たちは、一進会の改革主義的なレトリックが「欺瞞的な」ものであり、日本に追従することを正当化したにすぎないと切って捨てる。

本章では、一進会の主たる公式声明を紹介し、大韓帝国の改革、君主権、そして日本との協力関係の問題についてのこの運動の独特な立場を検討する。一進会の政策は、とりわけその声明が地方の一進会会員の行動との関連の中で理解される時、ポピュリスト的な方向性を示している。

一進会は「啓蒙された人々」の新しい文化をも提唱し、帝室の衣装や儀礼が表していたシンボリックな秩序の価値を破棄することを目指していた。一進会の文化実践、とりわけ集団的断髪儀式は朝鮮人の間に物議をかもしたが、そのメッセージは統監期韓国の変わりつつあった権力関係の中でますます混乱し、両義的なものになった。一進会に対する朝鮮人の心情は、特にエリート改革者たちのメディアを通して見られる時、苦々しく冷笑的で腹立たしいものに変わった。韓国の官吏たちやエリート改革者たちはその新しい外見や彼らによる人民の諸権利の提唱について一進会の会員たちと議論した。こうした議論を通じて、エリート改革者たちは独立協会のもともとの前提のひとつ――それは国家を強くするためには人民の権利が「不可欠な要素」だと見なした――を再び主張した。一進会はエリート的メディアの説明の中ではまもなく民権党という外見でエリート改革者の組織であった大韓自強会と、そして後には大韓協会と競合することになった。民権に関するこれらの議論によって、韓国の改革者たちは立憲君主制への暗黙の裡の同意を離れて、共和制という構想へと再度向きあうことになった。

　フランス史の研究者リン・ハントは、「革命期の政治文化は、社会構造とか社会的闘争、あるいは革命家の社会的出自からは演繹されえないのである。政治的実践は『下に横たわる』経済的・社会的利害の表現であるばかりではなかった。革命家はその言語とイメージと日常の政治的活動を通して、社会と社会関係を再構成しようと努力した」と書いた。[3] この主張は次のような問いかけを導き出す。一進会の文化と言説はこの王国の社会的文化的体制にどのような影響を与えたか。そしてそれらは実際のところどんな種類の社会的関係を生じさせるきっかけとなったか。一進総会は、民衆が君主と平等の地位にあるとする原州支会の会長の声明を否定したように、日本による韓国支配にも決して反対はしなかった。もしかしたら一進会の地方会員のリーダーであった李容九《イヨング》はかつての東学反乱の時の敗北で気力をくじかれ、君主に対する全面的なもうひとつの革命に、あるいは君主による迫害からこの集団を保護するためには日本の圧倒的な軍事力が不可欠だとみなしたために、日本との血なまぐさい対立に耐えることができなかったのかもしれない。

一進会はこのように朝鮮人からも日本人からも行動を規制されながらも限られた制約の中でその実験を遂行した。このように言ったからといって、一進会の政治的文化的実践が実を結ばなかったと言いたいわけではない。反対にそうした実践はその最初の提唱者である一進会会員とは無関係に、改革と進歩の普遍的な見解と結びつけられてまもなく朝鮮人の間に受け入れられた。一進会の文化とレトリックが社会に引き起こしたこのような最初の不安と嫌悪は現代韓国史の中では忘れ去られてしまった。本章は一進会のレトリックと文化実験、そしてそれらが引き出した複合的な社会的反応を探求する。一進会の新しい外見政策を概観した後で、一進会組織の設立、一九〇五年の保護条約についての告知、一九〇七年における大韓帝国皇帝高宗の退位、そして日本による日韓合邦を求める一九〇九年の一進会請願という統監支配のいくつかの危機的な転換点の後の一進会の公式声明を分析する。次に本章は統監期韓国におけるほかのエリート改革者たちの言説と一進会の思想の相互作用を論じる。

新しい外見の権威を求めて——断髪儀式

第3章で詳述したように、一進会は一九〇四年九月一六日[4]に最初の断髪儀式を開催した。[5]このシンボリックな儀式は一八九五年一二月に実施された断髪令の記憶を呼び覚ました。日本による閔妃暗殺後に突然発表されたこの一八九五年令は、甲午内閣に対して義兵軍を暴力的に対応させることになった。義兵軍のリーダーたちは、この断髪令は親からもらった身体髪膚を毀損し、親孝行という儒教的価値を踏みにじるものだと考えた。多くの朝鮮人たちは、一八九五年の断髪令は当時朝鮮の内閣に対する管理を強化していた日本のせいだと考えた。短髪の便利さを歓迎した改革者ですら、「日本がこの法令を強制した」という事実を嫌った。[6] 断髪令は西洋風の帽子や、その他の衣服への需要を高め、これらの商品を扱っていた在朝日本人商人たちに利益をもたらした。[7] このため日本人がこのような経済的な利益のためにこの法令を強制したのだという朝鮮人の疑いが強化された。こうした背景があったので、一進会の集団断髪は改革への支持としては受け入れられず、日本との密接な関係のしるしとして受け取られた。

一進会の新しい外見と短髪はまもなく韓国政府首相申箕善《シンギソン》との議論を生じさせることになった。梁在翼《ヤンジェイク》、金奎昌《キムギュチャン》、田大潤《チョンデユン》という三人の一進会代表が一九〇四年九月に首相のもとを訪れた時、彼らは伝統的な韓服を着ていたものの、すでに髪は切っていた。申箕善が彼らの「不適切な」様子について問いただした時、梁在翼は、短髪は清潔を保つのに役立つと答えた。首相は、断髪は軍警両庁にのみ認められるという詔勅を彼らに思い出させた。彼は、民衆が思うがままに髪を切り、国制で決められていない冠笠をかぶることは適切であるかどうか尋ねた。一進会会員たちは高宗による断髪令の修正に留意するよう首相に促した。民衆が一八九五年令に激しく抵抗した時、高宗王は、一八九六年に断髪の強制を終わらせる法令を発表していたのだ。一進会の会員たちは、この法令が断髪自体を違法化したものではなく、単に「強制的な」実施を修正したものと解釈した。

公式的な訪問の際の一進会会員たちの髪型が不愉快であったようで、申箕善は、もし一進会が本当に真面目にそのような理由を考えているのなら、断髪が国民を守るためにどれほど緊急なのかと問うた。その時一進会の会員たちは、断髪は単に身体の便利さだけではなく、朝鮮に「開明之俗《ケミョンジソク》」（開化された慣習）を発展させるための希望に満ちた試みなのだと述べて、もっとまじめな理由を提示した。「国民を守り、ひとつに結び付けられた心をもって、それを発展させること」にささげられた「短髪会盟」を形成したかったのだ。官吏たちが政治を改革するよう人々が実際に願っているならば、人々自身が自分の髪を切ることによって改革を始めるべきだと一進会の会員たちは主張した。[8]

一進会とのこの議論に先立つ数年前、申箕善みずから一八九四年内閣の断髪令と改革政策について独立協会と論争をおこなっていた。申箕善は、当時の学部大臣として、洋服を着、短髪にすることは、「文明的な人々」を「野蛮人」にすると論じて高宗に意見書を提出していた。申箕善は、ハングルが人間を「獣」へと堕落させると警告して、世宗大王によって作られたハングルの使用にも反対していると『独立新聞』は報道した。彼は、「人民を自由にする」[9]政策は国王からその君権《クンクォン》を奪う試みだとみなした。『独立新聞』は、申箕善の考え方は国王に対するその忠義を示しているというよりは、民衆に対する軽蔑を示していると非難した。[10]また『独立新聞』は断髪と洋服を「家をこしらえた後に新しく壁紙と床敷きを整えること」にたとえながら、それらは啓蒙にとっての基本ではないが、有益なものだとみなした。さらに『独立新聞』は、短髪は兵士と警察官には極めて実用的であると認めながら、自分の髪を切るかどうかを政府は民衆に決定させるようにせよと忠告した。[11]しかしながら申箕善は、学部大臣として学生が洋服を着て短髪にすることを禁じた。『独立新聞』は、一八九六年の勅令は自分たちの便のよい方に従って断髪を人々に決心させることを意味していたと論じて、申箕善の政策に賛成しなかった。[12]

『独立新聞』は、利便性のために自分の髪を切った学生のいくつかの事例を積極的に報道することによって断髪を促した。[13] しかし『独立新聞』は、民衆が強制的な断髪を撤回する法令に喜んだこと、[14] そして兵士の中には短髪にする「屈辱」を避けるために（法令が発表されるまで）、あともう一日待ちたいと望んだ者もいたとも報じて、高宗がロシア公使館に逃げ込んだ後の保守的な雰囲気に言及した。[15] 『皇城新聞』は、一八九九年の独立協会の解散後、再び自分の髪を伸ばし伝統的な被《かぶ》り物をかぶったある軍高官の事例を含めて、断髪に関するいくつかの報告を掲載したり、[16] あるいは安易に洋服を着たり短髪にするのを外国留学中の学生に禁じた清朝宮廷の決定を配信したりした。[17] 一九〇二年一二月に掲載された『皇城新聞』のある報道記事は、洋服と短髪がいまだ慣例的なものとはなっておらず、田舎では奇妙で「愛国心に欠ける」ものだとみなされていたことを明らかにしている。この報道によると、軍学校を卒業したある士官が家に帰る途中、地方の旅籠に一泊した。何人もの巡校と褓負商《ポブサン》（行商人）がこの士官のところにやって来て、「倭開化人」（日本の開化思想にかぶれた奴）と声を上げながら殴打し、捕縛した。この士官はかろうじて逃げ出し、当該地域の郡守に訴え出た。[18]

こうした雰囲気の中で、一進会は断髪の実践を再開した。一進会は、断髪の儀式を改革についての公開演説と結びつけたが、これはその地方支会の開会集会の時に広く繰り返されていた形式であった。この集団儀式は規模において前代未聞であり、一進会の運動そのものとされた。[19] 一進会は、その会員たちが断髪の儀式[20]を国全体で[21]遂行していると推定していた。『大韓毎日申報』は一九〇四年一二月二四日、一万三〇〇〇人の一進会会員が地方とソウルの両方でこの運動への献身を表明するために自分の髪を切ったと報じた。[22] 当時の朝鮮人は一進会のことを「断髪会《タンバレ》」と呼んだ。[23] 地方官たちや観察使たちは自分たちの管轄権が及ぶ範囲で、この「断髪者《タンバルチャ》」の運動を注意深く監視していた。

転向した東学教徒がいつ集団的断髪をやろうと決めたのかは明らかではない。第3章で述べたように、北部各道の官吏たちは、東学教徒が一九〇四年一〇月に断髪を始めたことに気づいていた。一九〇五年より後に東学教から再組織された天道教の公式史は、天道教の教主孫秉熙《ソンビョンヒ》が改革者たちの東学へのかかわりを明示し、東学教徒に対する社会的な偏見を少なくするために断髪を決定したと示唆する。『歴史』は一六万人に上る東学教徒が一九〇四年一〇月九日にはすでに自分の髪を切っていたと主張する。[24]

「短髪は健康にいいし、働くにも都合がいいので、目的を持っている人は皆自分の髪を切らざるを得ない。そのうえ、我々信者が自分の髪を切らなかったら、その時には我々は自分の信仰心を証明できないし、世間の人々からの偏見のない承認を得ることができない。我々は自分の髪を切ってもらうべきだ」と聖師《ソンサ》は言った。この年の九月一日に自分の髪を切った信者の数は一五万人から一六万人になった。[25]

それに対して、韓国の歴史家趙恒來《チョハンネ》は、一進会と日本軍の連絡係だとの疑いが持たれている宋秉畯《ソンビョンジュン》が、東学教徒は自分の髪を切るべきだと要請したと論じる。趙恒來は、首都における一進会と進歩会との合併の第一の動機を、一九〇四年九月末に民衆集会に対する迫害を高宗が命じた後の自分たちの安全に対して、東学が不安を有していたことに求める。趙恒來の考察に従えば、宋秉畯が東学の指導者李容九を操って進歩会を一進会の組織へと発展的に解消させた。宋秉畯は、李容九が東学に対する日本軍の疑惑をやわらげ、自分たちがもはや日本には対抗していないことを明らかにするようにとも勧めた。こうした主張に応えて、李容九は、日本と東学の対立の原因となっていると高宗を非難し、宋秉畯に一〇〇万人の東学の信者たちの命を救ってくれるよう頼んだ。李容九は次のように言っている。

私が思いますに、甲午の年の出来事（つまり東学反乱）は東学教徒が日本に抵抗した（という事実が原因であった）のではありませんでした。真実は、日本軍が東学教徒を弾圧したことなのです。あるいは、日本軍が東学教徒に対抗したというのではなく、東学の信者が滅んでしまうことを宮廷が望んでいたというのが本質であったのかもしれません。今や問題となっているのは私たちの命と死です。私は一〇〇万人の信者の命を気に掛ける必要があるので、全般的な状況を支持したい。私が望んでいるのは、あなたが一〇〇万の人たちの命のために、このことを念頭に置き、あなたの良き職務をお使い下さることだけです。[26]

宋秉畯は、次の集会までには李容九の要請にこたえると約束したが、しかしそれ以上発言はしなかった。李容九はふたたび宋秉畯に会うため伝令を送った。宋秉畯は、二度目の会合で日本に忠実であることを示すために東学教徒が髪を切るよう李容九に要請し、次のように述べた。

私たちの国で私たちに伝わってきた習慣によると、髪を切ることは、首を切ることと同じ価値を持っています。あなたは今すぐに一〇〇万人の信者に髪を切らせなければなりません。髪を切って血の誓いに替えた後にのみ、あなたたちの命は守られ、あなたたちの宗教は確立されるのです。[27]

趙恒來は、集団的断髪の儀式は東学主導というよりも、宋秉畯と日本の要求であったことを強調するために、『侍天教宗歴史』からこの抜粋を引用した。[28] 趙恒來の語りは、東学の転向者を一進会の運動自体から分けるものであり、彼は一進会を完全に日本の傀儡組織だとみなしている。ところが一九〇四年九月の中ごろ発表された東学の通文はすでに改革志向、親日の立場を表明し、一進会の四大綱領を反響させていた。それゆえ天道教が一九〇六年に一進会から分離する以前では東学の転向者の方向性を一進会から分けることは誤解を招く恐れがある。[29]

異なった視点から見ると、儒学者の黄玹《ファンヒョン》は、当時独立協会のかつての会員であった尹始炳《ユンシビョン》が一進会の会員たちをたぶらかして親日的な方向性を取らせ、髪を切らせたと疑っていた。黄玹は、改革主義エリートに言及しながら、一九〇四年の秋に開化党《ケファンダン》は孤立化を恐れ、日本の支持を求めて自ら進んで髪を切ったと書いた。そしてこのことと交換に日本人は一進会に資金を提供し、この運動を「大韓の政治改良のための本部」と呼んだと言う。[30]黄玹の見方は、一進会を直接開化派に結びつける同時代人の認識を明らかにする。断髪の決定を誰がおこなったとしても、また、このことが親日的な立場のシンボリックな表明にすぎなかったとしても、東学の転向者が公開での集団的断髪をイデオロギー的に準備したのだ。進歩会の指導者李容九は一進会との合同を、一進会自身の声明を反響させながら、次のように説明した。

アジアの最前線全体は東洋のひとつの社会《サフェ》であり、そこにある半島も大韓というひとつの社会である。社会があって後、国家がある。国家があって後、政府が存在する。政府があって後、多くの生業と富が発展する。それゆえ上の者と下の者が調和を保ち、彼らが自らの国と国民を守るのである。自然に付与された権利を持って人は生まれ、その義務を遂行するように協力し合うと言われている。国家は民衆の調和と集団的な結社の上に作られており、制度において明らかにされる。政府は民衆の制度から現れる。政府が統治の秩序を（民衆と）一致する調和的なものにした後でのみ、その教育と法がすべて選び出され啓蒙化された後に、この政府を文明国家と呼ぶことができる。現在東洋において、日本だけが最初に文明への道を開き、技術と芸術を発展させ、（国家の）活気に満ちたエネルギーを育み、世界の列強と肩を並べた。……あなたたちの組織（一進会）と私たちの組織（進歩会）は接触を持ってはいなかったけれども、（あなたたちの）四大綱領は（私たちの）目的を反映している。これは率いている者たちと従っている者たちが予期せず出会った場合だと述べることができるだろう。[31]

一進会は、断髪の儀式とともに、一九〇四年一〇月二五日には衣服についての新しいガイドラインを発表した。このガイドラインは植民地期を通じて続くことになる衣服作成基準を決定した。[32]衣装についての一進会の五つの勧告は以下のものであった。

一　本会員は断髪すること。
二　帽子は洋風に模したものとするが、国内の材料で作ること。
三　さしあたり平常服《ピョンサンボク》（普段着）は古くからの自国製のままで変えざること。
四　平常服の表衣は窄袖のトゥルマギ（朝鮮外套）とすることとするが、染色すること。ただし公私における礼服についてはこの限りでない。
五　洋服の着用は自由だが、なるべく簡素なものを着るよう努め、財産を濫費しないこと。[33]

一進会は、朝鮮人の中の社会的ヒエラルキーのしるしを除去し、その会員たちを「新しい文明」の先駆者へと作り変えるために「新しい外見」を欲したのだ。それなら朝鮮人たちは一進会の新しい髪型とファッションをどのように受け取ったのであろうか。新しい外見は「改革者の装い」自体を意味するようになったのか、あるいはそれより他のことを意味したのか。

一進会は、集団的断髪という儀式は会員たちが改革者として生まれ変わり、人々により改革者として認められる儀礼であると述べて、熱烈な自画自賛を残した。たとえば一進会の公式史は咸鏡南道でおこなわれた進歩会の断髪儀式の説明を含んでいる。集会の叙述は劇的である。郡守と吏隷輩《イェベ》（郷吏）が日本軍に従ってやって来たと偽って、多くのメンバーを逮捕したので、会員たちは暴力的な弾圧下に集会を開始することになった。会員たちは、戦いながら集会を開き続け、一〇数名が負傷した。一進会の会員たちは攻撃に対してお互いに呼び合い守り合いながら髪を切ってもらった。約一〇〇〇名の会員がこの断髪の儀式に参加した。その後、集会がおこなわれた定平《チョンピョン》郡文山《ムンサン》は「断髪峴《タンバリョン》」（断髪した人たちの町）と呼ばれるようになった。その地域の人々は一進会の会員たちとその抑制されて威厳のある態度を賛美したと一進会は誇らしげに書き記した。[34]

もちろんこの自己描写は同時代人の複雑な意見と一進会の新しい外見に対するほろ苦い感情とは一致しなかった。『大韓毎日申報』は、一進会が民衆の間での自分たちの権威を高めるために断髪の儀式をおこない、洋服を着たとみなした。この新聞は、一進会がその会員の振る舞いを規制するために査察員を選出した時、[35]一〇〇人以上もの「背が高くて見栄えのいい」会員を選び、「洋服」姿でソウルの街をこれ見よがしに歩かせたと報道した。[36]朝鮮王朝の皇太子妃が亡くなった時、『大韓毎日申報』は、葬儀に出席させソウルの東大門の外側で彼女の棺を見送るために一進会は三〇〇〇名の会員を集めようと計画したとも書いた。報道によると会員たちはおそらくは韓国を意味するKという文字を金でプリントした日本製の「帽子」をかぶる予定であった。[37]一進会は一〇〇人からなる組を一七組作って、ソウルの一七の場所で確かに葬儀に出席した。[38]しかしながら『大韓毎日申報』は葬式の際に彼ら

7 『大韓毎日申報』の編集室（1904 年）
조풍연『사진으로 보는 朝鮮時代 : 생활과 풍속』（서울 ; 서문당）1986 年、200 頁から転載。

がこの新しいファッションを本当に着用に及んだのかどうかについてはなんの情報も与えてはくれない。

『大韓毎日申報』は一進会の新しい外見については冷たかった。ある論説は、一進会のアイデンティティは実際に外国を旅し、直接観察したり、読書を通したりして外国に関する知識を得た朝鮮人にとっては「奇妙で理解不能」であったと評した。この論説は、大衆の中で目立つために髪を剃り、そのつるつるの頭に外国の帽子をかぶっていたと一進会の会員に軽蔑の言葉を浴びせかけた。この論説の著者は、先に述べた一進会の査察員がソウルの街角で「気取って他の人たちに威張り散らしているのだろう」と確信していた。彼らの「醜く」て「痛ましい」外見はまったく見るに耐えないものであると論説者は思い、「愚かな」一進会の会員たちが改革と呼ぶものは高官の前では単に「礼を失する」態度であり、「騒々しい空さわぎ」にしか過ぎないと書き記した。[39]

一進会が一九〇五年一月に韓国皇帝との対立をエスカレートさせた時、『大韓毎日申報』は、一進会の地方会員がソウルへと行進していることについての噂とその報告の両方を掲載した。この集団がソウルで大きな集会を開くのではないかと予想して、新聞はソウルを目指している洋装の「短髪者」たちの運動を注意深く追い続けた。ひとつの記事は、全羅道の多くの一進会会員が群山港《クンサン》に集結し、自分たちの髪を切り、洋服を着、ソウルへ向けて出発したと述べている政府の電報を引用した。[40] もうひとつの記事は、何万人もの洋装の一進会会員がまもなく首都に入るという一進総会への報告を掲載した。[41]『大韓毎日申報』は、一九〇四年一二月以後一進会が反日義兵による暴力の標的になったことをも報じ始めた。この新聞は、「断髪」と口に出しただけでもその人物を殺すと決めていると言っている忠清道洪川《ホンチョン》のある男の言葉を引用した。さらに同紙は、この男が「髪を切る日が自分の死ぬ日になるだろう」と言っていることも取り上げた。[42]

『大韓毎日申報』は、一進会の新しい外見を「改革」と間違えるなと読者に警告を発した。ところがこうした批判的な立場であったにもかかわらず、一九〇四年と一九〇五年の記事は、真面目なのかあざけってなのかはわからないが、朝鮮人が改革のシンボルとして短髪を認めつつあると述べる。『大韓毎日申報』のひとつの記事によれば、ソウルで電車を走らせていた鍾路電気会社の建物の近くで短く髪を切っていた男が用を足していたおり、運転手が彼に近づいて、次のように言ったという。「断髪は進歩と開化のためだと言われている。どうして断髪のあんたが犬や豚と同じように所構わず小便をするのか。」その時、その短髪の男は狼狽して立ち去ったとその記事は報じた。[43]

天道教の公式新聞である『萬歳報』は、一進会の新しい外見が政府の官吏をどれほど不安にしたかについての興味深い報告をしてくれている。[44]『萬歳報』の記事は、一九〇六年七月の三和《サモア》監理（三和港の総合監督官）と一進会の地方会員との間に起きた口論について報じている。監理の卞鼎相《ピョンジョンサン》が政府庁舎に入った時、西洋風の眼鏡をかけ、たばこを吸いながら待っていた一進会会員と出会った。監理は彼に次のように言った。「君は港民でありながら監理の前でかくも無礼であるか。立ち去れ。」そこでこの会員は、「京総会会員（ソウルの一進会会員）は庁舎に入っても大臣からは何も咎められなかったのに、監理殿は大臣より地位が一層高いようだ」と言い返した。

この監理は多くの理由で侮辱されたと感じた。彼は高位にある者の前で眼鏡をかけ、たばこを吸うことは無礼だとみなした。監理は、その一進会会員である平民が当局の同意を得ず彼の事務所に入り込み、その会員の利害とはなんの関係もない政府の仕事の邪魔をしたということでも辱められたと感じた。『萬歳報』の記者はこの官吏の怒りを「正当性がない」と評した。この記者は次のように述べて、この監理をあざけった。

> この一進会会員の眼鏡が監理の官吏としての権威を害したならば、官吏はこの違法行為に対応するのに適切な行動をとることができる。もしこの会員のたばこが卞鼎相氏の人間としての権利を傷つけたならば、彼はその点でこの会員と議論することができる。しかしながらこの一進会会員が何を毀損したのか、私にはわからない。卞鼎相氏の自尊心が誤っているのだ。身分意識にとらわれて、あるいは港の平民への偏狭な見方にとらわれて、彼は自分が三和で唯一の人間である

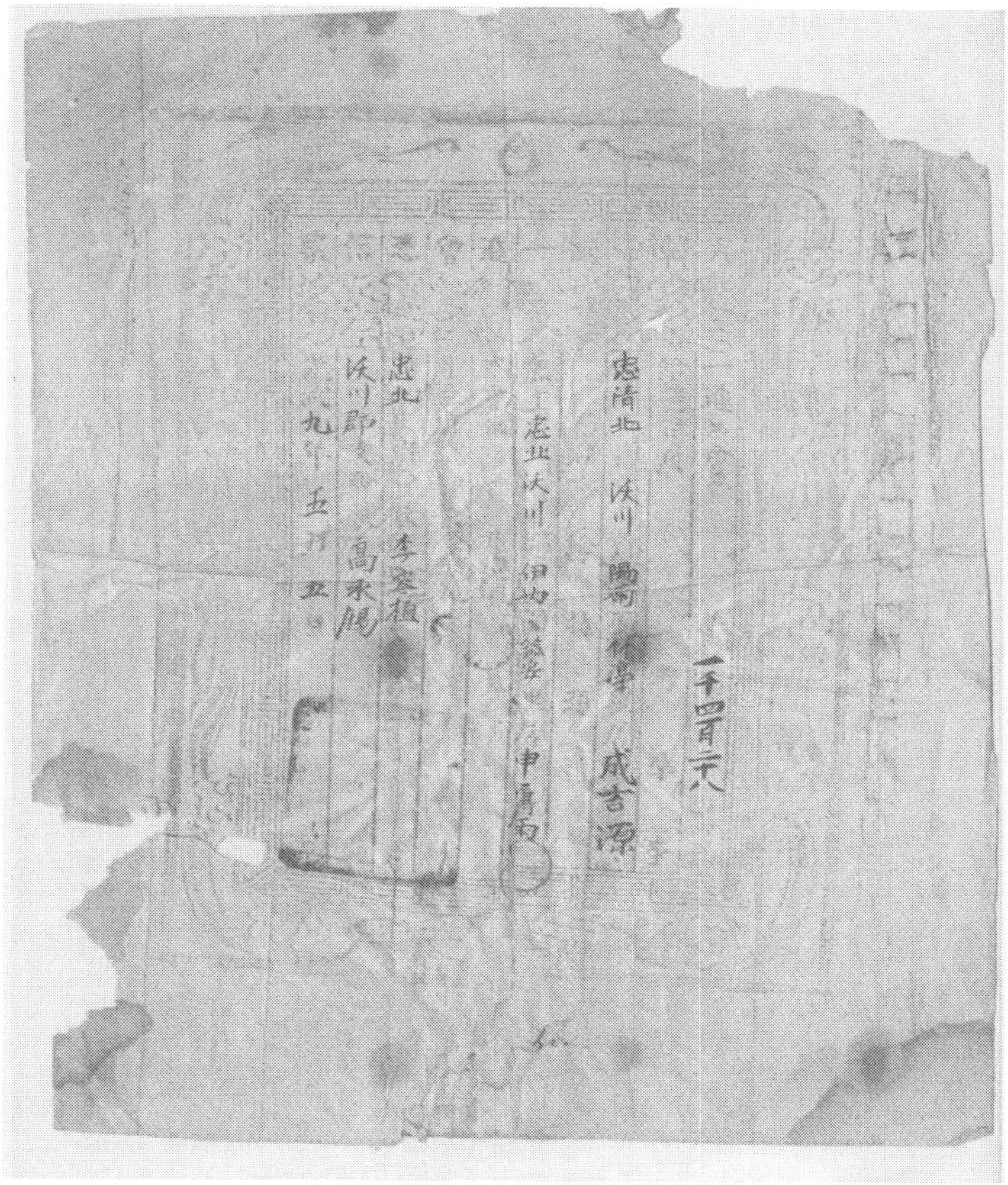

8　一進会憑信票

この証明書には、1428の番号が振られており、忠清北道沃川の成吉源で1905年5月5日に発行された。この証明書は、一進会の沃川支会長高永錫と忠清北道の支会長李零植の前に二つの名前、一進総会会長尹始炳と十三府総会長李容九の名前が書かれている。

独立会館のご厚意による。

と示したいのか。とにかく自分が指導者であると主張している卞鼎相氏のような人間ですらこのように振る舞うので、私たちは地方の市場で人々の運命についての嘆きをしばしば耳にするのだ。……卞鼎相氏は自分の金でメガネを買うのを人々に禁止（したかった）し、彼らが買って吸っているもののゆえに、彼らを非難したのだ。彼は他の人の富を見下しているのであろうか。あるいは彼はいつも他人のことに口を差し挟むのだろうか。[45]

この記者は次のように結論づけた。「この一進会会員の姿かたちは何も法律をおかしているわけではないので、侮辱されたという卞鼎相の感情は個人的な問題だ」。問題は、卞鼎相の「偏狭な」自意識と、自分の買いたいものを買い、使いたいものを使うという訪問者の自由に彼が敬意を払えなかったことにある。

一進会は、疑惑にあおうとも、あざけられようとも、あるいは支持されている場合でも、会員のイメージを改革者として固定化しようと闘った。たとえば一進総会は、「二〇〇〇万の朝鮮人民の総代」として自分たちが順守すべき「規範」について教えるようにと会員に電報を送った。これらの指示書は一進会会員の役割を指定した。彼らは次のように期待された。(1)政府へ四大綱領を忠告すること。(2)良き行政と公正な法律を実施すること。(3)国民の生命と財産を保護し、永遠なる幸福を無窮に享受すること。(4)独立の基礎を強固にすること。この指示書には、会員に立ち居振る舞いを要請する以下のようなガイドラインも含まれている。(a)慎重さと威厳をもって振舞うこと。(b)親切、丁寧かつ温和で徳の高い言葉を使うこと。(c)年長者に対しては適切な態度で接すること。(d)若年者に対しては誠実な態度で接すること。(e)人々に対して傲慢な態度をとらないこと。(f)自分の商売をおこなう時には、周囲の事情を誤解したり誤って判断せず、あるいは公的であれ私的であれ個人の利益追求に巻き込まれないこと。(g)常に普通的公益《ポットンジョクコンイク》(全般的な公共の利益)と普通的損失に注意を払い、(h)新しい知識に関して学び、読書し、(i)農業と商業を発展させるべく努力し、そして(j)教育と文明を推し進めること。[46]

一進会の会員たちがこのような基準に従って生活していたかどうかは別にしても、このような厳しい振る舞いコードを持っていたのは印象的で、おそらく予想外のことだろう。それならこのコードは人々が一進会をどのように見ていたことに対応するであろうか。同時代の出版物は攻撃的な改革者から卑劣な協力者に至るまで一進会会員のさまざまなイメージを提供してくれる。

『大韓毎日申報』は裏切り者としての一進会の悪評を確立させた。しかし時にはもっと中立的な記事も新聞に登場した。ある記事は、内部大臣の方こそ「売国する心で《メグッカルマウムロ》」一進会を弾圧しているとの一進会の非難を活字にした。[47]もうひとつの記事は、自分のところにやって来た客に語った元警務庁高官の言葉を公にした。彼は次のように語ったと報じられた。彼によると、一進会の運動は「義挙《ウィゴ》」であり、自分は在職中にこの運動を弾圧したのを悔いているが、自分の「自由意志」に反して自分の義務を遂行したのだと語った。[48]新聞に掲載されたもうひとつの語りは、一進会が自分たちのトラブルを解決するのに当てにできる組織であるとみなす者たちもいたと記した。田舎から出てきた人が、たとえば財布を盗まれた時、その人は警察に行くよりも自分の持ち物を取り返すよう助けてくれと一進会に頼みこんだ。[49]『皇城新聞』は、一進会による腐敗官吏批判や「近代」教育導入の努力を伝える時にはその批判を穏やかにした。

『萬歳報』に掲載された記録は重要である。というのも『萬歳報』は一九〇五年に孫秉熙によって東学から再組織された宗教組織である天道教の公式新聞であったからである。[50] 孫秉熙が一九〇六年一月に日本から戻って来た時、彼は一進会との良好な関係を維持していた。一進会の指導者李容九と宋秉畯は孫秉熙を迎えるためにそれぞれ釜山と大田《テジョン》へと赴き、五〇〇〇人の一進会の会員が南大門近くの南大門駅で彼を出迎えた。[51]

孫秉熙は、韓国に戻ってきた後、一進会をコントロールすることが難しいとわかり、東学に影響を与えるべく違う道を探った。かれが一九〇六年に『萬歳報』という新聞を発刊したのはこうした文脈においてであった。『萬歳報』の編集者たちは一九〇六年四月に設立された大韓自強会というエリート改革主義組織に入会した。孫秉熙は次第に李容九やその他の一進会会員たちとは意見を異にするようになり、一九〇六年九月には彼らを天道教から破門した。『萬歳報』の論説はその時期以降、一進会にはいっそう批判的になった。しかし先に述べた一進会と卞鼎相との議論が示すように、一進会に関する『萬歳報』の記事の中には破門後ですら肯定的であり続けたものもあった。一九〇六年九月に書かれた記事は、「一進会はその初期のころは輝いていたし、その大義はいくつかの良き結果をもたらした」と書き記した。しかし日本が韓国で支配権を確立するに従って、一進会は急速にその人気を失い、その結果一九〇六年春に始まる財政危機へと陥ったと『萬歳報』は判断した。[52]

『大韓毎日申報』は一進会の改革綱領自体には反対しなかった。一九〇四年九月末のある論説は、一進会綱領の四点とも良いものだが、その会員たちは「迂闊《オファル》」（ひねこびていること）で、「不可解」

であると述べた。一九〇四年一二月にはもうひとつの論説が、一進会は日本によって操られている「破落戸《パラッコ》」（堕落した人たち）から構成されていると主張した。『大韓毎日申報』は、一進会が日本との近さをひけらかし、韓国と日本の間の実行可能な関係を進展させないようにしていると批判した。この新聞は、一進会が提案している改革はなんら新しいものではないと繰り返し、[53] 韓国において一進会に対してなされた反日義兵活動を称賛した。[54] すでに一九〇五年一月にこの新聞は一進会を「日本の手先」であり、「日本人の奴僕」だと呼んでいた。この新聞は、日本人あるいは朝鮮人を日本党へと結集させ、韓国におけるあらゆる出来事を監督し管理することが日本の目的なのだと書き、日本がこのことで結局は後悔することになると予言するまでに至った。[55]

一進会は集団断髪と公開集会を通して朝鮮人の間に文化的な火花を燃え上がらせた。ここで説明したように、これらの実践は改革者としての一進会のイメージを固めることにはならなかった。一進会の新しい外見に含意されていた急進性はこのグループを「日本人の奴僕」だと見る朝鮮人の疑惑によって台無しにされてしまった。『大韓毎日申報』は、一進会の新しい外見に「痛ましく」「ばかげている」との烙印を押したが、統監支配の現実とそうした文脈の中でこの集団の公式声明はますます不適切との印象を与えるようになった。一進会の会員たちは、自分たちの本来の動機と自分たちが韓国における日本の支配を支えていることとの間の矛盾に混乱し、それを解決しようともがいた。その一方で、エリート改革者たちは人民の権利のような一進会の核となる言葉や「開化紳士」の新しい装いを換骨奪胎し、民族主義者を装いながらそれらを統合した。

『独立新聞』の遺産と一九〇四年八月の一進会趣旨書

一進会は政府の官吏たちを敵視し、彼らの腐敗あるいは不道徳な行動を批判することによってその運動の底に横たわっている東学の精神とのかかわりを鮮明にした。[56] ところが一九〇七年以前の一進会の公式声明が東学農民反乱と自分たちの運動とを関連づけることはめったになかった。むしろ一進会はそのレトリックを独立協会の書き物から借用し、[57]『独立新聞』に掲載された記事の文言を繰り返した。『独立新聞』の廃刊後、『皇城新聞』のような韓国の全国的な出版メディアは、日露戦争以前には「民権」という言葉に目立つような場を与えなかった。一進会はその政策の中にこの言葉を再生させ、民権を帝国と結びつける「超国家的な」提言を作り出した。

一進会の言葉遣いはあいまいで、洗練されておらず、「文明開化」の言説がまぶされていた。こう言ったからといって、このような言説が構造的に植民地主義と結びつけられると言いたいのではない。一進会の声明は日本による韓国支配を支えていたが、今日でも現代的であり、しかも「近代性」というカテゴリーの中にきっちりと納まるようなものではない思想をも含んでいた。この意味では、一進会の言葉遣いは日本の植民地主義的言説とは異なっていたし、朝鮮民族主義の言説とも異なっていた。一進会の思想は夢物語のようなものであったが、それは朝鮮人の間でのイデオロギー的な変革を容易にし、人民の諸権利と国家の主権を定義しなおした。このプロセスは韓国の愛国主義的な思考――それは国民国家の民族的均質性を強調し、人民主権を肯定する共和主義的な道を約束するものであった――を作り上げるのには不可欠なものであった。

朝鮮における開化派の思想家たちは、一九世紀末に人民主権の思想を紹介した。一八九五年には兪吉濬《ユギルチュン》が、一八八四年の宮廷クーデタで自宅軟禁中に書いた『西遊見聞』なる本を出版した。『西遊見聞』は国家の権利と人民の権利についての章を含んでいる。それは日本の思想家福沢諭吉からの大量の引用を含んでおり、この日本の思想家の影響があるとされてきた。東アジア政治思想の研究者金鳳珍《キムボンジン》は兪吉濬のテキストを福沢のテキストと比較し、兪吉濬の思想を福沢の立場とは区別した。兪吉濬は国家の諸権利を内用主権（内的な主権）と外行主権（外的な主権）の二つに分けた。内用主権は、「国中の一切の政治及び法令がその政府の立憲に自ら遵う」ことである。外行主権とは、「独立と平等の原理」に従って外国との関係を維持する権利である。金鳳珍は、兪吉濬が国家の主権を認めることで権力もしくは法律中心主義に特権を与えたのではなく、主権は国力、規模、富力にかかわらず、どんな国でも有することができる「自然権」だと考えていたと論じる。[58] 人民の自由と諸権利に関しての章は、福沢の『西洋事情』から福沢の定義を引用し、自由の二つの種類として、「自然状態において与えられている人間の諸権利」と法や政府の立法によって定義され制限を受ける「民衆の権利」を論じる。金鳳珍は、福沢が国家の権利を大事にする傾向があるのと比べて、兪吉濬も法を尊敬することの重要性を力説してはいるものの、法的な義務を自由の上において特権化するようなことはなかったと主張する。[59]

兪吉濬の本が出版された後、人民の諸権利や自由の思想と彼らの政治参加の価値をもっと広く公にしたのは『独立新聞』であった。一八九六年四月に掲載されたコラムの中で、『独立新聞』は人民の諸権利を「法において決定されたもの」と呼んだ。もし発布された法に問題があるならば、人々は自分の意見を新聞に書くことができるし、その問題に対して広く語りかけることができる。しかしもし人々が政府に害をなし、あるいはその官吏を中傷したり、殺したりするようなら、人々は「乱類《ナンリュ》」（ならず者）と成り果ててしまうであろうという。一八九四年反乱の余震冷めやらぬころに書かれたこのコラムが標的としたのは東学であった。[60] しかし『独立新聞』は法作成に携わる政府官吏選出権を人民に与えるべきだとも主張した。法作成者たちは「政治学」の新しい知識を学ぶのが望ましいと『独立新聞』は考えた。もしこのことが不可能だということになっても、官吏たちは少なくとも正直かつ公平に法と行政を執行するべきである。『独立新聞』は、「人民による選挙」が良識を持ち正直な官吏を見つける最善のやり方だと論じた。

『独立新聞』は、この提言を人民の権利自体とかかわらせて主張したのではなく、良き政府を運営する方法として主張した。『独立新聞』のこのコラムは、君主が内閣の大臣と副大臣を選出する権利を保持するが、観察使や郡守たちを多数決で選出する権利を人民に任せよとはっきりと朝鮮の宮廷に進言している。もし地方官たちの選出が朝鮮に導入されたならば、人民はその益を一年か二年で理解するようになるだろうと『独立新聞』は述べた。[61]『独立新聞』の使い方では、「人民の権利」というフレーズは選挙と政党を制度化していた外国——とくに合衆国——のものとされていた。[62]

一八九八年二月に掲載されたコラムでは、『独立新聞』はさらに前進した。このコラムはジョージ・ワシントンの誕生日について書かれていて、選挙とは、人民に一国の大統領——彼は「君主の権利と同等の最高の権利」を持っている——にすらなりうる権限を与えることができる「神聖なる制度」だとほめたたえた。このコラムニストは、ジョージ・ワシントンがそのような権限をアメリカのすべての人民に分け与え、大統領として信頼し、四年の間国を統治するために「国王の権利」を保持することになる人物を人民に選ばせたと称賛を表明した。この四年が過ぎた後、彼は大統領職を降りて、他の市民と同等の身分に戻らなければならないのだ。『独立新聞』は「この公平で神聖な思想は過去現在、あるいは西洋にも東洋にもかつて人間社会に見られたことはなかった」とほめたたえた。[63]

このコラムは大統領選挙を外国でおこなわれているものとして述べているものの、人民でも国王と同じくらい高い地位に就けるし、国王と等しい権利を持つことができるという思想を称賛している点で危険であった。選挙とアメリカの大統領制についての『独立新聞』の記事は、大韓帝国皇帝による後の独立協会の解体を予示していた。『毎日新聞』は人民の権利に関する『独立新聞』の議論について儒学者として切実な憂慮の声を上げたかつての政府官吏金益魯《キムインノ》の皇帝への請願を掲載した。金益魯は君主を船に、人民を水にたとえながら、帝国の危機は「水が船を転覆させる」までに至ったと見て取った。金益魯は、人民があたかも何の限界もないかのように振る舞い、国がこのような攻撃に持ちこたえられないと感じた。こうしたことが続けば、人民だけが残り、国は消えうせるであろうと彼は論じた。もし国が、独立協会の望んでいることに従えば、「君主も臣下もいない人民の独立国家」と成り果てるだろうと彼は言葉を継いだ。[64]

一八九八年七月の『独立新聞』のある論説は、このような心配をやわらげようと、韓国における民衆革命の可能性を否定した。この論説は韓国においてフランス革命のような民衆反乱が起こるのではないかという朝鮮人の不安を引用している。この論説は革命前夜におけるフランスと韓国の間の基本的な違いを列挙している。第一に、フランスでは民衆集会がよく発展しており、フランス人民は耐え難い「専制」のもとで生活していたけれど、民権についてわかっていた。それと比べて、朝鮮人は、極めて限られた人を除いて、このような権利についての見解など聞いたことすらなかった。

第二に、フランスにおいては、学問や学識がとても高度に発展しており、フランスの人民は朝鮮人よりもはるかに優れた教育を受けていた。フランス革命の何十年も前に有名な学者たちが人民の自由と権利についての思想を公にし、そしてフランスの人民にはそれらをいかに使うかがわかっていた。このようにしてフランスの人民がその専制君主を打倒した後、彼らは政府を運用する際に重大な問題には遭遇しなかった。しかしながら韓国の人民に自由の権利が与えられたならば、彼らはそうした権利を扱うことができないだろう。

最後に、フランスは強大な軍隊を持っており、外国との関係もうまく処理していた。民権党がフランスで大勢を占めた時、軍が国を守った。この論説はフランス人民の「愛国心」への称賛を書き記した。というのも彼らは「平和の間はお互いに闘っていたが、危機になると国土と国権《クックォン》を守るためにひとつになった」からである。『独立新聞』のこの論説は、朝鮮人が強大な軍の重要性を軽視しているし、自分たちの個人的な争いのためには「勇敢」であるのに、自分たちの国のための戦いにおいては「臆病」だと朝鮮人を叱った。この論説は、韓国の人々は「無知で弱くて国を守る気概がない」のでフランス人の企てをまねることは決してできないだろうし、そのような革命について「夢見る」ことすらないだろうと結論した。その代り韓国の改革者たちは「分外の権利」（人民に値しない権利）を要求することなく、人民の「聞見《ムンギョン》」（知識と経験）を新聞や教育を通して広げるべきだとした。

『独立新聞』のこの論説の語りは、韓国の人民には民主革命の準備ができていないという理由で韓国における民主革命の可能性を否定している。しかしそれは人民の権利と自由の思想を拒否しているわけではないし、またそれは明らかにフランスの事情を理想化している。数か月後の一八九八年一二月に掲載された『独立新聞』のある記事はもっとはっきりと人民の政治参加の重要性を主張した。この記事の主な考え方は一九〇四年の一進会趣旨書や一進会の他の声明で繰り返された。

一八九八年一二月の記事は国家、人民、政府についてのわかりやすい理論から始められる。この記事に従えば、人民は土地を頼りとし、その上に国家を建設するがゆえに、「国家」は人民のことに他ならない。君主、政府、そして人民は国家の建設において結び合わされる。しかしながらこの三〇〇年間、政府が国家の権利を独占し、人民は自分たち自身の権利を知らなかった。「東洋の専制政治」のもとでは、人々が直接その権利を取り戻すのは難しい。『独立新聞』の記事は「専制政治」のもとでは国家の安全を守ることに人民は関心を持たないと続ける。人民は国家を統治する権利を得て初めて国家の安全に責任があると感じるというのだ。

『独立新聞』は他の多くの記事でこの理路を繰り返した。たとえば言論の自由と自由な集会についてのもうひとつの記事で、『独立新聞』は、言論の自由が国家を統治することにおいて決定的な原則であり、新聞というものは公共の意見を伝えるために不可欠な道具であると主張した。この記事は、「政府のもっとも重要な役割」は「人民の生命、財産、権利を保護すること」であるとも断言する。[65]

要するに、『独立新聞』は、民主革命は韓国では期待できないし望ましいものでもないと論じたのだが、その理由は、民主的なルールそれ自体が悪いからではなくて、朝鮮人にはその準備ができていないためだというのだ。『独立新聞』は、韓国の皇帝は政治において人民にもっと大きな役割を与えるとともに言論の自由とその他の権利をも認めるべきだと提案した。そのようにして初めて政府は人民が国家を守りたいと思うようにさせ、最終的には国家を強くするだろう。一九〇四年の一進会の声明、つまり一進会趣旨書は、一九〇四年八月に一進会の設立集会で発表されたものだが、この議論を繰り返したものの、朝鮮人民がより広範な政治参加を喜んで受け入れることについて『独立新聞』が有していた強い留保は捨て去った。[66]

一九〇四年の一進会趣旨書は、(1)国家、政府、人民の間の関係についての理論、(2)韓国の現状についての診断、そして(3)この運動の組織化における一進会自身の目標という三つの部分からなっていた。それは国家と人民を構成するものとして不可欠なものは何かということから始められる。国家は人民によって成立するものであるし、人民は結社もしくは協会という形において自分たち自身を維持する。国家は人民が国家への自分の義務を遂行した時初めて現実の存在になるし、人々は結社において結び合わされた時に人民となる。国家に対する人民の義務は「兵役、納税の義務」に限られているのではなく、危機的な政治的事件について政府と協議し、政府へ勧告することも含まれている。協議と勧告という人民の義務を遂行するため、世界の列強は人民に出版の自由と集会結社の自由を認めている。

一進会は、人民の権利と政治参加についての重要性を主張し、そのあとで国家という制度における政府、玉座、そして人民の役割を定義する。政府は玉座を輔弼《ほひつ》する責任を負い、行政について直接責任を取る。人民は玉座と政府への協賛義務を負い、立法権に間接的に参加する。「玉座」とは無上第一で至敬の人のことであり、この人物が総体として大権を総攬し、民国《ミングク》（人民と国家）を統治する。[67]

一進会の声明はさらに言葉を継いで政府と人民は帝室の安全を厳粛に確認し、君主権を強化するべく一丸となって努力するべしと力説する。人民の生命と財産を守るべく政府には行政組織と司法組織を改善することに最終的な責任がある。人民は兵役と納税に関して自らの義務を果たすべきであり、政治における重要な出来事を見守るべきでもある。政府と人民のこの原則的な役割を確保するため、一進会の声明は人民の「国会と社会《サフェ》〔協会〕」が設立されるべきだと述べる。この文章は、一進会が国会を将来的には望ましい政治制度だとみなし、この運動自身の役割を政党あるいは協会の役割だと見ていたことを示している。とはいうもののこの声明は、即時の国会設立を要求するよりも、むしろその一般的な重要性を強調するだけなのだ。

一進会の声明は次に韓国の特別な状況と一進会自身の運動の理由を論じる。「〔一八九四年に〕新しい制度が導入されてから一〇年以上、韓国は自分の抱えている問題を解決していないし、あるいは改良の精神を完全には適用しきれていない」、と。韓国の状況はそれ以来ずっと「専制的」であったし、韓国の人民は自分たちの生命と財産を保持することができてはいなかった。韓国政府は国家歳入の三分の一を何万人もの兵士につぎ込んでいるが、しかし確たる成果をあげてはいない。一進会の声明は、国家の危機は差し迫っており、同じ関心を有する多くの人民がそれに対処するためにひとつの協会に結集しつつあると主張する。彼らはその協会を「一心をもって進歩をなす」がために一進会と称した。この声明は国家を改革し救うための彼らの努力に参加するようにとの「韓国の同胞たち」への呼びかけで終わっている。[68]

この一九〇四年の一進会趣旨書は、玉座が立法権と行政権を統括し、人民を支配すると書き記す。しかしこの一進会趣旨書は、政府が直接行政の責任を取ることを要請しながら、この役割を君主の単なる輔弼だとも言う。この趣旨書は危機的な政治問題について政府に勧告し、間接的ながら「立法手続きに参加する」人民の義務を強調する。人民のこの参加の役割を達成するために一進会は言論の自由、集会の自由、出版の自由、結社あるいは協会を結成する自由を保障することがとても重要だという。原理上、国会と「政治的」協会は政府における人民の役割を手助けするために設立されるべきなのだ。

『独立新聞』の言葉遣いを再現することに加えて、一進会は、独立協会の価値と資産を受け継いでいるというイメージを大衆に与えようとした。一進会はかつての独立協会の会員尹始炳《ユンシビョン》を初代の会長に据え、独立会館を自分たちの持ち物だと申し立てた。このグループは、当時会館を管理していた宮内府に「人民の党」である自分たちへの会館の返還を請求した。[69] 一進会は内蔵院への請願において「独立会館が韓国独立のシンボルであるなら、一進会は韓国独立を建設するための標準を形成する」と書いた。[70] 一進会は独立会館の権利を証明する法的な文書を持っていなかったので、内蔵院卿は最初この請願を受け取らなかった。[71] 議政府が最終的に一九〇五年七月二〇日にこの一進会の請願を認めた。[72] 一進会は一九〇五年一一月独立会館の地所の内部に光武学校の建設を始めた。[73] 一進会は会館を本部として使用し、[74] 独立門の近くに「独立演説台」をしつらえ、そこで大規模な公開集会を開催した。[75]

従属を通しての独立――一九〇五年の一進会宣言

韓国のエリート改革者同様、一進会はその大衆向けの発表で独立とか国権そして愛国という言葉すら使用した。この運動は、その独立の保持と日本への従属の間の矛盾をどのように折り合わせたのであろうか。一進会は「協力の論理」とでも呼びうる言説を考え出した。この理路によると、独立とは従属を通して強化されうるものであった。この理路は、日本が韓国に日韓協約に署名するよう強制する直前に発表された一九〇五年の一進会宣言書の中で提示された。宋秉畯はこの宣言を公式化するため特別会議を招集したが、この宣言はおそらく一進会の公式発表文作製を担当した製述委員《チェスリウォン》の一人洪肯燮《ホングンソブ》によって書かれた。[76]

一九〇五年宣言は人間の営みの能力、語りかけ、そして行動についての一般的な議論から始められる。個人の能力と限界を認めることは、人が「順據友邦指導維持獨立」（独立を保持するための従属への道をたどる出発点である。なにかをする能力を持っている人は、なにかことをおこなうと言挙げすることができるし、しかる後、それに基づいて行動するが、しかしそのような能力を持っていない人は、それについて誰にも言わずに自分の力を涵養し、その後、自分の目標に基づいて行動するべきである。一進会にとって日本は「進歩」しており、「開化」されていて、一八九四年から一九〇五年の間は東アジアにおける「平和の作り手」としての能力を持っていた国であった。一進会は韓日関係における差し迫った変化の可能性に対する朝鮮人の激しい憤りを認めていたが、劇的な変化についての心配はほとんど根拠のない「噂」と見る。同時に一進会は「古い制度」を維持することは二つの国にとって「望ましい」解決策ではないと述べる。

一九〇五年宣言は、独立の「名目と実体」に言及することによって「従属を通しての独立」についてのその理路を明らかにする。ここでも国家の能力は、人間が選択をなす時に能力が重要であるというのと同じくらいさらにいっそう重要である。もしある国家が外国による干渉を拒否し、独立の「名目と実体」を完成することができるならば、その国の人民は一斉に立ち上がってはっきりと自分たちの独立を世界に発表するべきだ。もしこの企てが失敗するなら、この国のすべての人たちは正義において死ぬことになるだろうし、それで終わりとなるだろう。しかしながらもし国家がこの道を取ることができないならば、「友情あふれる同盟国の指導」に従い文明化された地位へと発展し、その「独立」を維持することが適切なのだ。この場合、従属国は独立の「名目」を失うことになるだろうが、しかし「実体」は失わない。もしある国の人々が勇気をもって大義のためにそういう方向へと動くことがないか、あるいは同盟国の「誠実な心」を信用しないならば、その時には二つの国の関係についての疑惑が「同盟国の友情」を傷つけ、その国を危険にさらすことになってしまうだろう。宣言はあいまいな言葉遣いで「永久の平和は一時的な安逸とは違うし、独立は名目ではなく実体なのだ」と述べる。

一進会の宣言は次におそらくは「その内実」をなす主権についてのこの運動自身の思想を説明する。全体的な統治権（大権）は君主に属する。ところが現実には政府の別々の部署が内政、外交、そしてさまざまな行政事務を担当している。そして各部署の官吏たちが自分たちの仕事の責任を担っているのだ。一九〇五年宣言の書き手たちは、日韓の次なる関係における変化は保護条約であり、韓国の外交権喪失であろうと予想していることを示唆する。この宣言は、韓国政府は公使を本国に召還し、外国にある公使館を閉じて、その外交権を日本政府にゆだねることになるだろうと予言する。次いで宣言作成者たちはこのことが現実には韓国の「独立と尊厳」にどんな損害を引き起こしうるというのだろうかと問いかける。

一進会の宣言はこの問いに対して、状況に即した理論的な見方からすれば、損害などないとの主張で答える。一九〇四年の日韓協約に従えば、韓国政府はすでに外交関係において日本政府の助言を受け入れている。次の段階で、外交事務が完全に日本政府へと移管されたとしても、これは単に「形式」における変化であり「内実」における変化ではないだろう。このことは外国に派遣されていた公使が「資格を失い」、国家の威信を「傷つける」時には、さらに妥当すると、この宣言は主張する。その外交権を「同盟国」の政府に託し、同盟国の力に頼り、その同盟国に「国権」を保持させ、維持させている韓国という国は、韓国皇帝が大権を維持している時と変わらないであろう。それ以上に、朝鮮人が内政において「進んだ」政府から官吏を安全に補充することができ、彼らに韓国政府の問題を「浄化」させ、「民福《ミンボク》」に益を与えるならば、このことは韓国政府の力と異なるところはないだろう。要するに、独立の「内実」は、十分に機能を果たしている政府、人民の幸福の実現、外国での韓国の独立の表明から成っているが、「韓国政府」による主権の形式的保持を含む必要はないと、この宣言は主張するのだ。

この理路に従って、一九〇五年の一進会宣言は他の朝鮮人による会員に対する「売国」の告発に反駁する。朝鮮人の中には、「同盟国日本の支持者たち」を「倀鬼《チャングィ》」（みだらな鬼）と述べ、一進会の会員たちを「売国奴」呼ばわりする者たちもいるが、この宣言は、一進会の「正しさ」は「太陽と月のように明るくて曇りがない」と主張する。本当の「鬼あるいは奴僕」は大韓帝国皇帝を「欺く」者たちであり、誤った言葉で、韓国の同盟国日本の外交を「損なう」者たちである。この宣言は断言する。一進会は「同盟国の誠実さ」を信用する。というのも、「日本の偉大なる天皇」が世界に向けて「韓国が独立」を保持し「その領土を維持する」ことに日本が「関与する」と宣明したからである。この宣言は、朝鮮人がこの「同盟国の結束」について信頼するべきだと要求するまでに至っており、一進会はひとつの精神のもとに結合し、日本と仲良くし、誠実にこの同盟国関係を尊重するという次のような能天気な誓約でこの宣言を閉じる。「同盟国の指導と保護に頼って、朝鮮人たちは国家の独立を維持し、平和と幸福を永遠に享受するだろう。[77]」

主権の概念は、ここでは領域的に閉ざされ排他的な現代の国民国家の主権を意味しているのではない。それゆえ一進会が「独立」と呼ぶものは、ある所与の領域における国家による権力の排他的所有を意味しているのではなく、地理的な統一体としての韓国の形式としての存在を意味している。それ以上に独立の「内実」は権力を行使する政府の「内容」と「質」を意味している。韓国の領域とその人民の「幸福」が保持される限り、外国の「同盟国」の干渉は韓国の「形式的な」存在を守るための手段でありうるのだ。

このように一進会は国内改革、人民の幸福、あるいは平和のために外国政府勢力の介入を認めた。この宣言後、このグループは同盟国との「真の友情」を示すための儀式をさらに頻繁に挙行した。彼らは日本への支持を表明するため、そして日本の高官やその他の重要な訪問者を南大門駅で出迎えるために会員たちを組織した。たとえば一九〇五年一〇月二六日、韓国駐箚軍司令官長谷川好道と一進会の指導者李容九が日露戦争の北部戦線からソウルへと到着した時、一進会会長と副会長、一進評議長、そして数百名の会員がすべて南大門駅へと赴いた。彼らは提灯をもって日本の司令官と李容九に挨拶し、彼らが「勝利のうちに」戻って来たことに歓声をあげた。政府官吏とソウル在住の日本人たちも南大門駅へと赴き、一進会の会員たちとともに彼らが戻って来たことを祝った。[78]

一九〇五年三月一〇日、日本軍が奉天《ムクデン》会戦において勝利を収めた時、ソウルの日本人居留民は提灯を持って集まり、ソウルの日本軍司令部と長谷川の官邸で大きな祝賀会を催した。一進会会員もそれに参加し、日本人とともにパレードを挙行した。彼らは二つの長い提灯をぶら下げており、そこには「大日本帝国天皇陛下万歳」と「大韓帝国大皇帝陛下万歳」と記されていた。両方の提灯の裏側には、「一進会祝賀」と書かれていた。パレードに参加した三〇〇〇人の一進会会員は提灯を持ち、「両国万歳」と叫んだ。日本の将軍たちと他の居留民は「万歳」と応じた。日本の陸軍本部を辞去した後、会員たちは再び一進会の事務所に集まり、そこで一晩中痛飲し、大声で祝いの歌を歌った。[79]『元韓國一進會歴史』では、時が経つに従って一進会の改革集会の記録が少なくなり、他方、南大門駅での日本の要人訪問を出迎える記事がより頻繁に登場してくる。[80] 一進会の親日大衆儀式がますます多くなり、一進会の韓国改革のキャンペーンをかすませることになった。

一九〇七年の一進会の提案――象徴皇帝と立憲君主制

大韓帝国皇帝高宗が日本による韓国の君主権の侵害に抗議するために一九〇七年初めハーグ平和会議に密使を送った。そのため、日本は彼を廃位することに決定し、韓国政府に新しい日韓協約に署名するよう強制した。ピーター・ドウスは一九〇七年以後のこの段階を「事実上の併合」と呼ぶ。この協約の七つの条項は以下のごとくである。(1)韓国政府は施政改善に関し統監の指導を受くること。(2)

韓国政府は法令の制定及び重要なる行政上の処分はあらかじめ統監の承認を経ること。⑶韓国の司法事務は普通行政事務とこれを区別すること。⑷韓国高等官吏の任命は統監の同意をもってこれをおこなうこと。⑸韓国政府は統監の推薦する日本人を韓国官吏に任命すること。⑹韓国政府は統監の同意なくして外国人を傭聘《ようへい》せざること。⑺明治三七年八月二二日調印日韓協約の第一項はこれを廃止すること。協約はこのように韓国の内政への統監府の直接介入を認めていた。

一進会はハーグでの抗議を同盟国の「裏切り」であり、韓国の安全にとっては「災厄」だと批判した。一進会は「もしわれわれが信頼を裏切るならば、我々は滅びの道をたどるだろう」と記し、ハーグ事件は国際的な紛争を引き起こすだろうと首相の李完用《イワニョン》に警告した。一進会は、韓国の内閣は政務を担当していたがゆえに、この事件に責任があると論じた。つまり皇帝は温和で賢明なのであるが、彼の官吏たちはそうでないというのだ。一進会は一九〇七年七月一六日統監の伊藤博文に「謝罪」の書簡を書き送った。この書簡は「同種同文」という日本の汎アジア的理論に言及していたが、これは一進会のそれ以前の公式声明にはめったに見られなかったものだ。この書簡に従えば、日本と韓国は国の名前こそ違え、ひとつの海で結ばれており、何千年間も密接な関係を享受してきた。日韓関係の長い歴史は、日本が最近「開明発展し」東洋平和主義のために進歩したので、日本の「指導」のもとに友情へと転換したというのだ。

一進会は「韓国のために」なされているその努力に対して伊藤を称賛し、彼の「心」は韓国を日本とは「差別」することがないと評価した。一進会は、朝鮮人が伊藤を誤解したことで、極めて危機的で安全にかかわる問題であるハーグ事件が起こったと悔やんだ。一進会はハーグ事件という「災厄」

を悔やんだけれども、この出来事が韓国の一般的な状況を変えることにはならないということを言いたくて、「山門での偶然の火事は池の中の魚には及びえない」と主張した。一進会のこの書簡は国家の三つの要素は人民、土地、そして宗社《チョンサ》（王室の血筋）だと示唆して国家に関するこのグループのそれ以前の理論をここで少しばかり修正している。ここでは王室の血筋が一進会のそれ以前の声明の中に見られる支配する主権者としての君主にとって代わっている。この書簡は、人民、土地、そして宗社はこの出来事を知らないので、そのことには責任がないと続ける。こうして内閣がこの事件に責任を取るべきであり、高宗が退位した後も、宗社は保持されるべきだという思想が表明された。

一進会は高宗の退位が自分たちの改革を提案するいい機会だと思ったようである。この一九〇七年の提案は、君主とは人民を統合し「文明化された」国の精神を代表する象徴的な人物であるとして、君主の役割を儀礼に制限する。それにふさわしく一九〇七年八月三日、一進会は一〇条からなる嘆願書を韓国の新皇帝である高宗の息子純宗に提出した。

第一に、皇帝は自ら宗廟社稷《チョンミョサジク》（先祖の廟）、圜丘壇《ファングダン》（皇帝即位式を執りおこなう聖殿）、そして各地の陵園を詣で、適切な儀礼をおこなうこと。

第二に、戴冠を祝う宴席で、皇帝は儀礼用の盛装をなし、そのような場合文明化した国の君主がかぶる西洋風の王冠をかぶること。

第三に、元号を変更したのちに、皇帝は国内の暦と外国の暦の間の整合性をつけるために太陽暦を普及させること。ただし農民のために二十四節紀《チョルギ》を太陽暦の後ろに添えること。

第四に、ソウルの諸協会（あるいは諸結社）は戴冠を祝う宴席に出席し、新しい玉座に挨拶することでその会員たちを代表することが許されること。

第五に、ソウル以外では、すべての協会と人民は府や郡において、祝いの集会を組織すべし。そして面や洞でもこのような儀式を開くことができる。

第六に、大韓国旗を国中に掲げ、国体に敬意を表し、国光《クックアン》（国の威光）を示すこと。

第七に、多くの聖君の古礼を模範とし、現在の状況を察し、地方の人民と長老たちを見舞って祝賀の贈り物を下賜すること。

第八に、韓国は、韓国の皇帝と日本の天皇の間の友情を新しくし強くするために日本に特使を送ること。

第九に、新皇帝は韓国と日本間の相互不信を解消するために国家反逆罪で告発されて（日本へ）亡命している者に恩赦を認め、彼らが本国に戻るのを許すこと。

第十に、伝統的な宮廷文書の複雑でけばけばしく飾り立てた形式は除去され、新しい文明の精神を示すべく簡素で簡便な形式にされること。


一進会は内閣に一三条の提案をも提出し、その中で明らかに制限君主制の設立を要求した。

一　憲法を制定、発布し国会を設立せよ。
二　地方制度を改定し、便宜に従い郡を統合して新しい名称を付し、相互に不満のないようにせよ。
三　各地方の郷校《ヒャンギョ》の所有財産を調査し新しい学校を設立せよ。
四　各種税制を改革し、それらは全て度支部に属すものとせよ。
五　（韓国）一三道に残存する社還米《サファンミ》（穀物貸付制度）を一切廃止せよ。
六　冠婚葬祭の俗礼は工夫しておこなうこと。
七　法律は時宜《シウィ》（時代の精神）に従って改定せよ。
八　淫祠《ウムサ》（迷信的な祠）を一切廃し、その家屋、土地、森林を国有とし、これらを教育に用いよ。
九　女性の再婚を認めよ。
一〇　仏僧の結婚を認めよ。
一一　以前（甲午年）なされた私奴婢の解放を厳格に実施せよ。
一二　地位の上下にかかわらずすべての人民に髪を切らせよ。
一三　一三道の度量衡を統一せよ。81

これらの条項のいくつかは、性質としては行政にかかわるものであったが、すでに一八九四年改革で手をつけられていたか、あるいは後に統監府の政策へと取り入れられたものであった。しかし第一条――憲法を作り、国会を開設すること――は一進会の後の声明にはもう現れることはなかった。一九〇七年以後、一進会の言説はそれほど政治にかかわらない領域へと限られた。つまり農業と産業の発展、政府と人民の統合と調和、そして進歩と文明のための教育である。一進会による憲法と国会の提案は韓国の内政への日本の干渉がひどくなった一九〇七年中ごろ以後、統監政治の現実と矛盾することになったのである。そしてそのころ、地方の一進会支会の会員は反日義兵の激しい軍事的攻撃にさらされ、愛国主義的なメディアに悪しざまに書き立てられていた。一九〇七年以後、一進会の指導者も、その地方支会の会員も生命の安全を日本の保護に依存していた。このような状況では、一進会はほとんど憲法や国会を強く求めることなどできなかった。従って、一三条の提案は、なんら政治的重要性は持たず、語られることなく消えていった。

政治統合の理論――一九〇九年の一進会による合邦請願

一九〇九年、日本による韓国併合の請願を提出することによって、一進会は売国奴としての悪評を確立した。一進会による立憲君主制の提案は統監政治のもとで消えてしまっており、しかも一進会による大衆動員力が絶望的なほど低下していたことを考えると、一九〇九年のこの請願は主として日本による韓国の正式な植民地化の粉飾機能を果たしただけである。そうではあるが、一九〇九年請願のレトリックには、国家の主権と人民の政治的地位に関する柔軟な理解を含む一進会のそれ以前の方向性の痕跡が含まれている。一九〇九年請願と声明書の中の一進会による韓国人民への告知がさらに明白にこの方向性を示している。この請願は日本と韓国の非対称的な権力関係を認めるが、しかし日本の「仁愛」と日本の「良き」意図を韓国が信じることを除いて、そのような非対称性を「平等と共存と永遠の平和のための結合」を求める一進会の新しい提案へと変換するためのいかなる意味のある手段をも示唆することはない。

韓国人民へ向けてのこの一九〇九年の告知は、一進会による韓国の危機に関する診断から始まる。その最初の意見では、朝鮮人の国は古朝鮮の神話的建国者檀君からの四〇〇〇年にもわたる歴史を持っており、しかも朝鮮王朝の初代の王である太祖以来五〇〇年という偉大なる礎に基づいているのだと書きとめて、統監期末に表明された土俗的民族主義の言葉を用いる。一進会は、朝鮮民族国家の「二〇〇〇万人同胞たち」が自分たちの国家を独立させ、人民を自由にし、世界的な競争という舞台の上でこの国の地位を上げるための「祖国精神」に満ちていることを認める。しかし一進会の書き手たちは、もし人民が状況を評価することができず、適切な時に行動することができないならば、人民は自ら招いた危機に直面するだろうと論じ、この「祖国精神」は朝鮮の危機を解決することなどできないと主張する。

一九〇九年の告知は、朝鮮の危機に関する自分たちの診断が「現実的」だとみなし、朝鮮王朝を、どれほど願ったにせよ、自分の力で死ぬことも生きることもできない奴隷の王朝にたとえる。この告知は、朝鮮の悲劇を完全に朝鮮の「失敗」のせいだと非難し、一八九四年から一九〇九年までのこの国の歴史を次のように描く。一八九四年の日清戦争において「清朝からの朝鮮の独立」を確固たるものとするため日本は大金を使い、何十万人という犠牲者を出した。しかし朝鮮の政治が腐敗しており、朝鮮人が日本の「友情」を信頼しなかったがゆえに、朝鮮人はこの礎を守ることに失敗した。日露戦争においては、日本は「東洋の平和」のために一八九四年よりも一〇倍もの出費をした。しかし朝鮮人はこの時もその「良き隣人」を信用せず、「問題」を起こし続けた。結果として、韓国は外交権を日本に譲り、保護条約を結ぶことになった。その後も韓国はハーグ事件という「問題」を引き起こし、一九〇七年協約に署名した。

一九〇九年の告知はこれら全部の状況を朝鮮人が自ら招いたものだとみなした。そのうえ、統監期には、暴力的な匪賊——反日義兵のことを言っているようだ——が国中を席巻しているのに、朝鮮人は利益を求めて争った。統監の伊藤博文は韓国人民と皇太子の純宗を「指導」しようとした。しかしその後朝鮮人は韓国をどれほど危険にさらすかを理解しないでハルビンでの「災厄」を引き起こし、日本人大衆を怒らせてしまったと言う。

次いで一進会の声明書は、「朝鮮人は自由を享受してこなかった民である。従って、その失敗に責任を取らねばならない者が存在するのだ」と述べて、その「失敗」の理由を韓国の「専制政治」のせいにする。そしてこの声明は「現実」への韓国の「屈服」を要求する理路を提起する。韓国政府はすでに外交、財政、軍事、そして立法における自治権を喪失してしまっている。他方、日本の大衆の意見はこの「問題」の根本的な解決——つまり韓国の植民地化——を欲した。一進会は、この生死の時における韓国の主たる目標は「韓国王室の維持と韓国国民の幸福」だと主張した。韓国の王室を存続させ、韓国国民が差別なく第一級の市民の地位を享受するのを助けるために、朝鮮人は韓国と日本が「大政治制度」を形成するよう要求しなくてはならないというのだ。

一九〇九年の告知は、この行為を通じて、韓国は統監期の劣等的な地位の恥辱をすすぎ、政治的な同盟あるいは連邦を作り、その中で朝鮮人は法的に平等な政治的地位と権利を獲得することができるだろうと考える。しかし書き手たちは、このような協定に達する見込みは「一体となってこの構想を日本に要請する韓国国民の真面目な努力」に依存すると結論する。もしこの構想が実現されるならば、二つの地域はともに高め合うだろうし、朝鮮人たちは奴僕の地位から抜け出ることができるだろうと希望に満ちた語気で結論づける。

このように一進会は政合邦《チョンハッパン》（政治的な一体化）で対外的にも国内的にも韓国の主権を譲り渡す代わりに、韓国の皇室を救い、朝鮮人と日本人の対等化を確保することができるだろうと主張したのだ。この主張は人々の福利を「実質的」、正式の主権を「名目的」と呼んだ一九〇五年の一進会宣言の「協力の論理」を思い起こさせる。一進会は公式紙『国民新報』に掲載された論説の中でこのような政治的な一体化についての詳細を提供した。この論説は、国家を「単独国」と「複合国」の二種類に分ける。この論説は、複合国——二つ以上の国家が組み合わされており、王冠、主権、政府の制度を共有する国——の例として、ドイツとオーストリア・ハンガリーを挙げる。複合国はさらに二つのカテゴリーに分けられる。連邦国と結合国である。連邦国は一般的な制度であるが、各構成国は外国との関係においては自治権を保持し、独立して条約に署名し、外交のやりとりに従事する。結合国はいくつかの国家の一体化によって形成されるひとつの主権国家であり、君主国家間の連合、政治的同盟、合衆国《ハプチュングク》（人民の同盟）、保護国関係や併合による統一体をも含む。この論説は韓国と日本のための提案を各構成国が内部統治においては自治を保持するが、外交においては統合される政治的統合化として説明している。[82]

しかしながら一九〇九年の一進会声明は国内統治における韓国の自治には言及しておらず、この論説の政治的統合の理論を反映してはいなかった。その代わり、帝室の保持と韓国国民の平等な取扱いだけが、一進会が韓国と日本のために提案した「統合」のための二つの明確な条件であった。

樽井藤吉の影響——大東亜同盟

政治的な同盟に関する一進会の理論は、もっとも初期のころの日本の汎アジア主義者の一人である樽井藤吉（一八五〇〜一九二二）の思想に似通っていた。[83] 一九〇四年八月の『皇城新聞』の記事に従えば、彼の本は統監期以前に朝鮮人の間で読まれたか、あるいは知られていた。この記事は、宋という名のある朝鮮人が、法に関して日本人公使館員と議論したことを報じている。宋は樽井の名前と三つの東アジア諸国の調和を要請する理論に言及することによって自分がかかわった事件を弁護した。[84] 東学の指導者孫秉熙と李容九は一九〇〇年代初め日本を訪れていた間に、日本の汎アジア主義者たちによる言説の諸局面を吸収したのかもしれない。樽井が書いたものはとりわけ李容九に影響を与えたのではあるが、李容九は後になってようやく樽井を読んだように思える。というのも初期統監時代の李容九と孫秉熙の書いたものは樽井の仕事を反映させてはおらず、東アジアの三国のアジア主義者の提携、つまり一八九〇年代以来朝鮮の知識人たちの間で流布していた思想を提唱していたからである。[85]

樽井は『大東合邦論』の第一草稿を一八八五年に書いたが、その間、彼は自由民権運動に巻き込まれていた。この草稿は彼が投獄されていた時に失われた。彼はその作品をもう一度書き、それを一八九〇年に『自由平等経綸』に掲載し、その後一八九三年には書物として公刊した。再版は一九一〇年に著者の新しい序文付きで刊行されたが、この年は日本が朝鮮を併合した年であった。[86] この本は朝鮮と中国の思想家たちの間で広く読まれることを願って簡単な漢文で書かれていた。樽井によれば、中国の進歩的知識人である梁啓超が樽井の本を中国で出版し、序文を書いて樽井の連邦理論を称賛した。樽井の本は日本では成功しなかった。しかし樽井は、その上海版が七万部も売れたと公言していたし、朝鮮では何千冊も出回り、しかも筆写されたのも印刷されたのも両方とも広く流布したと語っていた。[87]

樽井の思想は東洋の古典を西洋の社会学と混ぜ合わせたものであった。彼は一過性と歴史という観念を提示する際、『易経』の宇宙論に頼った。そのためかつての東学が樽井の思想を受け入れるのに抵抗がなかったのかもしれない。たとえば樽井はダーウィンの適者生存説を批判するために『易経』を引用する。彼は調和と競争の両方が創造と変化には重要だと考え、調和と競争の相互作用を陰（暗もしくは女性要素）と陽（明もしくは男性要素）にたとえる。とはいうものの調和が人間の進歩においては基本であり、「社会は調和をその教義（陰）とし、そして闘争をその実践（陽）とする」と樽井は論じる。[88]

東洋の古典をこのように利用したからといって、それは樽井の政治的関心が他の日本の汎アジア主義者とは異なっていたということを意味しているわけではない。他の人と同じように、彼も西洋の侵略や東洋と西洋の勢力不均衡に直面し、日本が安全ではないことを強調したのだ。樽井は朝鮮と中国の後進性に比して日本文明が「進んだ」段階にあることを繰り返し主張した。彼の声は、ロシアがもっとも危険な脅威だと主張する時はっきりしたものとなった。彼は日本と中国と朝鮮の間の不統一がこの脅威に対抗するための主な妨げとなるとみなした。樽井はこの不統一を中国の「傲慢さ」と他の国に対する「軽蔑」のせいだとした。これは、彼が日本の指導権と朝鮮と中国を「啓蒙」する使命を強調したことと結びついていた。[89]

樽井は中国と朝鮮の文明を過小評価していたけれど、彼の政治的意見は後年のもっと反動的な日本の汎アジア主義者たちと比べると、大胆で急進的であった。彼はひとつの東亜同盟を思い描いており、その同盟の中における「平等」を強調した。彼は、この同盟がその内部のどの国に対しても差別を避けるため「大東亜」という新しい名称を採用すべきだと論じた。樽井は、この同盟が各同盟国の平等性に基づく公式的な同意に従って設立されるべきであり、それにはすべての連邦国家の人民による政治参加を保障することが重要だと考えた。彼は「不可欠な点は自立と自治へのその権利を使用することを各国に平等かつ公平に与えることに存する。もし一国がこの権利を独占化するならば、他の国は自分の権利を十分には主張しえない。これは他の国を滅ぼすこととは違っている」と論じた。[90]

李容九は、自分としては、その目標が平等と友愛に基づく東亜同盟を作るという樽井の意見を実施したいと主張した。しかし樽井は、彼の議論が韓国における日本の支配の可能性を除外しているという日本からの批判に直面して、彼自身この構想を放棄してしまった。それゆえこの本の第二版への作者の覚書は以前の「連邦」理論の急進的な含みを否定している。彼は連邦という彼の構想における平等の原理を放棄し、三つの東洋諸国すべての人民の平等な政治参加の必要には言及しなかった。その代わり樽井はこの連邦における天皇の中心的な重要性を持ち上げた。[91]

人民の諸権利と国家主権――一進会の反対者たち

一九〇四年の一進会趣旨書は政治参加に関する人民の権利を強調し、そうした政治的役割のために必要な自由を要請した。ただしそのことによって各個人がもつ普遍的な人間の権利を排除しようとしたわけではなかった。『独立新聞』によって提示されたさまざまなイデオロギーの潮流の中で、他よりも広くもっと長期的な反響を持っていたのは、人民の権利の助長が国家を強化するためには不可欠な条件だという観念であった。『皇城新聞』は民衆の権利が政府の権利を侵さない限り、確かにその助長を支持した。[92] それならば何が人民の権利であり、それはどのようにして政府の権利と分けられるのだろうか。統監期の韓国におけるさまざまな集団がこの問いにそれぞれ異なった答えを出した。

一進会の声明と公式書簡は「大韓の独立」という文言を使用するが、外国の干渉を不可能にするものとしての主権については考えていなかった。彼らは国家の主権そのものの保持よりも改革がもっと大事だとみていた。一進会はこの問題について一九〇四年の秋と冬に韓国政府の首相申箕善と、そして一九〇五年三月には申箕善の後任である閔泳煥《ミンヨンファン》と議論を交わした。一九〇四年九月に一進会は自分たちの政治理論を次のように手短に概観した一通の書簡を首相の申箕善に送った。「土地が国家の元素《ウォンソ》であり、人民はその基本的な元気《ウォンギ》である。国家の政法《チョンポプ》は人民を賦活する制度である。これらの制度は政府によって斡旋される。川や海の流れと同じく、流れをせき止めれば水の中で物を腐らせるように、偏狭で時代遅れな法や政策は人民を腐敗へと導く可能性がある。」

韓国における政治と法は長い間劣悪な状況で淀んでいたがゆえに、国家の主な活力である人民はこの閉塞感に苦しんでいたと一進会の書簡は続ける。一進会は「穀物のもみ殻」の中で「くねくねと動く虫」というメタファーを使いながら、政府官吏を「役立たずだが取り除くのが難しい」ものとして描く。しかしながら一進会の書簡は楽観的であり、『東』と『西』からの新しい文明という強い風」があらゆるところにあるこれらのもみ殻を吹き散らすだろうし、国土を「開明者の手中」に取り戻すだろうと記す。この書簡は韓国を「瀕死の病人」と呼びながら、危篤状態からの韓国の恢復を助けるための良薬として一進会の「四大綱領」を処方する。[93]

首相の申箕善は、一進会の提案は四大綱領以上にもっと具体的な示唆を含むべきだと答えた。一進会の代表は、人民としては一般的な示唆をすることが義務なのだと答え、政治をおこなうことにおいてどうして人民が政府の役割にとって代わらねばならないのかと、申箕善に尋ねた。機会が与えられた時に特定の政策の提案をするには、一進会は「無能力」だと非難して、申箕善は「国の良き人民」は一進会の返答を「奇妙だ」とみなすだろうと語った。[94] そのあと彼は主権と改革についての一進会の立場を批判した。

申箕善に従えば、国体は国家の独立に依存し、韓国がもっとも緊急になさねばならないことは、国家の「自主之権」を守ることなのだ。申箕善は、一進会の綱領はなぜこの問題に言及しないのかと尋ねた。一進会の代表は、世界はすでに韓国の独立を認めてきたし、独立の保持は一進会の四大綱領の遂行如何に依ると答えた。一進会は日本の韓国干渉を韓国の主権に対する侵害とは見なかった。主権に関する首相の問いにそれ以上答えることなく、一進会はこの会合の後、全国規模での租税抵抗運動のために大衆動員を開始した。[95] 一進会は腐敗あるいはそれ以外の違法行為で有罪であると自分たちが非難する現職の観察使や他の高位の官吏のリストを首相に提出した。[96]

一進会は一九〇四年一二月に中箕善首相に送った二番目の書簡の中で、首相との議論を再開した。今回の問題は人民と政府の関係であった。一進会の書簡は朝鮮王朝における地方と中央の関係ならびに一九世紀におけるその腐敗を論じる。この書簡に従えば、過去の政府は、人々が自治的に自分たち自身を管理していた時には、官（政府）は一般的な命令を与えるだけで良かったので、「仁政」であった。郷長、憲《ホン》（面の指導者）、そして里頭《イドウ》（村の指導者たち）は地方行政の責任を任されていた。これらの地方の指導者が誤りをおかした時にのみ、観察使や地方官は介入し、彼らを矯正した。もし観察使や地方官がその権力を乱用したならば、中央政府が彼らを罰し、事態を回復した。しかしながら一九世紀末、この「古き良き」制度が、簡単には矯正することができない困難な諸事情の犠牲となったというのだ。

次にこの書簡は人民の政治参加の重要性の強調へと焦点をずらす。世界の多くの国で、政府が良き政治をおこなう時、彼らは人民の同意を得るとこの書簡は主張する。しかしながらもし政府が混乱した政治あるいは悪しき政治をおこなうならば、その時にはその国では人民との兼治《キョムチ》（共同支配）がなされるべきである。一進会の書簡はこの兼治は万国公法（国際法）で承認されていると論じる。韓国における喫緊の仕事は政府と人民を統合し、彼らを共にこの国のために「啓蒙化され」「文明化された」段階へと進歩させることであった。この統合を達成するために、政府は人々が望むことに従うべきであると一進会の書簡は断言する。「人民が望むこと」とは各個人が欲していることではなく、人民が集合的に求めることである。韓国にいる一〇〇〇万人の男たちのうち半分は諸結社に属しているが、その結社の望みは「各個人が自分の生命と財産」を守り、とこしえに自由と権利を享受しうることなのだと一進会の書簡は主張する。それゆえ今後、政府は人民が自分の財産と生命を守れるように人民に自由を認めるべきだと一進会は要請するのだ。[97]

中箕善首相はその返答の中で、人々が政府の誤りについて政府に警告するため集会を開いたことは承認した。彼は、彼らの提言が生活の必要性を確保する必要から発していたかもしれないことをも理解した。しかしながら中箕善の考えでは、これらの人々は単に忠告をしたのではなく、政府の官吏を侮辱したのであった。彼らが広く公に流布させた政府への請願の中で、彼らは政府とは共に天をいだかないと誓約すらしたし、それは彼らが政府官吏とは共存することができないと感じていることを意味しているのだと中箕善は指摘する。中箕善にとっては、これらの人々は政府を強くしようとするよりもむしろ「政府を滅ぼそう」としているのであり、結果としてこの行為は人民の義務のうちにあると言えるかどうかを彼は疑うのである。[98] しかしながら中箕善首相は、人民の「全般的な行動の自由」は「財産と生命を守る自由」とは区別するものの、人民は「財産と生命を守る自由」を持つという一進会の思想は受け入れる。これが四大綱領を周知させる一進会の権利についての一九〇四年一二月一四日における公的な承認へとつながった。一進会はこの承認を祝うために特別な集会を催した。[99] しかしこのことは一進会と韓国政府の争いを少なくするものではなかった。

一進会は一九〇五年の春、人民の「行動の自由」について首相閔泳煥と議論を続けた。この刺激的な議論は韓国皇帝が人民集会を迫害している最中におこなわれた。この弾圧に抗議する一進会の政府宛書簡には、自己防衛は「世界の人々によって認められ、自然のうちに与えられている権利」であり、「暴力的な政府による弾圧のもとでは、人民の自由な行動は不可避となる」との主張が含まれていた。[100]閔泳煥《チャムソグァン》首相は、「行動の自由」は政府にとっては認められないものだと見た。それゆえ彼は議政府の参書官に、この「行動の自由」という文言は「人民の本分」を毀損するという返答をつけて、この書簡を送り返すよう命じた。一進会は、首相がこのひとつの文言の「不適切さ」だけに焦点を当て、政府による弾圧というもっと幅広い関連を見落としていると返事を書いた。そして一進会は元の書簡を首相に再度提出した。[101]

政府の弾圧に抗議するために、一進会は一九〇五年の春、日本の公使館、陸軍、憲兵隊あての書簡をも書いた。[102]一進会は、韓国政府が一進会の会員を殺めており、前年八月のその開会集会以来八か月間、一進会の改革提案には目をつぶったままだったと主張した。日本がロシアの暴力を排除するために戦っていた間、一進会は「悪しき官吏を取り除くべく」組織的な活動をしていたし、その何千人もの会員は生き残る道を探すべく闘っていたとこの書簡は主張した。それ以上に「悪しき」官吏が一進会の会員を殺《あや》める時、「自己防衛」は合法的であり、人民各自が主張できる自然権であり、人民の「自由な行動」は避けることができないと一進会は主張したのだ。[103]

書簡は、一進会の「大義」を理解して、一進会を日本の敵ではなくその友人とみなすよう日本に要請した。書簡の中で一進会は、政府官吏が最終的に「人民の生命を奪う」のではないかと憂慮し、このような官吏は「同胞」とは呼ばれるべきではないと語る。朝鮮人たちはこうした官吏たちを「国民以外の人種」とみなして、彼らには従うなとも一進会は要求した。[104]一進会の公の声明は韓国の独立を維持するため政府と人民の間の統合を強調していたのではあったが、韓国政府との強烈な対決姿勢が一九〇四年と一九〇五年の一進会の政策を支配していた。

一九〇四年と一九〇五年には『皇城新聞』は一進会を「民権党」と呼び、その行動を客観的な調子で報道した。しかしながら一九〇六年の初め、『皇城新聞』は取材対象を大韓自強会と、それに続いて大韓協会にまで拡大した。『皇城新聞』はしばしばこれらの二つの朝鮮人結社の日本人顧問であった大垣丈夫の演説を掲載した。人民の諸権利に関する大垣の指導は民権に関しての朝鮮人の言説に述べられていたものとは一致していなかった。[105]大垣は明らかに官権に特権的な地位を与えていたし、民権には韓国の改革者たちが提案してきたよりももっと制限的で従属的な役割しか割り当てていなかった。

大垣に従えば、官権は国家の職務を遂行する政府官吏の権利のことである。この政府の官権は国家のことを履行する権利を意味し、「国家の当然の権威」を含んでいる。民権は人民に自然状態で付与されている諸権利のことである。人民が他者の利害を毀損したり、国家の利害を妨げたりしない限り、彼らは自由であり、「居住、行動、商売、信仰の権利」を享受する。大垣はこのような定義を与えた後、民権は国家を強化するためには重要であるという思想——すでに『独立新聞』の中で流布されていた思想——にこだわり続ける。この国家成長のための策は確かに韓国の改革者的言説とは響きあっていた。

しかしながら大垣の自由に関する議論は一進会、『独立新聞』、そして『皇城新聞』に拠るその他の韓国の改革者たちの議論とは呼応していない。大垣は決して政治的自由には言及しないし、彼が挙げた諸権利ですら、もしそれが国家の利害と衝突するような場合、簡単に制限されえた。大垣は居住にかかわる権利を次のように定義する。すなわち人々がこの世界に生まれ、この土地で生活しているならば、彼らは国家の法をおかさない限り居住の権利を持つ。しかし国家の必要性を満たすために、私的な自由の犠牲が公の利害に貢献するような場合、この居住の権利は制限することができる。ここで大垣は鉄道建設に関する論争――これは当時の韓国では重要な論点であった――の例を挙げる。もしある人の住まいが鉄道路線の上にあったら、あるいは公共の使用のために没収される区域の中にあったら、居住の自由は対価を支払って剥奪されうる。

また大垣に従えば、行動の自由は、人々が他者の利害あるいは公共の利害をおかさない限り、自分の望むことを自由におこなうことができることを意味する。職業の権利は、商業であれ、農業であれ、あるいは個人が望むものは何であれ、自分で職業を選ぶ権利である。そして信仰の自由は、人が信じることは他者によって強制されることはできないということを意味する。大垣の言う行動の自由は、演説の自由、出版の自由、集会の自由、そして一進会趣旨書に要約されている結社の自由を含んでいるかもしれない。しかし大垣は、これらの自由が統監府によって韓国において制限される時、（あるいはそうだからこそ）決してこれらの自由には言及しない。その代わり大垣はもっと声を潜めて政治的な権利について論じる。人民は国家の歳出のために金を払っているのであるから、国家の歳出のため払うべき金額とその集め方を決定する権利を持つ。ここで彼は「税」という言葉を用いない。大垣に従えば、政治の運営は「統治者の代理人」である政府の官吏に任されるが、人民はこのような運営がうまくいっているか、悪くおこなわれているかを知ることに関心を持っている。従って、人民は自分の代理者を持つ権利を持ち、政治に参加し、この運営を監視することが可能であるべきなのだ。[106] 大垣による代議政治の擁護は当時の韓国の改革者の言説よりも保守的である。というのも、韓国の改革者の言説は、人民は国家の建設に参加し、それゆえに国家のことに自分の意見をさしはさむ権利を持つ、あるいは君主とともに国家の「共通の規則」を作ることができると論じて、少なくとも部分的には人民主権を認めていたからである。

天皇制国家についての日本の思想が民権についての大垣の理論に影を落としている。彼にとって国家の支配者は天命を受けている天皇であり、天皇の天職は人民を守り人民が生活していくのを助けることである。「天皇の代理」としての政府の役所は国事をおこない、人民を保護する義務を遂行する。もし政府の官吏が自分の権力を乱用し、人民を虐待するならば、彼らは天皇に対する犯罪者にして、人民に対する匪賊であるとの非難を避けることができない。大垣は現在の法を人民の権利と政府の権利を定義する尺度と考える。法は国家と人民の契約ならびに人民間の関係を定義する。法のゆえに、政府と人民はお互いに干渉し合うことなく、ともに国家の文明、富、強さを発展させるために努力することができる。彼は「各個人は国家組織の一単位であり、国家の財政的出費に責任を負っており」、しかも「国家の利害は人民の生活に不可欠なのだ」と結論する。

完全に国家中心主義的な大垣の議論は少なくとも統監時代後期に至るまでは朝鮮人改革者の言説のなかでは目立つものではなかった。[107] 韓国の改革者たちは大垣を嫌ってはいなかったし、彼の思想によって影響を受けたに違いない。しかし『皇城新聞』や『大韓毎日申報』に見られる韓国の改革派たちの言説は、大垣の天皇崇拝あるいは人民の自由を制限する特権が国家にあるという信念を反響させてはいなかった。その反対に韓国エリートの言説は韓国の主権を守るための民族主義を明確にしながら、人民の主権をますます肯定するようになっていた。韓国エリートの言説において、「民権」という言葉は「国民の権利」という言葉と置換可能であり、「人民の政府」という概念と並べて引用された。しかしながら統監期の最後の二年間、韓国エリートの言説における変化は主権国家の外側での民権を否定する方向へと動いた。国民国家は民権が宿りうる唯一の場であるとされた。官権という用語は国家の主権を意味することになり、民権は国民の権限を意味することになった。この時点で、『民約論』として朝鮮語に翻訳されたルソーの社会契約論が公表され、その要約が引用された。

『皇城新聞』と比較して、『大韓毎日申報』は、国家の主権を毀損する可能性がある人民の権利の推進にはもっと用心深かった。先に述べておいたように、『大韓毎日申報』は一進会とその渾名の「民権党」を皮肉った。大韓自強会の出現を受けて、『大韓毎日申報』は国家の主権回復を助け、現在の一進会にとって代わりうる「民衆のための新しい党」の必要性を認めた。[108] 統監時代の末ごろ、『大韓毎日申報』は国民共和制の思想を示唆した。その一九〇九年三月の「民権を求める言葉」と題された記事は自由と人民主権の望みを次のように描いた。

戻って来ておくれ、民権よ。我らが祖先、檀君の古き地において、我々は朝鮮民族二〇〇〇万人を携えて汝の精神を呼び求め、汝を歓迎する。民権よ。汝は我が命ではないか、手足ではないか、友ではないか。世界の人類は汝を得たならば生き、失えば死ぬ。……（過去に）群衆が契約をなし、確かな知識を持っていた者たちに「統治」を委任した。それから王が出現し、政府が出現し、そして国家が出現した。人民は自分の権利を守るために国家を作り、政府を任命した。人民が福利を得るために国家にゆだねられるのは、人民の権利なのだ。過去においては、人民に対する悪しき泥棒たちのゆえに、汝は我らを去り、そして国家は我らを弱く、堕落したものとした。しかし新しい善き報知がイギリスとフランスの片隅からやって来た。……汝はヨーロッパ大陸を横切り、アメリカへと渡り、そこで人民の権利を回復した。汝はアジアの国々を忘れず、太平洋を渡り、日本国を助けて権利を回復させてやった。我らが朝鮮半島は日々悪くなる政府の圧迫に苦しんでいる。のどが渇けば水を求めるように、汝のみが悪しき政府の弾圧から我らを救い出すことができるのだ。汝なしには、弱き民族の生命と身体を救い出すことはできないだろう。戻って来ておくれ、そして天が人民に与えた権利を守り、**人民の国、人民の政府、人民の法**を回復しておくれ。ああ、民権よ。[109]

この人民主権の肯定は、『皇城新聞』がルソーのことを世界の人民の権利を高めた傑出した思想家だと呼んでその社会契約論を公表したのと時を同じくしていた。一九〇九年八月のこの記事は、新聞の第一面に目立つようにおかれ、「聖なる（大韓）帝国の内部では公共というものについての議論が過去から現在に至るまで禁じられてきた」し、訳者は外国の習慣をありがたがるつもりはないという言葉で始められた。とはいうものの記事は社会契約論を、その言葉を作ることにおいて賢であり、その意味するところは「深い」と勧めた。それからこの記事は民主の概念を紹介し、人民が住み、すべての人々が一緒になって国を支配しているところが民主主義国家だと定義した。[110]

一九一〇年六月の韓国併合の前夜、『大韓毎日申報』はルソーがおこなったように共和国の思想を提示することによって人民の権利に関する議論を確認した。この新聞は、人民がその権利を国家主権の外側に探し求めることは不可能で愚かなことだと書いた。おそらくは一進会を狙い定めながら、この記事は「愚かなる大衆」は自分たちの国の最期が他の人たちの手に握られようとしているのを見ている時にすら、人民の権利を嬉々として獲得しようとしていると述べた。『大韓毎日申報』は「国権は民権の源泉であり、国権があれば民権が生きるのであり、民権は国権の縮図」であると書きとめた。[111]その一九一〇年の記事は、人民の権利を「国民の権限」と呼ぶ。国家には主権が与えられなくてはならないし、国民の権限とは、「国家の集合的な力」つまり「朝鮮の主権」を意味しているのだ。[112]数日後、「愛国者の思想」と題された『大韓毎日申報』のもうひとつの記事は、「国は人民の集合によって作られ」、人民は国民国家のなかの自分たちの権利と同様その国をも愛する義務を有すると結論づけた。[113]

幻想――「人民の同盟」としての帝国

本章で見たように、一進会は独立協会の政治的言説を採用し、人民の権利、言論と政治参加の自由、政府の諮問機関の設立、国会の構想を提唱し、それを行動に移した。一進会の文化実践と急進的な言説は複雑な社会的反響をもたらし、まもなく民族主義者の批判に直面した。民族主義者たちは、一進会会員たちの新しい髪型や改革を「ばかげている」「痛ましい」「売国的だ」とあざけった。他方、一進会の公式的な声明は韓国における日本の統監支配の異なる段階に伴って変化し、いくつかの次元での首尾一貫性のなさを露呈した。とりわけ一進会の公式声明はかつて敗北した政治的落伍者の恐怖を伝えていたし、明らかに民主的な立場を主張することを避けていた。このように一進会の公式声明は君主制を決して明確には批判しなかった。一方一進会のあいまいなレトリックは、「専制政治」として鋭く君主制に敵対し、政府の官吏を悪鬼のごときものと見る民衆行動の様態とは一致しなかった。

一九〇四年の一進会趣旨書は『独立新聞』の立場をかなりの程度繰り返したものだった。一進会は、一九〇五年の宣言において「協力の論理」から始め、人が人を代表することには限りがあるがゆえに、人は目標を達成するための手段として独立独歩以上に従属を選ぶようになると論じた。「従属を通じての独立」というこの理路において、一進会は「独立の内実」を国家の外面的な主権と区別し、韓国の形式的な独立以上に、政治の改革と人民の幸福を優先させた。この理路の政治的な実行可能性は韓国の強力な「同盟国」日本が誠実にその従属国の目標を約束するという前提に完全に依拠していた。〔『元韓國一進會歴史』二巻、一〇六頁、宣言書〕

変化する一進会のレトリックはこのグループの元来の立場と日本人へのその従属の間にある矛盾を解くことに内在する困難を明らかにする。一進会がその改革者的な提案を協力の要請に譲った時、この団体は政治的な土台を失い、自分自身が韓国の民族主義者の批判と日本人による植民地化の強制の間の罠に落ち込んだことがわかった。一進会による日本の「良き意図」の擁護は韓国の人々を納得させず、この運動が人民による政治参加を助長しようとしたことは、日本による韓国の植民地化を推し進めようとしていた統監政治という文脈で考えてみれば、非現実的なものとなった。

ポストモダンの哲学者ミシェル・フーコーは「こうした権力の行使は、権力の中で、権力を出発点として、権力を通して機能する真理の諸言説のなんらかの流通＝分配なしには存在しないのです」と書いた。[114] 一進会の政策はその言説とその政策の間の、そしてまたその本来の政治的主張とその結果の間で常に解離があったことを露呈していた。この解離は一九〇九年に提示された政治同盟——これは日本による差し迫った韓国併合の中に現実的な土台を持っておらず、征服に対する日本の正当化のための「口実」としてのみ機能した——という「空想」にまで至った。顕在化しつつあった植民地行政における一進会の言説の場違いさと不適切さは、「植民地の臣民とその抵抗の方法は、ある種の全体として外部にある社会空間（の中）よりも植民地国家の組織的領野の中に形成される」という議論の妥当性を問うことへと導かれる。[115] 現れつつあった植民地権力に対して一進会の忠誠心は継続していたものの、植民地行政という場の中にはこのグループの政策は存在してはいなかった。

註

1　『大韓毎日申報』一九〇五年二月一六日付。『皇城新聞』一九〇五年四月五日号に掲載された一進会の広告によれば、一進会の反論は一九〇五年四月までは受け入れられなかった。
2　Yumi Moon, "The Populist Contest: The Ilchinhoe Movement and the Japanese Colonization of Korea, 1896-1910," PhD diss., Harvard University, 2005, p.52.
3　Lynn Hunt, *Politics, Culture, and Class in the French Revolution* (Berkeley: University of California Press, 1984),

4 p.12. 邦訳は『フランス革命の政治文化』松浦義弘訳（平凡社、一九八九年）、三四頁。

5 『元韓國一進會歴史』一、七～八頁。

断髪の儀式は朝鮮の近代政治文化に強烈な文化遺産を残したかもしれない。朝鮮人は個人的であれ集団的であれ、重要な決定をする時、時に自分の決意を明示するために髪を剃った。近代朝鮮人の歴史的記憶の中ではこの儀式の起源は忘れ去られてしまっているが、政治的な決定を明示するために断髪する意味は消し去られてはいない。

6 尹致昊『尹致昊日記』四、一〇六頁（李玟源「상투와 단발령」『史學志』三一、一九九八年、二八〇頁からの再引用）。

7 李玟源「상투와 단발령」二八六～二八七頁。

8 『元韓國一進會歴史』一、一〇～一二頁。

9 この言葉の意味はここでは明らかではない。それは社会的ヒエラルキーの廃止のことなのかもしれないし、あるいは人々に行動の自由を与えるということだけかもしれない。

10 『独立新聞』一八九六年六月四日付、二頁。

11 『独立新聞』一八九六年五月二六日付、一頁。

12 『独立新聞』一八九六年六月六日付、一頁。

13 『独立新聞』一八九六年六月一三日付、二頁、六月一六日付、二頁。

14 『独立新聞』一八九六年一二月二六日付、一頁。

15 『独立新聞』一八九八年一〇月二四日付、四頁。

16 『皇城新聞』一八九九年四月五日付、二頁。

17 『皇城新聞』一九〇二年六月一六日付、二頁。

18 『皇城新聞』一九〇二年一二月二日付、二頁。

19 『大韓毎日申報』は一進会の断髪について多くの記事を載せている。このグループの最初の断髪儀式への社会的反応については一九〇四年九月と一〇月の報告参照。

20 この儀式は、三六〇の郡で挙行されたと彼らは主張した。

21 『元韓國一進會歴史』一、一六頁。

22 『大韓毎日申報』一九〇四年一二月二四日付。

23 『大韓毎日申報』一九〇四年一二月一九日付。

24 「본교역사」中のこの日付は陰暦に基づいていると推測される。もしそうならば一九〇四年の第九の月の第一日目は一〇月九日となる。

25 「본교역사」、二七六頁。

26 朴晶東『侍天敎宗繹史』(京城:侍天敎本部、一九一五年)、第三編第六章、趙恒來『韓末社會團體史論攷』六一頁からの再引用。

27 趙恒來『韓末社會團體史論攷』六一頁。

28 宋秉畯と李容九のこの対話がいつおこなわれたかを特定することはできなかった。彼らは、間違いなく一九〇四年九月の末ごろに会っているはずである。それは進歩会が大規模に断髪の儀式を始める前であり、韓国皇帝が一九〇四年九月末に進歩会の弾圧を命じた後であった。

29 日本が一進会と東学について秘密裡に「情報収集」活動をおこなったかどうか、またおこなっていたのならどのようにおこなったのかを問うのは重要である。日本のスパイ活動の存在はやはり一進会の運動の目論見と性格を確認することとは分けられる問題ではない。

30 黄玹は、もし一進会が政治に参加するならば、それは日本の努力を妨げるものではないだろうということを日本は当然のこととみなしていると考えた。『梅泉野録』五七二～五七三頁。
31 『元韓國一進會歴史』一、三九、四〇頁。
32 Lynn, "Fashioning Modernity: Changing Meanings of Clothing in Colonial Korea", pp.75-93.
33 『元韓國一進會歴史』一、一九～二〇頁。
34 『元韓國一進會歴史』二、四～五頁。
35 一進会はその会員もしくは一進会会員を「騙っている者たち」の悪行が政府による弾圧の口実を与えるがゆえに、これら査察者を任命した。
36 『大韓毎日申報』一九〇四年一〇月一一日付。
37 『大韓毎日申報』一九〇五年一月五日付。
38 『大韓毎日申報』一九〇五年一月六日付。
39 『大韓毎日申報』一九〇四年一一月一九日付。
40 『大韓毎日申報』一九〇四年一月五日付。
41 『大韓毎日申報』一九〇四年一月二日付。
42 『大韓毎日申報』一九〇四年一二月一六日付。
43 『大韓毎日申報』一九〇四年一二月一五日付。
44 天道教の新聞はこの宗教が一進会との関係を絶った後にもこういう記事を載せた。
45 『萬歳報』一九〇六年九月八日付、二一～三頁。
46 『元韓國一進會歴史』二、四六頁。
47 『大韓毎日申報』一九〇五年一月七日付。
48 『大韓毎日申報』一九〇五年一月九日付。

49 『大韓毎日申報』一九〇五年一月九日付。
50 『元韓國一進會歴史』三、一四〜一五頁。『梅泉野録』六四七頁。
51 『元韓國一進會歴史』三、一五頁。一九〇五年二月、教主は金貨一〇〇〇元を一進会に送った。
52 『萬歳報』一九〇六年九月二日付。
53 『大韓毎日申報』一九〇四年一二月一二日付。
54 『大韓毎日申報』一九〇四年一二月二一日付（義兵が進歩会員を殺した）、一九〇四年一二月二六日付（尹吉炳が逮捕された）、一九〇四年一二月一九日付（もし義兵が一進会会員を危険にさらすならば、一進会はソウルへと整然と行進するだろう）、一九〇四年一二月二六日付（忠州《チュンジュ》郡守は電報を送り、シム・チンフェが多くの村からの一〇〇〇人の村民を組織し、一進会を追い出し、彼らを自分の管轄区域の外へ出したと語った）、一九〇五年一月五日付（義兵の蜂起――かつての官吏たちが一進会に反対すべく参加した）、一九〇五年一月一八日付（朝鮮駐箚軍司令官は熙川《ヒチョン》の地方官を辞めさせるよう求められた）。
55 『大韓毎日申報』一九〇五年一月一八日付。
56 『元韓國一進會歴史』一、九〜一〇頁。
57 『元韓國一進會歴史』二、三三〜三四頁。
58 김봉진「유길준의 근대국가관」『동양정치사상사』제一〇권一호、二〇一一年、二二一頁。
59 김봉진「유길준의 근대국가관」、二二三頁。
60 『独立新聞』一八九六年四月一一日付、論説。
61 『独立新聞』一八九六年四月一四日付、一〜二頁。
62 『独立新聞』一八九六年七月二三日付、一八九七年一一月一一日、一〜二頁。
63 『独立新聞』一八九八年二月二二日付、一〜二頁。

64 『매일신문』一八九八年八月二四日付、一～二頁。

65 『独立新聞』一八九九年一月一〇日付、一～二頁。

66 『元韓國一進會歴史』一、二頁。

67 民国《ミングク》という言葉は、正式名称である大韓民国に用いられているように、「民衆の国」「民衆国家」あるいは「共和国」を意味している。一進会声明の中の民国は明瞭ではないが、国王が「民衆の国」の頭であるということを示す。しかしこの言葉は「国と民」のことでもありうる。本書においてはこの言葉を後者の意味で翻訳している。

68 『元韓國一進會歴史』一、三～四頁。

69 『元韓國一進會歴史』二、七～八頁。独立会館は迎恩門の近くのかつての慕華館——ここにおいて朝鮮王朝の朝廷が中国の使節を迎え、彼らのために宴会を催した——のところに位置していた。一進会は朝鮮と清朝との関係についての独立協会の語りを繰り返して、朝鮮人はこの清人官吏のためのレセプションの場を「三〇〇年間」（つまり一六三〇年代に清が侵入してきて、朝貢関係を確立して以来）にわたる恥と怒りの場とみなしてきたと論じた。一進会によれば、中国による抑圧の「手枷足枷」は一八九四年の日清戦争までは、そして朝鮮がその独立を世界に公告するまでは取り除かれなかった。これを祝うために独立協会は自発的な献金を集め、慕華館を独立会館とし、迎恩門を西洋風スタイルのアーチを備えた独立門に換えた。一進会は独立協会が解体された後、「悪しき」政府官吏が、修理せずに会館と門を放っておき、人々に独立と愛国の精神をみなぎらせるべくこの場が使われることがないようにさせたと非難した。

70 『元韓國一進會歴史』二、一五～一六頁。

71 『元韓國一進會歴史』二、一七～一八頁。一進会は前内蔵院卿李容翊《イヨンイク》が会館の備品を取り去り、守衛館に住んでいた人たちを追い払ったと反撃した。会館の所有権を示す書類が存在しているかどうかが明らかではなかったので、政府は独立門のケースを他の場所とは異なったやり方で扱うべきだとした。

72 『元韓國一進會歴史』二、七七～七八頁。

73 『元韓國一進會歴史』三、二六頁。

74 『元韓國一進會歴史』二、一三、一七～一八頁；三、二四～二八頁。

75 永島広紀「一進会の活動とその展開」六四頁。

76 『元韓國一進會歴史』二、一〇六頁。

77 『元韓國一進會歴史』二、一〇六～一一〇頁。一九〇五年一一月五日の記述を参照。

78 『元韓國一進會歴史』二、一〇四頁。

79 『元韓國一進會歴史』二、三五～三六頁。

80 『元韓國一進會歴史』二、六一～六二頁。

81 『元韓國一進會歴史』五、二～五頁。

82 서영희「『국민신보』를 통해 본 일진회의 합방론과 합방 정국의 동향」『역사와 현실』통권六九호、二〇〇八年、三七～三八頁。『元韓國一進會歴史』七、五三頁以後参照。

83 樽井藤吉の政治経歴は一八八四年の清仏戦争の勃発の際、中国に渡った時に始まった。この戦争が東洋の危機であると考えた樽井は他の日本人と語らって、中国に最初の教育施設（東洋学館）を設立した。同年日本に戻った時、彼の関心は朝鮮へと移った。樽井はしばしば朝鮮からの亡命者である金玉均を訪ね、朝鮮問題について玄洋社の指導者たちと意見を交換した。樽井藤吉『大東合邦論』（長陵書林、再刊一九七九年、初版は一八九二年に刊行。新しい序文付きで一九一〇年に重刷）の序文参照；竹内好編『アジア主義』筑摩書房、一九六三年、三三～三四頁；Vipan Chandra, "An Outline Study of the Ilchinhoe of Korea," *Occasional Papers on Korea* 2 (March 1974), pp.50-51.

84 『皇城新聞』「宋氏供案」一九〇四年八月二日付。
85 李光麟「開化期 韓國人의 아시아 連帯論」『한국사연구』六一・六二巻、一九八八年、二八五〜二九九頁。
86 『大東合邦論』第二版序文、七、一八九〜一九一頁。
87 『大東合邦論』二〇三頁。
88 『大東合邦論』一二頁。
89 『大東合邦論』五六〜一一〇頁。
90 『大東合邦論』一二六頁。
91 『大東合邦論』一八九〜一九〇頁：旗田巍著、李基東譯『日本人의 韓國觀』(原書は、旗田巍『日本人の朝鮮観』勁草書房、一九六九年)一潮閣、一九八三年、五四〜五九頁。
92 『皇城新聞』一八九八年九月一六日付、一頁。
93 『元韓國一進會歴史』一、五頁。
94 この会合については『大韓毎日申報』(一九〇四年九月一三日と一九日)が報じている。
95 『元韓國一進會歴史』一、七〜八頁。
96 『元韓國一進會歴史』一、一一〜一二頁。
97 『元韓國一進會歴史』一、四九〜五〇頁。
98 『元韓國一進會歴史』一、五五〜五六頁。『大韓毎日申報』(一九〇四年一二月一六日付)は申首相とのこの議論を報じた。
99 『大韓毎日申報』一九〇四年一二月一四日付。
100 『元韓國一進會歴史』二、四四頁。
101 『元韓國一進會歴史』二、四五〜四六頁。

102 『元韓國一進會歴史』二、四一～四五頁。

103 『元韓國一進會歴史』二、四三頁。

104 『元韓國一進會歴史』一、四五～四六頁。

105 『皇城新聞』一九〇六年一一月二〇日付、三頁。

106 『皇城新聞』一九〇六年一一月二一日付、三頁。

107 『皇城新聞』「民権의 如何」一九〇八年四月一八日付、一頁。

108 『大韓毎日申報』一九〇七年一一月二七日付、二頁。

109 『大韓毎日申報』「招民権文」一九〇九年三月一七日付、一頁。強調は筆者により付加。

110 『皇城新聞』一九〇九年八月四日付、一頁。

111 『大韓毎日申報』一九〇九年一〇月二六日付、一頁。

112 『大韓毎日申報』「国民의 権限」一九一〇年六月一九日付、一頁。

113 『大韓毎日申報』「愛国者의 思想」一九一〇年六月二八日付、一頁。

114 Michel Foucault, "Two Lectures," in Colin Gordon, ed., *Power/Knowledge: Selected Interviews and Other Writings, 1972-1977* (New York: Pantheon Books, 1980), p.93. 邦訳は『ミシェル・フーコー思考集成VI』筑摩書房、二〇〇〇年、二三九頁。

115 Timonthy Mitchell, *Colonizing Egypt* (Berkeley: University of California Press, 1991), p.xi.

第5章　ポピュリストの抗争
――一進会の租税抵抗運動（一九〇四～一九〇七年）

朝鮮語で書かれたものであれ、日本語で書かれたものであれ、統監期のエリートの記録は、一進会の運動を軽蔑、嫌悪、そして憂慮の色彩で描き出す。もし我々が韓国宮廷の記録、エリート改革者の印刷物、あるいは統監府文書の中における一進会の描写を採用するなら、この組織が短期間に強力な民衆組織として、どのように出現してきたかを把握するのは難しい。民権は、一進会の声明においても、エリート改革者たちの言説においても繰り返されたが、この言葉は地方の一進会会員たちの運動においては、まさに行動の具体的方向性の導きの糸であった。一進会の綱領の中の「人民の財産と生命の保護」には、政府官吏との対決という政治的な含みを持つ観念があったが、この政府官吏との対決という観念は『独立新聞』から伝えられたものの、人民の能力についてのエリート改革者たちの留保や人民が自分たち自身の諸権利と利害を代表することの妥当性はほとんど伝わってはいなかった。それとは逆に一進会の会員にとっての民権は自分たちの意志と希望に従って政府を監督するための行動を正当化した。[1]この意味で、一進会の民権はポピュリストへの道を示していたし、その方向での証拠となる地方一進会の会員たちの租税抵抗運動の道をも示していた。

一進会の周知の言説は洗練された明確な民主的思想とは言えないものの、その運動は少なくとも統監期の前半には、大衆の支持を集めるのに成功した。この抵抗運動のいくつかの逸話は、一進会の断髪儀式が韓国を「文明化する」ことへの彼らの関与だけではなく、「人民」の経済的政治的利害のためのその全国規模での動員を象徴していたことを示唆する。たとえば一進会会員が黄海道鳳山《ボンサン》で税の支払いを拒否した時、収租官《スジョグァン》（租税徴収担当官）の金義庚《キムヒギョン》は彼らを叱責し、どうして政府による収税に干渉できるのかと問いただした。一進会の会員たちは、自分たちの断髪の目的は「たとえその命令が政府からのものであろうと、収税におけるそのような（悪い）命令を拒絶すること」なのだと答えた。[2]この言葉は、この組織に参加し、政府の官吏に反対した普通の一進会会員の心情を伝えてくれる。

この一進会主導の問題提起を、日本人によって操られていただけだとか、日和見主義者のどっちつかずの運動だと切って捨てることは誤解を招きやすい。その時代の改革者たちの中にあって、一進会は非エリート的な道を推し進めたが、その道は、民衆の無知をあげつらったり、その「教育」が急務であることを強調したりすることよりも民衆の物質的な不幸に焦点を当てるものであった。一進会の租税抵抗運動は一九〇四年から一九〇七年の時期に生じた。日本の統監府が一九〇六年に新しい徴税機関を設け始め、一進会による収税行政への関与を禁じたため、一進会の指導部は一九〇七年に租税抵抗運動を停止した。しかし一進会会員たちの中には、統監府による韓国の国内行政への直接支配のため韓国政府がその記録を止めさせた一九〇七年の中ごろですら租税抵抗運動の記録を残した者がいた。

本章は北西部各道における一進会の租税抵抗運動について詳細に跡付け、その指導部が「ポピュリスト」であったことを確認する。[3] ヴィパン・チャンドラが一九七四年の論文で一進会の改革者綱領とその汎アジア主義的方向性を認めて以来、[4] 何十という研究が一進会の運動についてさまざまな解釈をほどこしてきた。これらの研究に従えば、一進会の会員たちは「文明開化」の言説に影響された東学の追随者たちであった。[5] また、彼らの運動は「反封建」を目標とした「自生的ブルジョワジー」によって指導された階級運動の要素を持っていた。[6] さらに一進会は統監府下の親日内閣内の李完用《イワニョン》率いる特権的貴族グループと張り合った「平民派」であった。[7] そして彼らは韓国に国民国家を作ることを目指し、この目標を達成するために意識的に日本との協力を選んだ「民族主義者」ですらあった。[8] あるいは彼らは「文明開化の言説」に影響された韓国エリート層内における「民権派」であった。[9]

日本の研究者たちは、とりわけ伝統対近代という枠組みで、保守的な地方エリートと抗争した一進会の運動に取り組んできた。[10] たとえば永島広紀は地方に建てられた一〇〇校以上もの一進会の学校を研究し、[11] そのカリキュラムは書堂《ソダン》（伝統的初等学校）で教えていた在地儒林《チェジュリム》（地方文人）の利益を損なったと論じる。[12] 永島は一進会を「近代化」勢力と呼び、[13] 義兵の反一進会活動を、一進会という「近代化論者たち」に対する「反作用」と呼ぶ。[14] 林雄介は日本の史料に拠りながら、人民が一進会に参加するためのさまざまな動機と一進会運動への人民の支持におけるその揺らぎを調査する。林は一進会の会員たちがさまざまに異なった動機を持っていたことを発見するが、そうした動機の中には、宗教（東学）との関係、一進会の改革者的綱領への支持、公的な立場あるいは自分たち自身の経済的利害のご都合主義的な追求などが含まれていた。林は、一進会の運動が「法の支配のもとに樹立される近代国家」を建設するための「近代的な」力となったことを確認し、一進会に対する人民の支持の強弱を近代化の過程に対する韓国人民の「両義性」に帰している。[15]

第4章で検討したように、一進会の声明は不明確であいまいであったが、エリート改革者たちと多くの文言を共有し、そこには文明開化意識が染み渡っていた。たとえ一進会の声明が韓国の独立と愛国心に言及したとしても、一進会は喜んで国家としての韓国の主権を犠牲にしようとしたがゆえに、彼らを「民族主義者」とするのは的外れである。近代対伝統という枠組みでは統監府時代の韓国の中央と地方の両方における複雑な状況をうまく取り扱うことはできない。「非特権地主と非特権商人」が一進会指導部の大きな割合を占めていたのではあるが、一進会運動の力学は階級分裂や階級対立に従うことはなかった。[16] 一進会の会員たちは保守的な地域エリートと対立していた。しかし会員たちの社会的な身分についての帰属意識は平民に限られていたわけではなかったし、彼らの運動の目論見は貴族層への対立によって決定されたわけでもなかった。

一進会は階級的利害関係を持ち続け、自分たちがひとつの社会的な地位を持っているとの意識を保持していたが、彼らの運動が攻撃目標としたのは、両班貴族層あるいは一般的に地主階級ではなく、政府官吏や地方におけるその権力代行組織であった。一進会の運動は、社会的にはばらばらであった一進会会員とその追随者たちの間に連帯を作り出すために、人民対腐敗した政府官吏という二分法を用いた。一進会の指導部は、人民とは「専制政治」の「文明化されていない」官吏たちのもとで「奪われ、暴力を振るわれている人たち」のことだとみなした。私はこのレトリックと、そしてその政治的な戦術が「ポピュリスト」だと思うのだ。

今までの研究はポピュリズムの特徴を特定の「議論の構造」、政治的スタイルと戦術、自由主義とかあるいは社会主義に認められる強固なイデオロギー的な核を欠いたあいまいなイデオロギー的偏向だと定義してきた。[17] ポピュリストは人民の役割やある所与の社会政治システムにおける人民の基本的重要性を提唱する。「人民」を定義する際、ポピュリストは大衆の間の裂け目を控えめに扱い、一般大衆対エリートのような垂直的な区分けを強調する傾向にある。ポピュリストは、一般的に所与の社会における既存の権力は普通の人々を「裏切って」きたし、「自分たち自身の声を聴いてもらう機会を拒んで」きたと主張する。[18] ポピュリストは「はっきりと定義された一揃いの敵に対する自分たちの恨み」を動員し、「普通の人々の代弁をしているのだと言い張る。」[19] 一般的に言って、ポピュリストは人民の経済的政治的利害に訴えかけ、支持者と敵の間に「我々／彼らメンタリティ」をしみこませる。[20] 最後にポピュリストのイデオロギーは、「既存のシステムは多くの人々の利害に反して少数の人々の利害に奉仕するものだ」と強く既存システムを「拒絶する」けれども、最終的な目標を明確にすることはないし、自分たちの目標をはっきりと資本主義あるいは社会主義と結びつけることもない。このあいまいさは民衆運動にイデオロギー的な多様性の余地とその指導者による日和見主義的な不安定さの余地を残すことになる。[21]

一進会の指導部はこのポピュリスト的な要素を示していた。一進会は「人民の権利と利益」を強調し、それらがこのグループの目的のための核となる根拠だと主張した。一進会は、自分たちの役割が官吏たちの個人的腐敗あるいは不道徳行為を明らかにすることによって、官吏たちに対する民衆の怨嗟の声を先導する「人民の代表」であることを政府は認めよと要求した。それにもかかわらず、一進会が「人民」と表現する時、その内容はあいまいであり、日本人が一進会の大衆動員に反対した時には、一進会は簡単に手なずけられてしまったのであった。

一進会の運動は、伝統的な民乱の延長上にあったのでもなく、首尾一貫したイデオロギー的方向性を持った本格的な革命運動でもなかったがゆえに、「ポピュリズム」という呼び方は役に立つ。当時、韓国の民衆は極めて初歩的なありようで民主主義の思想を試みていたが、その結果、この発展はすぐに日本人による韓国の植民地化と絡み合うことになった。本章は北西部各地方における一進会の租税抵抗運動の範囲と力学を詳細に扱う。つまり租税抵抗運動に誰が参加したか。その主要な目論見は何か。地方の一進会会員たちはどのようにして政府官吏やその他の地方の官吏たちと相互に交流したか。そして最後にこの動員の政治的な結果はどのようなものであったか、である。

光武政府の租税政策

一進会の租税抵抗運動は雑税の廃止と「公土《コントト》」（公有地）に課せられた小作料の減額という二つの目標を持っていた。[22] 雑税《チャプセ》あるいは無名雑税とは国法に明示されてはいない名目のない税すべてのことである。公土のカテゴリーには出費をまかなうべく政府機関に付属させられていた土地が含まれている。

そのどちらもが甲午期と光武期に複雑な変質をこうむっていた。この変質の結果、広がっていた租税支払者の不満が一進会の租税抵抗運動に対する人民の支持の背景をなしていた。

甲午改革者たちは伝統的な税行政を改革するためにさまざまな改革を法制化した。第一に、彼らは宮内府を設け、その財政を国家財政から区別した。第二に、彼らは度支部に政府歳入の主な財源を管理させ、そこに宮内府所管の部局のすべての収入を管理し、支出を認可する権限を与えた[23]。第三に、甲午政府は人民に対する税負担を軽減し、商業を促進するために多くの雑税を廃止した。朝鮮政府は商業と沿岸貿易にかかわる税について厳密な制度を作ってはいなかったので、雑税の大きな部分はこの分野からもたらされていた。甲午政策以前では、多くの政府諸機関がこの分野から雑税を取り立てる権利を求めて争っていた[24]。

甲午改革者たちは公土に対する地代徴収の伝統的なやり方を改めもした。先に述べたように、公土とはその地代が軍事施設とか地方の役所など、さまざまな政府機関を支えることになっている土地のことである。これらの土地は歴史学研究においては駅屯土《ヨクドゥント》と呼ばれており、駅土《ヨクト》や軍屯土《クンドゥント》もしくは民屯土《ミンドゥント》から成っていた。これらの土地の伝統的な所有権はとても複雑なものであった。「公」という言葉は必ずしもその土地が国家所有のものであることを示しているわけではない。むしろそれは政府機関、学校、軍に「割り当てられた土地」を意味していた。所有権に関して言えば、これらの公的な機関に付属していた土地は、有土《ユト》(国家が所有していた土地)と無土《ムト》(私的に所有されていた土地)の二つの下位カテゴリーに分類された。私的に所有されていた土地が政府機関に割り当てられているということは、国家がこれらの機関にこの土地から「地代」を徴収する権利を認めているということを意味していた。この土地が免税地であったならば、それを私的に所有していた者は、国家に税は収めず、その所属する機関に租（地代）を支払えばよかった。[25]

甲午政府はこれらの土地からの租税徴収を合理化し、中央政府の歳入を増やすために修正をおこなった。甲午政府は全国にわたって免税地を調査し、それらの多くを甲午陞總《スンチョン》（収税リスト）に付け加えた。この政策は公的な機関に付属している所有地に変化をもたらした。つまりこれらの財産の所有者はいまや割り当てられている政府機関にではなく、直接、中央政府の度支部へ税を支払わねばならなくなった。「公土」は甲午調査以降、原則的に国家所有となった。

この政策がさらなる所有権論争を生じさせる結果になったのは驚くことではない。公土の小作農の多くは、荒廃していた土地を耕作することに自分の資金を投資したことによって、その小作権を獲得していた。甲午政策における主要な問題のひとつは、国有地の税を支払う責を負うのが土地所有者――もちろんこの場合は国家自体である――ではなくて、小作人であると法制化したことである。その結果、国有地の小作人は「一土両税《イルトヤンセ》」（ひとつの土地に対する二重課税）だと不満を漏らした。というのも彼らは国家に対して結銭《キョルチョン》あるいは地税《チセ》のような税と同様、賭租《トジョ》（地代）をも支払わねばならなかったからである。[26] 甲午政策はこの公土に対する伝統的な租税徴収の問題を解決するには不十分であり、光武査検《クァンムサゴム》〔光武期における地籍調査〕において、また日本の植民地期を通して、所有権と地代率について度重なる議論が生じることになった。[27]

光武政府は君主中心主義改革を踏まえて、甲午方針を修正した。光武政府は国家財政から宮中財政の分離を維持したが、国家歳入の主要な源泉を宮内府の内蔵院《ネジャンウォン》に集中させた。高宗は政府の財政管理を李容翊《イヨンイク》に任せた。李容翊は低い身分の出自ながら抜擢され、内蔵院の富を増すのに手腕を発揮した。彼は一八九七年から一九〇四年の間にいくつかの官職を歴任したが、その中には、典圜局長《チョナンクッチャン》〔造幣局長官〕、内蔵院卿、そして経理院蔘政《サムジョン》課長が含まれていた。[28]

光武政府は多くの雑税を内蔵院へと移管したが、多くの新しい雑税もそれに加えた。光武政府は甲午政府が廃止した魚、塩、船への課税同様、旅閣《ヨガク》〔宿泊・金融・倉庫業等を営む旅行拠点〕や浦口主人《ポグジュイン》〔船着き場の管理人あるいは監視人〕のような商業施設経営者への課税も復活させた。光武政府はまた商業施設経営者たちに取引税、免許税を課し、水税《ムルセ》、洑税《ポセ》〔水利施設税〕、紙税のような新しい税を考え出した。[29] 内蔵院は庖肆税《ポサセ》〔肉屋に対する税〕、浦口主人への課税、殖利銭《シンニジョン》〔金貸しの利息に対する課税〕のような江辺〔川沿岸地域〕からの税で、その歳入の相当の部分を補塡した。[30] 雑税の集中的な拡大が、結果として、政府に対する社会的抗議を引き起こしたがゆえに、高宗はいくつかの名目のない雑税を廃止する詔令を布告しなければならなかった。ところがこれらの布告はこうした税を根絶することはなく、単に収税システムに混乱を加えただけであった。[31]

光武政府はまたほとんどの駅土と屯土を一八九九年から一九〇〇年にかけて度支部から内蔵院へと移し替えた。[32] 内蔵院は新たに地籍調査に乗り出し、地代の総額を査定するためにすべての公土に調査官を派遣した。内蔵院は一八九九年当時、宮房田《クンバンジョン》〔宮廷地所〕のような直接の管轄下にある土地からのみ地代を取得していたが、一九〇一年には全国のほとんどの公土から地代を徴収した。この移し替えの結果、内蔵院の歳入の七〇%以上がこれらの土地の地代からのものとなった。[33]

光武政府は伝統的な収税システムを廃止したが、そのシステムは地方の観察使や地方官の管理下にあった郷吏や郷任〔郷庁の官吏〕に依拠していた。内蔵院はむしろ地方に直接その官吏を派遣する方を望んだ。一九〇〇年八月内蔵院は収税のために一三名の政府派遣の収税官（捧税官《ポンセグァン》、後の収租官）を選び出し、各人をそれぞれの道に派遣した。この収税官は内蔵院のために雑税と地代の徴収を引き受けた。彼らは公土を調査し、その土地からの年間地代を査定し、それを内蔵院のために徴収するよう命じられた。[34] 彼らは実際に税の徴収にあたる監官《カムグァン》（課税官）や舎音《サウム》（小作人監督官）のような中間収税執行者を監督した。

光武政府の新しい制度が旧体制の税行政にどのような影響を与えたかを十分理解するにはさらなる研究が必要である。しかしながら光武政策が中央政府の権力を地方社会に届かせる決定的な関係者――観察使、地方官、そしてその権限代行人たち――の利害とは矛盾していたことは明白である。国家の歳入を内蔵院に集中することは、観察使の財源を枯渇させ、[35] 観察使の直接の収税システムや地方官吏の権威と権力をも低下させて、個人的な利益の源泉を減少させるからである。[36]

江辺において商人を動員すること――雑税の廃止

一進会がその租税抵抗運動を始めた時、光武政府の租税政策に対する社会的な怨嗟の声がすでに高まっていた。[37] この点で、一進会の租税抵抗運動は高宗による財政政策の社会的な結果であった。一進会は、高宗が一九〇四年九月に雑税の廃止を命じるもうひとつの勅令を出した後、租税抵抗の最初の運動を始めた。一進会の公式史に従うと、一進会は一九〇四年一一月一七日ソウルの商業中心地であった江辺に二人の会員を送り、次のような告示を貼り出して、商人たちを扇動しはじめた。

雑税は商賈《サンゴ》（商人）を苦しめてきたし、商旅《サンニョ》（各地を回りながら商売する商人）の多くが貿易と商業に携わるのを妨げてきた。そのため、一九〇四年九月一八日に陛下が雑税の根絶を発表された。この布告にもかかわらず、税監輩《セガムベ》（収税官）は勅令に従わず、この税がいままでと同様に徴収されるという噂がまだ広くささやかれている。一進会の見解では、この税徴収は収税官の私腹を肥やすことになり、そうした悪徳は国家の害になる。一進会の目的は人民の生命と財産を守ることにあるのだから、一進会はこの厄介事を解決することにする。

一進会はこの声明を邑内で流布させ、江辺商人たちにこの税を支払うのを拒絶するよう促した。[38] 彼らは中央政府の高官たちにこの税を廃止するよう圧力をかけた。たとえば一進総会は宮内府大臣と江辺での雑税を徴収していた警衛院《キョンウィウォン》[39]摠管に書簡を送った。[40] 一進会は自分たちが抗議している税対象リストを警衛院摠管への書簡に添付し、収税官を呼び戻すよう要求した。この書簡にはつぎのように述べられていた。

我々の結社の目的は人民を守り、人民の代表者であることである。最近我々は江辺に雑税があると聞いたので、状況を調査するために我らの会員を送り出した。あなたの組織がこの税を徴収していることが判明した。……度支部《タクチブ》が合法的な収税担当であるのに、なぜあなたの組織はその権威に従わず、税の支払いを要求するのであるか。[41]

一九〇四年一二月一〇日に一進会は三つの告文をソウルの中心的な市場通りであった鍾路《チョンノ》に掲げた。これらの告文はその最初の部分で政府の官吏が勅令を無視して、雑税を廃止していないと繰り返した。一進会は自分たちの努力によって京江上下《キョンガン》（ソウル京江の上下流域）における税を廃止せよとの提言を宮内府と内蔵院が受け入れた点を強調した。一進会は警衛院に一進会の提言に従うよう説得するのに成功し、ソウルの五江《オガン》地域においてもその税を廃止したと述べた。

第二に、一進会はその地方支会が租税抵抗に参加するべきだと主張した。地方市場への税や魚塩税《オヨムセ》の存在を指摘し、雑税の対象となっている品目を調査して、観察使や地方官たちにこれらの税を廃止するよう要請することを地方支会に求めた。また一進会は、もし地方の官吏がどうしても支会の勧告を受け入れないならば、ソウルの一進総会《イルチンチョンフェ》に知らせるようにとも支会に指示した。さらに一進会はその告文の中で、一進総会はこの税を破棄するための障害を解決するのに可能などんな手段をも行使するだろうと約束した。

最後に一進会は過度な収税は売官と関連していると主張した。つまり官位を買った官吏は自分の出費をまかなうために必要以上の額を税として集めようとしたというのだ。一進会はこれらの売買にかかわった者すべてを、官位を買った官吏だけではなく、於音擔保者《オウムタムボジャ》（彼らのために約束手形を出した財政支援者や保証人）をも含めて追及するだろうと断言した。これらの告文が示しているのは、一進会がその租税抵抗運動を全国規模にまで拡大し、地方支会に租税抵抗を自分たちの地域でもおこなうようにと命じたことである。一進会支会は同様の告文を自分たちの地方の中心となるところに掲げ、その抵抗を激化させた。[42]

一進会の租税抵抗運動の特徴は、官吏たちの報告、とくに内蔵院から派遣された趙鼎允《チョジョンユン》の報告に詳しく述べられている。趙鼎允は平北各礦監理（平安北道の鉱山監督者）であり泰川《テチョン》郡の郡守であった。彼は平安道において内蔵院のために収税を担当していたが、[43] ある年における未徴収の税を査定する義務を負い、未徴収の理由を報告した。内蔵院への彼の報告は、当地方における未徴収の税を一進会のせいにしていた。趙鼎允の報告はある程度は自己正当化であった。というのも彼は自分の義務を果たすのに失敗したので、だれかに責任をなすりつける必要があったからである。しかしその報告は一進会の租税抵抗運動についてのかなりの事実とその運動の規模をも明らかにしてくれる。

一九〇五年五月、趙鼎允は前年から始まっていた龍川《ヨンチョン》郡の税論争について報告した。[44] 龍川の郷長である李錫潤《イソンニュ》は、一九〇四年の春に江辺の港にいる商人たちから海陸税として五八〇〇両を徴収した。これら雑税は、当時は内蔵院のものであった。李錫潤は内蔵院はまもなく廃止され、税は度支部に移行されると商人たちに語った。これを口実として李錫潤は徴収した税を手放さず、それを一九〇五年春まで内蔵院（その時にはすでに経理院になっていた）には引き渡さなかった。趙鼎允は、郷長の李錫潤が一進会の会員たちと協働しており、江税監督官《カンセカムドクアン》（政府派遣川税監督官）を追放したと主張した。

趙鼎允は、薪島《シンド》地区から魚塩税を、同様に白川《ペクチョン》の烏頭浦《オドゥポ》からは米太税《ミテセ》（米豆税）と土炭税《トタンセ》を徴収するように龍川郡庁から派遣されていた税監に命じた。李錫潤と一進会の会員たちは税監に税を払うのを拒否し、それらは廃止されるべき雑税だと主張した。趙鼎允はこうした主張に反駁し、これらの税は帝室に収められる「正供《チョンゴン》」（合法的な税）だと述べた。彼は、税が一進会やその追随者たちに利用されないように、郡当局に強いて一進会と龍川の江辺商人たちから収税させたとも述べた。[45] 趙鼎允はその報告の中で、このことは韓国皇帝に対する一進会の不忠を明らかにしていると主張し、次のように書いた。「法にのっとった税においてすら、もしそれが内蔵院の歳入であるならば、その時には一進会の会員たちは不平を漏らし、恨み言を口に出す。ところが雑税の場合においてすら、もしそれらが地方政府のものなら、その時には一進会は喜んで協力する。[46]」

この龍川のケースのいくつかの重要な面を指摘しておく価値がある。最初に、龍川における租税抵抗運動は一九〇四年の春に、つまり九月における一進会の、そして一〇月における進歩会の公式の設立に先立って始まった。このタイミングが示しているのは草の根の租税抵抗運動は一進会の動員に先行していたという点である。第二に、郷長であった李錫潤は、日露戦争の最中に内蔵院は間もなく消滅し、度支部が江辺の諸税を担当することになるだろうと予言した。もし趙鼎允の記録が正しいならば、この郷長は戦争における日本の前進が韓国皇帝の政策を不安定化させるだろうと予期していたことになる。もし抵抗中の江辺商人たちがこのような予期を共有していたとするならば、このことが意味しているのは、彼らは光武政府の君主中心改革には反対で、その崩壊を期待していたのかもしれなかったということである。

最後に、郷長の李錫潤が内蔵院からの捧税官と対立して一進会と共働的な関係を持ったのは注目に値する。李錫潤は税を地方政府の方に納めたいと思い、内蔵院からの収税官吏を追い払うために一進会と同盟を結んだ。しかしながら郷長と一進会の間のこの「同盟」は典型的なものではなかった。私自身の研究によると、郷会や地方政府と一進会との対立がしばしば生じていた。

内蔵院から派遣された官吏であった趙鼎允はソウルの一進総会に龍川支会の会員たちを「正して」、自分たちのトラブルを解決してくれるよう頼んだ。[47] 一進総会が地方の租税抵抗運動についての情報を集め、この抵抗運動を助けるよう中央政府に圧力をかけていたのに、趙鼎允は地方の一進会会員たちが実際のところ一進総会の協力のもとに自分たちの努力を遂行していたことを理解していなかった。一進会地方総会長であった李容九は北方各道において租税抵抗運動を指揮した。李容九が、一九〇五年二月にはまだ安州《アンジュ》で雑税が徴収されていると一進総会に報告した時、一進総会は内部《ネブ》と交渉を始め、李容九の抗議を援助した。[48]

一進会の租税抵抗運動は一九〇五年には激しさを増した。平安道の租税抵抗運動は江辺地帯における収税のための政府事務所を閉めざるを得なくなるまでに進展した。一九〇五年二月、碧潼郡《ピョクトン》における江辺の都税監《トセガム》（収税監督官）姜致周《カンチジュ》は碧潼における租税抵抗運動が「法にもとっており」「混乱をもたらす」ものだと述べた。姜致周は、小坡浦《ソパポ》の住人であった金應璇《キムウンソン》が五〇人から六〇人の一進会の会員たちと語らって、税を払えという姜致周の代理人の要求を撥ねつけたと書いた。金應璇と一進会の会員たちは次のように大声で抗議した。「どうしてあんたは政府の命令と観察使の指示に従うだけで、我々の結社（つまり一進会）の助言は実行しないのか」と。それから彼らはこの収税官吏を縄で縛り、太鼓を打ち鳴らしながら、彼を見世物にしてそのあたり一帯を歩かせた。次いで彼らは徴収された税を押収し、未払いの税を支払うことを自分勝手に拒絶した。このような無法状態では自分には人々と折り合いをつけることはできず、そしてこのような問題が生じなかったような町は自分の権限下では存在しないと姜致周は書いた。[49]

一九〇五年九月一五日付の趙鼎允の報告も、平安道における一般的な租税抵抗状況を概観するのに役に立つ。趙鼎允は従来平安南道の川沿いに位置していた一〇の郡から一年間に一〇万両をくだらない額を集めていたと書いた。ところが一九〇四年一二月には一進会の暴力的な活動のせいでこれらの地域から金を集めることができなかった。一進会の会員たちは群衆を扇動して、雑税の支払いを拒否させ、収税官を攻撃し、彼らをそれらの郡から追い出した。群衆たちは時には税監たちを縛り上げ、川へと投げ入れることまでやってのけた。この暴力のため趙鼎允は一時的に税局（収税事務所）を閉めざるを得なかった。収税活動がその後すぐに再開できると考えて、事務所が閉鎖されているにもかかわらず、彼は税監を何人かとどめ置き、何か月もの間、彼らを待たせ続けた。これらの税監はこの期間収入がなかったので、自分たちが移動したり生活したりする費用を工面するために、自分の持ち物を質に入れなければならなかった。税監の不満に直面して、趙鼎允は結局彼らが家に戻る許可を与え、この地域に彼らがとどまっている間にこうむった個人的な借金を支払うべく金を送った。

趙鼎允は一九〇五年一〇月に書いた報告の中で、自分の義務を遂行する際に直面した困難を繰り返した。一進会は一九〇五年の一月から九月の間に江辺の九つの郡から税監を追放した。趙鼎允はこの危機を解決するために税率を低くしてくれるよう内蔵院に要請した。彼は、政府が税率を決める際、冬季に交通量が少なくなることを考慮に入れてほしいと求め、この税率の修正は一進会による租税軽減のための扇動を相殺することになるだろうと期待した。[50] 彼は、政府は外国人から歳入を徴収する必要があるので、沿江税《ヨンガンセ》をまったく廃止することはできないと一進会を説得しようともした。江辺では韓国と中国の間の交易が多く、そこにおけるこの税の廃止は外国貿易従事者のための税免除という結果になってしまうだろうと彼は論じた。

それに応えて、一進会は地方支会に指示を与えて、政府が中国人から税を徴収するのは認めたが、朝鮮人からの徴収は認めなかった。この措置は趙鼎允を落胆させた。というのも彼の意図は江辺における累積不払い税を徴収することにあったからである。米、木綿、魚、そして塩などの主な課税対象品目を取引していたのは、たいてい江辺の朝鮮人商人たちであった。もし政府が朝鮮人商人に税を課すことができなければ、この地域からのその歳入は微々たるものになるだろう。趙鼎允は義州《ウィジュ》と沙河《サハ》を例にとっているが、そこでは清商に対する主要な課税対象品目である絹からの歳入は収税のための最低限の事務費用と税務官の俸給すらカバーすることができなかった。楚山《チョサン》、碧潼、昌城《チャンソン》では樺木が清商の唯一の貿易品目であった。ところが一進会の会員たちはこの品目からの税としての元宝三〇錠(中国銀三〇インゴット)を自分たちの学校の費用をまかなうためにすでに充当してしまっていた。

一進会が朝鮮人商人を江辺の収税から除外したことは清商たちによる税忌避をもたらしたが、そのことを昌城、朔州《サクチュ》、碧潼、楚山、渭原《ウィウォン》、江界《カンゲ》の収税官吏が一九〇六年三月に報告した。この地域での江税を朝鮮人には免除するが、清商には維持するという指示に一進会員たちが従った後、朝鮮人はその産物を中国領内で取引するようにと中国人たちは要求した。清商たちは、唐塩《タンヨム》を取引するために韓国の沿岸地域に入ってくる習慣があったが、一進会の政策が実施された後、塩を中国領内に保管し始め、朝鮮人商人たちに川を渡らせるようにした。これにより収税権は韓国政府から中国政府に移ることになり、この地から得られる中国政府の歳入はそれ以前の年に比べて倍増した。この中国人による税忌避に加えて、江辺における歳入の損失を埋めるため韓国の地方政府が清商たちへの課税を強化する場合もあった。[51]

経理院は一進会に対する趙鼎允の告発を受理し、一進会による税削減の要請を認めることを拒否した。経理院は沿江税を海関税《ヘグァンセ》と同じものとみなすべしという指示を送った。沿江税は雑税とは異なったものとされ、正供を規定している規則に従って徴収するべきだとされた。[52] 一進会と江辺商人たちはこれらの指示に抗議して、雑税を廃止し税負担を軽減するという甲午改革の規則に言及した。彼らは甲午規則に従って経理院の代行人ではなく、地方政府かあるいは度支部に税を納めると主張することがあったが、このことは公銭《コンジョン》（歳入）の私的な使い込みを避けることになろうと論じた。

しかし抗議者たちのこの反応は、彼らが地方政府もしくは度支部による収税を望んでいたということを必ずしも示していたわけではなかった。彼らが度支部に言及したのは経理院に雑税を納めるのを避けるためのご都合主義であったことを、いくつかの記録は示している。日本の統監府が度支部に対する権限を確立し、いくつかの地域でその収税を再開し始めた時、一進会会員たちは度支部の訓令をも拒否したからである。たとえば碧潼郡守は一九〇五年一一月二五日に、一進会会員たちの態度を報告した。碧潼郡守が江税のために新しい政府規則を発表した時、一進会の支会長李昇洛《イスンナク》は、この税は本来度支部が徴収していたものではないと不満を述べた。彼は江税の免除に関する高宗の布告に言及し、江税に関する郡守の発表は法に反しているとみなすと述べた。李昇洛は度支部が江税を課すのを止めるようにと要請した。

度支部のために収税していた官吏も、度支部がその地域において収税を管理するようになった後ですら、一進会の会員たちは抵抗を続けていたと証言した。この官吏は歳入を着服したとして経理院に訴えられたのであったが、それは経理院が収税の権限について度支部と縄張り争いをしていたからである。問題になっているこの官吏は義州監理李民溥《カムニイミンブ》であった。経理院は前述の趙鼎允の報告に基づいて一九〇六年六月李民溥を告発した。この報告は、李民溥が一九〇五年の秋に内蔵院から派遣されていた収税官吏を追放し、各港湾地域において自分自身の官吏を彼らの代わりに任命したと主張した。趙鼎允は、李民溥が暴力を使ってこの方策を実行し、また沿江税が度支部へと移管されるだろうという「噂」を広めたと批判した。

李民溥はこの嫌疑を否定した。内蔵院は、一進会が一九〇五年の春に収税の邪魔をするまで何年もの間、沿江税を徴収してきた。李民溥は、自分ではなく一進会が内蔵院の収税官を追い出し、政府歳入における何万両もの累積欠損を引き起こしたのだと言い張った。さらに李民溥は、自分がこの地域における商税や取引税を徴収する責任を負っているので、この状況を度支部へ報告したのだと続けた。彼が配下の官吏を一九〇五年九月に収税のために送りだした時、一進会の会員たちがその抵抗を継続しており、納めるべきものを納めることを拒絶したのだ。

当時、李民溥は来往商賈（川に沿って動いていた大きな交易業者たち）から五日の間に七九〇〇両を徴収したと推定された。この地方の過去の慣習に従えば、官吏たちは前もって税単《セダン》（課税対象品目リスト）を公告しており、商人からこのリストにある額を徴収した。李民溥は一進会の干渉のせいで割り当てられた五日以内では自分の義務が遂行できないのを恐れた。彼は、一進会の扇動があるので、この地域の人々が進んでリストにある税を納めるなどということはしないだろうし、しかも彼らはこの税が永久に廃止されることを期待してもいると主張した。李民溥はかろうじて五〇〇〇両を集め、度支部に不払い税のリストを報告する以外なにもできなかった。李民溥は自分に非がないことを証明するために度支部に税単のリストと彼が書き記した文簿〔文書と帳簿〕と商人たちとを照合確認してくれるよう依頼した。[53]

一進会は江辺以外での主要な収税対象であった朝鮮人参と鉱山の採掘にかかわる税もなくそうと試みた。一進会総代であった申泰恒《シンテファン》は、一九〇七年八月に朝鮮人参への税の徴収における不適切なありようをなくしてくれと経理院に請願した。彼の請願は一進会の江界郡支会長の楊枝達《ヤンジダル》の報告に基づいていた。経理院は市場価格よりはるかに低い価格で人々から朝鮮人参を買い上げるので、朝鮮人参を供出する人たちの損害の総額は二万七三八五両にも達すると彼は主張した。この額は人々から不公平に取り立てられたものだと一進会は言い張った。[54] 一進会は政府に朝鮮人参を集めるのを任されている官吏に支払うことになっている手数料をなくすようにとも要請した。彼らの移動費用は一万五〇〇〇両に達するが、それは結局人々に付け替えられているのだ。最後に一進会は、経理院のために朝鮮人参の取り立てを指揮していた趙鼎允が自分の移動費用と朝鮮人参を運ぶための馬代として三〇〇〇両を集めたと言い張って、彼を腐敗のかどで訴えた。一進会は朝鮮人参を首都に送るのをやめるよう政府に要請した。経理院はこの要請を受けて、この貢納はすでに廃止されていると回答した。[55]

一進会が鉱夫たちの租税抵抗運動に巻き込まれたケースもあった。朝鮮王朝時代、すべての鉱山は政府が所有していた。政府がある地域で鉱夫たちに採掘を許す時には、鉱夫たちは現物で税を納入した。鉱山業で伝統的にその中心となっていたのは徳大《トクテ》（鉱山請負者）であった。彼らは鉱山の一部を政府から借り、配下の鉱夫たちを管理した。徳大は政府に税を納める責任を負っていた。光武期には内蔵院が鉱山を管理し、収税したり、採掘許可を与えたりするような行政事務のためにそれ自身の各鉱監理《カククァンカムニ》（支配人）あるいは各鉱委員《カククァンウィウォン》（監督）を任命した。[56] 内蔵院は、鉱山からの歳入を増やすことに焦点を当てたので、採掘の許可を過度に与え、[57] 鉱山業における経済的余剰の大半を搾り取るほどの重税を課した。

採掘税率は当時固定したものではなく、年間一人当たり三分重《ブンジュン》から七分重の間を変動していた。[58] もしかなりの生産があれば、この率は八分重以上になった。もし生産量が低いようであれば、この率は二分重以下になった。この公的な率に加えて、鉱夫たちは内蔵院から派遣されてきた収税官吏の費用も賄った。というのも内蔵院は監理を各道に派遣し、今度はその監理が自分の収税代理人あるいは監督者を採鉱場へと派遣したからである。これらの官吏は次に自分たちの雑用もしくは日常の仕事を税監あるいは別将《ピョルチャン》〔武官であって鉱山管理に従事〕に任せた。これら中間収税代行者は政府から給料をもらってはおらず、収税業務を通して、鉱夫から自分たちの生活費と利益を搾り取ったのである。

鉱山における重い税率は鉱夫との間にしばしば争論を引き起こしており、一進会の租税抵抗運動以前にすでに危機的な問題となっていた。一九〇四年の初めころ、平安道の徳大とその他の鉱夫たちは内蔵院の税政策に強く抗議した。彼らは鉱山内の政府事務所を破壊し、税監たちを追放し、税の支払いを拒絶した。この抗議は平安南道の順安《スナン》金鉱山と平安北道龜城《クソン》鉱山でもっとも激しかった。[59]

趙鼎允は一九〇五年七月一七日、一進会がこの抗議中に何人かの鉱夫たちと接触を持っていたと報告した。金浩仁《キムホイン》と鄭壽彥《チョンスオン》は順安金鉱山の徳大であったが、一進会と連携した。趙鼎允に従えば、彼らは鉱夫全体の数を報告されている数の二倍以上の一三万人であるとしたり、報告されている率よりも一分重も高い一人当たり七分重であるとしたりするなどの「うその噂」を広めた。趙鼎允は政府に三〇〇〇〇両しか渡しておらず、その四倍の額を着服したという噂も流された。

趙鼎允はこの非難を完全に打ち消した。彼は順安金鉱山の鉱夫数は全部で五万九二三二名であり、税率は一九〇四年の一月から一九〇五年の三月にかけては一人当たり六分重《ジュン》であったと主張した。このようにして税全体は金塊現物で三五五三両九銭二分重であると推定された[60]。政府はこの中から派遣された派員別將頭餘金（鉱山管理官吏の手当）のために一人当たり、五厘重を支払った。趙鼎允は、不払い税額は金塊現物で三八一両五銭五分重となると報告し、徳大の名前のリストと彼らが政府に納めるべき総額を提出した。彼は自分自身の弁護のために収税の各段階の税徴収のありようの概観を示すことまでした。彼は、監理は直接徳大から収税したのではなく、委員《ウィウォン》（各鉱委員のこと）、別將、そして税監と協力して働いたと説明した。官吏たちが記録をつけ、受領書を書き、手続きの段階ごとに封印するので、金を着服することなど自分には不可能だと彼は断言した。

趙鼎允は経理院に自分に非がないことを証明する文書を送ったが、そこに含まれていたのは鉱夫のリスト、収税リスト、収租官の記録、鉱山店（鉱山地区）における徳大の証明書等であった。彼は、経理院が検査官を鉱山へ送って、自分の報告のただしさを認証するようにとも要請した。経理院は検査官を送りだし、彼の報告と一進会の告発の間に、不一致が存在するかどうかをチェックした[61]。彼に対する一進会の告発が正確であったかどうかは別にして、彼らは順安金鉱山の何百人もの鉱夫を扇動し、派遣された収税代理人の収税事務所へと押し入らせ、税率の削減を懇願させた。彼らの抗議により、経理院は政府の規定にあうように税率を四分五厘重へ下げた。[62]

公土における小作人の抵抗を指導する

一進会は公土の課税に対してもっとも持続的な租税抵抗運動を組織した。一進会は小作人である会員たちとともにある種の独創的な政治的実験を試み、小作人たちの支持を獲得し、それによってそのポピュリスト的な指導権の強さと同時に弱さをもさらけ出した。一進会は公土に関する光武政策についての広範な不満を助長し、小作人の争議を促した。一進会は何よりもまず地代率を軽減することを狙い、集団的に余分の地代支払いを拒否するため人々を組織した。趙鼎允は一九〇五年八月平安北道では駅土と屯土における一九〇四年の地代の徴収がひどく下回ったと報告した。彼は、一進会による地代徴収への介入は国法を無効にするほどにも危険なものだと不平を述べた。趙鼎允自身、一進会が彼を告発したため平理院《ピョンニウォン》（裁判所）へと召喚された。収税中の彼と一進会の間に争いがあったため、彼は一進会の「悪意ある」戦術の「犠牲」となったと不満を漏らした。[63]

義州郡守申翊均《シンイッキュン》は一九〇五年八月二一日、一進会が彼の郡で小作人の抗議を扇動したと報告した。一進会の会員たちは、韓国皇帝が一九〇四年七月「加銭《カジョン》」（付加的な地代）は廃止するようにとの布告を出していたと抗議した。申翊均に従うと、彼の郡における公土の地代総額は一二万六五五八両一銭三分であった。そのうち八万九五五八両一銭三分は「原賭《ウォンド》」（本来の地代）であり、三万七〇〇〇両は一九〇二年以来公土の小作人に割り当てられていた現金による加銭であった。一進会の会員たちは加銭を支払うのを拒否し、その抗議に参加するよう人々に促した。彼らは数千人の群集を集め、公土の舎音を脅かした。義州郡守は、政府の権威に対する一進会の抗議は国家の官吏と人民の間の伝統的な関係を変えるまでに至ったと嘆いた。「これらの地域では国家の官吏は自分の身分に見合ったようには振舞わないし、人民も自分たちにふさわしいようには行動しない」と彼は書いた。[64]

加賭《カド》あるいは加銭《カジョン》という付加地代のカテゴリーは公土への本来の地代に付け加えられた地代のことである。先に述べたように甲午政府は固定地代率を確立し、付加地代やさまざまな手数料を廃止しようとした。光武政府も光武査検《クァンムサゴム》の間、一八九九年から一九〇〇年にかけて本来の固定地代を決定した。地代は米田一斗落当たり現金でほぼ三両であった。[65]そう決められたにもかかわらず、内蔵院は調査後の本来の地代に従わなかった。それよりもむしろ内蔵院は現金ではなく、現物（穀物）で地代を集めるか、あるいは原賭と同様、加賭を課すことによって地代を増額した。[66]一進会はこれらの支払いを拒否し、本来の地代率に戻すよう政府に要求した。

趙鼎允は、一九〇五年一〇月平安北道における公土の不払い地代は現金で一八万三六二一両二銭七分にも達したと見積もった。義州の郡守と同様、趙鼎允はこの不払い総額が一進会による一九〇五年における加賭廃止の試みのせいだとした。趙鼎允の報告によると清川江《チョンチョンガン》の北部である清北《チョンブク》地域での地代の総額は現金で五七万六六一二両七銭二分であった。この額には公土に課された原賭と加賭、さらに軍部検査局が調査し、算定した地代も含まれていた。この総額のうち三九万三〇四一両五銭五分だけが一九〇五年四月に現金で支払われ、経理院へと送られた。不払い額はそのほとんどが「本年打執加賭之數額」（一九〇五年度の付加的な地代）であった。もし政府がそれ以前の年の例に倣い、原賭のみを徴収したならば、あるいは一進会の会員たちが加賭の支払いを拒否しなかったならば、この問題は避けることができたかもしれないと趙鼎允は示唆した。[67]

趙鼎允は経理院に不払い地代と不払い税のリストを提出した。このリストは税と地代の種別、不払い総額、そしてそれらに責任のある支払い者を含んでいた。趙鼎允のリストに基づいた表3は平安北道における抗租運動の現実を示してくれる。一進会がかかわった記録は『各司謄録』に記録された一進会による小作人争議をチェックすることによって立証されてきた。そのうちいくつかは本章の後半で論じる。表3が示しているのは、七つの郡の郷長、四名の個人、二名の守令《スリョン》、一名の舎音がこの不払い税と不払い地代に責任があるとみなされていることである。四名の個人は舎音であったかもしれないし、あるいは国家に地代を支払うべき個人耕作者であったかもしれない。それ以外では不払い税は地代もしくは税の支払いを拒否する小作人による集団行動の結果だと趙鼎允は指摘した。私は八つの郡で一進会がかかわっていた記録を発見したが、このようなかかわりは、記録され表3に示されている以上にこの地方では大きな規模であったようだ。

一進会の抵抗は平安南道においても強力であった。同地域における捧税官金善用《キムソニョン》は一九〇五年八月、公土の不払い地代のリストを報告した時、一進会の介入を批判した。順川《スンチョン》、成川《ソンチョン》、价川《ケチョン》、平壌、そして殷山《ウンサン》における不払い総額は五〇〇〇両以上であり、順安と肅川《スクチョン》では一〇〇〇両以上であった。金善用は价川郡の不払い総額に関して一進会の介入を強調したが、その総額は一万九九九五両九銭三分

表3　1905年10月の平安北道各郡公土における地代未納状況と一進会の関与

場所	科目	支払い責任者	一進会の関与
博川	殖債利銭*	郷長	
	小中島賭銭	金尚昱（ソウル在住）	
定州	火税銭	郡郷長	
	塩釜銭		
郭山	塩釜税	屯民	
	奎章閣屯加賭		
慈城	軍税米代銭		報告
厚昌	防雇屯税代銭		
江界	各公土賭銭		報告
龜城	債利銭	郷長	
	各屯賭在銭	全垌龍	
昌城	軍鎮加賭銭	郡郷長	報告
	駅土原加賭銭		
雲山	債利銭	前郡守玄興澤	
義州	軍駅賭銭	府舍音	報告
	検査執軍賭銭	屯民	
朔州	駅賭銭	郷長	
	各鎮岱賭銭		
渭原	駅土原加賭銭	屯民	報告
楚山	駅土原加賭銭	屯民	報告
	検査執軍賭銭	屯民	
碧潼	債利銭	郡守	報告
	検査執軍賭銭	屯民	
宣川	各軍屯賭銭	金熙綽	
熙川	駅土加賭銭	李承薫	
	火税債利銭	郡郷長	
龍川	各賭銭	郡郷長	報告

注：この記録は大韓帝国元帥府の検査局に属していた土地を含んでいる。
* 殖債利銭（債利銭）は政府による貸付金の利子のことだと思われる。
出典：『各司謄録』38：172～230頁。特に207、208頁。

で、彼のリストに載せられている不払い地代の中では最大額であった。[68]

　平安北道の多くの地方官も一進会にかかわる自分たちの問題を報告した。[69] たとえば江界郡守は、一進会支会長の金貞河《キムジョンハ》が軍田《クンジョン》と位田《ウィジョン》（儀式費用のための田）の年間地代について一通の書簡を送りつけてきたと一九〇五年五月二九日に中央政府へと報告した。[70] この支会長は、日耕《イルギョン》当たり二両八銭の地代を超える過度の地代は禁じることを地方政府に要請した。彼は日耕当たりの固定地代率を決定し、付加地代の徴収を不法だとする甲午政策の租税改革方針の乙未《ウルミ》章程を引き合いに出した。

　この江界の一件は一進会による小作人争議の深い歴史的なルーツを明るみに出してくれる。それが示しているように、光武期における公土についての政策変更がこれらの土地に対する小作人の抗議の直接の理由であり、しかも地方政府と小作人の間に、この変更に関して大きな不一致があった。江界の郡守は、政府の政策がどれほど揺れ動き、彼の郡の駅土への地代率にどれほど影響を与えたかを述べた。中央政府は一八九五年に査辦官《サパングァン》（公田調査官）の李魯洙《イノス》を派遣した。[71] 彼は公土への地代を低い率で決定した。その地域では一日耕はもともと田結（耕作地の税）の五負《プ》に該当したのだが、彼は一日耕として九負もしくは一〇負と計算した。その結果、彼は本来の駅土が一三〇〇日耕であったものを、元の総額の半分の六七六日二時耕と計算した。李魯洙は一日耕当たり粟あるいは豆で四斗の率に従って地代率を計算した。一斗は七銭に相当するので、算定された地代率は日耕当たり二両八銭であった。一進会の支会長は、この一八九五年の地代率（乙未率）に戻すよう政府に要求した。

　先に述べたように、光武政府が駅土と屯土を一八九九年に度支部から内蔵院へと移管させた時、内蔵院は自分たち自身の公土調査をおこない、乙未率を廃止した。一九〇〇年に内蔵院は捧税官の韓昌禎をその地域に送り、課税地の大きさの再評価をさせた。韓昌禎は前の査辦官が過少に申告していたほぼ六〇〇日耕を回復した。彼は駅土の本来の地代に二三〇七両二銭六分を付け加えた。江界の一進会会員たちが一八九五年の率に従う地代を「原賭」とみなし、光武調査の結果、このように付け加えられた額を「加賭」とみなしたのは注目に値する。

江界郡守は一進会の請願に反駁し、ほぼ四八〇〇両という地代総額についての韓昌禎の査定は地代を増額したのではなく、一八九五年の調査の誤りを正したものだと主張した。言い換えれば、この郡守は、増加した地代分は韓昌禎がその地域で査定した課税可能な土地の実際の大きさを反映していると信じていたのだ。一八九五年の調査における一日耕が光武査検では二日耕となったので、日耕当りの実際の地代率は四斗から八斗へと増大してしまったように見える。この郡守は、これは地代率がこの地域では二倍になったためであると論じ、それゆえ地代が現金で納められる時、地代率にインフレの結果が及んだと説明した。内蔵院はこの地域では八斗税《パルトゥセ》（日耕当たり八斗という率）に従って地代を集めるようにと郡庁に委託していた。内蔵院はこの郡に収税官を派遣し、一九〇三年から地代を直接徴収した。しかし米価は一八九五年と一九〇三年の間に一斗当たり七銭から二両五銭へと跳ね上がっていた。その結果、地代は一八九五年の四斗税《サドゥセ》（一日耕当たり四斗という率）に従っての二両八銭から、一九〇四年には八斗税に従えば、二〇両に増大したのである。

江界郡守は、現金での率におけるこの増加は市場における米価を反映しているが、もし小作人が現金ではなく、米で納めるなら、実際の地代負担は増加してはいないと主張した。彼はまた、日耕当たり二両八銭という一八九五年の率が駅土における地代査定に適用される時ですら、小作人はこの地域の郡守に現物地代として、その収穫の五〇％を納めなければならないのだとも指摘した。このことが意味しているように、甲午政府の低い税率は小作人に益をもたらしたというよりは郡守に益をもたらしていた。江界郡守は地代率が爆発的に増大したという一進会の主張に、このように異議を申し立てた。彼はまた、光武査検の際の課税可能地の追加はそれが今まで隠されていた政府への収入源に光を当てたがゆえ「公正」であるともみなした。

要するに、江界における駅土の小作人たちは、光武期に大きな変化を経験した。第一に、光武査検は課税可能な駅土を六七六日二時耕から一三〇〇日耕へと二倍にした。第二に、この拡大が意味したのは、小作人の観点からすれば、それが度支部から内蔵院へと移ったあと、地代率は日耕当たり四斗から八斗へと二倍になったという点であった。第三に、米価は一八九五年の一斗当たり七銭から一九〇四年には二両五銭に上昇した。その結果として、一日耕当たりの税は一八九五年の四斗税では二両八銭であったものが、一九〇四年の八斗税では二〇両に増大した。このことが意味しているのは、日耕当たりの現金払いでの地代はわずか一〇年でほとんど七倍になったということなのだ。第四に、収税は地方政府の代理人から、内蔵院から派遣された中央の官吏へと移管された。この厄介な変化を考慮して、一進会の支会長は、地方政府は甲午（乙未）改革中に確立され減額された地代率を維持し、最近の光武査検中に査定された追加の地代を廃止するよう要求した。簡単に言えば、この郡の駅土の小作人は光武政府の租税政策に反対であったのだ。[72]

楚山《チョサン》における一進会の抵抗は公土における租税政策の変更に対して小作人の抗議がどのように生じたかの、もうひとつの例である。この楚山の事例は、一九〇三年以後の政策変更を含んでいるので、このような小作人争議の背景を明らかにするための江界の事例の補完となる。一進会の姿勢は江界より楚山のほうがもっと踏み込んだものであった。というのも一進会は楚山において余分の地代を廃止しただけではなく、公土に関して自分たち自身で減額した地代率を採用したからである。楚山の池寛湜《チグァンシク》とその他の駅土の小作人たちは一九〇六年六月に趙鼎允に自分たちの請願書を送った。彼らはその請願書の中でこの土地の固定地代はこの郡では元来日耕当たり七両九銭八分だったと主張した。一九〇三年に地代徴収のために金京洛《キムキョンナク》という官吏が観察府から派遣された。彼は収穫の五〇％の率を初めて適用し、一石斗当たり三一両五銭を徴収した。[73] しかし小作人たちがこの率に反対の請願を地方政府におこなったので、ここの郡守は人々の心情を考慮して、彼らがそれまでの年に査定されていた原賭を払うことを認めた。金京洛はある時にはこの命令に従い、ある時にはこの命令に従わなかった。収税のために観察府から派遣された新しい官吏が一九〇六年にやって来、一九〇四年と一九〇五年の分として日耕当たり一五両の率を課した。彼は五〇％の率に従って、一九〇三年の不払い地代を納めるようにと小作人に圧力をかけた。

こうした状況下に楚山の小作人たちは趙鼎允に再び請願した。駅土の原賭は一万二八五七両であったが、金京洛は五〇％の率で一九〇三年には三万二四〇〇両を徴収し、一万九五四三両を着服したと彼らは主張した。小作人の請願者たちは、金京洛を逮捕し、着服した金を彼から取り戻してほしいと政府に求めた。その取り戻された金は小作人たちが一九〇四年の地代を清算するのに役立つだろうというのだ。彼らは一九〇五年の本来の率を維持してほしいとも政府に求めた。ところが趙鼎允は金京洛が二万両以下しか徴収していないことを発見した。趙鼎允は、ほぼ一万両の不払い地代は均等に人々に割り当て、彼らから徴収されるべきだと主張した。しかしながら趙鼎允は、怒り狂っている小作人たちに一九〇四年の五〇％の率を課すのは重すぎると考えたので、率を日耕当たり三二両から一五両へと減額した。

この減額にもかかわらず、一進会の平会民《ピョンフェミン》（会員）が集会を開いて、一九〇五年の率をさらに日耕当たり一三両へと減らした。趙鼎允はこの低い率は楚山の駅土にのみ適用されるのであって、平安北道の他のどこにも適用されないと主張した。[74] 一九〇六年一月の報告の中で平安北道の一般的な事情を考慮しながら、趙鼎允はこの道の小作人は固定率の地代を現金で納めたがっていると書いた。彼は昌城、碧潼、渭原、そして楚山の平会民は、一八九九年と一九〇〇年に査定された原賭銭（本来の固定化された現金での地代率）に従って地代を納めることに決めたと付け加えた。趙鼎允はこの決定を覆せるとは思っていなかった。[75]

軍田における抗議

軍田における一進会の抵抗は、駅土あるいは屯土における一進会の争議とは別に議論されなければならない。彼らは駅土への加賭は廃止しようとしたけれども、軍田における抵抗は少し異なった方向性をとった。平安道がいかにしてその国境地域を防衛し、中国へ使節を派遣することにかかわる巨大な外交的支出をまかなおうとしたかについて十分な研究はほとんどなされてこなかった。[76] このように軍屯土における一進会の抵抗の文脈を理解するのは困難である。

先に述べた江界の事例は、軍屯土における軍隊の支出をまかなうためのこの地方の慣例と小作人たちの要求に光を当ててくれるある種の情報を含んでいる。江界の軍田においては軍田の一窠《クァ》（区画）はほぼ一〇日耕から成っていた。以前人々が軍に供給するための立本《イッポン》（国家の金、布、穀物などの物資を政府の許可を得て運用し利益を残してから本来の物資を返すこと）のために区画ごとに二〇両を集めていたころは、彼らは空っぽの区画を耕し始めることができた。耕作者が一年ごとに一区画につき二〇両と利《イ》（利子）として付加的に四両を政府に納めたなら、彼らはその土地を私有地であるかのように使うことができた。駅土における地代率が光武期に大幅に増加した時、一区画（一〇日耕）当たり二四両というこの年間支払額は駅土においては日耕当たり二〇両という地代に近づき始めた。つまり、軍田の地代は、元来は駅土の地代のわずか一〇分の一であったのだ。[77]

郡守はこの慣例が不適切なものであるとみなし、軍田を自分の権限下におこうとした。もし政府が一区画当たりの元来の支払い額（利子を含まない額）である二〇両を耕作者に戻すならば、政府は軍田に駅土の高率の地代を適用できた。このことは同一の土地で小作料がかなり増加することを意味したので、小作人たちはこの変更を受け入れようとはしなかった。江界の郡守は、この郡の豪勢輩《ホセベ》（有力者たち）がこのやり方に抵抗していると不平を漏らした。軍田におけるこの低率の地代のため何人かが中賭主《チュンドジュ》（中間地代徴収者）になることができた。彼らはこれらの土地を又貸しして、地代として収穫の半分を受け取った。この郡守は、こうした「ペテン師たち」が自分たちは「人々の恨み」を表現しているのだと偽って政府への抵抗を促し、政府に対して不正な要求をおこなったと主張した。[78]

軍田の耕作者たちと地方政府の間の同じような対立は、他の地域でも認められた。これらの地域の一進会は、軍田からの地代を要求する地方政府の権利に反駁した。平安南道の一進会支会長は一九〇五年一一月二九日観察使に一通の書簡を送り、その中に、成川《ソンチョン》の一進会支会長からの報告を引用しているが、そこで、成川の会員たちは、成川郡が「根拠もなく」軍田、防軍田、軍根田《クングンジョン》に地代を課したと主張していた。彼らが言うには、この郡の人々はもともと軍への供給をまかない、その財源を補給するために立本を利用したのだった。

一進会は、小作人たちは軍の機関のための財源とそれらへの物資供給に自分たちが貢献したこととの引き換えにこれらの土地を所有しているのだから、軍田の地代支払いは止めることができるのだと言い張った。一進会の地方事務所はこの決定を一進総会へと報告し、収租官にその決定を中央政府へと伝えるようにと求めた。一進会はその後全部で一万一九九七両八銭四分になる徴収税を経理院へと送るのを成川郡庁に禁じた。成川郡担当部署はこの金を地方収税事務所に保管し、一進会がそのための領収書を保持することを許した。当時の収租官元用奎《ウォンヨンギュ》は、この金は経理院に納められるべきだと要求した。彼は軍田からの政府による徴租には根拠がないとする一進会の主張を認めなかった。もし地代が地方隊に付属のものであったならば、それらは経理院の歳入となるべきなのだと彼は主張した。

この収租官と一進会の議論は土地の所有権の問題と絡み合っていたがゆえに、さらに複雑であった。一進会の会員たちは成川の軍根田、防軍田、戸債銭《ホチェジョン》（利子）用の田はすべて無土だと言い張った。政府はそうした土地にどんな投資もしていないのに、その土地から利子を集めたとも彼らは主張した。政府が所有してもいないし、投資してもいない土地から地代を徴収できるはずがないという理由で、これらの土地の地代を払うのを一進会は拒否した。

先に述べたように、私的に所有されているものの、公機関に付属していた多くの土地が甲午内閣と光武政府による地籍調査の間に陞總へと付け加えられてしまっていたがゆえに、この複雑な状況がしばしば発生した。もし抗議者たちがこの土地の持ち主であることを証明できなかったならば、彼らは税に加えて地代をも政府に納めるようにと要求された。このことが上で述べた「一土両税《イルトヤンセ》」の問題や抗議者たちに求められる租税支払いの増大を引き起こした。問題になっている土地は私的に所有されているものであると一進会会員たちは主張し、政府は規則を守れと求めた。成川郡の人々の見解は一進会の会員たちの見解を支持していると成川の郡守は見ていた。[79]

要するに、江界と成川の事例は軍の支出が地方でまかなわれるやり方のひとつを明らかにする。江界では人々は耕作の権利と引き換えに軍田一区画につき二〇両の率で立本をおこなった。耕作者たちは年間の手数料として一区画当たり二〇両と（本来の基金への）利子として一区画当たり四両を支払ったが、それはおそらく軍隊の支出をまかなえただろう。一区画は一〇日耕相当だったので、軍田の年間の手数料は駅租（一日耕当たり二〇両）の地代率よりもはるかに低かった。とりわけ公土における現金払いでの地代率が光武期に大幅に引き上げられたのを考慮すれば、はるかに低かった。軍田の耕作者たちはその土地を又貸しし、五〇％の率で地代を徴収した。成川郡庁は耕作者の本来の支払い率――一区画当たり二〇両――に戻して、この慣習を除去しようとした。耕作者たちがこの変更に抵抗したのは驚くべきことではない。

成川の場合、耕作者たちは軍の支出をまかなう立本と引き換えにそれらを獲得したという理由で、それらの土地の私的な所有権を政府は認めよと要求した。軍田の耕作者たちは、自分たちの特権を撤廃し、駅土の率を軍田に適用しようとする政府の政策に反対であった。これら軍田への低率の地代は、何人かの耕作者が自分たちの又貸しした土地から高額の地代を徴収する中賭主になるのを促した。彼らは駅土へ適用されたのと同じ率の地代を払うのを拒否して、政府がこの土地の私的な所有権を認めるよう要求した。これらの事例は小作人の抵抗とは異なっていた。というのもそれは第一に地代率を下げ、「付加的な」地代を廃止することを目指していたからである。しかしながら公土における複雑な土地所有システムを考慮すれば、このタイプの要求はこれらの土地に関する小作人の抗議を、さらに熾烈に、そして場合によっては急進的にすら変えたかもしれない。

公土を一進会の学校に付け替えること

一進会の指導部は公土の所有権の問題を解決し、地代率を引き下げる闘争から利益を引き出すために独創的な戦術を工夫した。指導部は軍屯土を一進会の学校に割り当て、「地代の余剰分」を一進会会員たちの教育のために取っておいたのだ。「地代の余剰分」とは、もともと納められていた地代と一進会が「加賭」を廃止した後の減らされた総額との間の差額のことである。一九〇五年四月、宣川の一進会支会長石履元《ソクイウォン》は学校の建設に関して、一通の共同署名添付書簡を宣川郡守に提出した。この書簡は、政府が係争中の軍田からの地代を「東明《トンミョン》」と呼ばれる学校——これは一進会がこの地域の才能ある若者を教育するために建てたものであった——に割り当てることを一進会に認めよと求めていた。[80]

地代の余剰分を学校に移し替えるというこの一進会の戦術は広がり、さまざまな地域の公土における一進会会員たちの抵抗を近代的な学校を設立するという望みへと結び付けた。一進会は公土の目的を政府の歳出を手当てするものから、自分たち自身の学校の基金となるものへと変えることを望んだのだ。一九〇四年九月一六日、永柔《ヨンユ》の一進会支会長金道淳《キムドスン》はその地域の徳池屯土について内蔵院に請願をおこなった。彼は、内蔵院が政府の規則に従って地代率を引き下げ、一進会が学校をまかなうためにその土地からの余剰分を取っておいたのを認めるようにと要求した。もともと軍施設に属していた屯土が内蔵院へと移管されたのち、その年間の地代率は五六〇〇両から一万三〇七〇両に引き上げられたと彼は主張した。それに加えて内蔵院からの屯監《トゥンガム》(租税調査官)が自分たち個人の利益のためにそれ以上を徴収したので、実際の地代率は査定された額よりもはるかに高かった。屯監は本来の固定地代率に従って計算された額の一〇倍以上も課したと彼は主張した。この一進会支会長は余分の負担を納めるのを拒否し、「地代の余剰分」をこの地方の一進会の学校に付け替えてほしいとの希望を表明した。「もし余剰分が学校に使用されるならば、それは(人々に)貢献することになるだろうし、啓蒙の責任を人々が果たすのを許すことになる」と彼は書いた。[81]

軍屯土や民屯土を学校に付属させようとする一進会の動きは平安道では広く見られた現象であった。[82]一九〇五年三月、慈城の一進会会員たちは、政府の官吏たちが慈城の軍屯土での地代を徴収するのを妨害し、この土地を自分たちの学校に割り当てるよう主張した。[83]宣川の一進会の会員たちも奎章閣《キュジャンカク》(朝鮮王朝の文書庫)の屯土と宣川郡庁の屯土(官屯畓、営屯畓)を占拠し、その土地からの穀物をその学校のために収用した。彼らは収税官たちによる過度の地代徴収を非難して、収税官たちの懐を暖めるよりも、教育のためにこの穀物を使う方が良いと主張した。

義州の一進会支会長白裕穆《ペクユモク》は一九〇六年三月八日付の政府宛書簡の中で、次のように書いた。「啓蒙の進展はまったく学校の発展にかかっている。学校の隆盛はその財政的な繁栄に依る。……もし政府が収税の権利を一進会に与えてくれるなら、一進会は政府の規則に決められている額を政府に納め、学校をまかなうためにその土地からの余剰分を用いるであろう。」[84] 慈城郡の一進会は軍田の地代を納めず、その代わりにその金を学校のために使った。一九〇六年三月、ここの郡守は、自分はこうした行為を止めることができないと経理院に報告した。[85] 一進会は学校をまかなうためにいくつかの地域では耕作放棄地を耕作しようともした。たとえば博川郡守は一九〇五年五月二七日、博明校の校長柳《ユ》淙柱《チョンジュ》ならびに一進会支会長の趙京淳《チョギョンスン》から学校の財源のために耕作放棄地を耕作する許可を求める要望書を受け取った。[86]

一進会による租税抵抗運動の政治的影響

一進会はその租税抵抗運動において、商人、貿易業者、鉱夫、そして公土の小作人たちを動員するのに成功した。彼らは江辺において収税官吏を追放し、日本の統監府が介入してくる前に一時的に雑税を廃止した。彼らは公土における広範な小作人の抗議に積極的にかかわり、これらの土地における地代率を著しく引き下げた。彼らは公土における地代率の引き下げから生じた余剰を一進会の学校に移管したが、この学校は近代的な教育カリキュラムと日本語教育を重要視した。一進会は軍田の地代をも一進会の学校に移管してくれるよう政府に請願した。一進会の租税抵抗運動は最初経済的なものであったが、その影響はすぐに韓国政府との政治闘争を生じさせた。というのも、この運動は光武政府の財政の基礎であった内蔵院を脅かしたからである。

租税抵抗運動における一進会の成功は人々の間での一進会の地位を高め、国家に対する一進会の態度に影響することになった。地方官の中には、地域内の大衆の意見は一進会の意見と同じであると証言する者もいた。一進会が国家の官吏と人民の間の伝統的な関係を破棄してしまったと嘆く官吏たち もいた。租税抵抗運動にかかわった抗議者たちの中には、収税官吏を公然と侮辱し、彼らも一進会の指令に従えと要求する者もいた。一進会に対する人々の支持は政府の官吏たちに一進会の役割を人民の「事実上の代表」と認めるように強いた。官吏たちの中には、自分たちの管轄地域でのもめごとを解決するために地方の一進会の会員たちと敵対するよりも、むしろ一進総会あるいは地方の一進会の指導者と「交渉」しようとする者たちもいた。これは一進会の運動におけるまさに「勝利」の瞬間であった。

租税抵抗運動中の一進会の会員たちは雑税あるいは公土における過度な地代の支払いを拒否する自分たちの主張を支えるために、しばしばかつての甲午政府の租税政策に言及した。彼らは、政府が甲午政策の改革的政策へと復帰するよう要求した。このことが示唆しているように、人々は光武改革における甲午政策の撤回を歓迎してはいなかった。一進会はこの撤回に対する社会的な恨みを理解しており、それゆえに甲午政策の復活への人々の要求を促したのだ。そうすることによって一進会は、租税抵抗運動中にその指導的役割を効果的に確立し、自分たちは、韓国政府とその官吏たちに対して経済的に恵まれなかった人々の代弁をしているのだと主張したのだ。人々の問題に対する一進会の積極的な関与は、人々とはたもとを分かち、人々の経済的な問題を顧みなかったその他の改革主義的なエリートとは鋭い対照を示した。

一進会の租税抵抗運動は、一般的には国家とその官吏たちに対する民衆的な異議申し立てであった。一進会は、この運動が韓国の運命に与えるかもしれない長期的な影響のことは考慮せず、自分たちの直接の利益のために闘争するよう人々に促した。一進会の租税抵抗運動は内蔵院の歳入をひどく減らし、韓国君主の権力を掘り崩した。一進会の会員たちが軍田を内蔵院から一進会の学校へと移管させようとした時、この反国家の立場を鮮明にしたが、この動きは帝国主義的な侵犯の時代に韓国軍を強化する国家の必要性とは矛盾するものであった。この意味で一進会の政策はポピュリズムの不健全な変種と特徴づけられるかもしれない。それはぼんやりと「人民の利益」を語るのだが、人民の利益を守るための長期的な政治的展望は与えてはくれないのだ。

註

1 William H. Riker, *Liberalism against Populism*, pp.238-239.

2 『各司謄録』二五、六七三頁。

3 一進会の協力についての比較的初期の研究は、趙恒來『韓末社會團體史論攷』(大邱：螢雪出版社)一九七二年。一進会に関する以前の研究の簡単な要約については、永島広紀「一進会の活動とその展開――特に東学・侍天教との相関をめぐって」『年報朝鮮學』五、一九九五年、六二一～六三頁参照。

4 Vipan Chandra, "An Outline Study of the Ilchin-hoe".

5 イ・ウニと金炅宅《キムキョンテク》は東学教と一進会運動の結びつきを明らかにしている。両者は、一九〇四年から一九〇五年にかけての親日的一進会と東学信奉者たちによる反乱を分ける仮説に反駁し、東学の指導者たちは文明開化の言説を受け入れ、日露戦争に先立って「親日」のスタンスを確立したと論じる。이은희「東學敎團의「甲辰開化運動」（一九〇四～一九〇六）에 대한 연구」延世大學校碩士學位論文、一九九一年：金炅宅「韓末東學敎門의 政治改革思想硏究」延世大學校碩士學位論文、一九九一年。

6 イ・ウニは一進会内部の争いを階級闘争に帰し、その指導者である「生まれつつあったブルジョワジー」の目的は、農民であったかつての東学反乱者たちの大多数の目的とは相反すると考える。

7 韓明根《ハンミョングン》と森山茂徳は一進会を「平民」の組織と呼び、協力者の二つの大きなグループ、つまり李完用一派と一進会の間に対抗関係があったとする。彼らは、これらの対抗関係が李完用一派と一進会の社会的身分の違い、つまり朝鮮王朝の貴族両班と平民の違いを反映していると論じる。森山茂徳『近代日韓関係史研究』（東京大学出版会、一九八七年）。한명근「일제의 한국침략론과 한국 정치세력의 대응」숭실대학교博士學位論文、二〇〇一年。

8 金東明は、一進会会員が朝鮮を「文明化する」固有の道を考え、朝鮮民族国家を作り上げるために、日本の「協力」に頼ろうと決意したと論じる。この見解に従えば、一進会会員は彼ら以外の改革エリートたちと同じ目標を持っていたが、日本への依存の程度において異なっていたということになる。

9 金鍾俊《キムジョンジュン》は二〇〇五年一一月に、もともと私が博士論文の中で提示したものと同じ議論をしているのだが、そこには一進会による独立協会の模倣、一進会の反租税運動のダイナミクスとポリティクス、そして一進会の反税抵抗と結びついた学校に関する意見の対立が含まれている。金鍾俊は、私の博士論文の中心となる発見を適切に認めることなく、私の博士論文を間接的に批判する。しかしながら金鍾俊が一進会を民権派と位置付けていることは、一進会がいかに他のエリート改革者たちとは異なっているかを私が明確にするのに役に立つ。金鍾俊の暗黙の批判に対する、私の応答のいくばくかは本書の第4章と第6章に含まれる。一進会がポピュリストであると定義することによって、私は、この運動が文明開化の言説によって影響された他のエリート改革者の運動へと溶融され得ない要素を持っていると指摘しておく。

10 一進会内の東学の信奉者たちは、天道教（東学教の新しい呼称）教主孫秉煕が一進会の指導者たちをその組織から破門したのち、東学教の一派として侍天教を組織した。

11 永島広紀「一進会の活動」、八〜一三頁。

12 永島広紀「一進会の活動」、一一頁。

13 永島広紀「一進会の活動」、一一〜一三頁；林雄介「運動団体としての一進会」六三頁。

14 永島広紀「一進会の活動」、一三頁。

15 林によれば、朝鮮における「前近代的」制度を破壊しようとする一進会の努力が、虐政に走る腐敗した官吏から自分たちを守ってくれる時、民衆は一進会を支持した。しかしながら民衆は、一進会による「近代化」計画が土地使用とその他の分野における民衆の「伝統的な」実践と規範とは矛盾したがゆえに、最終的には一進会とは疎遠になった。

16 이은희「東學敎團의「甲辰開化運動」（一九〇四〜一九〇六年）에 대한 연구」。

17 Hans-Geors Betz and Stefan Immerfall, eds., *The New Politics of the Right: Neo-Populist Parties and Movements in Established Democracies* (London: Macmillan, 1998), pp.1-7; Mény and Surel, *Democracies and the Populist Challenge*, pp.2-6.

18 Mény and Surel, *Democracies and the Populist Challenge*, pp.11-12.

19 Betz and Immerfall, *The New Politics of the Right*, p.4.

20 Alan Knight, "Populism and Neo-Populism in Latin America, Especially Mexico," *Journal of Latin American Studies* 30, no.2 (May 1998).

21 Mény and Surel, *Democracies and the Populist Challenge*, p.17.

22 一進会の租税抵抗の一般的な特徴を明らかにするにはさらなる調査が必要とされる。本章は北西部地方に関しての記録にまず焦点を当てる。

23 金載昊「甲午改革 이후 近代的 財政制度의 形成過程에 관한 연구」서울大學校博士學位論文、一九九七年、三四頁。

24 金載昊「甲午改革 이후 近代的 財政制度의 形成過程에 관한 연구」、一〇三、一三五～一三八頁。

25 배영순『韓末・日帝初期의 土地調査와 地稅改正』（慶山：영남대학교출판부）二〇〇二年、八六頁。

26 배영순『韓末・日帝初期의 土地調査와 地稅改正』、八九頁。

27 趙錫坤「조선 토지조사사업에 있어서의 근대적 토지 소유제도와 지세제도의 확립」서울大學校博士學位論文、一九九五年：배영순『韓末・日帝初期의 土地調査와 地稅改正』。

28 李潤相「大韓帝国期의 財政政策」『한국사』四二（果川：國史編纂委員會、一九九九年）、一三二～一三三頁。

29 李潤相「대한제국기 內藏院의 皇室財源 운영」『韓國文化』一七、一九九六年、二二九～二三一頁。

30 李潤相「대한제국기 內藏院의 皇室財源 운영」二三一頁表二。

31 李潤相「大韓帝国期의 財政政策」一四三～一四四頁。

32 朴贊勝「韓末驛土・屯土에서의 地主經營의 강화와 抗租」『韓國史論』九、一九八三年、二五九頁。一八九九年にすべての屯土が、一九〇〇年九月には駅土が内蔵院所管となった。

33 金載昊「甲午改革 이후 近代的 財政制度의 形成過程에 관한 연구」一一一頁。

34 李潤相「대한제국기 內藏院의 皇室財源 운영」二三五頁。

35 金泰雄「開港前後‐大韓帝國期의 地方財政改革 研究」서울大學校博士學位論文、一九九七年。

36 光武政策における地方官吏の抵抗については、同書、一八二〜二一三頁参照。金泰雄《キムテウン》は、光武政策が郷会の機能を改革した甲午政策を続行しようとして、彼らを地方納税者の代表にし、中央政府からの旧収税執行者とつり合いを取らせたと主張する。この点については第7章で論じる。

37 李潤相「대한제국기 內藏院의 皇室財源 운영」二五五〜二五六頁。

38 『元韓國一進會歴史』一、三七〜三八頁。

39 警衛院は宮内府の下にある機関で、一九〇一年に設立され一九一〇年に廃止された。これは宮廷とその周辺を警護する警察機関であった。光武政府は内蔵院や度支部を通して金を支払うより、自らの出費をまかなうため、新しく設立された警察あるいは軍の施設にいくつかの土地を付属させた。

40 『元韓國一進會歴史』一、四三〜四五頁。

41 『元韓國一進會歴史』一、四五頁。

42 『元韓國一進會歴史』一、七頁。

43 ある一進会会員は一進会の租税抵抗運動の強烈な反対者趙鼎允を一九〇四年九月に日本軍へと通報した。彼は親露派にして、大韓帝国皇帝を支える中核の官吏団李容翊《イヨンイク》一派の手下であると非難されたが、趙鼎允は、ソウルで日本軍を助けるために五〇〇元を拠出したと論じて、この非難に対して自分を弁護した。

44 収税官吏は税未納の場合、説明をすることを求められたがゆえに、一九〇五年のケースを趙鼎允は報告した。

45 正供は、さまざまなものに課される雑税とは反対に、もともと国王への納入が明記された合法的な税のことであった。商業あるいは沿岸部にかけられた税の大半は雑税であった。しかしながら当時内蔵院は国王に納められていた税を正供に含まれるものと再定義したように見える。

46 『各司謄録』三八、一八一頁。

47　『各司謄録』三八、一八一～一八二頁。

48　『元韓國一進會歴史』二、二五頁。

49　『各司謄録』三八、二四一頁。

50　『各司謄録』三八、一九六～一九七頁。

51　『各司謄録』三八、二三九頁。

52　『各司謄録』三八、二四六～二四七頁。

53　『各司謄録』三八、二八六～二八七頁。李民溥の証言は、前述した龍川の租税抵抗運動の場合に興味深い情報を与えてくれる。趙鼎允は沿江税が内蔵院から度支部へと移行されるという噂の出所は李民溥であったと指摘した。この噂の究極的な源は、韓国における日本の財政政策であったかもしれない。というのも日本の財政顧問が韓国で活動を始めており、内蔵院の財政支配を掘り崩そうとしていたからである。義州の李民溥は、龍川の郷会の長に届いていた内蔵院崩壊についての情報をリークしたのかもしれない。このことはもしかしたら、一九〇四年の春に租税抵抗運動を始めるよう郷会の長を鼓舞したかもしれない。

54　首都に上納された乾参《コンサム》（乾燥人参）の租税受領書の重量は七両重であり、市場価格は分重当たり、一五両であった。ところが経理院の分重当たりの価格は四両四銭であった。従って分重当たりの赤字額は一〇両六銭であり、赤字額全体は七四二〇両に達した。細い乾参の上納額は三六両三銭であり、一分重の市場価格は七両五銭であり、全体の赤字は一万九九六五両に達した。従って、両方の種類の人参の全体的な赤字は、二万七三八五両であった。

55　『各司謄録』三七、一一〇～一一一頁。

56　李潤相「대한제국기 内藏院의 皇室財源 운영」二四九頁。

57　金洋植「대한제국기 덕대·광부들의 동향과 노동운동」『한국 근현대사 연구』제一四집、二〇〇〇年、四一

頁。
58 分《ブン》あるいは分重《ブンジュン》は○・三七五グラム、もしくは○・一匁と同等の金の重さの単位のことである。
59 金洋植「대한제국기 덕대·광부들의 동향과 노동운동」五四～五八頁。
60 金一両は三七・五グラム、あるいは一〇匁に相当する。
61 『各司謄録』三八、一八六～一八七頁。
62 金洋植「대한제국기 덕대·광부들의 동향과 노동운동」五六～五七頁。
63 『各司謄録』三八、一九一頁。
64 『各司謄録』三八、一九二頁。
65 ジェイムズ・パレ〈James Palais, *Confucian Statecraft and Korean Institutions: Yu Hyongwon and the Late Choson Dynasty.* p.1188〉中の注記に従えば、種子一マルを植え付けることができる土地の大きさが○・一六三エーカー（一九一〇年ごろ）であった。
66 朴賛勝「韓末 驛土·屯土에서의 地主經營의 강화와 抗租」: 金洋植「大韓帝國·日帝下 驛屯土 연구 : 地主制經營과 小作農民層의 反應을 중심으로」檀國大學校博士學位論文、一九九二年。
67 『各司謄録』三八、二〇七～二〇八頁。
68 『各司謄録』三八、一九一～一九二頁。
69 『各司謄録』三八、二一七頁。
70 『各司謄録』三八、一八二～一八三頁。
71 一日耕は一日のうちに耕すことができる可耕地の単位であり、ほぼ九九一八平方メートル（三〇〇〇坪）である。負は結の一〇〇分の一に当たる。
72 駅土への地代削減のこの要求は一進会とかかわり合いがなかった地方においても再発した。収租官の元用奎《ウォンヨンギュ》は平壌の大同江での小作人の抵抗に直面した。彼が前年分としてこの地区の駅土に作物の五〇%を徴収するべく代行人を派遣した時、小作人たちは固定地代率に従って年に七〇〇〇両しか支払っていなかったと抗議した。小作人たちは群衆を集め、代行人を殴打した。彼らはまた官吏たちによって集められていた米の束を脱穀し、自由にそれを食べた。元用奎は、租税の額は前年の評価に基づいているので、それを減じることは自分にはできないと小作人を説得しようとしたが、小作人たちは説得に耳をかさなかった。それゆえ元用奎は示威行為の首謀者を逮捕した。首謀者の一人韓寅明《ハンインミョン》はその地区でほぼ三〇日耕の駅土を耕作していた。彼は筆頭小作人となっていたが、それはその地区にある富と権力に基づいていた。彼はその地区での秘密裡の採鉱にもかかわっていた〔『各司謄録』三八、二二七、二三七頁〕。

73 石斗は一苫《ソム》（五・一二ブッシェル）を種として蒔くことができる土地の大きさを表す。（一苫＝一石＝五・一二ブッシェル）

74 『各司謄録』三八、二九三〜二九四頁。

75 『各司謄録』三八、二三八頁。

76 권내현「조선후기 평안도 재정운영 연구」고려대학교博士學位論文、二〇〇三年。

77 八斗税によると、江界では一九〇四年の一日耕の地代は二〇両であった。

78 『各司謄録』三八、一八二〜一八三頁。

79 『各司謄録』三八、二五七頁。

80 『各司謄録』三八、二六三頁。

81 『各司謄録』三八、一九七〜一九八、二〇一頁。

82 『各司謄録』三八、二三七頁。

83 『各司謄録』三八、二五五頁。地方官はこの要求に反対した。彼は、開化をもたらすために学校の設立が緊急に必要であったとしても、私的な組織が地代徴収を管理するのは適切ではないと主張した。

84 『各司謄録』三八、二五〇頁。

85 『各司謄録』三八、二五四～二五六頁。

86 『各司謄録』三八、二七九頁。

第6章　地方社会をひっくり返す
――一進会の訴訟闘争（一九〇四～一九〇七年）

農業社会における土地所有権とその改革は、二〇世紀における韓国の歴史的な流れを変える喫緊の課題であった。光武政府の地籍調査は、土地所有者の私的所有権を明確にする方向でなされ、政府諸機関に割り当てられている土地の複雑な所有権を整備した。この措置には、王国の財政力を強化し、すべての公土を内蔵院の管理下に集中しようとの韓国皇帝高宗の努力がかかわっている。前章で示したように、一進会の運動は高宗の財政改革に対する民衆の反応に対応したものであり、地方では決定的な社会的影響力を持っていた。地方での一進会の争議は、本章で分析する平安道と忠清道の二つの地域では異なっていた。しかし違いはあったものの、両地域における一進会の争議はポピュリスト的な方向性をあらわにしており、政府の権威と社会的な既成権力層に対して明示された民衆の力と利害の主張を明るみに出した。同時に、地方での一進会の闘争は、ポピュリストの他の運動に見られる共通の陥穽、つまり「民衆の利害」がなんであるかについてはあいまいであり、矛盾する利害と価値を持っていた幅広い住民の間に「民衆の力」を強化するための持続可能な手段を作り上げるのが難しかったという点などは避けられなかった。

平安道におけるこの運動への地方の反応は、公土と雑税という二つの主要な関心の分野において異なっていた。一方では公土に関する一進会による抗議は小作権、財産権、舎音の地位についての多くの争議を発生させた。これらの争議は、一進会の「新しい地方闘争」と呼んでもいいかもしれない。地方の一進会会員たちは、従来の地方エリートや地域のその他の関係者たちがそうした土地について確立していた経済的な利害と政治的な特権の束を混乱させた。他方、雑税を廃止しようとする一進会の運動は、内蔵院の代理者たちに対する地方の納税者と地方官吏たちの不満を明るみに出した。内蔵院から平安道に派遣された収租官の趙鼎允《チョジョンユン》は、これらの争議の中には、少数ではあるが、一進会会員たち、郷会の長たち、そして地方官たちの間で「韓国の君主に対する地方の同盟」へと発展したものがあったことに気がついた。

このいわゆる地方の同盟が示唆しているように、韓国皇帝がほとんどの財源を内蔵院へと移し替え、その収税官を直接派遣した時、彼は、地方官たち、郷吏たち、そして郷任たちを相互に結び付けていた古くからの国家のネットワークを不安定にしてしまったのだ。これらの地方官や地方エリートの中には、租税に対する自分たちの管理を再度主張するための口実として一進会の租税抵抗運動を利用した者もいた。しかしながらこの「同盟」は一時的で、局地的なものであった。というのも地方エリートの一進会会員に対する敵意は根深いものであり、また日本の統監府が最終的には一進会に租税抵抗運動を止めさせたからである。日本の統監府は、歳入の財源を拡大しなければならないと焦っていたので、税務への一進会の介入を恐れたのだ。

一九〇四年一一月の日本軍の調査に従えば、五〇％以上もの一進会のリーダーたちが自分たちの身分をかつての官吏あるいは士人《サイン》だと記したし、その残りはもっと低い社会的集団の出身であった。林雄介は、四九名の一進会の役員のうち、二一名は元官吏と記録され、二名は進士《チンサ》、そして二六名が士人であったと引用する。八八三名の進歩会の役員のうち、元官吏が二二名、四名が前進士、四〇三名が士人、三一六名が農民、そして一三八名が商人であった。士人というカテゴリーが正確にはどのような身分集団に属するかは明らかではない。林は、一進会の指導層の中で士人の割合が高かったがゆえに東学教徒の農民と融合したそのメカニズムとプロセスを将来の研究では調査するようにと提案する。この士人というカテゴリーは、一八世紀以来旧貴族層に対する地方における闘争を経験してきた新郷《シンヒャン》という新しい地方エリートと対応していたのかもしれないと林は考える。国家による搾取が新郷と政府官吏たちの距離を広げ、不満を持った農民たちと彼らを同盟させるようにしたと林は示唆する。[1] 金鍾俊《キムジョンジュン》も、地方の一進会は、何よりも課税権限と地方行政の権限をめぐる郷権《ヒャンクォン》（地方での権力）を求めての地方におけるこうした闘争を再燃させたと論じる。[2] 彼は最近の研究において、一進会の中心的な指導者は政府高官あるいは貴族のかつての「傔人《キョミン》」（家令）であったことを発見した。[3] 一進会の指導者たちが「人民」を動員し、さまざまな社会的背景を持つその会員の同盟を作り上げた様式あるいはメカニズムを理解することが重要である。このありようが「ポピュリズム」なのだと私は本章で提案する。

忠清道における一進会の争議では公土の管理と小作権の再分配に焦点が当てられた。平安道のケースと比較してみると、忠清道からの『各司謄録』の記録はもっと均質的で、争議事件についての一進会の会員自身の請願はめったに含まれていない。[4] 忠清道の記録は主として地方における一進会の反対者たちの声と感情を伝えてくれるのであるが、そこでは一進会の会員たちは「強欲で」「不法で」「ならず者のようだ」と述べられている。忠清道の一進会支会は、その道における全公土の管轄権を統御し、その土地から従来の小作人を退去させ、小作権を一進会の会員か、あるいは一進会に入会するのに同意した人に移管するために大胆で統制のとれた動きをおこなった。いくつかの記録はこの過程がまったく恣意的であったことを示している。忠清道の支会は公土からの退去とその再分配においていくつかのルールを設けた。ただしそれらは耕作のため小さな土地ですら熱心に維持しようとした一進会の小作人を抑えることはできなかったように思われる。

韓国の高名な経済史家金永燮《キムヨンソプ》とその弟子たちは、朝鮮王朝末期における土地所有権の問題を解決するのにブルジョワ改革と人民的解決の二つの可能な道があったことを示唆した。一八九四年の甲午改革とそれに続く朝鮮政府による地籍調査は、法的に地主の私的所有権を確認し、農民による土地改革の要求を無視することで、最初の方向性を強化したと彼らは論じる。そして彼らは一八九四年の東学農民反乱はこの第二の方向性を表明したものだと想定する。というのもこの解決策が農民軍の改革綱領の土地改革条項に明確にされているからである。柳永益《ユヨンイク》はこの見方に懐疑的である。柳永益は、一八九四年の反乱が、周縁化されてはいてもまだエリート層であった儒学の徒——彼らは王国の復活を思い描いていたが、それ以上のことは何も考えていなかった――によって率いられたもっと保守的な運動であると理解している。一八九四年の農民軍自身の文書、あるいは当時政府によって作成された他の資料の中には、土地改革の要求の証拠はないし、しかも存在している唯一の証拠は、植民地期に書かれた『東学史』という二次史料の中にあるだけだと柳永益は論じる。土地改革条項は、植民地期に人気があったマルクス主義思想の知識を持っていたこの作品の作者によって後年付け加えられたのではないかと柳永益は疑っている。[5]

忠清道の一進会支会のやり方は、この議論に深みを与えるかもしれない。この地域の請願者たちの中には支会の会員を「一進会－天道教」と呼び、その起源が東学であったことを認めていた人たちもいた。忠清道の支会の農民会員たちは土地の配分に対する自分たちの不満を表明し、可能な限りあらゆる手段を通じて自分たちの利益を確保しようとした。忠清道の支会は支会独自の解決策を講じた。彼らは国家所有の土地に関して支会による行政管轄権を行使することによって、小作地を一進会の農民たちに分配しようとした。その指導者たちが、革命とか、あるいは国家の指導による全面的土地改革などを構想していなかった時には、この解決策には限界はあったものの、一進会の農民たちの不安と土地に対する欲求を扱うには可能な方法であった。

平安道と忠清道の両方の記録は、ソウルの一進総会が地方支会会員の行動を規制しようとしたことを裏付けてくれる。運動の初期には、一進会は、その会員たちが自分たちの個人的な利益のために組織の力を使わないようにと指示した。たとえば一九〇四年一一月に『大韓毎日申報』は、一進総会が内蔵院に付属していた土地を取り戻そうとした二人の地方会員を追放したと報じた。この会員たちは内蔵院卿の住まいを訪れ、内蔵院の収税官が自分たちの「私的な」土地を奪ったと訴えた。一進会の司法委員（法と規則に関する委員会の委員）でもあった廉仲模《ヨムジュンモ》と梁在翼《ヤンジェイク》がこの件を調査し、この地方会員が自分たちの土地争議を解決する「悪しき」意図を持って一進会に入ったことで、一進会の「真の」目的が毀損されたと警告した。[6] 忠清道の支会員がその訴状と請願書を内蔵院へ提出しなかった理由のひとつは、おそらくはそういう理由のためであったのだろう。こうしたことは平安道の会員には見られなかったことである。

一進総会は、小作権もしくは国に認められた立場あるいは他の諸特権について、地方の他の関係者たちと複雑な争議をおこなっていた地方支会員にその規則を押し付けることはできなかったようだ。一進会が強力な組織として姿を現し、新しく権力を求めている人たちが自分の個人的利益のため一進会の財源を運営するべくこの組織に加わった時、こうした問題はさらに悪化した。当時の日刊紙はこうした権力追求者たちを一進会の「藉托者《チャタクチャ》」（一進会を名乗る者）と呼び、地方におけるさまざまなたくらみを彼らのせいにした。[7] しかし一進会会員の「欲深さ」に対するこの敵意は、地方における争議の固有の性格をも反映している。というのはそうした争議においては、一進会の追随者たちの利益が、地方エリートとその仲間による既成の規範と特権に束縛されることなく擁護されたからである。その結果、地方社会を一進会の追随者とその敵対者に分断する無数の争議が発生した。

政治的迫害──旧地方エリート対新しいポピュリスト

一進会はより幅広い政治参加のために、重要な意味を持つ非エリート運動を指導した。朝鮮政府は甲午改革以来、幅広い社会基盤から官吏を採用し、いわゆる下級エリートを国家の官吏の予備要員へと統合した。[8] 両班貴族は非両班エリートに対する社会的区別を主張し続けていたが、非貴族エリートは光武政府の中で官吏の相当部分を占めていた。ところがこうした非貴族エリートでも邑内や農村部では「無知な」一般人から距離を置いていた「高官」なのであった。[9]

『大韓毎日申報』に載ったひとつの記事は、このような「開化エリート」が一進会あるいは進歩会の集会への普通の人々の熱心な参加をどういう視点から見ていたのかをうまく表現している。『大韓毎日申報』は咸鏡道からのある旅人のニュースを伝えてくれる『皇城新聞』の報道を転載した。この旅人は咸鏡道の永興《ヨンフン》と徳源《トグォン》で進歩会の集会を見、その参加者たちがすべて「無知で無学」であり、田舎で「畑を耕している」人たちであったことに気がついた。この記事は、無知な人々が突然町や市《いち》へと集まって来、人民の「開化」、国家の維持、そして人民の生命と財産の保全について「すごい」演説をおこなったことに対するこの観察者の驚きを伝えてくれる。この記事は、こうした人々はかつて外国人が大嫌いであったのに、新しい集会で他の人たちに自分の髪の毛を切ってくれと頼み、「開化」と「進歩」のために日本人と仲良くするよう求めたことを強調した。この記事は、これらの人々が一字無識《イルチャムシク》（目に一丁字も無いこと）であり、「開化」の意味、あるいは国際的な出来事を理解してはいなかったと繰り返し述べた。それまで彼らは蓬頭乱髪《ポンドゥナンバル》（ぼさぼさ頭）で、「土を掘り返して」いただけだったのだ。これら「畑を耕していた」人たちはそれまでは自分の髪を「千金」のように大事にし、短髪の人たちを見ては「倭奴《ウェノム》」（日本人に対する悪口）と呼んでいた。この記事は集会に来ていた人々を卑しめる意図はなかったが、彼らの突然の変化に対する観察者の驚きと同様に、これらの「無知な」人々に対する観察者の距離をも明るみに出した。[10]

もっと保守的な地方エリートは、これら「無知な者たち」が一進会という組織に頼って権力を求めた時、とりわけ彼らが日本人とさらに密な結びつきを発展させた時には、敵対的であった。一九〇四年一一月以降、『大韓毎日申報』は反一進会のさまざまな策動や噂を報じた。韓国皇帝が民衆の集会を弾圧せよとの布告を出すと、地方官や鎮衛隊が一進会に対する最初の弾圧をおこない、地方の会員たちにさまざまな攻撃を仕掛けた。貴族や地方エリートが地方における一進会の主要な「敵」であった。一九〇五年一月の初め『大韓毎日申報』は、義兵がすでに平安道で決起し、しかも前官人《チョングァニン》（かつての官吏）の中には反一進会攻撃の部隊に参加する者もいたと報じた。[11] 嶺南儒生《ヨンナムユセン》（慶尚道の儒者）は反一進会陳情書を韓国政府に提出した。[12] また『大韓毎日申報』は、一九〇五年春、義兵を組織する通文が關北《クァンブク》（咸鏡道）地域で配布されたと書いた。[13]

韓国の君主は自発的に一進会と闘ってくれる手先として褓負商《ポブサン》を利用した。「褓負商」とは日用品を運び、地方の市場においてそれを売る伝統的な商人のことを言う。彼らはその地位を国家によって認められている強力な組織を維持していた。一九世紀末、高宗帝は自分に対する政治的な反対者を叩くためにこの組織を召集した。[14]『大韓毎日申報』は政府が一進会に対して褓負商の暴力を組織していた形跡を報じた。『大韓毎日申報』は「ソウルの五江地域でピョンサムクン（徒党を組んで喧嘩する人たち）が雇われた」と報じた。[15] この新聞によると褓負商は変装して一進会に加わり、その運動を混乱させるために自分の髪を切ってもらおうともした。しかしこの計画は失敗した。というのも一進会はその秘密と組織の安全確保を上手におこない、すぐにこの褓負商の陰謀を発見したからである。褓負商はその後自分の本来の地域に戻り、日本軍の計画に干渉し、これがあたかも進歩会の会員たちによってなされたかのようにせよと告げられた（ただし命令の出所が誰であるかは示されなかった）。[16]

一進総会は日露戦争の戦線上に近かった咸興《ハムン》の進歩会に、最近韓国政府が短髪の五〇〇名から六〇〇名の人々をその地域に送りこみ、村人を虐待し、村人の家に火をつけ、日本の軍事作戦の妨害をするように命じたとする教示書を送った。[17] 実際、進歩会は元山《ウォンサン》でこうした「偽の」会員をとらえたのだが、文川《ムンチョン》の郡守が介入し、その人物を進歩会から奪還した。[18] 一進会は、褓負商が北西部各道の平壌、黄州《ファンジュ》、瑞興《ソフン》の多くの会員を殺傷したと断言した。[19] 一進会には、この暴力がもともと一九〇四年に設立された共進会に発すると信ずる理由があった。というのもこの組織が褓負商による反一進会攻撃を動員したからである。[20] そのころ一進会地方総会長李容九は、一九〇四年一二月二七日に負商班首《プサンバンス》（褓負商の指導者）の金龍文《キムヨンムン》とその息子が黄海道の瑞興郡で共進会を組織したという報告を受け取った。李容九は金龍文父子がその町や巡校《スンギョ》の間では勢力のある人物だと確認した。[21] 金龍文は郡守と協力して、その町の坊《バン》（街区）の都統首《トトンス》（街区長）となり、各地区で五家作統《オガジャクトン》（日本の五人組制度のようなもので隣保制）を強化していた。その後、彼は一進会の会員たちを攻撃するためにこの制度のもとに人々を集めていた。[22] 李容九はこうした攻撃について一連の報告を受けた。

一進会の公式史は、一九〇四年一二月二四日忠清道公州《コンジュ》で郷会による一進会に対する最初の暴力的な攻撃があったことを記録している。『大韓毎日申報』はこの出来事を報じ、この攻撃が一二月二二日に生じたとする公州郡守の電報を引用して、地方の約一〇〇〇人の人々が集まり、一進会の会員たちをこの地区から追放したと記した。ソウルの一進総会は、公州の「儒契《ユゲ》」（文人の結社）がこの攻撃を組織し、多くの一進会会員を溺死させ、彼らから衣服、金銭、そしてその他の持ち物を奪ったとの掲示を鍾路《チョンノ》の町に貼りだした。[23] その他の地域でも同様に進歩会の短髪の会員たちが政府官吏あるいは兵士たちの手による暴力に遭遇したが、これら官吏や兵士たちは会員たちの金銭や衣服を奪い、その家や家財道具を打ち壊した。一進会は怒って、これらの官吏や兵士たちに自分たちの会員の損失を補償させるべく告訴を計画した。[24] 一進会は、もし義兵がその地域で蜂起し、一進会の会員たちに損害を与えるなら、厳格な組織の指揮のもとにソウルへと上京するようにと支会に指令した。一進総会は地方の会員たちを守るだろうと約束した。[25]

『大韓毎日申報』によれば、一九〇五年二月初頭までは、平安道の一進会支会はその会員の安全確保に自信を持っていた。会員たちの間では一進会会員が「東学教徒」と「間違われて」平安北道において深刻なトラブルに直面したという点については否定的であった。支会はソウルの一進総会から一〇〇〇部の規則冊《キュチクチェク》（会則）を受け取ってすぐに新しい会議を開こうと計画した。[26] しかしその春、深刻な反一進会攻撃が平安道の徳川《トクチョン》と孟山《メンサン》で発生した。日露戦争の勃発以来日本軍がこの地域を占領していた。日本軍は、いくつかの地域において田畑の大きさ、毎年の収穫量、そして世帯の数を調査するよう一進会に命じた。[27] この命令はまさに伝統的に収税と業務の割り当てを担当してきていた郷会の地位と役割を奪うものであった。怒りくるった地方エリートは、一九〇五年の春一進会に対して突如攻撃的になり、日本軍の手先としての仕事を告発した。[28] 面や里の官吏たちは一進会の会員たちを捕まえるために一致団結した。一進会の会員のように髪を切り黒い服を着ている者を殺しても犯罪にはならないと彼らはうそぶいた。彼らは一進会会員の穀物、金銭、牛馬を押収した。一進総会は、このような暴力を放置しているとして観察使や郡守を非難し、内部大臣に暴力を働く首謀者たちを逮捕し、彼らの犯罪を高等裁判所で裁くようにと要請した。[29]

同様の出来事が鐵山《チョルサン》でも続いた。一九〇五年三月、鐵山郡守が、郷長やその他の郷任、そして鐵山郡義兵軍の義兵長の助けを得て、一進会に攻撃を仕掛けたのだ。彼らは褓負商を動員し、一進会の事務所を包囲させた。さらに一七名の一進会会員を攻撃し、事務所にあった彼らの持ち物を破壊した。また一進会会員たちの近隣の家をも打ち砕いた。[30]宣川《ソンチョン》では一進会の会員たちがすでに三か月ないし四か月の間、日本軍のために鉄道建設や軍事物資の配送という辛い仕事に耐えていたにもかかわらず、一九〇五年の三月、地方エリートは一進会の会員たちにひどい労働を課した。これらの地方エリートたちはその郡の郷長、面執綱（面長）、そして洞任《トンイム》（村長）であった。地方の地主たちの中には一進会会員の断髪を憎むあまり、会員からその小作権を取り上げる者たちもいた。[31]

地方の一進会会員に対するこれらの政治的攻撃は、一進会を弾圧せよとの韓国皇帝の布告と密接にかかわっていた。そうした攻撃は地方エリート組織である郷会の中の反日的な心情のいくばくかを反映していた。地方政府は攻撃を組織するために国家の公的なネットワークを動員し、郷長たちがこうした行為を援助した。日本軍が郷会の役割を奪い、その代わりに一進会の会員たちにそれを割り当てた時、郷会が暴力的な反一進会攻撃を独自に組織した場合もあった。こうした政治的な攻撃に続いて、次節で述べるように、さらに複雑な地方の争議が発生した。

平安道

旧舎音と一進会との闘争

韓国政府による最初の迫害は、成功を収めた租税抵抗運動ならびに一進会以外の地方の関係者たちに対する多くの経済的な争議を一進会が指揮するのを妨げるものではなかった。公土の旧舎音たちは一進会の租税抵抗の第一の犠牲者であり、彼らは多くの請願を内蔵院に送った。舎音の役割は、中央政府から派遣される収税官吏を支えるもので、中間収税執行者の役割に似ていた。舎音の中には、その地位を何十年も保持していた者たちもいたし、場合によっては、そのポストを代々その家族内で相続してきた者たちもいた。舎音たちは、その土地に関する権限が他の政府諸機関から内蔵院へと移管された後ですら、その権利を保持していた。これらの収税代理人らの多くが両班貴族であるというのはありえないが、しかしそのうち何人かについては両班貴族であったことが確認される。

旧舎音たちは憤慨して一進会に対する無数の訴訟を起こした。これらの告発は一進会がかかわりあった地方争議の多様な性格を明らかにする助けになる。たとえば一九〇六年五月、龍川《ヨンチョン》の屯舎音（公有地の小作人監督官）であった金士吉《キムサギル》は、数人の一進会会員が公穀《コンゴク》（国家の歳入）に予定されていた三六石の穀物を押収したと郡守に訴えた。郡守はこの告発が有効であると認め、金士吉に穀物を返すようにと会員たちに命じた。この郡守が一進会の会員であった鄭智弘《チョンジホン》を逮捕し、金士吉の面前で彼を取り調べた時、鄭智弘は自分の不満の背後にある長い歴史を説明した。

金士吉の父親金致命《キムチミョン》は一八八三年に舎音の地位を得た。彼は一進会会員鄭智弘の父親とその他の小作人たちが所有していた土地を調べた後、力ずくでその土地に関して小作権限を与える公文《コンムン》（公的な書類）を奪い取り、これらの土地を公土へと付け替えたと鄭智弘は非難した。鄭智弘は、時が移って改革者に有利となり、彼が金致命の「犯罪」を非難するのがいまや可能となったと主張した。鄭智弘は次のような意見で自分の弁護を締めくくった。「小作人たちは金致命の脅かしが怖かったので、不満を表に出さなかったのだが、改革の時がやって来、天の道が戻って来たので、彼らは今や自分の土地を回復することを望むのだ。」[32]

金士吉は父親を弁護するためにこの告発に応えた。彼の父親が廣川《クァンチョン》堰堤の舍音であった時、ソウルから派遣されてきた官吏がこの地域の土地を調査し、鄭智弘と他の小作人のものであった土地を公土へと算入した。問題の土地が公土に付け替えられたのはもう二〇年以上も前のことであった。金士吉はこの土地を返すことを拒絶し、「中央政府からの官吏が私の父の在任中に登録した土地をどうして鄭智弘に返すことができるのでしょうか」と問うた。[33]

安州《アンジュ》郡の一進会に関係している一二名の小作人は金士吉の弁護に反駁し、金士吉が小作人からその土地を奪ったと主張する請願を経理院に送った。[34] 小作人たちは人民の重要性についての一般的な声明でその請願を始め、「人民だけが国の基である。基がしっかりし、しかる後に国は、万国の手本となることができるだろう」と主張した。彼らは、金士吉が中央政府の高官に賄賂を送り、人民を搾取した典型的な貪官汚吏だと述べた。

小作人たちは、その土地の歴史を詳しく語った。肅川郡にある廣川堰堤はもともと郡の郷会の郷堂《ヒャンダン》（庁舎）に付属していた。小作人たちはその地代として一八〇両を支払っていた。金致命は宫官としての息子の権力を利用し、一八八三年の秋にこの堰堤の舎音の地位を得た。彼は一二日耕の土地から小作人を立ち退かせた。この出来事の後、小作人たちは四年もの間請願をおこない、中央政府から肯定的な判定を受け取った。それにもかかわらず金一家はその命令に従わず、観察使と結託して、この争議に介入しようとたくらみ、自分たちに対して抗議を続けていた小作人たちを逮捕した。

一進会に属する小作人たちは、この争議地が元来は公土ではなくて、小作人たちの民畓《ミンダプ》（私有地）であり、それゆえ金一家がこの土地の公式の文書を盗んだのだと強調した。彼らは自分たちの所有権は郡案《クンアン》（郡の土地台帳）に載せられていると主張した。小作人たちは次のように訴えて、この請願を閉じた。「宦官たちの権力は我々から自由、財産、天賦の権利を取り上げた。自由と権利がなかったなら、我々は生きていたとしても死者と変わらない。もし我々の請願が本当でないなら、死ぬことを誓う。」経理院はこの雄弁な請願を受け取るのを拒否し、「尤極無憚（極めて生意気である）」と述べた。経理院は、公土に付け加えられ、何年にもわたって固定された額の地代を割り当てられていた畑の私的所有権を小作人たちが主張するのは不適切であるとみなした。経理院は、もし小作人たちが、こうした妨害を繰り返すならば、罰せられることになるだろうと警告した。[35]

金士吉の場合、土地に対する自分の権利を回復するための小作人による異議申し立てで始められたが、一進会に奪われた公土に関して自分たちの地位と慣習的権利を回復するための試みを舎音たちがおこなった場合もあった。成川《ソンチョン》の李泓燮《イホンソプ》は、奎章閣付属の一〇・五日耕の公土について一九〇六年六月に一通の請願書を書いた。李泓燮はその請願書の中で自分の身分を士人、そして自分の地位を舎音と述べた。李泓燮は、關西《クァンソ》（平安道）と海西《ヘソ》（黄海道）における可耕公土の慣習的権利を以下のように述べた。もし舎音が公土に関してある額の地代を支払う自分たちの義務を満たすならば、彼らは私的な土地所有者とほとんど変わらないと彼は書いた。五〇年の間、李泓燮は争議地に課された五〇〇両の毎年の地代支払いを決して滞らせはしなかった。一九〇六年三月、一進会会員の尹貞涉《ユンジョンソプ》と金光錬《キムグァンリョン》が、李泓燮の土地は公土であり、従ってそれを収用し、それらを一進会の学校に付属させると突然主張した。公土からの地代徴収は政府の認可に基づかなければならないのに、しかるに一進会は何の法的根拠もなしに耕作期に土地を奪ったと李泓燮は不平を述べたてた。彼は、一進会会員たちに訓告を与え、認可の文書をもって再度自分の立場を確証してくれるようにと経理院に求めた。[36]

この郡の収租官は李泓燮の請願を認め、この土地を学校に付属させることは止めるようにと一進会に命じた。ところが一進会支会はこの命令を拒絶するだけの力を持っていた。一進会は自分たちの会員の一人のために舎音の地位を確保し、地代を支払うために収穫された李泓燮の大麦を没収した。李泓燮は、経理院が一進会の会員たちを逮捕し、彼らに自分の大麦を返還するように命じてほしいと要求した。「もし政府の命令すら、一進会会員たちを抑えることができないとしたら、どうやって遐土《ハト》（遠隔地）の人間が自分を守ることができようか」と彼は問うた。[37] 龍岡《ヨンガン》郡のもう一人の舎音であった徐信鳳《ソシンボン》は一九〇六年六月における一進会の追い立てに対して同様の告発をおこなった。彼はほぼ一〇年間、龍岡郡の赤《チョク》堰堤の舎音であった。一九〇六年、徐信鳳が畑に種をまき終わった後、一進会会員の金寛新《キムグァンシン》がこの郡の郷長となり、この堰堤の周辺と土地から徐信鳳を追い出した。その後、金寛新は小作権を一進会会員の手に移管した。一進会が大衆の力を盾にして、政府の許可なしに自分からその土地を奪ったと徐信鳳は経理院に異議の申し立てをおこなった。[38]

多くの場合、一進会に対する法的な争議は、その所有権があいまいであるか、あるいは複雑な公土に関する慣習的小作権もしくは財産権に関しての争いから発した。たとえばこの問題は、宮庄土（王宮の土地）の舎音が一進会に対して起こした訴訟の中に見て取れる。景祐宮の導掌《トジャン》（家令）たちは、一九〇六年一一月、嘉山《カサン》にあった王宮の庄土《チャント》に関して嘉山郡に請願した。彼らが王宮の土地付属の畑に堰堤を建設しようとした時、何人かの一進会会員が、この葦原は軍の機関である将士庁《チャンサチョン》に属していると主張した。嘉山郡は導掌の立場を支持し、一進会に堰堤の建設を妨害しないようにと命じた。

一進会会員たちは導掌の要求に従うのを拒み、自分たち自身の請願を経理院に送った。経理院がその告発を認めた時、会員たちは王宮の畑で干し草を刈取り、それを売却した。導掌は憤慨し、もし経理院が一進会のこのように誤った申告を受け入れるならば、私有地や公土の所有権を守るのは不可能となってしまうだろうと主張した。王宮の導掌の抗議があって、経理院は先の一進会の小作人たちへの承認を取り消した。[39] 王宮の導掌と一進会会員たちの争いは解決することなく続けられた。景祐宮の宮監《クンガム》は、一九〇七年一月に経理院の命令に従うのを拒絶したと一進会会員を非難する請願を準備した。彼はこの請願に王宮の土地の量案《ヤンアン》（土地台帳）を添付し、その土地に対する一進会の主張を無効にしようとした。導掌は、もしその土地が将士庁に属していたならば、嘉山郡がその記録を持っていないのは何故なのかと疑問を呈した。[40]

一進会は一九〇七年三月に回答した。この土地に関する本来の文書は当時利用できなかったが、郡守が村の長老たちの証言を検証し、一進会の主張に納得できると、判断を下したというのだ。この判断により、この土地は王宮から経理院へと戻された。たとえ一進会会員たちがこの土地は王宮に属していると認めたとしても、それは公土に結び付けられており、堰堤の中の区域はどのように考えても王宮の財産に含まれるものではなかった。一進会会員たちは堰堤を建設しようとして多額の金をすでに投資してしまっていた。もしこの土地が王宮に移管されるなら、自分たちに多額の財政的損害を与えることになるだろうと、彼らは主張した。[41]

上記のケースに従えば、公土の舎音は、地代を徴収し、小作権を割り当てる権限を持っていた。平安道では舎音が政府に公土の毎年の地代を支払うという義務を満たしたならば、彼らは事実上地主と変わりなかった。彼らはこの地位を何年間も保持し、それを家族に相続させてきた。公土には二種類の舎音がいた。王宮の宦官の父親であった金致命の場合のように、自分に対する官許を中央官庁のコネを通じて取得していた者たちと、自分自身の資金を公土へと投資し、それらに対する慣習法上の権利を有していた者たちである。後者の場合、舎音への一進会の攻撃は、「人民の財産を守る」という自分たちの綱領を掘り崩すことになった。一進会は舎音のポストを取り上げるか、もしくは公土を地方の一進会学校へと移し変えた。統監府下では地方社会に自分の命令を強制する権限が経理院から奪われていたので、平安道における多くの場合、一進会に反対する命令があっても、旧舎音がそのポストを失うことを阻止することはできなかった。

公土をめぐっての旧小作人たちと一進会の争議

一進会は公土の旧小作人たちとの数多くの法的な争議を抱えていた。これらの古くからの小作人の主張は、自分たちの私的な資金を投資し、土地に対する慣習的な権利を獲得した旧舎音の主張と似ていた。たとえば李雲燮《イウンソプ》は、一九〇六年七月に永柔《ヨンユ》郡にある徳池《トクチ》堰堤に付属していた于勒《ウルク》堰堤に関して経理院に訴えた。この堰堤の建設はもともと荒れ果てていた公土内で水浸しになっていた地域を埋め立てたものだと李雲燮は主張した。李雲燮は自費でこの堰堤を建設し、この地域の灌漑を改良した。この土地を要求した後、彼はそれを耕作する権利を得た。彼は徳池堰堤の屯監《トウンガム》に毎年地代として米を二三石支払った。ところが一九〇五年、一進会会員たちが突然この畑から収穫することを彼に禁じた。彼らは現金で地代を払うようにと李雲燮に無理強いし、彼がその畑に近づくのを妨げた[42]。李雲燮は請願書に関連書類を添付し、経理院がこの土地に関する自分の小作権を保護してくれるようにと要請した。

博川《パクチョン》郡の金相昱《キムサンウク》は公土内の自分の畑を奪われたもう一人の小作人であった。彼も自分自身の資金で畑を開墾し、その畑に対する権利を獲得していた。金相昱は、安州の安益顯《アンイッキョン》が一進会会員の韓元模《ハンウォンモ》と手を結んで、一九〇六年の春に彼の畑で獲れた大麦を彼から奪ったと一九〇六年一〇月告訴した。安益顯が自分の息子に偽りの告発をさせ、このようにして自分に不利となる政府の決定を得たと金相昱は主張した。金相昱によれば、一九〇六年秋安益顯と幾人かの一進会会員たちは金相昱の畑の小作人たちに、その畑からの毎年の収穫物を差し押さえるようにと命じた。奪われた収穫物を安益顯の手から取り戻し、自分にこの土地を借り続けるのを認めてくれるよう金相昱は経理院に求めた[43]。

龍川《ヨンチョン》の李寛渉《イクァンソプ》は一九〇七年五月に同じような告発をおこなった。彼は東下《トンハ》面にある公土の畑の中に自分の資金で堰堤を建設した。彼は年に穀物五石の地代で一〇年間この土地を借りるのを認めてくれる公文（公的書類）を受け取った。小作人の鮮于乃京《ソヌネギョン》と張在春《チャンジェチュン》、それにその他の人たちが、一九〇五年に一進会会員となり、一九〇四年と一九〇五年の全収穫物を自分たちのものにしたと李寛渉は主張した。小作人たちは、一進会が公土の地代徴収を担当するという口実で、このような行動をとったのだった。[44]

もうひとつの事例では、龍川の金亨寛《キムヒョングァン》と韓鳳曾《ハンボンジュン》が一九〇六年九月に一進会を訴える請願を提出した。彼らは龍川郡黄草坪《ファンチョピョン》の葦畑の権利を道政府から購入していたと主張した。葦は床敷とか窓覆いのための原材料となるので、この地方では重要な農産物であった。当時の平安北道の観察使署理であった趙鼎允《チョジョンユン》は一九〇三年、この葦畑を通引庁《トンインチョン》〔雑務担当部局〕に付属させた。趙鼎允はこの部局の出費をまかなうために、原税《ウォンセ》（本来の固定率の税）とともに、この畑から余分の金を徴収した。一九〇四年に日露戦争が勃発した時、平安道監察府はこの部局のために必要な財源を確保することができず、ほとんどすべての雑務係が散り散りになってしまった。その後、趙鼎允はこの葦畑への権利を三年期限で売りに出した。

金亨寛と韓鳳曾は、この権利を二五〇〇両で購入し、原税を毎年支払うのを引き受けた。ところが一進会会員の李東彙《イドンフィ》と郷長李泰浹《イテヒョプ》が一九〇五年に葦の売上分から一五〇〇両を奪いとり、その金を戻してくれないと、金亨寛と韓鳳曾は申し立てた。この一進会会員と郷長は一九〇六年の秋には再度この畑から葦を取っていこうとした。侮りを込めた表現の中で、金亨寛は一進会を「開明於確奪之会民」（略奪へと開化された会員）と述べた。金亨寛はこのような行為がどうして一進会の義務でありうるのかを問いながら、李東彙は開化の目的を無視し、「他の人たちを略奪するという悪辣な陰謀」に取り組んだのだと書いた。金亨寛は道政府によって発行された認可書類を自分の請願書に添付した。[45]

一九〇六年一〇月、金亨寛と韓鳳曾は、一進会会員の李東彙はその金を請願者たちに戻せという経理院の命令を尊重せず、その葦を清商たちに売り払ったと再び請願した。請願者たちは、皮肉っぽく、一進会はどうしてこのような振る舞いを「啓蒙的な」行動だと呼ぶことができるのであろうかと問いかけた。[46]

これらの事例の四件ともが、公土に関する一進会の租税抵抗期間中の一進会と中賭主の間の争議を描いている。請願者たちは貧民化した小作人とは大違いで、土地、もしくは儲ける機会に投資する物的資源を持っていた。最初の三つの事例の請願者たちは、一進会が小作人たちをたきつけて収穫物を押収したと主張した。この事例が示しているように、彼らはその土地を又貸しして、畑の実際の耕作者たちからもっと高い地代を徴収していた。一進会は本来の地代にのみ同意し、それ以上の地代を払うのを拒絶したので、請願者たちは自分たちが政府に地代を払った後、その余剰を享受することができなくなった。龍川の葦畑の件においては、請願者たちは「中賭主」でもあった。彼らは政府に原税を支払ったあと、葦畑から余剰を享受していた。ところがこの場合、一進会が実際に関与したかどうかは明らかではない。

請願者たちは全員、自分たち自身が物的投資をしたがゆえ、自分たちにはその土地から余分の地代、つまり利益を求める資格があるし、政府がその認可を与えていると主張した。彼らは、一進会の行動はこのような認可の侵犯であり、不法かつ不正だとみなした。これら小作人たちの社会的身分は貧窮化した小作人よりも古くからの舍音のほうに近かった。請願者たちはある程度の富を蓄積し、その富に対して国から認められていた特権を獲得していた。これらの特権は余分の地代を徴収する権利を含んでおり、彼らの富をいっそう増やすことに貢献した。要するに、請願者が自分たちの身分と財産を維持することができるためには、国から認められた特権が決定的であったのだ。このように彼らは国家権力と旧体制の権威から利益を得ていた。一進会はこれらの四件において、国が認めたこのような特権を認めることを拒否し、中間的な地代徴収者に対して実際に耕作している小作人の利益を擁護した。葦畑の富裕な土地貸出者は、こうしたことは「啓蒙的」行為というよりはむしろ「略奪的行為」だとあざけった。

一進会の舎音

一進会会員たちは抗租運動で成功を収めた後、かつての舎音の地位を引き継いだ。定州《チョンジュ》においては、一進会会員たちが公土における舎音の多数を占め、中央政府に地代を届けるのを拒否した。政府の記録は、公土の一進会小作人たちが自分たち自身の舎音を選び、彼らに旧舎音の役割を任せたことを示している。平安北道における経理院の収租官趙鼎允に従えば、一進会の舎音は、一九〇七年一一月に定州における不払い税の八〇％以上に責任があった。公土の未納公土穀価（未納地代の現金での価値）は五六一四両九銭五分にもなった。この不足額のうち、一進会の舎音には四五五二両九銭五分に責任があった。定州郡守は七名の郡派遣舎音を選び出したが、一進会のほうは、表4に見られるように、都舎音（舎音の統括者）の李俊洙《イジュンス》とその他の二一名の舎音を選んだ。[47]

一進会が舎音のポストを獲得したため、一進会の運動は活動の本来の方向性からは相当逸脱することになった。一進会がその闘争の果実を配分する仕事に直面した時、一進会は、しばしばあいまいで

表4　1907年11月における平安北道定州郡の未納税公土

一進会舎音	
氏名	未納税
李俊洙（イ・ジュンス）	1,368両8銭5分
金洙仁（キム・スイン）	988両
金公楫（キム・コンジプ）	390両
金鎭八（キム・ジンパル）	380両
康利浩（カン・イホ）	149両6銭
李基洙（イ・ギス）	160両
李炳基（イ・ビョンギ）	70両
辛鳳梧（シン・ボンオ）	266両
李之文（イ・ジムン）	187両
呉贊洙（オ・チャンス）	40両
朱文昇（チュ・ムンスン）	20両
李達源（イ・ダルォン）	55両
李學燁*（イ・ハギョプ）	130両5銭
文之永（ムン・ジヨン）	51両
宋時殷（ソン・シウン）	30両
全貞默（チョン・ジョンムク）	30両
全觀容（チョン・グァニョン）	20両
康致三*（カン・チサム）	100両
金訓汝（キム・フニョ）	55両
崔鐘洙（チェ・ジョンス）	37両
文在順（ムン・ジェスン）	25両
（小計）	4,552両9銭5分
（合計）	5,614両9銭5分***

官舎音	
盧永善（ノ・ヨンソン）	13石5升
金學彬（キム・ハクビン）	7石
金仁河（キム・イナ）	1石6斗
李學燁（イ・ハギョプ）	1石
金奎行（キム・ギュヘン）	2石5斗
盧致三（ノ・チサム）	4斗
康致三（カン・チサム）	3石6斗
（小計）	29石1斗5升**

* 李學燁と康致三は一進会舎音および官舎音の名簿の両方に含まれる。
** 1石は38両に換算される。従って小計は現金で1,108両となる。
*** 計算すると5,660両9銭5分となり46両が不足となるが、史料に従うこととした。（訳者）
出典：各司謄録38：423〜424頁。

あった「人民の利益」を定義し、さまざまな関係者たちの間での複雑な利害対立を解決するのに困難を覚えた。それ以上に一九〇六年以降、統監府は政府による課税への一進会の介入を制限しようとし、それに成功した。こうした状況下に、一進会の活動は次第にそれ自身の組織の必要性とその会員の限られた利益に有利な計らいをする傾向を示すようになった。一進会支会の中にはその組織の出費をまかなうために徴収した地代を私物化するところもでてきた。またその他の支会の中には、公土における小作権を直接一進会会員に移管させたところもあった。こうした行動すべてが地方社会における一進会に対する敵意を激化させることになった。同時に改革派エリートたちが経営していた新聞や雑誌が一進会の地方での争議を強調し、そうした争議を一進作弊《イルチンジャクペ》（一進会による不正）と非難した。こうした新聞や雑誌は、一進会が地方社会の「人間のくず」を組織に入れ、人民を略奪させていると批判した。[48]

最悪の場合、一進会の舎音たちが旧舎音のやっていたことを繰り返すこともあった。一九〇七年二月、龍川の一進会舎音であった安用瑄《アンヨングァン》は薪島《シンド》の軍駐屯地にあった葦畑に関しての法的な争議を始めた。龍川の金載熙《キムジェヒ》と鐵山の呉相殷《オサンウン》（呉尚殷とも表記）は、薪島鎮《ジン》（軍駐屯地）に付属していた畑の権利を購入していたと「うその」主張をして、その畑を不法に押収したと安用瑄は主張した。安用瑄はこの畑が鎮に付属していたことを否定した。それどころか外部《ウェブ》から派遣された官吏が一九〇六年にやって来、金載熙と呉相殷によるこの土地の横領を暴露したと彼は主張した。その後、この官吏は年に七〇〇両を支払うことで、安用瑄を舎音に任命した。安用瑄はこの金を中央政府に納入し、それから清商に葦を売却した。ところが金載熙と呉相殷は彼に対して訴えを起こし、彼を投獄するようにと、龍川郡庁を説得し、彼が清商に売却した葦を取り戻そうとした。その時、平安道の収租官がこの畑の小作状況を再調査し、安用瑄の立場を確認した。この承認に基づいて安用瑄は「盗んだと訴えられた葦」とそれ以外の財政的損失のゆえに三八三五両支払うよう金載熙と呉相殷に要求した。[49]

鐵山の住民呉相殷は安用瑄の主張に反駁した。龍川の郡庁は南坂平《ナムパン》に堰堤を建設しようとしたが、この建設を終えることができなかった。呉相殷は値引きされた価格でその畑を買い、その畑の売買のための書類を持っていたが、そこには四八名の地方名士たち――この中には座首《ジャス》（郷会の指導者）、儒郷《ユヒャン》（地方の士人）、そして官吏たちや職員たちが含まれていた――が売り主側で署名していた。鐵山郡守も書類に公印を押していた。一九〇六年、外部から派遣された検査官（外部委員）がこの地域にやって来た。彼は自分の権力を乱用し、安用瑄と相談した後、その畑を公土へと編入した。そのあと、検査官はこの土地を一進会会員たちに貸し出し、その畑に茂っている葦をわがものとした。呉相殷は怒って政府に請願し、政府は葦を呉相殷に返すようにと命じ、この畑の小作権の一進会への移管を禁じた。この命令に対して、安用瑄は収租官の趙鼎允と結託してはかりごとをめぐらし、鐵山の郡庁に呉相殷の逮捕を命じさせるよう経理院に促した。呉相殷は趙鼎允が自分に対する偏見を持たず、この事態を改善してくれるとは信じられなかったので、都まで旅をし、自分の請願を自身で経理院に提出した。呉相殷は、四八名の地方名士が署名し、郡守が印を押した政府の書類を提出することで、その土地の所有を証明することができたので、安用瑄は金載熙と呉相殷のこの土地を簒奪しようとした二度目の試みに失敗した。[50]

この争議中における安用瑄の振る舞いは、自分自身の得になるように中央政府の官吏たちとのコネを使うなど、旧舎音の行動を踏襲したものであった。この事例は以前とは変わってしまっていた一九〇七年における政治情勢をも示している。地方社会における一進会の権力は、その会員たちが趙鼎允のような収租官——彼は一進会の租税抵抗運動がピークの時には、一進会に対して積極的に敵対していた——との協力を求めるには十分なほどに大きくなっていたのだ。安用瑄と趙鼎允との協力は他のいくつかの地域において一般的な状況に一致しているがゆえに重要である。収租官の中には、一九〇六年中ごろ以降は、一進会と対決するよりも協力するほうを好む人たちもでてきた。この協力については第7章でさらに論じることにする。

一進会の舎音に対する訴訟は、この地方では珍しいことではなかった。一九〇六年の五月と六月には、价川の白時化《ペクシファ》、韓斗丙《ハントゥビョン》、崔南奎《チェナムギュ》、李聖鳳《イソンボン》、李善平《イソンピョン》も一進会の舎音車志範《チャジボム》と趙龍成《チョヨンソン》を訴える請願をおこなった。この二人の舎音は一九〇五年の秋に駅土の舎音ポストを手に入れる前は「挾雑之類《ヒョプチャプジリュ》」（いかさま師）であったと請願者たちは主張した。彼らは小作人に過度の地代を課し、およそ七〇石の穀物、薪のための四〇〇束の松の木の枝、そして八〇甕のキムチを奪取した。小作人たちは怒って、一進総会にこの搾取行為についての不満を訴えた。中央の一進会は車志範と趙龍成を組織から追放し、会員の金龍學《キムヨンハク》をその件を調査させるために送りこんだ。しかし金龍學も小作人からその土地を奪おうとし、小作人たちが調査のために提供した公的な書類を戻さなかった。小作人たちは心配になり、金龍學を逮捕して不法に私物化されてしまった土地を元来の耕作者たちに戻すようにと経理院に求めた。[51]

一九〇六年一〇月に龜城《クソン》郡にあった駅土の小作人たちは、一進会会員たちに小作権が移管されたことに対し抗議した。この郡は山間部にあり土壌が痩せていたので、小作人たちには豊作の年でも売りに出せる余分の穀物はなかった。この状態は公土ではいっそうひどかった。そうであるにもかかわらず、派遣されてきた舍音たちは畑の質を考慮せず、たとえば不毛な畑を単に古い書類に基づいて課税可能地のカテゴリーへと繰り入れた。その結果、小作人は余分な地代をかなり払わねばならなくなった。小作人たちは舍音たちの旅の費用、また酒や食べ物や紙代といったようなその他のさまざまな費用をも支払うことを求められた。一九〇五年の春と、さらに一九〇六年の春に、舍音たちが旧小作人たちを立ち退かせ、その土地を一進会会員たちの手に移管した時、状況はいっそうひどくなった。[52]

一進会は小作権を一進会会員の手に移しただけではなく、一進会の経済活動を拡大し、その財源をカバーするために土地からの利益を用いた。たとえば一進会は農業会社を設立し、土地あるいは葦畑を引き継ぐために政府からの認可を獲得した。[53] 一九〇七年一一月平壌にあった駅土の舍音鄭文夏《チョンムンハ》は、一進会会員の金利鉉《キムイヒョン》と全丙觀《チョンピョングァン》を相手取って訴訟を起こし、彼らが収租官の従人《チョンイン》（助手）に賄賂を送り、一進会の支出を満たすために駅土からの地代を着服したと主張した。[54]

要するに、一進会の租税抵抗運動はいくつかの地区ではかなり成功し、最終的にはかつての舎音のうち大多数が一進会の会員たちに取って代わられた。ひとたび一進会が「半官的な」地位に就くや、その会員たちは、何が「人民の代表」であると思われており、その指導権が旧地方エリートの指導権とはどのように異なっているかを明らかにするという仕事に直面することになった。一進会会員の中には実際新しい種類の責任ある指導者の必要性を認めているように見える者もおり、その人たちはこれらの土地から集められた地代を私的に着服するのではなく、地方学校に公土を付属させようとした。

ところが一進会は、地方の関係者たちの間の利害の衝突を仲介し、一進会出身官吏の権力乱用を制限するための適切な手続きを確立することができなかった。公開の集会はしばしば政治的な議論と現在進行中の問題の解決のための場としてではなく、政治的な演説の会場として機能していた。このような手続きの不在を考慮すれば、会員たちに旧地方エリートの行動をまねないようにさせることは一進会には不可能であった。一進会の行動主義がその会員たちによる政府内のポストと特権の獲得追求へとなり下がった時、人民の唱道者としてのその信任状はひどく傷ついてしまった。同時に地方エリートは、一進会の闘争は人民の利益を守るためになされているのではなく、正当ならざる目的のために作弊《チャクペ》（厄介ごと）を作り出すものだとけなした。

地方社会における政治的な分断——龍川郡の場合

一進会によって地方で生じさせられた混乱は、この時期の韓国における改革者の運動内部における幅広い政治的分断の重要なしるしであった。龍川郡における一進会の小作人たちと旧地方エリートの間の長きにわたる法闘争はこの点において、もしかしたら特別に考慮することが必要であるかもしれない。両方の側が相互にひどく敵対し、無数の非難を投げつけ合い、地方社会の内外においてかなりの暴力を発動した。小作人たちと地方エリートの間の経済的な対立は両方の側が地方社会の外側の大きな政治権力をその争議へと引き入れるに従って、政治的分断へと発展した。龍川の小作人たちはこの闘争において一進会に頼ったが、一方地方エリートはエリートの改革組織設立を支えることで対抗した。このことは一進会によるポピュリスト的運動と韓国の改革主義的エリートが統監時代におこなった「愛国啓蒙運動」との間に深い政治的亀裂が存在したことを意味した。

龍川における争議の淵源は、甲午改革の時の非登録課税可能地の調査にまでさかのぼりうる。龍川の地方エリート——名を挙げると、張連奎《チャンヨンギュ》、文錫浩《ムンソッコ》、白炳昊《ペクピョンホ》、金正錫《キムジョンソク》、李斗衡《イドゥヒョン》——が、一八九五年にいくつかの屯土が自分たちのものだと主張した。これらの土地はもともと政府部局に付属させられていて甲午（乙未）改革の時に内蔵院に移管された。張連奎とその他の人らがこの畑には沿岸地域の泥だらけの堰堤があってとても痩せており、一〇年に一度だけ収穫できるくらいだったと主張した。この土地は塩気があり、高波に襲われたり、干ばつがあったりして、めったに耕されたことがなく、他の土地とくらべるとほとんど利益を生むことがなかったので、内蔵院は当時この畑の管理人であった張連奎とその他の人たちにその土地を永久に耕作することを許した。内蔵院はそれを証明するための書類を発給し、その畑と小作人を新しく調査された陞總冊《スンチョンチェク》（課税地リスト）に登載した。内蔵院が一八九五年と九六年にこの畑に地代を課した時、張連奎とその他の人たちは収穫がなかったにもかかわらず地代を納めた。その後彼らは自分たちで資金を出し合って堰堤を築き、最終的にこの一〇年で初めてようやく収穫できるようになった。

　一進会支会会員の李東彙は、一九〇五年の秋、この畑に対して小作人の争議を引き起こした。李東彙は、孫箕善《ソンギソン》とその他の小作人に張連奎とその他の人たちが乙未調査の際、その畑の元来の小作人から、非登載陞總（課税可能地）を奪ったと主張させた。李東彙とその他の人たちは郡庁と経理院から派遣されてきた収租官に請願をおこなった。張連奎とその仲間たちは、郡庁は一進会の請願を拒否していたと反論し、別の書簡の中で、畑の一畝当たり三一両をこっそりと着服したと李東彙を非難した。さらに張連奎は、郡庁が孫箕善に公開の裁判で罪を自白させたとも主張した。

　李東彙とその他の小作人たちは張連奎の主張を退け、経理院から争議中の畑が自分のものであるとの承認を取りつけた。この事態を認めることを拒否して、張連奎とその他の人たちは、一九〇六年六月再度経理院に請願をおこなった。彼らは自分たちの主張を支えてくれるさまざまな書類を送ったが、その中には政府による認可の書類、小作人のリスト、郡庁の判決、李東彙の横領に関するこの郡の一進会支会長の手紙も含まれていた。[55]

　孫箕善とその他の小作人たちの方も翌月の一九〇六年七月にもうひとつの請願を準備した。彼らは争議中の土地である龍川郡の民垌《ミンドン》に沿っての畑は一〇〇年も前に郡庁の指示に従って作られたと主張した。地方の人々が力を合わせて堰堤を築いたので、この堰堤は民三垌《ミンサムドン》（人民の三つの堤）と呼ばれているのだと、孫箕善とその他の人たちは主張した。郡庁は邑の財政的な必要に応じるように堰堤や畑を地方政府の庫《コ》（倉庫）や庁《チョン》（行政部局）の付属としていた。乙未改革の際にそこの畑が郡から内蔵院へと移管されたのちも、小作人たちはその地代を払い続けた。孫箕善とその他の人たちは、文學詩《ムンハクシ》、白學曾《ペクハクチュン》、張連奎、金正錫、李斗衡、金禧國《キムヒグク》が当時郡の官吏であり、その争議中の畑から六八結を奪ったと告発した。堰堤の建設のため何らの労働をも供することなく、彼らは小作人たちが耕し収穫した穀物の半分を奪取した。さらに彼らは政府のものであった土地を売り払った。小作人たちは、自分たちはこの畑への自分たちの権利を裏書きしてくれる政府からの文券《ムンクォン》（書類）を所有していると、その請願の中で主張した。

小作人たちによるこの請願に応えて、経理院は文學詩とその他の人たちの逮捕を命じ、彼らがその土地を不法に売り払って集めた金――小作人の申し立てによれば五一五〇両――を小作人たちに戻すようにさせた。さらに経理院は一進会と結びついていた旧小作人たちへと小作権を返還するよう命じた。文學詩とその他の人たちはこの決定に従わず、白炳琳《ペクピョンニム》なる代理人を雇って、旧小作人たちに対する訴訟を継続した。旧小作人たちはこの代理人のロビー活動を不安に思って、再び請願書を送り、経理院が文學詩の「欺瞞」を拒絶し、畑への自分たちの権利を認めるようにと求めた。五四名の小作人がこの請願書に署名した。[56]

張連奎と文學詩側についた五名の小作人が、一九〇六年九月一進会の小作人たちに対して新しい訴訟を起こし、この畑は乙未改革の時に、内蔵院ではなく、度支部に付属させられていたと主張した。[57]

彼らは自分たちの資金で自分たちが堰堤を築いたのだとも主張した。彼らは認可書類と、政府と交換し合ったその土地の新しい小作人のリストを持っていた。文學詩とその他の人たちは一九〇六年一〇月に書かれたもうひとつの請願書の中で、この地方の土地争議における一進会の力の影響をも批判した。文學詩は、李東彙は龍川の一進会舍音安用瑄と相談して、この「悪しき」行為をおこなったと非難した。文學詩は、安用瑄と李東彙の協力関係は、金によって結び付いたものであり、龍川地域の公土に関する争議に責任があると主張した。自分に対する一進会の行動に激怒して、文學詩は、政府は法に基づいて李東彙と安用瑄を罰し、「政府の役所をけがすようなこうした不正を止めさせよ」という要求でこの請願を締めくくった。[58]

龍川における一進会と旧地方エリートたちの間の非難の応酬はますますひどくなった。一九〇六年一〇月、一進会と結びついていた小作人たちは地方エリートたちに反対する請願を準備し、そこで次のように述べた。

> 彼らは郷会の奸郷《カンヒャン》（悪辣な官吏）でありまして、地方官と謀って李東彙とその他の人たちを逮捕しましたが、彼らはまだ釈放されておらず、致命的な状況におかれています。文學詩と白學曾は旧小作人たちから毎年の収穫を奪おうとしました。文學詩とその他の人たちは安時益《アンシイク》と李大奎《イデギュ》にこの土地を売り払いましたが、彼らは状況をさらに悪くしました。

このころにはすでに経理院は文學詩のグループの側に立つほうへと傾きつつあった。経理院は、文學詩とそのグループはこの一〇年の間地代を納めるのを怠らなかったがゆえに、李東彙のグループの意図はその性質において犯罪的であると返答した。経理院は最終的に「このような犯罪的な振る舞い」は認められないと結論した。[59]

土地に対する争議は一九〇七年に新しい展開を見た。一進会と地方エリートたちは公土からの地代について争い、その地代を自分たちの管理下にある各地方学校に付属させようとした。文學詩を含む龍川郡の各郷会の郷長たちも、一九〇七年一月に学校を建設するための請願書に共同で署名した。各郷会の郷長たちは一進会の小作人たちと争議中の駅土と畑をその学校に付属させようと望んだ。その請願書の中で、地方エリートたちは一進会の「傲慢な」妨害にするどく言及した。「最近、犯罪者たちが舎音の地位を得、自分たちの我欲を満足させようと画策した」と彼らは書いた。[60]地方エリートたちはその土地からの余分の地代を自分たち自身の学校のために使うことが許されるべきだと要請した。この要請は公土に関する一進会の要請と同じものであり、一進会と小作人たちが実際に地代率を下げ、付加的な地代を廃止したことを裏付ける。

一進会と地方エリートたちがそれぞれの管理下にある地方学校に公土を付属させようと競っていたこのような事態は、龍川に限られなかった。一九〇六年の中ごろ以降、一進会はさまざまなところで公土からの地代を学校の助成金に振り変えようと試みた。地方エリートたちもすぐにまねをして、愛国啓蒙運動を拡大し、近代的な学校を建設することを強調する文脈の中で政府に対して同様の要請をおこなった。龍川の郷任であり、公土の舎音であった文學詩もこの運動に参加し、一九〇六年に平安道と黄海道のエリートたちによって組織された西友学会《ソウハックェ》の設立に尽力した。[61]

要するに、文學詩や張連奎のような地方エリートは、非登載課税可能地に関する甲午調査の時に、田畑に関する権利を獲得した。郷任としての彼らの地位と国家権力への近さがそのような特権の獲得を可能にしたのだ。彼らは、それまでは不毛であった公土への自分たちの物的な投資と引き換えに、その土地に対する権利を得たのだと主張した。彼らはこうした畑を又貸しして、その者たちに五〇％の地代を請求したが、それは甲午規則によって決められた本来の地代よりもはるかに高かった。

一進会と結びついていた畑の小作人たちは、争議中の土地は、自分たちの先祖が畑に堤を築き、土地に関する権利を代々小作人に手渡してきたがゆえに、もともと政府所有のものではなく、自分たちの先祖が持っていたものだと主張した。この争議はたくさんの小作人を巻き込んだ。ある小作人の請願では一〇〇〇人もの小作人の苦情に言及されており、何十人という小作人が地方エリートに反対する請願に署名した。争議におけるひとつの議論は、小作人たちが政府へと地代を納める義務を遂行してきたかどうかに関心を寄せていた。以前に一進会がおこなったように、小作人たちは相対的に低率な地代を設定した甲午（乙未）規則に言及し、自分たちはこの規則に従って本来の地代の支払いを遂行してきたと主張した。経理院は最初、一進会と結びついた小作人たちの土地所有権を認めていたのであるが、最終的には地方エリートの立場を支持した。

地方エリートと一進会の小作人たちの対立は、地方社会で進行中の政治的分断を反映していた。一進会はその会員の小作人たちを支持した一方で、地方エリートは愛国啓蒙運動を率いていたエリート改革者たちからの新しい政治的支持を求めた。この政治的分断は、各陣営がそれぞれの管理下に公土からの余分の地代を地方の学校に結び付けようと競い合っていた点において明白であった。地方エリートの立場は一九世紀末における旧朝鮮王朝体制の変質とイデオロギー的な配置を反映していた。彼らは「啓蒙」の必要性を認めるようになってきていたが、特権を持っていなかった者についての一進会の政策には反対であった。ある富裕な地代受取人が語ったように、一進会の扇動は「啓蒙的」というよりは「略奪的」であった。このコメントは伝統的な地方エリートにとっての一進会の政策の破壊的な潜在力とこれらエリートの「啓蒙」についての構想の限界を示している。龍川の事例では、地方エリートは最終的にはポピュリズムよりも民族主義を助長するエリート改革者運動へと向かった。多くの点において、龍川の事例は、二〇世紀の間に朝鮮半島とその北方地域を席巻することになる階級闘争とイデオロギー的な分断の前兆となった。[62]

忠清道

忠清道の記録は、公土の所有関係が北方地域での所有関係よりもそこではもっと単純であったことを示している。忠清道では、経理院は公土の所有に関して国への一元化を強化したようである。舎音たちは自分の担当している公土の私的な所有者とはみなされなかった。経理院の年ごとの決定に従って、彼らは簡単に代えられ、その土地から立ち退かされた。いくつかの場合を除いて、この地域の舎音たちは、自分たちの家族が何世代にもわたってその立場を維持してきたとか、自分たちが私的に投資したために、その土地に対する財産権を確立したのだというような理由を付けて、自分の立ち退きに抗議するようなことはなかった。多数の舎音たちは、自分たちは経理院から任命されたのであ

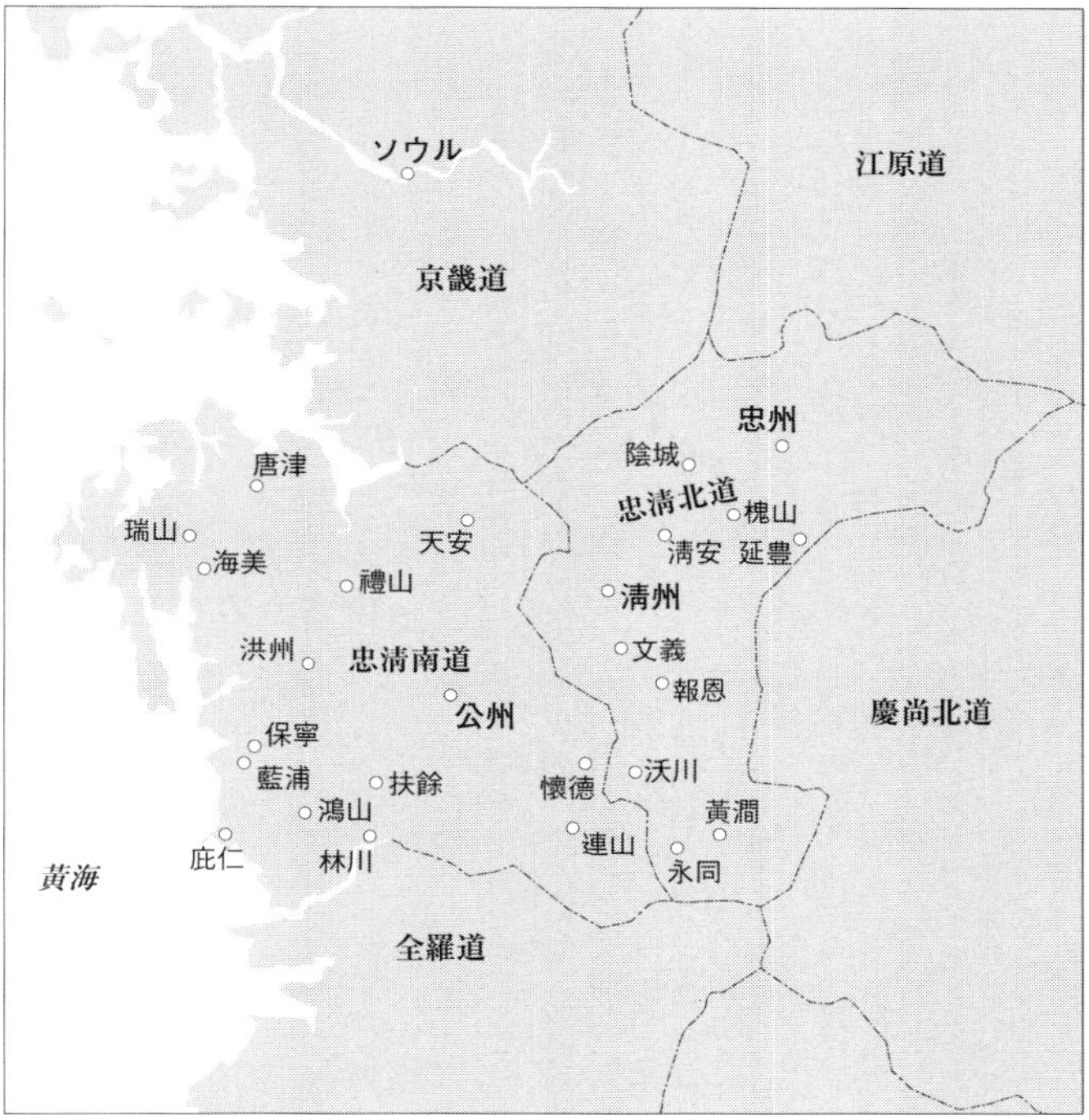

図4　忠清道

り、何のトラブルもなく自分の義務を果たしてきたと主張した。従って、請願書の語りを読むと、北方の史料群と比べてやや単純なものとなっている。この均質性は忠清道の史料の性格をも反映している。それらは告発に反対する記録や地方政府の調査記録ではなく、たいていが経理院への請願書や書類一覧であった。

　この時期、忠清道では公土における小作権についての争議が広がっていたということに注目しておくことも重要である。一九〇六年三月の公州《コンジュ》における三一名の小作人から成る集団的な請願が、この状況を適切に物語ってくれる。この請願者たちは利仁《イイン》駅土と結びついていて、この駅土を何世代にもわたって耕作してきた。甲午改革の時に、政府は駅を閉鎖し、その土地を内蔵院の陞總に付け替えた。請願者たちは占有権を失ったが、もし同じ村にいて、同じ土地を耕すことができるなら、生活の資は保持しうると期待した。ところが駅の閉鎖後、地域外の権力に頼って地位を得ていた多くの収税代理人、あるいは舍音たちがこの地域にやって来て、公土の小作権に手を付けた。請願者たちは、新しい舍音たちがこの土地を他の町や地域の人たちに与えてしまったので、旧小作人たちは土地をまったく借りることができないと不満を述べた[63]。忠清道における一進会の土地争議は、土地が不足していたことと、この時期に国が保有していた土地において頻繁に生じた小作人の追い出しというもっと広範な文脈の中で理解されなければならない。

一進会支会の会員数は平安道に比べ忠清道のほうが少なかったけれども、忠清道の支会は最初から公土行政にもっと積極的に介入した。忠清道における一進会の闘いにおいては、地代あるいは租税の縮減が潜在的な問題であったが、公土とその小作人の権利の統制が第一であった。地方での一進会の敵対者たちがしばしばソウルの一進総会に訴えかけ、地方支会の決定をひっくり返す命令を受け取るようなこともあって、忠清道の一進会支会はむしろ一進総会とは独立的にこの運動をおこなった。

一九〇五年末から一九〇六年の春にかけて、一進会の地方支会が集団として公土に関する権限を得ており、彼らはこの認可を内蔵院の捧税官から得たという主張を広めたとほとんど全ての請願者が報告している。捧税官のこの認可はまったくの作り事ではなかったかもしれない。一進会の地方支会の会員たちは決然として、また自信を持ってこのような主張をしたし、捧税官は北方の地域では後になって一進会と妥協した。忠清道の請願者たちは、内蔵院が実際に一進会の行為を保護したかどうかを尋ねた。ところが内蔵院はたいてい一進会支会の介入を是認せず、一進会が小作権を移管したことは破棄されるべきだと命令を出していた。

旧舎音たちとの争議

忠清道における最初の一進会の争議記録は、一九〇五年一一月、忠清北道の収租官張済英《チャンジェヨン》が金周煥《キムジュファン》という名の舎音について経理院卿に報告したものである。清州《チョンジュ》郡の屯土の舎音であった金周煥は一進会と手を組んで収税の邪魔をした。張済英が彼からその職を解いた時、金周煥は収租官の決定に従わず郡庁で抗議をおこなって、ひと悶着起こした。収租官の張済英は黄澗《ファンガン》郡の首書記《スソギ》についても、一進会と通じていると非難した。張済英は、この首書記が郷吏を三〇人ほど集め、屯土の行政を思うがまま操作するべく屯土についての権限を郡の吏庁《イチョン》〔下層官吏の執務所〕に移そうとしたのではないかと疑った。この首書記は、金學永《キムハギョン》という名の男と結託して、公土における収税を妨げ、政府から派遣されてきた派員《パウォン》（収税代理人）たちを侮辱した。張済英は、この三名の捕縛と処罰を認めるよう経理院に要請した。[64]

いくつかの他の北方地域の場合に認められるように、この収租官の報告は、地方官吏が経理院とかなり対立しており、時にはソウルからやって来る収税官吏たちに対抗して、一進会と同盟することもあったことを示している。しかしながら、この地方での結びつきによって一進会の支会が公土の所有を公的に公告するようになったのかどうかについては明らかではない。一九〇六年春における多くの請願は忠清道の一進会支会が舎音たちを追放し、小作権を一進会会員たちに移管し始めたことを報告した。旧舎音の李範一《イボミル》は一九〇六年二月に次のようなケースを報告した。李範一はかつて忠清北道延豊《ヨンプン》の新豊《シンプン》駅土を監督する主事《チュサ》であった。彼は毎年この土地の地代を穀物で一〇〇石集め、提出された地代のリストを作成し、それを収租官のもとへと送っていた。彼が一九〇五年のその仕事を終え、経理院にその穀物を送るべく待機していた時、一進会支会のある会員が李範一のところにやって来て、自分が李範一の仕事を引き継ぐと語り、送付のために李範一が蓄えておいた公の穀物を押収しようとした。李範一は農期にその土地から現在の小作人が追い立てられるのを防いでくれるようにと経理院に要請した。[65]

忠清道の旧舎音たちはほとんどの場合、新しい一進会の舎音たちが旧小作人たちをその土地から追い立て、そうした土地を一進会会員たちに分配したことに不満を持った。忠清北道の鎭川《チンチョン》からのある請願は、争議中の駅土の旧小作人の数はほぼ三〇〇名であると書いた。彼らは近隣の四ないし五つの洞《トン》（村）の出であり、何年間もその土地を耕していた。一九〇六年の春、辛《シン》という名の一進会会員が新しく舎音となってこの土地を押収し、それを一進会会員の手へと移管した。この請願は辛をよそ者としており、彼が政府からの指示を隠して、不法に人々から生活手段である土地を奪ったと伝えている。請願者たちは辛を罰し、村人たちの中から新しい舎音を任命してほしいとも経理院に要請した。[66]同公土の旧小作人たちは一九〇六年五月にもう一通の請願書を送り、旧小作人の退去処分を破棄せよという経理院の命令に辛が従わなかったと述べた。請願者たちは辛のことを郡守と収租官の命令を無視し、自分たち自身の仲間のために地代を集め、人々を脅かしている「化外之民《ファウェジミン》」（教化の及ばない愚かな人間）と呼んだ。請願者たちは「国家の悪しき敵で、人々にとっては悪魔」というレッテルを辛に貼った。[67]

忠清北道忠州《チュンジュ》の人であった李という名のもう一人の舎音は一九〇六年三月に、同じような事例を報告した。彼は八年から九年の間金目《クムモク》の公土を管理し、耕作に従事していた。一九〇五年、李源錫《イウォンソク》という名の一進会会員が旧舎音の家に三人の会員を送りこんで来、自分たちの仲間がこの土地を担当すると言って脅した。この旧舎音は抗議のために自分の書類一式をソウルの一進会事務所、郡庁、観察府、収租官のもとへと送った。一進総会を含めて、あらゆる組織が、この件は古い慣習に基づくべきだと命じた。ところが一進会の地方支会はこの命令に従うのを拒否し、旧舎音をその地位から追い払った。[68]

忠清北道陰城《ウムソン》のもう一人の請願者の朴は、無極《ムグク》駅土の舎音の地位を失った。地方行政区域の境界線が一九〇六年に引き直されて、無極駅土は陰城地区と合併された。朴は、一進会の会員たちがこの地域にあった（公土についての）公告を掲示して、地代の徴収を邪魔するのを目撃した。朴に従えば、一進会は最終的に政府からの地代徴収のため認可を獲得した。[69] 新しく引き直された行政の境界線は地代徴収においてある種の混乱を引き起こした。陰城にあった龍虎屯《ヨンホドゥン》という屯土は忠州との区域の境界線上にあった。新しい区割りの調整でその土地は陰城と合併した。舎音の朴は一九〇六年に地代徴収のため収租官からの認可を受け取った。しかし朴が担当していたその土地の小作人たちは、誤った噂に振り回されて、郡庁か一進会がこの土地を管理するだろうと語った。朴はこうした噂のせいで自分の仕事を終えられず、小作人は不安なままだと書いた。[70]

だとすれば一進会と争っていたこれら旧舎音たちとは誰のことであったのだろうか。先に述べておいたように、舎音たちは政府の諸機関もしくはその他の地方の諸権力とのさまざまなつながりのゆえに、自分たちの地位を手に入れていた。彼らは自分たちが監督している小作人たちの苦難に言及したが、しかし「小作人たち」といっても必ずしも小さな土地を抱えていた個々の小作人のことだけを意味していたわけではない。舎音たちは地方社会の内外での社会的な支配層ともっと複雑な関係を維持していた。たとえば尹《ユン》という名のある請願者は、観察使沈相薫の家の幹事人《カンサイン》（現地代理人）であった。彼はソウルに住む沈相薫のために、忠清道の沈相薫の土地に関して経理院に請願した。その争議の地は沈相薫の家の庄土《チャント》の一部で、米田一石七斗落の大きさであり、忠清南道の扶餘《プヨ》にあった。記録に従えば、沈相薫はこの土地の所有権について経理院と争っていたが、証拠を挙げて自分の主張の正しさを説明した。このようにして一九〇五年秋、沈相薫はその土地から地代を徴収し、それに応じて旧耕作者を自分の新しい小作人と交換した。しかし一九〇六年春、その地域の一進会の事務所が公土を管理すると宣言し、沈相薫の米田を公土へと併合した。一進会の事務所はこの併合についての書簡を地方政府へも送った。彼らは趙《チョ》という名の沈相薫の舎音を逮捕投獄させ、彼に前年秋の地代を支払わそうとした。沈相薫の幹事人の尹は一進総会にこの合併について抗議し、支会は沈相薫の土地に干渉するのを止めるようにとの命令を得た。尹は沈相薫の主張を確認する地方政府の完文《ワンムン》（認可書類）をも受け取った。尹は収租官に一進会のおこなったことを覆すようにと要請した。[71]

　いくつかの事例では旧舎音たちは小作人のリストを添付するか、あるいは一進会による立ち退き要求によって影響を受ける小作人の数に言及した。時には小作人の数が数十名にもなることがあった。しかしこうした大きな数は個々の小農民たちを表していたかもしれないし、あるいはそうではなかったかもしれない。彼らのうちにはもっと富裕な一家、もしくは両班一家のためにその土地を耕していた者もあった。先述したように経理院が直接収税するための官吏を地方へと送りこむようになった後は、舍音の頻繁な交替や土地からの小作人の追い出しが広くおこなわれた。忠清道での多くの訴訟は一進会の干渉があった時以外でのそのような追い立てを扱った。そのような請願のひとつには、新しい舍音がやって来たためその土地から追い出された旧小作人たちのリストが含まれていた。そのリストにおいては三一名の小作人の半数以上が奴僕であった。九名は呉家の奴僕（呉奴）、そして他の九名は、いくつかのそれ以外の一家の奴僕（趙奴、尹奴、金奴、洪奴等々）であった。[72] そうだからといってこれらの奴僕が独立の家計を構成していたという可能性が排除されるわけではない。しかし彼らが奴僕所有者の土地を耕作していた可能性を否定するのも難しい。

忠清南道鎭岑《チンジャム》の朴という舍音は、地方の両班一家や権力を握っていた人たちの中には、舍音の地位を獲得し、自分たち一家の誰か、あるいは召使いを自分が監督していた土地の小作人として登録する者がいたと証言した。朴は、こうしたことをしていたある一家が彼のことを一進会と結びついていると偽って告発したことがあったと主張した。朴以前に舍音であった李という名の人物は一九〇三年の地代（穀物一二石分）を納入せず、一九〇四年の地代も自分の手もとにとどめ置いた。一九〇五年には、彼は畑のうち、二〇斗落ほどを永久に課税から除き、小作人による抗議運動を組織し、地代を送らなかった。朴は李に対抗して、五回も郡庁に請願を送り、このことを経理院に報告した。旧舍音の李は、それに答えて、朴は一進会と関係を結び、旧小作人たちをその土地から追い出したと、彼のことを非難した。

朴は一進会との関係を否定した。彼は、一進会会員たちが駅土を接収しようとし、しかも一進会会員たちが小作人たちに一進会の指示がなかったら、収租官に地代はまったく提出しなくてもいいと語ったことを認めた。しかし朴は、一進会は経理院の反対を考慮して、これをやりとげることができなかったと主張した。それとは反対にこの公土を自分の私的な財産として扱い、他の人たちにはその土地の一片も貸さず、それを旧舎音の李が父と二人の息子たち三人にのみ分配したと朴は主張した。朴によれば、李は小作人のリストを自分の親類と自分たち一家の召使い居住区に住んでいた召使いたちで埋め、彼らが自分の担当下にあるその土地の独立した小作人であるかのように見せかけた。[73] 朴は、李を逮捕し、不払いの地代を徴収するよう収租官に求めた。朴の請願が示しているように、舎音はしばしば公土を政府の課税ベースから外すか、畑を自分に近しい人たちに貸し与えた。

舎音たちへの手数料も少なくはなかった。このことは忠清北道鎭川にあった駅土の小作人たちによる一九〇六年八月の集団での請願において明らかにされる。この事例では舎音への手数料は穀物で一五石であり、この土地から経理院へ支払われるべき全地代の二〇％以上であった。一九〇五年、経理院は請願者たちの舎音として趙敬徳《チョギョンドク》を任命していた。小作人たちは趙敬徳がどれほど一生懸命に働いたかを述べ、さらに彼以前の舎音たちによって隠されていたか、もしくは租税免除とされていた土地を自分の金を使って調査し、政府のために課税ベースを増大させたとも述べた。趙敬徳は、疲弊した土地を再生させるためそのような土地を耕していた小作人たちに良質の土地をあてがった。こうした努力のおかげで、経理院の課税ベースに新しい土地の七石八斗二升落《スンナク》が付け加わった。請願者たちは、趙敬徳が遅滞なく、あるいは小作人の恨みを買わないで、地代の提出を全うしたと書いた。こうした貢献があったにもかかわらず、収租官が一九〇六年にこの舎音への手数料を削減し、新しい派員（収税代行人）や一進会にそれを与えたため、趙敬徳はその地位を去ることを望んだ。請願者たちは、趙敬徳が「国に貢献し、人々に利益をもたらした」が、今や、かの手数料は「役に立たない」人々――おそらくはあたらしい派員や一進会のことであろう――に行くことになると書いた。請願者たちは請願に署名した六九名の小作人たちのリストをつけて、趙敬徳を舎音に戻してもらいたいと要請した。[74]

一九〇六年一一月、これら小作人たちは、自分たちは小作権を趙敬徳から得、何のもめごともなくその土地を耕していたと述べたもう一通の請願書を収租官へと送った。彼らは趙敬徳が課税可能地を拡大し、地代の提出を全うしたことを再度強調した。請願者たちは、一八九四年の調査において内蔵院の捧税官は請願者たちが耕していた地域にあった駅土を調査したが、その後でも、その地域での実際の状況はあいまいで、まだ決定されていないと主張した。課税可能地はもっと小さくなり、ほとんど数斗落にまで減少した。この土地を免税地とし内蔵院には地代の存在を隠すことによって舎音だけが肥え太った。しかるに趙敬徳は公土の状態を自分の資金を使って再調査し、内蔵院への全地代を六五石一八斗五升落にまで増大させたのだ。請願者たちは趙敬徳のことを「甲午改革以来最良の舎音」だと言い、趙敬徳を再び任命して小作人に平和を与えてほしいと収租官に求めた。[75]

請願者たちが主として租税を増大させた趙敬徳による国家への貢献を強調しているため、彼らが趙敬徳を支持するその動機を理解するのは難しい。趙敬徳はそれ以前の舎音たちによって隠されていた土地を付け加え、自分の仕事のために全地代のうち二〇％以上（六五石のうち一五石）も受け取っていた。趙敬徳は免職されたのではなく、収租官が彼の手数料を削減し、彼の代わりに新しい派員と一進会会員を舎音にしたという理由で、その地位を辞したのだ。一九〇六年八月の請願書は、収租官が手数料を他の収税官吏と一進会に「譲り渡し」たと主張していたが、しかし一九〇六年一一月の請願書は、このことには言及していない。これについてはいくつかの解釈の余地がある。小作人たちは趙敬徳と密接に結びついていたか、あるいは新しい舎音によって追い出されることを心配していたのだ。もし万が一にも彼らが自分の小作権を失うようなことがあれば、彼らが舎音の手数料の削減とその結果としての地代の軽減から得られるものはなくなるだろう。趙敬徳は小作人たちに不毛の地を開墾する適切なインセンティブを与え、前任者たちが自分の私的財産として扱っていた公土を再発見し、それを彼らに耕作させたがゆえに小作人に利益をもたらしたのだ。

このことが示しているように、忠清道では、舎音たちは公土における小作権を他より簡単に移すことができたのであり、小作人たちの地位は北部地方よりももっと不安定であった。たとえ間に介在していた舎音たちの手数料が削減され、それにより地代が引き下げられても、小作人自身にとっては助けにはならなかった。小作権の保持は相対的な地代引き下げよりももっと重要であった。従って、忠清道における一進会の租税抵抗運動は、北部地方で見られたものとは同様の効果を持ってはいなかった。趙敬徳の小作人たちは、この地域の収租官が一進会支会と共働しているのを目撃していた。他のいくつかの記録もこのことを裏付けている。沃川《オクチョン》の舎音の李は、この地域の一進会会員のせいで、地代を徴収することができなかったと書いた。会員たちは、収租官の張濟英が一九〇五年に舎音の半分を一進会会員に代え、一九〇六年には一進会に公土の完全な管理を任せるだろうと李に語った。

李は、一進会会員たちが彼のことを聞こうとせず、彼を縛って殴り、彼から秋収記《チュスギ》（収穫の記録）を奪ったと報告した。[76]

趙敬徳の小作人たちの請願書は、旧舎音たちが自然災害もしくは痩せた土壌であることを理由に荒地というカテゴリーへと公土を編入することによってその公土を自分のものとし、そこから私的に地代をとることによって金を儲けていたということも示している。この地域では、一進会支会はこのような行為には反対であった。忠清北道黄磵の鄭《チョン》という名の旧舎音は、このような申し立てに直面した。彼は一九〇四年から一九〇五年にかけて舎音の地位を保持していた。鄭は、観察府が公土における荒畑を調査するため一人の派員を送って来ていたと主張した。この派員は不正にも内蔵院の課税ベースから上田七斗落、中田三七斗落、下田一一斗落を除外し、これらの土地からの地代をおのれのものとした。鄭は舎音としてそうした金の一部を受け取っていたことを認めた。一九〇五年の秋、この不正行為が明るみに出された。金山《クムサン》郡庁は鄭を逮捕し、舎音として不正行為を報告するべきであったのにしなかったという理由で不払いの地代を払うようにと彼に命じた。罰として鄭は現金で四八二両五銭をその年間の地代として提出した。鄭は、黄磵郡庁が一九〇七年に彼を逮捕し、一九〇四年と一九〇五年の地代をも再度納めるようにと強いた時、経理院に請願した。一進会会員たちもこのことを忠州支会に報告し、この件について鄭を訊問した。罪をおかしたのは府庁からの派員であったのに自分が罰を食らったと鄭は書いた。鄭は除かれていた土地（五五斗落）を課税ベースに戻したと書いた。鄭は、黄磵の郡庁が自分の払った金を届けて、二度と彼を罰しないようにと命じてくれと収租官に求めた。[77]

旧舎音たちに功績があったにせよ、あるいは問題があったにせよ、舎音たちは自分の監督下の土地から小作人たちを追い立てることができたので、忠清道の小作人たちは舎音に従属していた。耕作可能な土地が少ないことと結びついたこの状況が意味していたのは、忠清道の一進会に属していた新舎音が、政府権力、社会の支配層、農民の間に確立されていた小作人の権利と監督者の地位の既存の関係を不可避的に崩壊させたことであった。忠清道の一進会支会が小作権の再配分に焦点を当てた時、たとえ彼らが旧舎音たちの問題をいくつか矯正したとしても、地方住民の幅広い同情を得ることはできなかった。小作人たちの請願は自分たちの日々の生き残り――それは自分たちが借りている土地を耕すことができることに依存していた――についての深い関心を表現していた。趙敬徳や鄭のような旧舎音の中には、その他の地方住民よりも富裕でたくさんの資金を持っている者たちもいた。しかし彼ら以外の舎音たちはつつましい規模の土地を耕作しており、彼らの世帯はこうした土地に依存していた。地域の関係者たちはすべて小さな土地であっても、それらを確保し、それを失わないことに強い関心を持っていた。忠清道の一進会支会は、自分たちの追随者たちの中にあるこうした土地欠乏に対する不安に対処しようとして、当然のことながら旧小作人たちや、自分たちの土地やその地方において自分たちの生活や利益をやりくりすることができる地位を失うのを恐れた既得権保持者たちからの敵意の増大に直面した。

旧小作人たちとの争い

一九〇六年の初めから一九〇七年の春にかけて、忠清道の公土の小作人たちは一進会に対する多くの請願書を提出した。主たる問題は一進会による土地の没収と一進会会員たちへのその土地の再分配であった。請願者たちは個々の小作人、小さな集団、あるいは小作人の家族を含む、時には数百人を代表すると主張する大規模集団であった。私は『各司謄録』の中に全部で七七件の忠清道の旧小作人からの一進会関係請願を見つけた。一九〇六年に五七件、一九〇七年には二〇件である。それらのうち一三件は一五名以上もの小作人による集団請願であった。図表5が示しているのは場所、請願者の数、争議地の大きさ、そして各ケースに目立っているその他の記録である。記録された争議は忠清南北道の二五の地域で生じた。四件以上のケースが提示されているのは陰城（六）、清州（一〇）、報恩《ボウン》（七）、黄磵（五）、永同《ヨンドン》（七）、公州（五）、洪州《ホンジュ》（五）である。

争議地の大きさはさまざまであった。一三件の場合、係争中の土地の規模は小作人一人当たり一斗落から五斗落の間の大きさであり、二三件の場合は五斗落から一〇斗落、七件の場合は一〇斗落から一五斗落、そして七件の場合には一五斗落以上であった。この中には小作人一人当たりの土地の規模が不明な事例は含まれていない。このことが意味しているのは、これら争議中の畑は、必ずしも小作人の請願者たちが耕していた土地のすべてであったわけではないという点である。これらの土地の他に、彼らは私的に所有された土地を耕すことができたはずであり、他の私的な土地所有者の畑を借りたり、一進会関連の争議とは無関係の他の公土の、その他のいくらかの土地を借り受けたりすることができたはずである。しかし小作人の畑の大部分が五斗落から一〇斗落の間の大きさであったことは意味深長である。

請願者たちはすべて一九〇五年の末から一九〇六年初めにかけて、一進会が旧小作人たちから畑を

表5　1906～1907年の忠清道の一進会による土地再分配争議についての旧小作人による74件の請願書の日付

日付	場所	小作人数	土地の規模	備考
1906年2月	天安	1	1石落	
	清州	1	14斗落	一進会会員金貞洙
	清州	13	不明	一進会以前の租税支払トラブル
	清州	5	小作人1人につき3、5、10斗落	関家の世帯員。計18斗落
	清州	3	50斗落	請願者は堰堤起墾時、7、800両を支払った。
	延豊	1	賭租は100余石 規模は不明	請願者は駅舎音の前主事
1906年3月	報恩	1	10斗5升落	
	報恩	3	27斗落	10、9、8斗落を小作人3名で分配
	報恩	4	8斗5升落、6、10、5斗落	4人合計で29斗落5升落
	忠州	11	27斗落	
	保寧	5	16斗落と16斗落	数百名が影響を受けた。計32斗落
	洪州	23	世川駅畓	約百戸が影響を受けた
	陰城	50	陰城驛屯畓土	陰城の「大小民人」
	清州	1	5斗落	
	懐徳	1	5斗落	
	扶余	1	1石7斗落	沈判書宅幹事人の尹甲得

	報恩	4	18 斗落	4 戸約 30 名が影響を受けた
	報恩	1	12 斗落	
	鴻山	1	3 斗落	
	鴻山	1	10 斗落	
	唐津	18	不明	数百名が影響を受けた
	公州	2	1 石落、7 斗落と 6 斗落	両班（士人）。計 1 石落、13 斗落
	連山	5	3、7、6、9、15 斗落	計 40 斗落
	清州		10 斗落	
	永同	20	會洞驛土	
	海美	数十	示されないが、小作人 1 人につき数斗落	数百名が影響を受けた
	報恩	3	5、5、3 斗落	計 13 斗落
1906 年 4 月	公州		小作人 1 人につき 8 か 9 斗落	
	洪州		小作人 1 人につき 8 か 9 斗落	
	禮山	複数	不明	数百戸の成員
	天安	6	不明	多くの人が影響を受けた
	公州	1	不明	
	永同	31	會洞驛土	数百人が影響を受けた
	黃磵	複数	小作人 1 人につき数斗落	一進会員は浮浪者（「惰農失業之流」）
	林川	8	10、9、4、3、4、4、7、2 斗落	全部で 43 斗落
	林川	複数	2、1 石斗落と 12、9 斗落	計 3 石斗落、21 斗落
	林川	4 以上	7、8、5、8、6 斗落	一進会以前の争論。計 34 斗落
	禮山	1	9 斗落	

1906年5月	清州	3	13斗落、2斗7升落、4斗落	計17斗落、2斗7升落
	清州	1	12斗落	
	文義	6	4、4、2、2、2、2斗落	合計16斗落
	公州	1		旧小作人（一進会会員が名乗った）
	鴻山	1	7斗落	
	清州	1	12斗落	
	永同	2	10斗落（各5斗落）	
	鴻山	1	15斗5升落	
	鎭川	5以上	不明	300数戸が影響を受けた。請願者5名の他に他地域の3名加わる
	洪州	1	5斗落	十数名が影響を受けた
	懷德	1	7斗落	白米1斗にて一進会支会長から購入
	懷德	19	不明	一進会会員50数名が小作人一人当たり1石以上、3、4斗落ずつ配ると記された作人票を受け取った
	清風	1	7斗落と35斗落	計42斗落
1906年6月	忠州	1	不明	
	礼山	1	5斗落	
1906年7月	公州	1	12斗落	
	沃川	1	数斗落	5斗落が係争中
	洪州	1	6斗落	
1906年8月	鎭川	67	台郎驛田畓	
1907年1月	陰城	25	無極驛土	
	禮山	1	9斗落	

1907年3月	黄磵	107	黄磵郡各面各洞の駅屯土	数千名が影響を受けた
	黄磵	複数		上記請願者
	永同	1	8斗落と3斗落	
	永同	3以上	不明	一人当たり2あるいは3斗落
	沃川	1	10斗落と田一日耕	
	陰城	1	7斗落	このうち、4斗5升落が奪われた
	陰城	1	4斗5升落	
1907年4月	黄磵	48以上	黄磵駅土	数千人が影響を受けた
	永同	3以上	不明	
	陰城	1		請願者はかつての主事
	報恩	1	10斗落	
	黄磵	1	8斗落	1907年に4斗落が奪われる
	沃川	1	不明	一進会を名乗り日本の権威を利用
	庇仁	4以上	不明	十数名の一進会会員が徒党をなして集まる
	洪州	1	6斗落	
	清州	1	6斗落	
	陰城	19	無極驛土	一進会支会長の林仁洙たち
1907年5月	永同	4	不明	

注記：77件の請願のうち、1906年に57件、1907年に20件が報告されている。表は土地の移行に関係しない一進会の係争は含まれない。
出典：『各司謄録』10：166～453頁。

押収し始めたと主張した。小作人の李福雨《イボグ》は、一九〇六年の初め、一進会会員たちが、駅土の全体的な経営を引き継ぐと言って、彼の一石落の畑を押収したと書いた。[78] それと同じ月に清州の朴は同じような理由で一進会を訴えた。朴は一四斗落の堤堰畓《チェオンダプ》（堰堤地）から追い立てられた。追い立てたのは金貞洙《キムジョンス》という名の一進会会員であり、金は、忠清道の一進会支会が今後公土の管理を引き受け、一進会会員にその土地を耕作してもらうことにすると朴に語った。現実にそうなのかどうか、朴は収租官に問い合わせた。たとえそうだったとしても、一進会がそれ以前に土地を生み出すか、維持するのに何の貢献もせずに土地を取ってしまい、何の理由もなく思うがままに国の土地から人々を追い出すのは承服しがたいと朴は書いた。[79] 同じ月の清州の他の請願者たちは「一進会－天道教」は土地を押収し、その土地を他の人たちに移管したと報告した。[80]

　一九〇六年二月、清州の三名の小作人が洪《ホン》と李という二名の一進会会員に対する請願書を提出した。この事例では、小作人たちは自分たちがこの争議中の堤堰を作る際、銅銭で七〇〇両から八〇〇両という追加の費用を払ったという理由で、これらの畑への所有権を主張した。彼らはこのように貢献したために、経理院の収租官は、この三名の小作人がこの五〇斗落の米田を永久に耕す権利を持つという認可書類を発給した。請願者たちは、ある日洪が髪を切り、一進会会員の李とともに畑に関するもめ事を煽り立てたと報告した。[81] 一九〇六年三月には報恩の請願者たちは、一進会が「群衆を集め、大勢の声で小作人を威嚇すること」によって二七斗落の自分たちの畑を奪い取ろうとしたと不平を述べた。請願者たちは、もし彼らが争議中のこの土地を失えば、彼らの三つの世帯のうちの二〇人が飢え死にするであろうと言い立てた。[82]

請願者たちの中には争議中の一進会会員たちが自分たちの村の人とは「違う人たち」だったという者たちもいた。保寧《ポリョン》の五名の小作人たちは一九〇六年三月の請願の中でその名も住まいもわからぬ一進会会員によって自分たちの土地から追い出されてしまったと主張した。彼らが住んでいた地方の郡庁は小作地の移管を禁ずる命令を出したものの、一進会の勢力が強かったために、それを強制することができなかった。請願者たちは、「他地域からの与太者たち」が法と習慣を破ったと語り、それを元に戻してくれるようにと経理院に頼んだ。[83] 先に述べておいたように、他の請願者たちの中には、一進会会員たちが自分たちの行為の正当化のためにその地域の収租官の同意を引き合いに出したのに気づいた人たちもいた。たとえば忠清南道洪州の二三名の請願者たちは一九〇六年三月に、自分たちの地域では駅土を除いて耕作可能な土地はほとんどなく、しかもほぼ一〇〇世帯が生活のためにこうした土地に依存していると抗議の声をあげた。しかし結局数名の一進会会員たちが経理院の収租官の同意に言及して、この土地を他の者たちの手に移管しようとした。請願者たちは「その土地が国の財産であり、小作人たちがみな同胞である」時、一進会がそのような不法な行為をすることはできないと主張した。[84]

一九〇六年四月の請願の大部分は、経理院あるいは地方政府が一進会による不法行為の撤回を命じたことを報告した。しかし一進会はこの決定に従わなかった。小作人の請願者の一人は、彼の地域の捧税所《ポンセソ》（収税事務所）とその舍音はすべてこの件を支援してくれたが、一進会は聞き入れなかったと書いた。[85] 忠清南道連山《ヨンサン》の五名の小作人たちが一進会による畑の移管に強く抵抗した時、政府が、公土は一進会会員以外の誰によっても耕作されてはならず、この地域の収租官がそのような文蹟《ムンジョク》（認可証）を会員たちに発給することを決定したと一進会会員たちは語った。小作人請願者たちが彼らにそのような認可書類があるなら見せよと要求した時、会員たちは、書類はおっつけ届くと言いながら、土地の押収を続けた。[86]

政府と収租官の反対に直面して、一進会会員たちは、自分たちによる公土の引き継ぎを正当化するための信頼できる証拠として「一進会の地方支会からの差帖《チャチョプ》（許可証）」があると示唆した。鴻山《ホンサン》からの小作人の一人は一九〇六年四月に、自分は一九〇二年と一九〇三年には一〇斗落の公土を耕していたと書いた。このことで彼がこの土地を得たのはつい最近のことだったということがわかる。しかし近隣の二人の住人が一進会の勢力を頼みにして一九〇六年三月、この請願者からその一〇斗落を奪い取った。この二人は、一進会の認可を得たのだと言っていた。旧小作人はこの地域の捧税所に訴え出て、以前の慣行に従うようにとの命令を受け取った。しかしこの二人は聞き入れなかった。[87]

一進会による小作人排除が一九〇六年春に増加するにつれて、旧小作人たちによる共同請願書が経理院に押し寄せた。こうした共同請願は、一進会による土地争議が王朝のイデオロギーと一進会のレトリックそのものへの異議申し立てになってしまっていることを示している。陰城における五〇名の請願者たちは一九〇六年三月に、その地区の一進会支会が、そうした行為が経理院によって認可されたものであると言って公土を没収し、自分たち会員へとそれを移管しようとしたと書いた。陰城の小作人たちは収租官に訴え出て、次のような回答を受け取った。「一進会の目的は人民の生活と財産の保護である。どうして彼らが他者から土地を取り上げることなどありえようか。一進会会員たちは自分たちが借りた畑を守るべきであり、収租官は互いに厄介事を引き起こすことなく自分自身の仕事をするべきである。」陰城の請願者たちは、一進会会員たちが自分たち自身の力を正しいものと信じ、経理院の指示には従わないだろうと予測していた。請願は陰城における「大小民人《テソミニン》」（高下級官僚と平民たち）の名前で提出された。[88]

忠清南道における一八名のかつての小作人たちは、一九〇六年四月の請願書の中で、自分たちの土地からの一進会による追い立てを、この行為が国王の土地と臣下について一般的に有されている観念とは矛盾するという考えに基づいて批判した。彼らは『詩経』から「天の下にあるすべての土地は王に属し、国のすべての民は王の臣下である」というフレーズを引用し、「一進会会員たちは王の民であり、我々もそうだ」と付け加えた。請願者たちは、一進会会員たちが力ずくで土地を奪取しており、彼ら自身の四大綱領に合うように行動していないと彼らを非難した。[89]

一九〇六年四月忠清北道永同の二〇名の小作人たちは、一進会会員たちは「人々を守ろうなどとは考えず、自分たちの欲望を満足させたいだけだ」と主張した。一進会会員たちは小作人たちをその土地から追い出し、何百人という小作人の家族たちはまさに一家離散を強いられようとしていた。この請願は、東学農民反乱のスローガンを思い起こさせながら、一進会の目的は「輔国安民《ポグクアンミン》」（国を守り、人々を助けること）であると知られているのに、小作人を追い出す行為は農民保護というよりは残酷で無慈悲なものであると語った。[90] 忠清南道海美《ヘミ》の小作人たちは一進会による追い立てを「人民の保護ではなくて、法を蔑《ないがし》ろにする」ものだと語った。[91] 禮山《イェサン》のもうひとつの請願は、一進会は収租官が認めたという主張を口実にして、耕作シーズンに小作人たちをその土地から追い出したと書いた。請願者たちは、こんなことをすれば何百人もの小作人世帯の人たちが生活の資を失うことになると抗議した。経理院は一進会の移管を破棄した。しかし一進会会員たちはこれに従わず、一進会自身の決定に従った。請願者たちは、政府の権威と民衆の保護を尊重していない一進会会員たちに対して、経理院の規則を守らせてくれと経理院に要請した。[92]

一九〇七年一月に陰城の無極駅土のかつての小作人たちも、林仁洙《イムインス》という名の一進会会員が新しい舎音の地位を占めた後、自分たちの怒りと不満を表明した。小作人たちは経理院に旧舎音を再び任命してくれるようにと求めた。というのもこの人物は一八九五年以来舎音を務めていて、余分の手数料を取ったり、小作人を変えたりするようなことがなかったからである。請願者たちに従えば、林仁洙は毎年の地代に加えて結税《キョルセ》（土地税）を徴収した。彼らは、林仁洙が他の一〇名の一進会会員たちとかたらって集めた金（つまり土地税）を着服しようとしていて、一進会会員たちによって耕されていた畑と米田の等級を報告しなかったのではないかと疑っていた。請願者たちは一進会会員たちを「法外之民」と呼んだ。その地域の村長を含めて二五名の人たちがこの請願書に署名した。[93]

忠清道にあった一進会支会は、人民の生活と財産を守るための自分たちの大衆向けレトリックをまったく捨て去り、会員の我欲を満足させることにしたのだろうか。一進会会員からの対抗的な請願は忠清道の記録の中には見つからない。そうではあるが、いくつかの請願書、とりわけ一九〇六年五月以降の請願書は、一進会の地方支会が小作人の畑の再分配を規制するためにいくつかの原則を決めた証拠をも明らかにしてくれる。彼らは大きな土地を有していた耕作者から一進会会員たちへと土地を移管しようとし、再分配行為を規制するために「一進会の標（許可証）」を発給したし、いくつかのケースにおいては貧しい旧小作人たちが追い立てられないようにしてやるか、あるいは彼らが追い立てられる時には小さな土地を彼らに残そうとした。たとえば忠清南道懐徳《ホェドク》郡西面《ソミョン》の一九名の請願者たちは一九〇六年五月に懐徳の一進会支会を訴えた。請願者たちはハングル交じりの文ではなく漢文で書き、五〇人余りの一進会会員たちが集まって「**一石落以上を耕していた旧小作人たちから、三ないし四斗落を切り取り**（強調：筆者）、（奪取した畑の新しい耕作者たちに）作人標を発給することに決定した」と主張した。その請願に従えば、その地域の一進会会員たちはそのころ一緒になってもめごとを引き起こし、土地を奪い、「われらの道人《トイン》（追随者たち）は郡府《クンブ》（地方政府）も上府《サンブ》（地方政府より上級の中央政府）も知らない。我々は政府の呈訴《チョンソ》（訴訟で告発されること）など怖くはない」と豪語した。請願者たちは、こんな行動がよく「啓蒙的」だとか合法的だなどと言えるものだと言って、不満をぶちまけた。請願者たちは、こうした振る舞いを無効にし、天道教の本部にこのような行為が再び起こらないように警告してくれるようにと経理院に求めた。収租官はこの請願を支持する教示書を送った。[94]

一進会の地方支会は新しい小作人たちに自分たちの小作権を証明するための「一進会の標」を配った。清州では閔という名のある請願者が李という名の男を訴えた。李は「一進会の承認」に見せかけて、閔の土地を奪い取ったのだ。閔は抗議し、この土地は閔に戻されるべきだとする命令を経理院から受け取った。この件では一進会が閔の主張を調査し、李にその土地を戻すようにと指示した。請願者の閔は李が豪富《ホブ》（勢力のある富豪）であり、また貴勢《クィセ》（貴族身分としての力）も持っていたと述べた。閔によれば、李は東亜教育会と呼ばれる組織の会長であった。李が富と権力を持っていたにもかかわらず、「収租所票《スジョソピョ》」という口実を使い、閔のような貧乏人の土地を奪い、自分をひどい状況へと送りこんだという事実に閔は腹を立てたのだ。[95]

懐徳の姜仲伊《カンジュンイ》という名の請願者も同じような不満を申し立てた。姜仲伊は上述の懐徳の集団請願書に署名していたが、それとは別の朴喆用《パクチョリョン》を訴える請願書を提出した。姜仲伊が言うには、朴喆用は「侍天道教人」と称し、一進会懐徳支会の前会長李賢植《イヒョンシク》ともう一人の一進会会員李雨錫《イウソク》に「田沓税《チョンダプセ》」(借りていた田や畑のための手数料)として、一斗の米を納めることによってその土地を自分のものにした。朴喆用はすでに種まきが終わっていた姜仲伊の畑をすき返した。郡庁がその畑は元に戻されるべきだと命じた時、朴喆用は抵抗し、「私は白米一斗をもって一進会会長より(畑を)買ったのであり、官題《クァンジェ》(政府の指令)に何の関係があろうか」と言った。姜仲伊は朴喆用を逮捕し罰するように経理院に求めた。[96]

一進会による「標」の分配に加えて、いくつかの記録が示しているのは、一進会が小作権を新小作人たちに移管した時、旧小作人たちに四斗落以下の小さな畑を残そうとしたことである。忠清南道鴻山の金という名の請願者は、その地域の一五斗五升落の公土を耕しており、かろうじて八人の家族を養っていると書いた。一九〇六年二月に彼の村のある一進会会員がこの請願者の一五・五斗落の畑から一二斗落を取り去る根拠として一進所票を示した。金はこの移管を破棄させることができるようにあらゆる努力をした。彼は、経理院と観察府からこの移管を禁じる教示書を受け取った。しかしこの一進会会員はこうした命令を一蹴した。請願者の金は、この一進会会員は一進会支会の命令にのみ応答すると書いた。金はソウルの一進総会にまで訴え、この件を説明するために一進会の地方支会にまで赴いた。この件では地方支会は金の訴えを認め、金の畑が元に戻されるべきだと述べた書類を発給した。この一進会会員は支会のこの決定にすら抵抗し、問題となっている土地を手元に留めておこうとした。[97] もうひとつの件では忠清北道永同の二人の請願者たちが一九〇六年五月に、この地域での駅土をそれぞれ五斗落ずつ一〇斗落耕していたと書いた。永同郡の三人の一進会会員が一〇斗落のうち六斗落を奪い取った。[98] 他のところでは潘《パン》という名の小作人が七斗落の駅土を耕していた。彼は一九〇七年一月に一進会からその土地のうち二斗五升落を他の人に移管しなければならないが、残りの四斗五升落は以前同様保持することができるという標を受け取った。

　一進会はこの規則をもっとも貧しい小作人の権利が侵されないようにと決めたのかもしれない。しかし耕作可能地を確保したいという一進会の小作人たちの欲求の強さを考えてみれば、この決まりはそれほど効果があったようには見えない。四斗五升落を保持してもいいという一進会の標があったにもかかわらず、先に述べた潘はすぐに隣人の柳との係争に直面することになった。潘によれば、柳は潘に残された土地をなにがなんでもすべて自分のものにしようとした。[99]

　興味深いことに一進会の地方支会によるこの小作地の再配分があったため、黄澗郡守は住民の間に小作人の畑を平等に配分するよう提案することになった。一九〇七年三月、黄澗の駅土の小作人たちは集団で一進会を訴える請願を提出した（表5参照）。筆頭請願者は南徳文《ナムドンムン》であった。彼は自分たちの地域の状況を次のように述べた。この地域では旧小作人たちが駅土を耕しており、かろうじて生活していた。突然一進会支会がこの地域に設置され、公土はすべて一進会の管轄下に入ると告げられた。彼らは小作人たちをその土地から追い出し、何千という人々を飢餓の危機にさらした。南徳文は「ひとたび人々が自分の髪を切り、一進会会員の資格を得たならば、一進会はその土地を彼らに配分し、彼らにその土地を耕作させる」と書いた。郡守はその地域における人々の状態を憂慮し、さらなるもめごとを防ぐため、「人々は自分たちの間に平等に配分されている土地を耕すべき」ことを決定した。しかし一進会の抵抗はとても強く、郡守は自分自身すら守りえず、ソウルへと逃げださなくてはならなかった。[100]

一九〇六年四月における同地区からの一通の請願書は、この地区の一進会会員たちを「職業を持たず、耕作を無視している群集」だと述べる。[101] この記述は一進会の小作人たちがいくつかの異なった社会的立場であった可能性を示している。彼らは地元の無職の民の一団であったか、あるいは実際のところ農業に専念する十分な土地がなかった小作人たちであった可能性がある。懐徳の一進会支会は比較的大きな畑（一石落）を耕していた小作人たちから三斗落か四斗落を削り取ろうとした。いくつかの記録が示すところでは、地方の一進会会員たちはもともとの小作人たちに四斗落か五斗落を残そうとした。小作人の畑の大きさが示しているのは四斗落か五斗落が旧小作人請願者たちのもっとも貧しく小さかった土地の大きさであり、この大きさは争議中の土地の大きさの平均を下回っていた。一進会の地方支会の記録が『各司謄録』の忠清道のファイルでは利用できないので、地方支会が小作権の再配分に関してのこのような調整をどのように行使したのかを一般化することは難しいし、ましてや一進会の地方闘争に対するこうした規制の意義を評価することはもっと難しい。一進会会員たちが農業を軽視しなかったのは確かである。彼らは貪欲に土地を手に入れ、それにしがみついた。土地に対する地方での争いを解決するため、黄澗郡守は彼の支配下にあるすべての耕作者たちに公土を平等に分割して配分しようとした。一進会の小作人たちはこの解決策を拒否し、自分たちが確保していたものを手放すまいとした。一進会の土地争議は一進会会員たちの「欲深さ」を示すだけではなく、農村地域における土地についての諸問題をも暗示している。忠清道の一進会支会は、その農民会員たちの土地への欲求に対処したが、個々別々に条件を設定し処理しようとしたことで地方社会の多くの人々の反感を買った。

一進会ポピュリズムの限界

一進会の租税抵抗運動は、日本が新しい租税政策を実施したので、一九〇七年には下火になり始めた。『大韓毎日申報』は、日本人との近しい連絡係であった宋秉畯《ソンビョンジュン》がこの介入についてすでに一九〇六年二月末に知っていたという事実を暴露した。当時、一進評議会は租税抵抗運動の方向性を議論し、会員間で鋭く意見が対立しているのを発見した。ひとつのグループは地方官の腐敗を防ぐために郡ごとに一人の日本人顧問を採用するよう提案したし、他のグループは良質の朝鮮人の地方官は十分にいるはずだと主張し、どうして日本人の官吏を採用しなければならないのか、またいかにして日本人が腐敗しないと保証できるのかと問いを発した。宋秉畯は、日使《イルサ》（日本公使館）の公使が日本の介入を勧めるだろうと予期し、一進会がしかるべき時に日本の役人を採用するべく韓国政府に働きかけるよう促した。洪肯燮《ホングンソプ》やその他の人たちはこうした考え方に激怒し、「そんなことをしたら我々は事実上日本人の倀鬼《チャングィ》になるじゃないか」と問いただした。このことが評議会内に大きな口論を巻き起こすことになり、一〇人の会員が脱会した。[102] このエピソードが示しているように、宋秉畯は日本人と密接に連絡を取り合っており、一進会の運動を日本の統監府の目的に沿うように指導することにおいて、決定的な役割を演じていた。
一進会がもしあくまでも租税抵抗運動に固執し、租税の評価と徴収というプロセスに民衆をかかわらすことを制度化していたならば、彼らは運動をもっとラディカルな方向へと向けることができたであろう。その時には会員たちは日本の統監府との闘争を予期したであろうし、もっと試練を受けることになると予想したはずであった。このことはかつての東学教徒にはひどく辛いものであったかもしれない。というのも彼らは政府からのひどい迫害をかろうじて逃れた人たちであったからである。それ以上に宋秉畯のような日本人との連絡係は、この方向性を認めることはなかったであろう。結局、一進会の指導層は、日本の統監府に服従することによってその地位を保持することを決定した。一進会の指導者たちは経済的政治的特権をめぐって旧エリートと闘争をおこなっただけで、大衆動員は避けた。このような日和見主義は他の諸国でのポピュリストの政策にはしばしば見られるものであり、「反対する時には大声で非難するが、権力側に立つと簡単に権力に取り込まれる」という、しばしば観察されるポピュリストによる指導の限界を再現していた。[103]
一進会は元来特権を持たなかった人々の利益を支えるためにその力を使い、人々の利益を害する政府官吏や地方エリートと公然と争うよう人々を促した。そうではあるが、新たに権力を求める人たちも一進会に加わり、その組織を自分たち自身のために利用した。一進会運動の存在理由は次第に国家に対する抵抗から地方エリートとの権力争いへと変貌した。このことは同時に人々の「守護者」としての一進会の改革者的イメージを掘り崩すことになった。やがて権力を持った一進会会員の中には、官吏とのコネを使って特権のない人々の利益に逆行する特権を獲得しようと、旧地方エリートの行為を模倣するようになった者たちもでてきたのである。

註

1 林雄介「運動団体としての一進会」四九〜五二頁。

2 김종준「일진회 지회의 활동과 향촌사회의 동향」서울대학교 碩士學位論文、二〇〇二年。

3 김종준『일진회의 문명화론과 친일활동』（성남：신구문화사、二〇一〇年）、四九頁。

4 ひとつの事例では、ある舎音が一進会と結びついていたという申し立てに反駁した。

5 Yŏng-Ick Lew, "The Conservative Character of the 1894 Tonghak Peasant Uprising" pp.149-180.

6 『大韓毎日申報』一九〇四年一一月二一日付。

7 김종준「일진회 지회의 활동과 향촌사회의 동향」三五〜五一頁。

8 Kyung Moon Hwang, *Beyond Birth: Social Status in the Emergence of Modern Korea* (Cambridge, MA: Harvard University Asia Center, 2004); Kyung Moon Hwang, "Bureaucracy in the Transition to Korean Modernity: Secondary Status Groups and the Transformation of Government and Society, 1880-1930," PhD diss., Harvard University, 1997.

9 両班は自分たちが排他的な貴族的身分であることを主張し、朝鮮社会の他の領域から出現してきたエリートを差別した。このことは次男以下の息子たち、あるいは中人のようなエリート層に不満を生じさせ、両班貴族の既成の権力や特権に対する挑戦を発生させた。こうしたいわゆる二級のエリートたちは、一八世紀には両班に対する地方闘争を始め、一九世紀には開化派の重要な社会的土台を構成した。ところが二級のエリートがどのような社会的地位であったとしても、彼らの存在と強い願望は国事に集中されており、彼らの地位は普通の人々の地位とは区別されたものであったので、彼らもやはり社会のエリート層なのであった。

10 『大韓毎日申報』一九〇四年一一月一八日付。
11 『大韓毎日申報』一九〇四年一月五日付。
12 『大韓毎日申報』一九〇四年一一月四日付。
13 『大韓毎日申報』一九〇五年三月六日付。
14 『元韓國一進會歴史』一、七〇頁。
15 『大韓毎日申報』一九〇四年一一月一日付。
16 『大韓毎日申報』一九〇四年一一月九日付。
17 『大韓毎日申報』一九〇四年一一月一九日付。
18 『大韓毎日申報』一九〇四年一二月一日付、二日付。
19 『元韓國一進會歴史』一、六九～七一頁。
20 『元韓國一進會歴史』一、七二頁。
21 甲午政府は伝統的な警察制度である捕盗庁を廃止し、近代的な警察制度として警務庁を設置した。巡校あるいは巡検はこの制度の最下層の官吏であった。新しい警察官僚たちはいまだに伝統的な地方秩序ネットワークである五家作統を管理していたようである。
22 『元韓國一進會歴史』一、七一頁。
23 『元韓國一進會歴史』一、六九～七一頁。
24 『大韓毎日申報』一九〇五年一月一一日付。
25 『大韓毎日申報』一九〇四年一二月二九日付。
26 『大韓毎日申報』一九〇五年二月一三日付。
27 『各司謄録』二九～三〇、四〇頁。

28 이영호『한국근대 지세제도와 농민운동』(서울：서울대학교출판부、二〇〇一年)、四〇、三五八頁。
29 『元韓國一進會歴史』二、五六頁。
30 『元韓國一進會歴史』二、六八頁。
31 『元韓國一進會歴史』二、三七頁。
32 『各司謄録』三八、二六七頁。
33 『各司謄録』三八、二六六～二六七頁。
34 小作人の名前は、鄭智弘《チョンジホン》、金奎燮《キムギュソブ》、李命淳《イミョンスン》、韓應先《ハンウンソン》、車貞鎬《チャジョンホ》、車學昇《チャハクスン》、金善根《キムソングン》、徐明祚《ソミョンジョ》、申允億《シンユノク》、徐相潭《ソサンダム》、梁柱永《ヤンジュヨン》、崔時中《チェシジュン》である。
35 『各司謄録』三七、二～三頁。
36 『各司謄録』三七、一頁。
37 『各司謄録』三七、二四～二五頁。
38 『各司謄録』三七、八～九頁。
39 『各司謄録』三七、四一頁。
40 『各司謄録』三七、五一頁。
41 『各司謄録』三七、七五頁。
42 『各司謄録』三七、一二～一三頁。
43 『各司謄録』三七、三六頁。
44 『各司謄録』三七、八三頁。
45 『各司謄録』三七、二九頁。
46 『各司謄録』三七、三一～三二頁。

47 『各司謄録』三八、四二三～四二四頁。
48 김종준「일진회 지회의 활동과 향촌사회의 동향」三五～五一頁。
49 『各司謄録』三七、六四～六五頁。
50 『各司謄録』三七、九二～九三頁。
51 『各司謄録』三七、二、六頁。
52 『各司謄録』三七、三五頁。
53 『各司謄録』三七、一一四～一一五頁。一進会総代の申泰恒《シンテハン》は一九〇七年一一月に一進会の管理下にある農業会社を代表して請願した。一九〇五年の秋に同会社の社員元世基《ウォンセギ》はこの会社を認可するよう経理院に要請していた。経理院はその指令書を収租官の趙鼎允に送り、この会社に認可を与えた。会社は三年間税を支払った。請願によると、突然郡守が巡検と官隷を送り込み、この会社の管理下にある黄草坪からの収穫物を集めた。一進会は経理院にこのケースを調査し、収穫物を返すようにと要請した。
54 『各司謄録』三七、一一九頁。
55 『各司謄録』三七、七～八頁。
56 『各司謄録』三七、一六～一七、二〇～二二頁。
57 この主張は収税権限を度支部へと移管させた統監府の政策と関係があったようだ。
58 『各司謄録』三七、三二～三三頁。
59 この最終判決は一進会と結びついていた旧小作人の請願を終わらせはしなかった。朴永和《パクヨンファ》ら四八名の小作人は一九〇六年一一月に再び請願を送り、文學詩とその一味がこの土地に対して自分たちの権利を要求していた歴史的な理由を退けた。中央政府はソウルから遠いこの地域の状況を一度も理解したことはなかったと彼らは論じた。堰堤は文學詩やその他の人々が住んでいた町から二〇朝鮮里も離れていたので、彼らは自分たちの手で堰堤を作り、畑を耕すためにそこに毎日通うことはできなかったはずだというのだ。『各司謄録』三七、三七、四二頁。
60 『各司謄録』三七、六三〜六四頁。
61 『西友』（서울：亞世亞文化社、一九七六年）（原文は一九〇六年一二月に出版）五二頁。
62 一進会のポピュリズムの時期において、このグループは権利を持たざる者を代理することを求めたのではあるが、私的な財産に関するそのイデオロギー的な立ち位置はあいまいであった。一進会は政府官吏が人々の財産を尊重するようにと要求したけれども、本章で示すように、しばしば私的な投資によって獲得された中賭主の権利を侵害した。植民地期における朝鮮の社会運動の指導者たちは分裂してはいたものの、民族主義と社会主義の間のイデオロギー的な方向付けをよりはっきりと示した。社会主義勢力はこの時期の小作争議に対する自分たちの影響力を増大させる傾向にあった。
63 『各司謄録』一〇、二九九頁。
64 『各司謄録』一〇、一五〇〜一五一頁。
65 『各司謄録』一〇、一七三〜一七四頁。
66 『各司謄録』一〇、二一二頁。
67 『各司謄録』一〇、二一九〜二二〇頁。
68 『各司謄録』一〇、二二三頁。
69 『各司謄録』一〇、二四二〜二四三頁。
70 『各司謄録』一〇、二五一〜二五二、二五七頁。
71 『各司謄録』一〇、一八四頁。
72 『各司謄録』一〇、二一三頁。

73 『各司謄録』一〇、二一五頁。
74 『各司謄録』一〇、二三〇～二三一頁。
75 『各司謄録』一〇、二四七頁。
76 『各司謄録』一〇、二四八頁。
77 『各司謄録』一〇、二六四頁。
78 『各司謄録』一〇、一六七頁。
79 『各司謄録』一〇、一六九頁。
80 『各司謄録』一〇、一六九、一七一頁。
81 『各司謄録』一〇、一七二頁。
82 『各司謄録』一〇、一七五頁。
83 『各司謄録』一〇、一七九～一八〇頁。
84 『各司謄録』一〇、一八〇頁。
85 『各司謄録』一〇、一八六頁。
86 『各司謄録』一〇、一九〇頁。
87 『各司謄録』一〇、一八七～一八八頁。
88 『各司謄録』一〇、一八〇～一八一頁。
89 『各司謄録』一〇、一八八頁。
90 『各司謄録』一〇、一九九～二〇〇頁。
91 『各司謄録』一〇、一九二～一九三頁。
92 『各司謄録』一〇、一九四頁。

93 『各司謄録』一〇、二八五頁。
94 『各司謄録』一〇、二一八頁。
95 『各司謄録』一〇、二〇五頁。
96 『各司謄録』一〇、二一九頁。
97 『各司謄録』一〇、二一一頁。
98 『各司謄録』一〇、二一一頁。
99 『各司謄録』一〇、二九七〜二九八頁。
100 『各司謄録』一〇、二八九、二九二頁。
101 『各司謄録』一〇、二〇〇頁。
102 『大韓毎日申報』一九〇五年一月二三日。
103 Mény and Surel, *Democracies and the Populist Challenge*, p.17.

第7章　権力に盲従する決断
——一進会と日本人（一九〇四〜一九一〇年）

大日本帝国を研究する歴史家たちは、日本が統監府による統治を開始した時、日本は正確に何を意図し、またいかにして、なにゆえ韓国を併合するという最終決定に達したのかについて長い間議論してきた。この議論において重要な点は、統監府の性格を一種の政府であると理解し、ある種の「間接的支配」という形態によって韓国を統治することから、日本が完全な主権をもって植民地として韓国を管理する直接統治へと日本が動いたその要因を確認することにある。[1] 問題は統監府が何らかの自治的な空間を韓国政府に認めることを日本が受け入れ可能とみなしていたかどうかである。決定的な移行が一九〇七年中ごろに生じた。一九〇五年の第二次日韓協約は、韓国の外交主権を無効化し、主として日本人役人が顧問の役割を果たすことで韓国の国内政治に介入することを認めた。そして一九〇七年七月の条約後、日本は多数の日本人を韓国政府の中心的な地位に就けた。この「事実上の」植民地支配は、地方行政のある種の領域における一進会による直接的な民衆的介入の実践とは相容れなかった。

森山茂徳は、日露戦争後、日本の政治家の間でいかにして韓国を支配するかについてのアプローチが対立していたことを強調する。森山は、正式な併合が韓国における日本の権益を確保する最善の策だと見ていた軍部指導層、ないしは経済上の指導層によるアプローチから、伊藤博文の民間主導アプローチを区別する。伊藤は一九〇七年に「事実上の併合」への移行を始めたが、韓国における正式な植民地支配より統監府制度の維持の方を好んでいたと森山は主張する。森山は、韓国併合に対してロシアが賛成しなかったことに対する伊藤の憂慮が、伊藤にそのような立場を取らせたと考えた。[2]

近年の小川原宏幸による研究は、伊藤による正式な植民地化への段階的アプローチを国際的な要因から説明することはできるかもしれないが、彼が韓国の帝室を残したままで事実上の併合をどうして推し進めようとしたかについては、それでは十分に説明することはできないと主張して、このパラダイムに疑問を投げかける。[3] 小川原は、伊藤は他の日本人指導者たちと同じように、一九〇七年以後は韓国における日本統治の最終目的として併合を認めてはいたが、韓国については別の型の植民地を望んでいたと主張した。小川原はいくつかの関係文書を示しながら、伊藤の構想を「自治植民地」に類似したものとみなす。そこでは、政府は法を作ることはできるが、「副王」、つまり日本の統監によって「韓国『国王』を補佐する」という形で統治され、植民地官僚は日本政府によって任命され、監督されることになる。[4] 小川原に従えば、伊藤は韓国帝室の協力を維持し、その権威を借りることが、統監府支配に対する朝鮮人の抵抗をやわらげるために重要であるとみていた。小川原は自治植民地についての伊藤の見解を明白に示すものが一九〇七年七月の条約後の統監府の統治方法の変更、たとえば韓国政府における日本人官僚の大量採用、韓国政府とその地方官からの法的行政的威信の剥奪、そして伊藤によって組織された韓国皇帝純宗の巡幸であるとみる。

しかし伊藤は韓国に自治植民地を樹立することはなかった。小川原はこの「失敗」を韓国の国内事情、とくに大韓帝国期に人々が強く抱くようになった君主に対する朝鮮風の観念のせいにしている。伊藤の期待に反して、この朝鮮風の観念は君主と人民との儒教的民本主義を土台としており、君主の権威を韓国における日本による支配の「正当化」のよりどころとするより、むしろ朝鮮人が抵抗するように促したと小川原は論じる。[5] 小川原は、日本の指導者たちの決定は単に国際的な要因を考慮したことを反映しているというよりは、韓国側の事情に基づいていたと指摘する。小川原の批判は貴重ではあるが、韓国社会についての彼の分析は抽象的である。極めて大切な点であるが、大韓帝国についての彼の議論は、人民主権に直面して君主の主権を再定義するべくなされた朝鮮人の議論を考慮に入れず、いくぶん理念化されてしまっている。先に述べたように統監期の終わりごろ、韓国の民族主義者たちの言説は共和国を構想したため、立憲王政についてのその初期のコンセンサスを放棄していた。従って韓国皇帝への崇敬の念が、君主制の象徴的な重要性の維持に基づく独立韓国を構想する実質的な運動を発生させることはなかった。

日本の政治家は植民地を統治するためのさまざまな計画を提言し、時間をかけてそうした計画の修正を重ねた。本章では日本人の言説のこのようなさまざまな要素を検討することはせず、日本の統監府がおこなった特殊な決定と、そのような決定が韓国社会――この場合は一進会会員たちとそれ以外の韓国のエリート改革者たち――に対して持っていた結果に焦点を限定する。先の章で示しておいたように、一進会による大衆動員は、朝鮮後期の王朝が社会を支配するために持っていた制度と特権の既存のネットワークを混乱させた。一進会会員たちはこの混乱を「民衆の代表」による介入として正当化し、この「民衆」の干渉を公に認証してもらおうとした。日本の統監府は「民衆の代表」としての一進会の役割を是認することはなく、その大衆動員が日本に対して「有害な」結果となるのではないかと疑っていた。運動に対する日本人の反対に直面して、一進会の指導者たちは自分たちの本来の実践を維持し続ける代わりに、現状に屈服した。一九〇七年七月以降、彼らはその大衆動員を中止し、政権内における地位獲得を追求する中で、一進会以外のエリートとの権力闘争を始め、反日義兵に対する自発的な防衛隊を組織した。この段階における一進会の運動は、「民衆の利益」を運動の指導者、ないしは参加者の利益と混同するポピュリスト的運動の様相を呈していた。一進会運動の凋落は劇的なものであった。というのも、植民地化を進める日本の動きによって、一進会の地方会員たちを国家反逆罪の告発から守る可能性を与えてくれるはずの物質的政治的土台が壊されてしまったからである。

一進会は日本との同盟が韓国の改革と独立にとっては「不可欠な」ものだと提案するキャンペーンへと乗り出した。しかしながら韓国における日本のいくつかの命令と一進会会員たちの目的との間に決定的な齟齬が生じた。一進会は「民衆」のための改革を要求し、決定的な利益――つまり収税や土地の配分――を求めて一般の朝鮮人を動員したが、日本の統監府はこのように民衆が立ちあがることには寛容ではなかった。大雑把に言えば、一進会に対する日本の態度は次のような三つの段階を踏んで変化した。(1)一九〇四年の中ごろから一九〇六年の中ごろにかけての一進会による大衆動員、(2)一九〇六年の中ごろから一九〇七年の中ごろにかけての一進会組織の危機と高宗の追放、(3)一九〇七年の中ごろから一九一〇年の、高宗の退位後から併合にかけての時期である。第一段階では一進会と日本の関係は一様ではなく、一進会に対する主要な援助は日本軍からのものであった。日露戦争中、日本軍は鉄道を建設し、前線の日本人兵士への戦時物資輸送を一進会会員に頼った。一進会の奉仕と引き換えに軍は便宜的に一進会会員を守った。しかしながらこの支持は安定的なものではなかった。というのも日本軍は戦争への補給線と日本の長期的な計画を危険にさらすような韓国国内における混乱を望まなかったからである。戦争の物資調達の本来の主たる組織は、それがたとえ強制されたものであったとしても、一九〇四年に韓国と日本の間に結ばれた条約によれば、韓国政府であった。一進会は自分たちがこの戦争を支援していることを証明したかったのかもしれないが、しかし彼らは現実の物資調達においては地方政府ほど効率的ではなかった。

この最初の時期の間に、日本の統監府は一進会の租税抵抗運動から利益を得た。というのもその運動は大韓帝国、とりわけ韓国皇帝の財政基盤を弱体化させたからである。一進会会員たちが内蔵院に対するその租税抵抗運動をどのように始め、政府組織をどのように自分たちの組織に換えようとしたかを決定するにはもう少し研究が必要である。しかしこれまでのいくつかの章で示したように、一進会会員の目論見はその組織ならではのものであり、一進会会員が人民と人民の利益の名のもとに旧体制の政治的社会的主流派に反対であることを明確にして、自分たちの介入を正当化したという意味で、その運動の方向性はポピュリスト的であった。日本の統監府は一進会の租税抵抗運動が帰着する事態、言い換えればこのグループが「事実上の人民の代表」となってしまうことを認めなかった。

第二の時期では、日本は非協力的な高宗を排除するよう決定し、彼を退位させるために韓国の内閣内部で政治同盟を形成した。日本の右翼であり、汎アジア主義者であった内田良平は、当時民衆動員に対する日本の抑圧と朝鮮人の間で高まりつつあった反日感情の両方から圧力を受けていた政府に、一進会の指導者をいく人かとりこむよう伊藤博文に忠告した。その間に日本の統監府は一進会会員たちが収税行政にかかわることを止めさせ、彼らが租税抵抗運動で達成した成果と、公士における彼らの行政への影響を破棄した。この第二の時期の間、韓国の国内政治への日本による直接の介入は部分的で不完全なものであった。このようにして日本は地方官吏や郷長――これらは地方における一進会の主たる敵対者であった――の伝統的ネットワークを支持し、収税行政のための唯一の組織である権利を彼らに認めた。このことは地方における一進会の民衆的支持基盤を決定的に毀損した。

三番目の最後の段階では、日本はいく人かの傑出した一進会の指導者を政府の役職に任命したものの、努力を傾注したのは対日義兵の指導層となっていた韓国の貴族層や地方エリートたちを宥和することのほうであった。伊藤博文は、対日義兵に対して懲罰的な遠征をする一方、地方の儒者エリートたちと個人的に会ったり、あるいは最後の皇帝純宗の帝国巡幸の演出をおこなったりするなど、純宗の敵対者であるよりもむしろその「保護者」として日本を表象させようと努めた。地方の一進会会員たちは義兵による攻撃を受けていたのに、一進総会の最高指導部の面々は自分たちが政府内部の地位を確保することに汲々としていた。そうこうしているうちに、一進会の指導者たちは日本の右翼組織である黒龍会の指図に従うようになり、韓国を併合してもらいたいと日本に要請する、かの悪評高い一九〇九年の合邦請願を起草することになった。一進会は次第に韓国を植民地とするための日本の道具と成り果ててゆき、その支会は地方で消滅しつつあった。地方支会の中には集団で一進会という組織から脱会したものもあり、個人の中には『皇城新聞』のような新聞に脱会声明を載せる者すらいた。一進会の「民権党」としての自認は、当時のエリート新聞の中で絶え間ないあざけりと皮肉っぽいゴシップの対象となった。

大韓帝国皇帝高宗の退位後、抜け目なく目先が利く政治家であった伊藤博文はいまや統監府行政に対する民衆による異議申し立ての運動からは排除された一進会の上層部指導層に協力を求めた。

伊藤は一進会の役員を便宜的に採用したが、国王や保守的エリート指導層との和解のほうに戦略的な重要性を置いていた。統監府支配の後半に『皇城新聞』は、地方において議会を作り上げることに関する記事や報告を数多く掲載し、各地方の住民の投票による地方議員、観察使、郡守の選出こそが、施政を改善し、政府の専横、腐敗、酷薄さを抑えるのに決定的な手段でありうるという『独立新聞』の思想を再掲した。[6] しかしこうしたエリートの運動は、日本による保護政策維持の可能性を排除して韓国民衆に自治の準備をさせることもなく、また大韓帝国を十分に強くしてその完全な主権を回復させようとするものでもなかった。地方自治の思想は保守的な地方エリートから『皇城新聞』に代表されるエリート改革者たちに至るまで、さまざまなエリート集団によって提案された。[7] 兪吉濬《ユギルチュン》はソウルにおいて自治的地方政府を準備するために市民の結社を組織した。[8] 自治植民地に関する伊藤の意図を確認するには小川原の根拠は薄弱である。伊藤が単に正式な併合のための適切なタイミングを見計らっていたのか、あるいは真面目に自治植民地を設立すべく統監府を変えることを考えていたのかどうか見分けるのは難しい。いずれにせよ伊藤の考えていた植民地は韓国のエリート改革者たちが考えていた「地方自治」とは合わなかった。韓国のエリート改革者たちは地方自治が民衆による観察使や官吏の選挙を含むべきだと提案し、国家当局の権力を監視し制限するための地方議会の役割を強調していたからである。

伊藤は、朝鮮人改革者たちを慮《おもんぱか》って日本を優先させることを控えるようなことはせず、国家中心的なアプローチを維持した。統治の最終段階で伊藤は、地方の安定を約束することによって保守的な朝鮮人エリートたちを宥和しようと努め、大韓帝国を日本の植民地に変えるのに成功した。韓国を植民地化するためのこの措置は、朝鮮人改革者が一九世紀中ごろ以来、修正するか、あるいはひっくり返そうと努力していた中央集権国家の優位性を変質させることなく永続させてしまい、そのことによって韓国における国家と社会の関係の権威主義的性格を強化することになった。

一進会の改革と日本の「特権」——一九〇四年から一九〇七年

日本が韓国を植民地化する過程において、統監府支配から正式の併合への移行がどれほど首尾一貫しないものであったかについては議論の余地がある。韓国における日本の統監府支配が「非公式」なものであったことを認めても、日本が初めから韓国における「実権」を保持するという線に沿って努力していたことは否定できない。日本の内閣と元老は一九〇四年四月と五月に朝鮮政策の基本ガイドラインを決定した。二つの優先政策のひとつは、韓国の外交関係に関して日本の権威を確立すること、もうひとつは韓国の軍事力と財政力を徐々に引き継ぐことだった。[9] このガイドラインは軍事、外交関係、財政、運輸、通信機関、そして経済の植民地化という六つのカテゴリーにわたって、日本による韓国国内政治介入への一般原則を練り上げた。[10] 日本政府はその政策を婉曲的に「施政改善」と呼び、日本の介入は機会が熟するまで待たねばならないと繰り返して戒めた。[11] とはいうものの公式の目標は韓国における「実権」を握ることであった。[12]

9 「自衛団援護会」のリーダーたち
反日義兵たちに対して日本軍が「自衛団」を創設した時、地方の一進会会員たちが自衛団を補助するために援護会を組織した。写真後方の黒い制服を着た士官たちはおそらく日本人憲兵たちである。前の２列で援護会の指導者たちが短髪にして、帽子をかぶり、ライフルを持っている。
独立会館のご厚意による。

日本政府は条約後の不安定な時期を予想し、日本人と朝鮮人の間の既存の権力関係に依りながら、時宜にかなったやり方でガイドラインを履行するよう官吏たちに注意を与えた。[13] このガイドラインは韓国における日本の軍事的財政的優位性の確保の重要性を強調していた。統監府は戦略的な場所に日本軍部隊を駐屯させることによって、韓国における内部的外部的危機に柔軟に対処するべくこれらの部隊を使えると確信していた。軍隊も「地位の如何にかかわらず」日本人が日々朝鮮人に対する権力を維持することを目指していた。[14] このガイドラインは韓国の財政管理に最高の優先順位を付けていた。というのもこの財政管理が植民地行政の土台であるとみなされており、「施政改善」を実行するために必要であったから

10　独立会館付近の一進会本部
一進会は会館とそれに付属の土地を自分たちに移管するよう韓国政府に要請した。一進会はこの土地に本部、集会場、光武学校を建設した。
独立会館のご厚意による。

である。[15]

日本人は韓国における国内秩序を維持するべく大きな注意を払っていたので、韓国政府に対する朝鮮人の絶え間のない抗議には寛容ではなかった。その代わり日本人は韓国社会の「上下の階層」の「上位にある」支配者として自分たちの地位を固めることに重点的に取り組んだ。日本の領事も日本の軍部も一進会の体制転覆的な活動には好意をもって見ることはなかった。たとえば進歩会による暴動が平安道を席巻した時、日本の外交当局は韓国の官吏たちに覚書を送りつけ、その中で朝鮮人が進歩会による扇動に「惑わされ」ないように警告を発せよと官吏たちに要請した。平安道における日本領事の行動は一進会に対して日本が反対であった明確な証拠を提供する。一九〇五年一月三日、三和《サモア》日本領事染谷成章は、ソウルにおける共進会と一進会の暴力沙汰について三和監理へ一通の書簡を送った。染谷の書簡には、在京城日本公使林権助が一九〇四年一二月二九日秩序回復のために日本の憲兵隊に援助を求めたと記されていた。

染谷は侮蔑と憂慮を隠しもせず、多くの朝鮮人が一進会あるいは共進会と称し、最近徒党を組み、人々に参加を呼び掛けていると書いた。もしこれらの徒党の思い通りにさせたなら、彼らは国内秩序を脅かすのではないかと彼は心配した。統監府が彼らにそのような不安定な状態を招かないようにさせるための方法を見つけるべく努めていたとも彼は言及した。一九〇四年の日韓議定書に従えば、中央や地方の官庁において韓国の施政を改善すべきなのは「日本の政府」なのだ、と彼は強調した。そう断言した後、彼は韓国政府を「改善する」ための日本の政策について、公的な告知を公示せよとの林の命令を伝えた。この告知は、韓国の人々が以後韓国政府の「専制的な」支配に対して直接地方の日本領事館か、もしくは領事館を通して日本公使に不満を訴えるよう促していた。領事は、この告知が一進会や共進会のような結社の「軽率で無思慮な」活動を止めさせるために作られたのだと暗にほのめかした。彼は、三和監理がこの告知を各郡に送り、公示されるべく命じるようにとも要請した。

同じ日の一九〇五年一月三日、染谷領事は一進会が広まっている黄海道と平安道の各郡に一通の通達を送るようにと三和監理に命じた。この通達は、一進会の扇動は良き結果をもたらさず、むしろ韓国の国内秩序を危険にさらすだろうと韓国の人々に警告した。この通達は、もし群衆が一進会と称してこれらの郡で公的な集会を開くならば、郡守はこれらの集会の性質、目的、活動について詳細に領事館に知らさなければならないとも命じた。
染谷は、この通達が黄海道の黄州《ファンジュ》、平山《ピョンサン》、豊川《プンチョン》、谷山《ゴクサン》、瑞興《ソフン》、鳳山《ポンサン》、安岳《アナク》、載寧《チェリョン》、遂安《スアン》、信川《シンチョン》、新溪《シンゲ》、文化《ムノァ》、長連《チャンリョン》、松禾《ソンファ》、殷栗《ウニュル》、兎山《トサン》、そして平安道では中和《チュンファ》、三和、咸従《ハムジョン》、祥原《サンウォン》、龍岡《ヨンガン》、江西《カンソ》、甑山《チュンサン》へ送られるようにと要請した。この通達には次のように書かれていた。

韓国中央政府及び地方政府の改善は我が帝国政府が日韓議定書に依り漸次履行すべき重要事項であり帝国政府が現今着手中である。韓国内一般の秩序及びその維持もまた我が帝国政府の負うところである故、今後韓国臣民が地方及び中央政府の虐政等に因り何等訴えるべき事情がある時は、穏便なる手段を以て直接に本官或いは本官を経て在京城日本帝国公使にその由を申告すべきであり、然る時は本官即時にこれを在京城日本帝国公使に伝え充分にその救済の道を講じるであろう。近来各地方において一進会員等と称し或いは徒党を組み多数の人が集会し、また京城等に代表者を派出して韓国政府に陳情を試みる者がいる。これはただその効果がないだけでなく貴重な時日と財産を空費し結局は韓国内の静謐を乱す愚挙である。今後、本地方に在住する韓国良民にはこのような事が決してないよう注意することを右諭告する。[16]

韓国政府は、この通達が日本による韓国国内政治への干渉であり、一九〇五年の第二次日韓協約に対する違反であるとみなした。というのもこの協約は韓国における日本の役割を外交関係と財政組織に限っていたからである。それゆえそれに応えて外部大臣[17]は三和監理に宛てて次のように命令を送った。「民志を静謐にし、訴訟を受理するのは我が国地方官吏の任じられたところであり、外国人の与《あずか》り聞くところでない。さらにこれは国権にかかわることであり、日本領事には口頭および文書を以て理由を述べ拒否すべし。」監理は日本領事に先の諭告文の撤回を求めたが、林公使から訓令があるまで取消しの交渉に応じるのは困難であると拒絶された。[18]

統監府の財政政策

日本人は前述のガイドラインに従って韓国政府の財務行政を変えようと決意した。こうした「改革」における彼らの目的は韓国帝室の物質的な支えを取り除き、統監府への歳入基盤を確保することであった。韓国帝室から日本人財政顧問の管理下にある度支部に歳入が移行される際、一進会が日本人の役に立っている限りにおいては、日本は一進会の租税抵抗運動を大目に見ていた。しかしながら一進会の収税参加を制度化することを日本は許さず、雑税の撤廃、あるいは公土における地代率の削減を認めなかった。日本の官僚たちは韓国の納税者が日本の統治に従うかどうかを心配した。そして彼らが直接韓国の中央政府を管理する以前は、一進会の体制変革的動員に依拠するよりも、地方官吏たちを地方エリートのネットワークに結びつけていた朝鮮王朝の伝統的な制度を利用するほうを好んだ。

11　1907 年の皇太子嘉仁（後の大正天皇）の訪韓
嘉仁は一列目左から三人目。英親王が嘉仁の右に立っていて、伊藤博文は一列目の一番右端に立っている。
신기수編、이은주訳『韓日併合史：1875-1945』（서울：눈빛출판사）2009 年、55 頁。元となったのは、辛基秀《シンギス》編著『映像が語る「日韓併合」史：1875 年～ 1945 年』（改訂・増補版）労働経済社、1988 年。独立会館のご厚意による。

日本は韓国の歳入資源の枠内で統監府の財政的要請を満たすことを望み、それに合わせて韓国政府の財政を再組織した。一九〇四年二月の日韓条約議定書はこのことを認めており、韓国は「施政改善」のために日本の忠告に従うことという条項を含んでいた。その後、一九〇四年八月二二日に署名された条約は、外交関係と財政を管理するべく日本人顧問を任命するよう韓国政府に強制した。それにより日本人財務顧問は韓国の国家財政に関する完全な権限を持つに至った。韓国政府の全財務政策を履行するのには財務顧問の同意が必要となり、内閣やその他政府機構の財務関連における決定には、韓国皇帝へと提出される以前に財務顧問の承認を得ることが不可欠となった。

目賀田種太郎は日本の大蔵省で司税局財務官を務めていたが、一九〇四年一二月一七日、初代財務顧問として韓国にやって来た。その後目賀田は、一九〇五年三月、韓国政府の「財政統一に関する覚書」を日本国外務大臣小村寿太郎から受け取った。この覚書の焦点は韓国帝室の内蔵院であった。[19] 先に述べておいたように、韓国皇帝は公土への収税権を度支部から内蔵院へと移し、光武改革の間に雑税の大半の収税責務を後者に帰属させた。皇帝は国内鉱山の多数をも所有し、典圜局《チョナングク》（造幣機関）を宮内府の管轄下に置いた。このような財源集中の結果、度支部は結戸銭《キョロジョン》（土地税）に関してのみ権限を行使し、従って韓国の国家財政においては小さな役割しか果たさないことになった。このような状況下では、たとえ日本が度支部を支配したとしても、韓国において真に財政力を行使することはできなかった。

日本はすみやかに韓国帝室の財産を己のものとし、収税権限を韓国皇帝から剥奪するように動いた。韓国におけるこの財政の再組織化は二段階で進められた。統監支配の前半においては、収税権を内蔵院から度支部へと移行させて、収税に関しての新しい規則を公布し、収税制度を再整備した。韓国の内政に介入する権利を日本に保証した一九〇七年七月の第三次日韓協約後の第二段階では、統監府は韓国帝室の財産を没収して、それらの大半を国有化した。[20]

財政のこの再組織化は租税抵抗運動中の一進会の実績を消し去った。第一に、日本は地方での収税を実行し、市場税や港湾税のようないくつかの雑税品目を地方税へと繰り入れた。統監府が一九〇六年一二月二九日に地方税規則を交付した時、このような雑税は国税のカテゴリーから地方税へと移された。この移管は一進会の租税抵抗運動のピーク時に生じた江辺（川沿い地域）の数か所における雑税の廃止を帳消しにした。この移管はまた先に述べたような一進会と地方官吏、あるいは郷会との「地方での同盟」をも破壊した。後者は一時的に収税の権利を取り戻したが、統監府がこうした権利を彼らから奪い去り、一九〇七年七月の条約に従って収税のために日本人役人を任命した。

第二に、日本の政策は一進会会員が公土において成し遂げたことを無効にした。日本は一九〇七年から一九〇八年にかけて、駅土、屯土、そして宮庄土を国有化した。[21] 日本は一九〇七年七月、韓国帝室の財産と国家所有にかかわる財産を調査するために臨時部局〔臨時帝室有級国有財産調査局〕を設立した。この部局は経理院の収租官を排除し、公土からの収税を度支部へと移した。日本は一九〇七年一一月には経理院をも廃し、韓国帝室の財産と国家財産の大半を国有化した。[22] 日本はさらに舎音や中賭主をも排除した。[23] その代わり日本は各道の財務官と面長《ミョンジャン》に公土から税と地代を徴収するための責務を認めた。実際、このことは一進会会員の役割を消し去った。というのも、いくつかの地域では舎音の多数が一進会会員であり、公土における地代の評価と徴収に参加していたからである。

一進会と経理院の和解の事例

韓国政府のいくつかの記録は、ひとたび一進会が地方社会において権力を確立してしまえば、経理院の収租官の中には、実際のところ一進会会員と対立するよりは協力する方を良しとした者も出てきたことを明らかにしている。地代徴収代行人金養善《キムヤンソン》は収租官がどれほど一進会の協力を求めたかを証言した。金養善は一九〇六年一一月に公土における収祖派員（地代徴収代行人）として价川郡《ケチョン》へと派遣された。[24] 彼は駅土における前収祖派員の車秉弘《チャビョンホン》や小作人の大半が一進会員であるのを発見した。車秉弘は収祖派員[25]と述べられているものの、新しい代行人の仕事を本質的に不可能なものにしてしまっていた。

金養善の主張によると、車秉弘は火税《ファセ》（焼き畑にかかる税）を米で徴収するようにという経理院の命令を拒絶し、固定地代率に従って各小作人家族に納税総額を現金で割り当てた。車秉弘は収税したものの、集めた一七〇〇両を政府には提出しなかった。新しい代行人金養善は、小作人が憤慨するので税の再徴収はできず、一進会会員たちが金養善の命令を聞かないので、車秉弘にその金を返還するよう強制することもできなかった。[26] 政府は小作人たちに地代を穀物で納めるようにと命令しているのに、小作人たちは現金で納めるのを望んでいると金養善は気づいた。現金払いであれ、穀物払いであれ、その地域で収税したことを理由として車秉弘を逮捕するよう彼は政府に求めた。

一年後金養善は、経理院からの指示を無視し、嚴柱玄《オムジュヒョン》と車秉弘が命令に抵抗するのを助けたと平安南道の収租官元用奎《ウォンヨンギュ》を非難した。金養善は一進会会員の車秉弘が駅土からの地代を一進会の影響下にあった地方学校に割り当てようとしたと証言した。金養善は、元用奎が書簡を价川郡守へと送り、金養善が徴収し所持していた穀物の形での地代を奪取するために一進会会員に何人かの巡検を伴うことを許したのではないかと疑った。金養善のもとから没収された穀物は全部で二七石一一斗三升にのぼり、現金は全部で三二七六両であった。金養善は、命令に従おうとした自分の努力を理解し、地代を横領した小作人を調査するよう経理院に要求した。[27]

一進会に対する収租官のこの協力的な態度は、一進会、地方政府、そして日本の管理下にある中央政府の間の複雑な相互作用を示している。第5章で述べておいたように、一進会会員の中にはその租税抵抗運動の初期の段階におけるいくつかの事例で地方政府や郷任と同盟を組んだ者たちもいた。租税同盟は、統監府が地方政府と郷会の伝統的な役割を認め、それ以外のいかなる収税組織も認めることを拒絶した時に変化した。統監府の政策は収租官を行政のネットワークから切り離し、地方官吏に対する権威を彼らから奪うことになったので、彼らは収税における一進会の地方勢力の効用を認めるようになった。

もともと中央政府の収税代行者であった観察使や地方官は経理院による直接的収税を支持せず、経理院が地方へと派遣した官吏や収税代行者を批判した。一九〇五年六月に平安南道の観察使李《イ》重夏《ジュンハ》は「資格のない利益あさりの人々」が舎音あるいは収税人としての地位を得、人々を搾取していると書いた。[28] 一九〇五年一〇月一九日に定州《チョンジュ》郡守も駅土の小作人たちの連帯署名請願を経理院に提出した。この請願書の中で小作人たちは、この駅土の舎音たちが加賭《カド》を課し、地代として賭銭《トジョン》（現金）ではなく、打租本色《タジョボンセク》（現物）で徴収したと不満を述べた。小作人たちは、「奸細輩《カンセベ》（悪賢い悪党）」が舎音の地位を手に入れ、自分たち自身の利益になるように地代支払いの方法を現金から穀物へと変えたと主張した。小作人たちは、それまでと同じように固定的な地代の支払いを自分たちに許してほしいと経理院に要請した。[29]

郡守はこの請願を支持し、派遣された官吏による直接収税に反対した。郷長の中にも経理院による この直接収税について不満を持ち、租税抵抗運動に参加する者たちがいた。舍音に対する小作人たちによる抗議は、中央政府による直接収税についての地方官吏あるいは地方エリートによるこうした不平とは異なっていた。小作人たちが、全体として地代率を低くし、収税官吏による搾取を除去したいと望んでいたのに対し、地方官吏や旧地方エリートたちは租税行政についての自分たちの権限を回復することに重点的に取り組んだ。従って地方官や郷会は、統監府がさしあたりは自分たちが失っていた収税の権利を経理院の代行人に対してであれ、一進会会員に対してであれ、回復してくれたがゆえに最初のうちは統監府の政策を支持していた。

経理院の収租官は舍音に対する地方官吏たちの不平に対してさまざまな態度を示した。平安南道の収租官はこうした不平を支持した。一九〇五年一一月一六日の報告で彼は派員の問題を排除するためには統一された収税手続きが必要だとした。[30] 平安北道各礦監理であり、泰川《テチョン》郡守であった趙鼎允《チョジョンユン》は地方官吏たちを支持し、平安北道で不払いとなっている税と地代は一進会のせいだと非難した。ところが一九〇五年末、経理院の新しい収租官となった元用奎は、地方官吏や郷長たちの不平には批判的であり、一進会会員の議論には中立的か、あるいは好意的ですらあった。

元用奎は地方官吏や郷任たちが自分たち自身の利益のために公土からの地代を横領していた殷山《ウンサン》

の件を報告した。彼が不払い地代を徴収するべく代行人を派遣した時、郷長は抗議し、殷山の公土の小作人たちは極めて非協力的で、自分には政府の命令を履行することができないと不満を述べた。しばらくして殷山の村の人々が群がってやって来、収税人を脅かした。小作人たちは殷山の郡庁に税を直接納めると宣言した。元用奎は、小作人が収税官吏たちの言うことをまったく聞かず、官吏たちを殷山から追い出そうとしたと主張した。彼はこの小作人の非服従を郷長の責任とみなし、このような「化外之習《ファウェジスプ》（野蛮なやり方）」に責任があると彼を非難した。

元用奎は、収税について問題があると一進会を不当に非難している者が地方官吏たちの中にいるとして、その者たちを批判した。順川《スンチョン》、成川《ソンチョン》においては、郡守もしくは地方官吏たちが収税を完了していたのに、一進会の介入という「口実」をもうけて、経理院へそれを送付するのを遅らせていたと彼は指摘した。元用奎は、経理院が殷山、順川、成川の各郡において吏郷《イヒャン》（地方官吏と郷庁の官吏）たちを逮捕するようにと要求した。経理院卿はそれに同意し、集めた税をソウルに入って直接引き渡すようにと順川郡守に命じた。[31] 元用奎は、集められた地代あるいは税の経理院への提出を遅らせたと、旧地方エリートをも非難した。

当時、地方官と郷会は、もし度支部が歳入徴収について管理するようになれば、自分たちの権力と収税権が回復されるだろうと期待していた。たとえば、度支部が歳入を集めるための組織を一本化すべしと訓令を送った後の一九〇五年一一月の宣川郡守の場合に、この期待を見て取ることができる。訓令は、歳入を集める帝室の権限を排除し、租税行政における郡庁と郷会の役割を回復するべしという日本の決定に従ったものであった。この決定に対応して宣川郡守は、地方官や観察使が収税のための唯一の権限を持つと主張した。宣川郡守は、集めた税を安全に郡庁に保管して歳入の記録の中にそれをリスト化すると書いたが、集めた税を経理院には送付しないだろうとほのめかした。

元用奎は成川郡守に腹を立てていた。彼は、成川郡守は度支部が権限を持っていない租税にこの訓令を適用したと主張した。この収租官は、成川郡守と郷任との間の同盟を疑って、この郡守が郷吏や郷長たちの「不実な」言葉を信じて、このような「不適切な」要請をしたと書いた。[32] 元用奎は、郷吏と里郷の長たちが一進会の扇動に乗じて、集めた金を経理院に引き渡すのを拒否したとも言い張った。元用奎は、経理院が郷吏と各郷会の長たちを罰するよう、繰り返し要請した。彼は一進会の舎音が地方官吏たちよりももっと信頼できるパートナーだと表現した。[33] 彼の見方からすれば、郷会や郡守は自分たちの個人的な利益のために経理院の指令を公然と無視したが、他方一進会は人民の利害にもっと関心を持ち、怒れる小作人や納税者たちの広範な抗議に理解があった。

一進会に公的な地位を与えよとの主張——黄海道の場合

一進会の租税抵抗運動をめぐる政治力学は、黄海道の記録においてさらに明確に観察することができる。[34] 一進会会員数は黄海道では平安道と比べると少なかったものの、それでも租税抵抗運動に

における その指導は平安道以上に成功した。少なくとも一時期、一進会は黄海道において正式に収税に携わることができた。そのうえ政府の記録が示すところでは、黄海道における一進会の租税抵抗運動は平安道にくらべて地方争議をそれほど発生させず、一進会の舍音による不正な行為の記録も平安道よりも少なかった。日本の財政役人が一進会の舍音をその任から外すようにと地方政府に命令した時、いくつかの地域では一進会会員たちに取って代わって旧舍音が復帰することに対して小作人の抗議が生じた。

地代徴収のためにソウルから派遣された収租派員の金文鴻《キムムノン》は一九〇五年一〇月にこのような状況に関して報告した。彼が黄州《ファンジュ》に着いた時、その地域の一進会会員たちが彼を訪ねてきた。彼らは金文鴻が「確立された先例」を破ったと言って彼を批判した。というのも彼が一進会を通さずに自分の職務が権限を有すとする書類を直接郡庁に提出したからであった。金文鴻はこのような先例の存在や政府による権限付与を見直す一進会による資格付与を否定した。この対立の後、金文鴻はすぐさま一進会の抵抗に直面した。この収税官吏が大垌堰《テドン》の公土における地代を四〇〇石と見積もった時、一進会会員が一緒にこの畑にやって来て、この官吏に地代の総額を減額するように強制しようとした。彼らは高品質の畑で六斗、中品質の畑で四斗、低品質の畑で二斗という割合に従って計算し、自分たちの見積もりが三〇〇石であると示唆したのだ。

この地域の人々全員が、地代の額を見積もり、それを政府へと手渡す一進会の権威を認めていると一進会会員は主張した。金文鴻はこの提案された地代を認めず、この土地の地代は政府の規則に合わせて原則として六〇〇石であり、しかもその年、春の日照りと秋に降り続いた雨があったので、二〇〇石をすでに減じておいたと述べた。一進会はそれに満足せず、さらなる減額と中賭主《チュンドジュ》のための地代と手数料を含むこの負担の削減を要求した。[35] 金文鴻の報告が示しているように、この地域の小作人たちは収税に関して政府の代行人との交渉を一進会に任せていた。一進会に対する小作人のこの支持は派遣された代行人の権威を効果的に失墜させ、収租官に収税における一進会の公的な役割を認めさせることになった。

一九〇五年一二月、金文鴻は、この地域の一進会と小作人たちが派遣された代行人を追放するのに成功した次第を経理院へと報告した。五人ないし六人の収税代行人が一九〇五年九月に黄州にやって来た。これらの代行人は一進会の介入があったため自分たちの義務を遂行することができず、結局数か月間とどまっている間の生活費として数千両を使ってしまった。さまざまな問題について何度か一進会と争った後、彼らは一進会の要請を認め、一進会とともに税を徴収することを決定した。収租官が一一月の末に黄州郡にやって来、黄州の一進会支会にひとつの訓令を送った。彼は派遣されていた金文鴻にソウルに戻るよう命じ、一進会支会には、彼に代わって収税の責任を引き受けるようにと命じた。金文鴻は、経理院がこのことを破棄し、自分の任務に戻れるよう命じてほしいと要請した。[36]

収税における一進会の役割をこのように公的に認めたため、黄海道において一進会にはいっそう公的な地位が付与されることになった。収租官は旧代行人に替えて一進会会員たちを用いただけではなく、政府の訓令を直接一進会の支会に送ってほしいという一進会の要求をも認めた。このことは、収租官が収税のためのいくつかの行政義務を一進会の支会に委任したことを意味している。一進会会員は、他の税率を示唆し、廃止されるべき税品目を特定したので、収租官の譲歩は税制手続きにおける一進会と納税者の両方の地位を改善するものと想定された。

統監府内の日本人役人たちは、この収税義務委任が韓国における統監府自身の政策とは矛盾するとみなした。彼らは黄州における収租官の決定についてさまざまなルートを通して報告を受け取った。一九〇六年一月、瑞興郡守は一進会が収税にかかわることを批判した。彼の報告に従えば、彼が度支部大臣の指示下に駅土から地代を集めようとした時、収租官が、地代徴収のため収租派員として一進会会員の金成七《キムソンチル》を任命したと述べた公文書を送った。一進会の租税削減の努力に鑑みれば、この決定は、その土地からの歳入の減少をもたらすだろうとこの郡守は予想した。[37]

中央政府は収租官による収税権限のこの委任を是認せず、一九〇六年一月に代行人として再度金文鴻を派遣した。金文鴻は収租官と黄州の地方政府に経理院の訓令を届けた。経理院はソウルから送られた新しい代行人（金文鴻）を助けるよう一進会の代行人（洪淳極《ホンスングク》）に強制せよと収租官に命じた。ところがこの命令が収税における一進会の公的な役割に反対しているという理由で、洪淳極は地代徴収において金文鴻を助けるのを拒否した。その上洪淳極は、金文鴻が租税総額についての一進会の評価を受け入れて、一進会が廃止した雑税を再び課すようなことはしないようにと要求した。一進会の代行人とその仲間たちは、もし一進会の租税徴収に干渉するなら「薪の上で焼き殺す」と金文鴻を脅迫した。一進会が収税業務から排除された後ですら、金文鴻は小作人に租税を納めるよう強制することができなかった。一進会はソウルから派遣された代行人に従うのを拒否し、租税抵抗運動を続ける意図を示していると彼は報告した。[38]

収租官もどうして自分が一進会の要求に譲歩したのかを説明した。一進会の抗議は収税手続きにおける問題と中賭主により要求される過度の出費から生じていると彼は書いた。一九〇六年二月の彼の報告によれば、一進会は公土における舍音のための報酬を支払うのを拒否した。舍音は一石当たり数升を前もって取っておくのを習いとしていた。公土の舍音は自分の報酬とその他、紙や墨のようなさまざまな物品の出費をまかなうために二人ごとに銅銭一分を徴収した。従って舍音への出費が本来の地代には含まれてはいなかったので、小作人たちは余分の負担を背負い込むことになった。

収租官は、一進会が甲午規則を維持し、加賭の受け入れを拒むつもりだと付け加えた。彼は黄海道での一進会の抵抗を説明した。一九〇五年の秋に黄海道のさまざまな郡の一進会会員たちが現物支払いであれ、貨幣支払いであれ、あらゆる加賭を拒否するよう人々を促したと彼は書いた。一進会は、小作人たちは決められた率に従って、本来の地代のみを納めるべきだと主張した。[39] 一進会は、収税官吏と舍音が自分たちの報酬をカバーするための余分の税もしくは地代を課さないようにと彼らを脅迫した。

その結果、舍音は自分たちの報酬をカバーするために本来決められていた地代の一〇分の二あるいは一〇分の三を前もって自分のものとし始め、こうして、徴収された地代の全額は提出しなかった。今度は収租官が、舎音が前もって自分のものとする額を地代の一〇分の二あるいは一〇分の三から二〇分の一へと減額するよう彼らへの説得を試みた。舎音はそんなに少額の報酬では自分たちの職務を遂行するのは不可能だと文句を言った。[40] 収租官は一進会会員の中から収税のための代行人を採用することによって、この問題を解決しようとした。彼は一九〇六年五月に、一進会が収税官吏を自分たちの会員の中から選んでほしいと要望していると経理院に報告した。経理院卿には、その地域での一進会の強さのゆえに、この要求を拒否することはできないとわかった。従って彼は一進会の代行人に権限付与書類を手渡し、派遣されていた旧代行人にソウルに戻るようにと命令を下した。[41]

一九〇六年五月に報告された次のケースは、瑞興郡の旧舎音も小作人たちの間で一進会の名声を高める「ミス」をいくつかおかしてしまったことを例証する。経理院は搾取的な課税について広がっている不満を憂慮して、地方政府に過度な収税は避けるようにと命じた。舎音たちはこの訓令を加賭廃止の認可だと勘違いした。彼らは決められた率に従って税を納めるようにと小作人たちに命じる公示を貼りだした。これは郡内のあらゆる掲榜で告知された。一進会からの代行人は加賭を廃止し、原賭だけを徴収した。

中央政府は地方でのこの譲歩を認めず、いかなる地代削減にも反対した。瑞興郡守は、地代削減の命令は経理院の指令を誤解し、自分自身で地代総額を減らすように決定した、派遣されて来た収税代行人のせいだとした。郡守は地代削減についてのそれ以前の通知を破棄すると公示を貼りだし、小作人は決められた日までに付加された税額の納入を終えるべきだと述べた。郡守は、収税後すぐさまそれらの税を政府へと送る担当である他の代行人へと移すように一進会の収税代行人である金成七に圧力もかけた。[42]

先述した事例の中で示しておいたように、黄海道における一進会の租税抵抗運動は中賭主のための余分の地代を廃止することに焦点が置かれ、その結果、大きな大衆的支持を得た。[43] 一九〇五年一一月、鳳山と載寧における駅土の屯監《トゥンガム》（租税調査官）が、一進会は中賭主のための付加税を永遠に廃止しようとして、この問題について公に討議するため会議を何度か招集したと収租官に報告した。この地域の小作人たちはこの一進会の訴えかけに反応し、勝手に地代を廃止した。小作人たちは、自分たちがそれ以前に納めていた地代を確認する書類を探し、地代徴収のための公的な理由を永遠になくすため、文書を焼却しようとした。収租官は書類を隠し、それゆえ書類をソウルへと送ることができた。それでも彼は混乱を絶つことができなかったのではないかと考えていた。[44]

いくつかの地域においては、経理院から派遣された収租官と一進会の間の協力関係は不幸な結末を迎えた。中央政府は収税において一進会と協力し合った黄海道の収租官朴來動《パクレフン》を解職した。新しく任命された収租官金羲庚《キムヒギョン》は一進会に敵対的であり、その前任者がこの組織に認めていた公的な地位を無視した。この新しい収租官は鳳山における水税を納めるのを一進会が拒否したことを引用しながら、[45] 一進会会員たちが政府の仕事に介入したと一進会会員たちを叱責した。一進会会員たちは自分たちが（一進会に入会する際）髪を切った時に、「収税に関するそのような（悪い）訓令を、それがたとえ政府からのものであっても拒絶する」と決めたのだと答えた。彼らは、自分たちの拒絶を中央政府に直接報告する収租官を恐れてはいないとも語った。[46]

租税行政への一進会の介入に対する日本の反対

日本の官憲は一進会、経理院の官吏、地方政府の間での変わりつつあったこうした関係にどのように対応したのであろうか。日本の軍部は初期の段階では一進会の租税抵抗運動を支持していたかもしれない。というのもその運動は経理院の歳入徴収を止めさせよとの軍部の指令と一致していたからである。日本の軍部が経理院官吏もしくは代行者による税徴収や地代徴収を阻止しようとしたことを示す記録がある。一九〇六年三月、平安北道観察使が一進会あるいは日本の憲兵の介入のせいで、駅土からの一九〇五年の地代の総額が数万両程度にしかならないと報告した。[47] 一九〇五年一〇月七日には安州《アンジュ》の日本軍憲兵隊隊長が、宮内府に付属させられている駅土のリストを自分宛てに送らせるようにと殷山郡守に要求したことも報告されていた。この隊長は駅土の位置、畑と田の枚数、豊年と凶年の年、その他の詳細を含む記録物を欲しがった。[48]

平安北道の観察使も一九〇五年一二月一六日に、日本軍の介入について経理院に知らせた。昌城《チャンソン》郡の公土の舎音は、日本軍憲兵隊隊長が自分に地代徴収をさせないようにしたと報告してきたというのだ。観察使は郡守を昌城の日本軍憲兵隊隊長のところに派遣し、この介入について彼に尋ねさせた。この憲兵隊隊長は、ソウルの憲兵大隊が公土からの地代の徴収を禁止せよとの訓令を送ってきたと答えた。隊長は地代徴収を許してもいいというソウルからの指示を受け取ってはいないので、経理院の代行人には地代の徴収を今後もさせないであろうと語った。朔州《サクチュ》郡守は、舎音たちが自分たちの仕事を遂行中、昌城の日本軍憲兵が妨害したと同様の報告を送った。[49]

軍部の立場と一進会の租税抵抗運動が一致していたからといって、それは、日本人が租税行政への一進会の関与を是認していたことを意味しているわけではない。統監府の日本人役人も租税徴収への一進会の介入に反対し、それを抑制するよう訓令を送っていた。海州郡駐在の日本人財務官山口豊正は、黄海道観察使署理兼海州郡守呂仁燮《ヨインソプ》に一九〇六年八月、そうした命令を送付した。山口は、すべての課税は国家の歳入管理を一元化するために、原則として度支部の権限下に置かれなければならないと主張した。山口は呂仁燮に一九〇五年一一月一五日の度支部の訓令を思い出させた。というのも、ここでは観察使は収税のための窓口を地方官のもとに一本化し、徴収された税を「国庫」へと送る責任を地方官に負わせなければならないと述べられているからである。

山口は特に地域によっては経理院から派遣された官吏たちが銕鑛税《チョルグァンセ》（鉄鉱山税）や火税等の徴収を一進会に委任した事例を指摘した。彼は火税が度支部の管理下にある地税《チセ》（土地税）であったがゆえに、これらの官吏が度支部の権限を侵していたと警告した。彼が韓国帝室の権限下にあった租税や地代に関する統監府の管理を拡大したいというその意図を明確にしたことは極めて重要であった。この目的のために経理院から派遣された官吏たちの収税権を否定し、収税においては地方官が唯一の権威であることを認めることが必要であった。山口は収税における一進会の役割が増大することに対して警告を発した。当時、鉱山や駅土の税は宮内府に割り当てられていたけれども、山口は、地方官だけが収税を履行することができるが、その他の組織はこの措置に関与することはできないと強固に主張した。観察使がすべての地方官に至急この訓令を送り、一進会の関与を禁じるようにと彼は要求した。[50]

当時の黄海道収租官朴來勳はこの政府命令には反対であった。経理院の官吏が韓国政府の規則を守りその義務を遂行している限り、それは法にかなっていると朴來勳は語った。日本の訓令が地方官に収租官の代行人——その時点でこの中には多くの一進会会員が含まれていた——の収税活動を妨げよと命じていることに彼は不満であった。北方地域では収穫の時期であった九月より後の地代徴収は困難であったため、もしこの日本人による妨害が続くようなら、期限通りに自身の義務を果たすのは難しいだろうと朴來勳は予想した。[51]

日本の反対があったことで、地方政府は一進会による租税軽減措置を撤回し、もし一進会会員が収税の際に厄介事を引き起こすようであれば、彼らを罰した。黄海道では租税制度において旧舎音たちが自らの役割を取り戻した地域もあった。載寧郡守は一九〇六年一一月、載寧郡における宮廷の土地の小作人たちによる陳情書について報告した。陳情者たちは、一進会が「人民の代表」として自分たちの厄介事を理解し、経理院は適切な額の租税だけを集めるようにと要求していると書いた。そのうえ小作人たちは、この年の監官《カムグァン》（税務調査官）羅丙希《ナビョンヒ》が、自分自身の利益を増やすために余分の地代を課したと主張した。それにもかかわらず政府は一進会が地代を減額するのを許さず、一九〇六年の租税として本来の総額を支払うよう要求した。

一進会の収税活動の後退で再び過度に課税されることになり、地方政府と小作人たちの間の対立が激化した。小作人たちは、一進会が一度は廃止していた中賭主たちに支払われた地代に関して闘った。一九〇六年一二月、経理院から派遣されたある官吏は、歳入が地方の学校に割り当てられているという口実で、遂安郡守が収税を中断させようとしたと報告した。[52] 一進会と協力し合っていたことがわかっていた官吏に取って代わった新しい収租官は、収税への一進会の関与を止めようと決意した。[53] 統監府が一進会を抑圧した時、この地方の小作人たちは中間的な代行人による地代の復活を避けるための抗議を個々別々に組織した。小作人の指導者たちは一九〇七年六月に抗議活動を組織し、民衆集会を開いてこの問題について演説をおこなった。郡守がこの小作人の指導者たちを逮捕しようとした時、彼らはソウルへと逃亡した。[54]

歴史家金洋植《キムヤンシク》は、公土に関する自然発生的な小作人の抗議が大韓帝国の光武期に広がったと論じた。彼は、小作人抗議者たちが旧舍音たちを排除し、「民願舍音《ミヌォンマルム》」（小作人によってえらばれた舍音）を通しての「自願上納」（地代の自発的提出）を実行しようとしたことも示唆している。[55] 黄海道における一進会の租税抵抗運動は自然発生的な小作人の抗議の趨勢を受け入れ、政府による政治に「人民」を参加させる手段としてこの実践を展開した。いくつかの地域の一進会会員たちは収税手続きを簡素化し、小作人たちの要求に取り組んだ。彼らは税負担を減らし、中間代行人による腐敗を少なくし、余った税を地方の学校に割り当てた。一進会の地方支会は、地方からの十分な支援を得たところでは、この民衆による介入を制度化し、一進会による租税評価と削減を政府官吏たちも守るようにと要求し、あるいは脅迫しさえした。少数の場合ながら、経理院の収租官が一進会の力を認めることすらあったし、一時的ではあったにせよ、また御都合主義的ではあったが、一進会のイニシャチブを黙認することもあった。ところが日本の官憲はこうした民衆による実践を認めるのを拒否し、税率や収税行為への小作人の管理を増大させるような努力をする一進会に反対した。日本人たちは一進会による介入が税務についての彼らの管理を不安定化させ、韓国における日本人の支配のための収入を減少させてしまうことを恐れたのである。

地方における現状の固定化と伝統的な国家 - 地方間ネットワーク

日本の統監府当局は、地方における収税の窓口を度支部の権限の下に一本化し、税務における地方エリートと国家の官吏たちの古いネットワークを復活した。統監府は同時にいくつかの点で伝統的なネットワークを修正した。第一に各郡の郷長の地位を廃止し、この役割を中央からの郡主事《クンジュサ》〔郷吏と同等級の地方管理職〕に割り当てた。言うまでもなく統監府は、地方の租税納入者を代表させるためというよりは、その訓令を履行させるためにこうした官吏たちを地方へと送りこんだのだ。[56]

第二に、統監府は面長を、収税を含む行政のための主要な代行人にしようと構想した。

このような政策は地方の現状を肯定することになり、変化を生じさせようとする韓国の人たちの試みを妨げることになった。地方の新しい秩序のための運動は、韓国においては、(1)古い郷会を革新しようとする改革派エリートの試み、ならびに(2)一九世紀のいくつかの民乱の中で認められた自然発生的な民衆集会という二つであった。一方ではエリートは改革において地方エリートのもっと幅広い人たちを郷会に属させようとし、そのために革新された郷会が自分たちの改革のための幅広い社会基盤となるようにと願った。他方では一八九四年の反乱の際旧体制下では特権を持っていなかった人々が、「民会」に結集するか、もしくは「農民の地方執綱」を形成した。一進会は改革エリートたちのイデオロギーの多くを吸収したが、この集団の社会的なルーツは民衆集会の実践へと結びつけられる。大韓帝国は一進会をこうした民衆集会の後継組織だと考え、しばしばこのグループを民会と呼んだ。

日本による地方制度の変更は、新しい地方秩序を作り出そうとする韓国固有の試みのいずれとも異なっていた。郷長の廃止は郷会の地位を国家行政の最下級の単位へとおとしめることになった。日本は郡内の地方首長たちに収税についての重要でない仕事とその他の行政的な仕事の責任を負わせた。とはいえ、日本は朝鮮における地方納税者たちを「代表」する郷会の役割を小さくする一方、朝鮮の納税者たちの懸念をやわらげるための最小限の慣行は維持した。統監府は、日本による収税に対する直接支配を確立する以前に、まず面長を選出するための伝統的なやり方を探求した。統監府は面長を政府官吏と定義したが、しかし彼らを中央政府から送ったのではなく、むしろその伝統的な権利を維持して自分たち自身の官吏たちを選出することを郷会に許した。このようにして面長たちは統監府が郷会の公的な義務を再定義した後ですら、いまだに郷会における討議を通して選出されたか、あるいは推薦されていた。同時に日本が郷会を頼りにしたことは、「人民を代表する」という一進会の主張と政府行政の中にその役割を制度化するというその運動の努力を端的に否定するものであった。日本の官憲はいくつかの地域における一進会支会の「半官的な」地位には不賛成であった。というのも一進会は古くからの地方エリートの役割に異議を唱え、特権から排除されていた人々が声をあげるように促していたからであった。

統監府が収税を地方官と郷長に任せたので、一進会の運動は次第に衰えていった。[57] 一九〇七年七月の条約締結後、統監府は直接支配へと動き、収税の第一の権威を日本の官憲に、補助的な役割を旧地方エリートへと割り振った。地方の面長は収税に責任を負っていたが、他方中央政府から派遣された官吏たちはそれとは別に、徴収された税を国庫へと送るのを担当した。統監府はこのように地方官と観察使たちの役割をできる限り小さくし、最終的に収税と裁判運営に関する彼らの権利を奪い去った。

要するに、一進会は「人民」のために王国の権力関係を変えると主張したのだが、失敗したのだ。一進会の挑戦は、歳入の財源を拡大し、これら財源の完全な管理を維持しようとした日本の意図とは相容れなかった。日本人は一進会の租税抵抗運動をある程度利用したが、しかし運動の主たる物的制度的成果は破棄した。その代わり彼らは地方の現状を認め、地方のエリート組織の地位を国家行政の最下級の単位として作り直した。その一方で、地方政治における自治的な立場をさらに弱体化させた。地方の既存体制をこのように認め、旧来のローカルなネットワークを維持することで、この国の公式的な併合以前の数年前に、韓国に対する日本による財政支配が促進されていた。[58]

一進会の指導者たちの取り込みと日本人顧問内田良平

伊藤博文は、韓国皇帝高宗が日本による支配への反対の第一のよりどころであることを考慮し、一進会への最初の立場を変えた。韓国皇帝の政治的アイデンティティを国民的抵抗のシンボルとして練り直して来た韓国の歴史家たちの語りに従えば、伊藤に対する高宗の対立姿勢は揺るぎないものであった。高宗は伊藤との会見において、日本の統監府による「改革」を批判した。第一に、高宗は、伊藤が第一銀行を韓国の中央銀行とし、そこに韓国の歳入管理権限を与えたことに抗議した。し、韓国政府が韓国の銀行組織と財政制度を手中にしておくべきだと主張した。高宗は、伊藤の財政政策が通貨流通における柔軟性の欠如と朝鮮人商人の商業活動における苦しみをもたらしてきたと主張した。彼はまた、統監府が韓国帝室の財産を消滅させつつあり、またその歳入を度支部の管理下に移しつつあるとも不平を述べた。高宗は、韓国における通信・交通システムがこの国の血管であり、それゆえ韓国が生き残るためには必須であると考えたがゆえに、日本による通信・交通システムの管理には反対した。これらの設備の発展に日本がかかわりながら、朝鮮人が傍観させられているのを自分は欲しないと高宗は述べた。さらに高宗は伊藤の軍事的「改革」は韓国軍の縮減を強いることになり、国防力を崩壊させるとも主張した。高宗は、この政策は地方における匪賊を鎮圧することができなくなるほどまでにも、国家を衰えさせるだろうと予想した。伊藤は高宗の反対に傲慢な態度で答え、高宗は日本の統監府の改革に自分の不満を表明するべきではなく、韓国が中国とロシアの介入から「生き残れ」たのはどれほど日本のおかげであったかを思い出すべきだと述べた。伊藤は、いつの日か韓国に独立を許すことができるのは日本だけだと付け加えた。[59]

伊藤は一九〇七年の春、もっと直接的な支配へと政策を変更し、皇帝がこの年の七月ハーグに密使を送った時、高宗を追放することにした。伊藤は韓国君主廃位の陰謀に加担してくれる親日朝鮮人を探した。黒龍会の指導者内田良平は伊藤に一進会の指導者を何名か政府高官として採用するよう助言した。研究者たちの中には、伊藤が李完用一派によって両班貴族層を代表させるつもりであったし、この「反君主連合」においては一進会によって下級身分層を代弁させるつもりであったと主張する人たちもいる。[60] 李完用は「親露派」の官吏であり、高宗のロシア公使館逃亡事件を計画し、「親露」政府のもとで外部大臣であった。ところが彼はすぐに自分の立場を親日へと変え、一九〇五年の条約に署名して、朝鮮に対する伊藤のたくらみに協力した。

内田は一九〇六年三月、伊藤の助言者としてソウルにやって来、七か月の間、何の公的義務もなくその住まいで待機した。この間に、彼は韓国における政治的な展開を観察し、一進会を自分の協力相手として選び出した。一進会が日本に対するその「忠誠」を日露戦争中の彼らの日本支援を通して、また一九〇五年条約を歓迎する彼らの宣言によって証明したと彼は評価したのだ。内田は一進会の組織としての強さも高く評価したが、その強さは、日本による韓国政策の「最終段階」、つまり併合のための「断固たる」行動を遂行するのに十分だとみなした。内田は一進会の指導者の庇護者として念入りに一進会の行動を精査し、一進会ではない韓国の改革者たちを反日と分類した。彼は朝鮮人を基本的には「不実であり、信用できない」とみなしたので、伊藤に一進会と韓国のエリート改革者たちの間の党派的争いを助長すれば、彼らは互いに牽制しあうだろうと助言した。内田は伊藤の漸進的なアプローチと大韓自強会の顧問大垣丈男のような「穏健派」日本人には反対であった。[61] 内田は一進会を支援し、このグループが彼の「急進的な」計画、つまり日本による韓国併合のための道具になりうるとみなした。

一九〇六年九月のいわゆる一進会の危機は、高宗を追放する際の日本の先兵として一進会の上級指導者たちを採用するのに好都合な条件を伊藤と内田に提供した。一進会は、自分たちの租税抵抗運動に対しての日本の反対に直面した時、地方において増大しつつあった反日的な心情を埋め合わせることになったかもしれない民衆動員を中断した。宋秉畯は一進会の一九〇六年危機に責任があった。一進会の会長であった宋秉畯は、日本の実業家に認可権を与えるために高宗の玉璽を偽装した親日派の官吏をかくまったとして逮捕され、訴えられて、国家反逆罪で告訴されていた。[62]
宋秉畯は徹頭徹尾日本の「忠実な」代理人としてふるまった。彼は日本の高官たちと密に連絡を取り合い、日本の政策変更に合わせるように一進会の運動の決定的な転換をおこなった。本書で先に述べておいたように、宋秉畯が日本の財政改革の方向性について前もって知っており、日本人の収税役人を任命するよう一進会会員たちに要求させようとした証拠がある。彼は一九〇五年の一進会による親日宣言の草稿を指示した。もし一般の一進会会員たちが、逆説的にではあるが日本による植民地化の「犠牲」になってしまったというならば、宋秉畯自身はこの犠牲を代償にして、自分の権力と財産を築き上げたのであった。

一進会にとってもっと致命的であったもうひとつの出来事は、天道教からの一進会会員の破門であった。一九〇六年九月一七日、天道教の教主孫秉熙は六〇名以上の一進会の指導者たちを天道教から追放した。教主は、一進会の地方支会を解散せよとの自分の命令を李容九が無視した時、この決定をおこなった。孫秉熙は、一進会会員たちに対しての暴力が増えてゆきつつあったことを憂慮し、政治参加への民衆の能力に対してエリート改革者たちと不信感を共有していたのだ。一進会地方支会に属していた天道教の信者たちは政治的なことを処理するのに「慣れて」いないし、適切なやり方で政治的党派として機能する「力量」はないと彼らは主張したのだ。第6章において忠清道での事例の中で示しておいたように、一進会に対する地方の抗議者たちは一進会会員たちを天道教の信者たちと同一視し、一進会支持者たちに反駁するために天道教の本部へとその陳情書を送ってすらいた。孫秉熙は、一進会会員たちのこの「力量のなさ」が彼らを批判と暴力にさらすことになると心配し、一進会会員たちによる国家の官吏に対する攻撃や日本との協力が朝鮮人の中に一進会に対しての憎悪を燃え立たせるには十分だと信じた。地方会員たちは部分的には過去における政府の残酷な弾圧の記憶のもとに行動していると孫秉熙は信じていた。[63] 孫秉熙は、もし一進会に参加したいと望むならば、まず天道教側に報告するようにと追随者たちに命じ、大韓自強会の改革者たちと手を握る決定をした。

一九〇六年中ごろのこの危機は、一進会を重大な財政的窮地に陥らせた。『萬世報』のある論説委員は、一進会を改革し、自分のエネルギーを本来の綱領に捧げるようにと李容九に忠告した。この論説委員は一進会を改革するための三つの提案をおこなった。⑴組織全体の縮小化、⑵進歩会の会員たちを中心に据えるか、あるいは資格のない地方の会員たちを取り除くこと、⑶一進会の組織をソウルでのみ維持すること。「資格のない会員たち」とは政府部内に官吏としての地位を得ようという望みを持って一進会に入って来ていた人たちのことであった。[64] 李容九と宋秉畯はこの忠告を受け入れず、代わりに日本人に支持を求めた。彼らは一九〇六年一〇月四日、内田良平を一進会の顧問の座につけた。[65] 内田は日本人と一進会の指導者たちとの連絡係として行動した。彼は伊藤博文に宋秉畯を釈放し、一進会の財政問題を解決してくれるようにと依頼した。伊藤は同意し、宋秉畯を釈放するよう軍に命じた。[66] 伊藤が一進会に目を向けたことは、彼が漸進主義的政策から離れつつあることを示しているものと内田はみなしたが、これは彼が黒龍会会員の杉山茂丸に語った見方であった。[67]

一進会の崩壊と地方の一進会会員たちによるデモ

日本による一進会の指導者たちの取り込みは一進会を破産から救い出したかもしれないが、しかしこの組織の内部的な危機を深刻化させた。一進会の多くの一般会員たちは李完用内閣との連合を自分たちの本来の目的である、腐敗した国家の官吏たちからの人民の保護からのはなはだしい逸脱だとみなした。それゆえ内田良平が一進会の指導者を説得して李内閣を支援させようとした時、最初、彼らは「天人共に許さざる悪内閣と協同するは、解散を命ぜらるるよりも苦痛なり」と述べて、その申し出を拒絶した。[68]

一進会は韓国政府の高官たちに敵意を抱いており、彼らを人民の敵として思い描いていたがゆえに、彼らがこの立場を反転させ、その会員たちに政府と共働するよう説得するのは困難であっただろう。内田はこうした心情を伊藤博文に伝え、「此時局を円滑に治めらるる様」一進会の要求を一部認めるようにと勧めたが、それは腐敗した官吏たちと彼らが共働することと引き換えに、伊藤が一進会会員たちに政府の内部での地位をいくつか与えるということを意味していた。[69] 伊藤が同意した時、一進会の指導者たちは李完用内閣を助けることに決定した。

地方の一進会会員たちはこの決定を腹立たしく思い、その指導者に対して一進総会で示威運動をおこなった。地方の一進会会員たちは田舎に住んでいたので、義兵による軍事的攻撃を受けやすかった。義兵たちは多くの地域で一進会会員たちを殺害し、その家や財産を焼いた。一進会会員たちは髪を切っていたので、他の朝鮮人たちからは容易に見分けられ、義兵の標的になった。事情が事情なだけに地方の一進会会員たちのデモは日本人たちの間に関心を呼び覚ました。日本人たちは、一進会が反日的な立場へと傾きつつあるという流布していた噂を聞いた。伊藤は一九〇七年四月に内田を呼びつけて、その噂と一進会の内部的な混乱について問いただした。伊藤は「長谷川大将帰任し昨夜面会せり。其言ふ所によれば、日本の有力者間に、一進会が日本に反抗すとの風説あれば急に帰任せりと、其真相如何」と問うた。内田は、噂は根拠なしといえども、考えなくてはならない重要な事情が存在すると答えた。一進会は李容九と宋秉畯が立ち向かうのに困難を覚えていた重大な内部的争いにその時直面していると彼は述べた。[70] 一進会のライバル党派がこの争いを見て、うその噂を流しているのだと内田は続けた。伊藤は注意深く聞いた後で、一進会が地方に基盤を確立するのを助けるために一進会会員を何人か地方政府内の地位につけることを決めた。伊藤はこのことについて一進会に知らせて、静かにさせてくれと内田に命じた。

内田は一九〇七年四月三〇日に再び伊藤に会い、一進会の要求を伝えた。「一進会は到底現内閣と一致する能はず。已むを得ずむば天下を二分し、其の一方に於て地方官を占有するの希望を有せり」と。伊藤は「そは不可能なり。漸次地歩を堅むるの方針をとらざるべからず」と述べて、拒否した。その代わり、彼は一進会の財政的な危機を取り除くよう措置を講じると約束した。[71] その後一九〇七年五月四日内田は、宋秉畯の住居で、李容九と宋秉畯に会った。李容九は自分たちはすでに弾劾指令を提出し、内閣が辞職するよう勧めたと内田に語った。その後、李容九はこの状況についての伊藤の考えを尋ねた。内田は、伊藤が一進会会員のうち何人かを採用する意図を持っているが、内閣を総辞職させるのは不可能だと答えた。宋秉畯は連立政権を組織するべく李完用と秘密裡に同意することになったと語った。宋秉畯に従えば、李完用のような「悪党」以外の誰も高宗の意思に反して王国を改革し、高宗の代わりに統監の指導に従うことはできないと伊藤に助言したにもかかわらず、伊藤は李完用の親露派としての経歴のゆえに、彼を信用しなかった。宋秉畯は伊藤が全閣僚の辞任後李完用を首相に推すだろうと予測した。もし李完用が首相になるならば、彼らは「大事」――おそらくは高宗の退位のことであろう――を成し遂げることができるだろうと、宋秉畯は主張した。内田は、朴齊純《パクチェスン》首相とその時議政府参政大臣であった李完用がその約束を裏切る可能性について李容九と宋秉畯に尋ねた。李容九は、もし伊藤が一進会会員の中の何人かを閣僚に任命するならば、そのような裏切りを恐れる必要はないと内田に請け合った。そうではあるが、その仕事のために伊藤たちは最終的には一進会会員たちに頼らなければならないと李容九は主張した。彼自身は政権の外にとどまって一進会を指導することを望んだ。その時内田は、伊藤が一進会会員を内閣の一員に任命しないかもしれないし、地方官の大多数の椅子も取れないかもしれないと伝えた。そうではあるが内田は一進会の財政トラブルを解決するという伊藤の約束を彼らに知らせ、この約束は李容九と宋秉畯を喜ばせたと後に書いた。そのあと、彼らは高宗を退位させる際の内閣に予期された困難について、また一進会のなかで増大しつつある内部的混乱についても話し合った。[72]

宋秉畯は一進会の内部的な危機について次のように知らせた。一進会の地方支会長たちが東学教の創設者崔済愚を崇めるための東学の儀式に集まった際、彼らは一進会の指導部に対して反乱を起こしたというのだ。道政府が一進会を手ひどく弾圧したので、地方会員たちは生命財産を失い、四散した。一進会地方支会の会長たち、つまり地方会員たちの選ばれた代表たちはこの状態にとても怒って、一進総会で集会を開いた。彼らは中央の指導者たちを攻撃し、自分たちが一進会の大義のためにささげた血や金銭から何の結果も見ることはできないと叫んだ。彼らは、現一進会指導者たちは一進会綱領の最初の原則である「人民の生命財産の安固（保護）」すら維持することができていないと抗議した。このデモに集まった地方会員たちはこれら無能な中央の指導者たちがその義務を果たすことができるかどうかを疑った。[73]

伊藤はこの状況を好ましくなく危険なものだとみなした。内田がこの混乱について宋秉畯から説明を聞いたその日に、伊藤は長谷川将軍と会って一進会の内部状況について詳細に報告するように と内田に命じた。内田は一進会が韓国を併合する日本の計画に役に立つだろうと長谷川を説得した。彼は、一進会の指導者たちはこの危機で絶望的になっており、何が正しくて何が悪いかを考えることなく、日本に従うだろうともこの司令官に語った。その時、長谷川は一進会を維持するのに同意し、日本軍の機密費から一進会に金を融通した。[74] 日本は、この金といくつかの公的な地位の提供で一進会の指導者たちを取り込み、高宗の退位のために共に働いてくれる約束を取りつけた。二日後の一九〇七年五月六日に伊藤は韓国の内閣に一進会と協力するように命じ、朴齊純と李完用を除いて全閣僚を辞職させた。朴齊純はこの取り決めに従うのを拒否し、首相を辞任した。伊藤は五月二六日に新閣僚を選出し、李完用を首相に、宋秉畯を農商部大臣に任命した。[75]

朝鮮人が役人になる基準——親日と二級の地位

伊藤博文は新内閣の閣僚たちの前で演説し、もっぱら「親日主義」に忠実であれと彼らに命じた。彼は「韓国の存立にとりもっとも適切緊要なる方針は、誠実に日本と親睦し、日本と其の存亡を共にするの決心を為すに在り」と彼らに告げた。[76] 内閣を入れ替えた後、観察使たちが政府批判をおこなったので、伊藤は、翌年には彼らを替えた。[77]

たとえば漢城府尹《ブユン》の張憲植《チャンホンシク》は、伊藤による政府交替によって観察使の権限が絶対的多数を日本人役人が占める新しい制度へと移し替えられてしまったと不平を漏らしていた。慶尚南道観察使であった金思黙《キムサムク》も、朝鮮の人々は朝鮮が日本人の手に落ちてしまうだろうことを憂慮していると伊藤に語った。彼は朝鮮人の疑念がどこから出ているのかを指摘したが、それは警察職員の補充、新しく任命された日本人役人による収税、日本軍による不適切な行為であった。第一に、日本人から構成される警察は朝鮮語を解さず、朝鮮人が巻き込まれた法律事件を公平に処理しなかった。日本の警察に雇われていた朝鮮人雇員は、低い給金で、無教養かつ未経験な者を補充したがゆえに、日本語がわからなかった。従って日本の警察は、日本語をうまく話せず、しばしば自分自身の利害に基づいてことを処理しようとした朝鮮人雇員によって与えられた誤った情報に基づいて行動していた。

それゆえに朝鮮人たちは、日本の警察が自分たちを守ってくれる組織だとはみなさなかった。

第二に、新しく任命した官吏たちに収税権限を移行したことで、おそらくは過去にあった権限の乱用は避けられることになっただろうが、実際のところ、それは朝鮮人たちに納税義務に対して否定的な態度を持つようにさせた。この観察使は、朝鮮人民がいまや租税を韓国ではなく日本への支払いと見、それゆえ彼らが納税義務を避けるのだと主張した。最後に彼は、義兵の蜂起を鎮圧するために地方を通過する際、教育を受けていない兵士の中には、人々に不公平で強圧的な行動をとるものがいるという理由で、日本軍を厳しく訓練してほしいと求めた。[78] 京畿道観察使李圭桓《イギュファン》も、あたかも何の規則もないように振る舞う――軍が支払いをせずに物資を徴発し、罪のない人を殺す――と、日本軍を批判した。李圭桓はさらに、彼らがむしろ親切であり、忍耐心を持って人々を導くようであってもらいたいと要請し、それが朝鮮の人々の怒りと疑惑を鎮める唯一の道だと付け加えた。

一三道の観察使と漢城府尹は上記のような権力乱用についての陳情書に署名し、新しい収税行政が地方政府へと組み込まれるようにと要求した。事実彼らは、新しい収税行政は地方で収税するためには地方官の権威に頼らざるを得ないと主張した。観察使たちは、統監府が収税の権限を地方官へ戻し、日本の役人たちを単に地方官を補佐するためにのみ配備するようにと要求した。彼らはこのことが行政コストを減らすだろうし、収税における腐敗を減じることになるだろうと主張した。[79]

伊藤はこの陳情書に署名した観察使のうち六名の職を解き、彼らに代えて「親日派の」官吏を任命したが、その中には一進会の指導者崔延徳《チェヨンドク》と尹甲炳《ユンカッピョン》の二名が含まれていた。[80] 伊藤は部分的な内閣改組をおこない、宋秉畯を内部大臣に任命した。伊藤は観察使を入れ替えた後、彼らに対して、その役割について演説をおこなった。その中で彼は日本人の役人と朝鮮人の官吏との間の疑惑と感情的な争いはすべて、観察使の責任となるだろうと述べた。

伊藤は、前観察使たちが収税についての人々の不満と日本人役人の傲慢さというような考えを持っていると人々を叱責するよりも、そうした考えをむしろ広めたと彼らを批判した。伊藤は新しい観察使たちが同じような誤りを二度としないようにと彼らに忠告した。彼は自分の演説を次のように締めくくった。

諸君若シ希望スレハ本演説ハ其ノ要領ヲ筆記セシメタレハ後ヨリ之ヲ配布スルモ可ナリ猶将来ノコトハ諸君カ本官ノ説示シタル所ヲ玩味服膺シテ違背セサルヲ確カメタル上ニテ之ヲ言フヘシ日韓ノ関係ハ實ニ重大ナリ観察使之ヲ誤ラハ其ノ責ヤ容易ナラス諸君ニ於テ此ノ事ハ充分ニ記憶セラレタシ……観察使タルモノ国民ノ不平不満ノ声ニ乗スルハ断シテ許スベカラス故ニ諸君中若し排日ノ心ヲ抱クモノアラハ之ヲ口ニスルニ先チ辞表ヲ提出セサルヘカラス之ハ統監トシテ特ニ諸君ニ忠告ス[81]

伊藤はこのように朝鮮の中央政府を変質させ、日本人役人と朝鮮人官吏との間に植民地的権力関係を作り上げた。朝鮮人官吏たちは自分の親日的な忠誠心を証明し、「日本と其の存亡を共にするの決心を為す」べしとされた。[82] しかしながら彼らは日本人に保持されていたような高位の地位に日本人と同じように選ばれたわけではなかった。観察使と地方官はかつての裁判権限を失った。その後の植民地行政内部での朝鮮人官吏たちの地位は、このように旧来の韓国の官僚制下における二級のエリートの地位と似たものであった。というのも彼らには高等文官試験を受ける資格がなく、従って、文官の威信ある地位とみなされる資格もないとされたからである。伊藤の政府が一進会指導層の幹部たちを取り込んだ時、確かにそれによって一進会の運動は「日本の計画のための道具」に変わってしまったのだ。

純宗による国内巡幸——日本と旧エリートとの和解

伊藤が高宗を追放し、速やかに植民地行政を強化したので、一進会の有用性は消えてしまった。伊藤は伝統的な地方秩序を廃止するのではなく、それを日本の秩序へと結びつけようと決意した。彼はその支配の最終段階の間に地方人士に対して多くの宥和的なそぶりを見せ、一時的に地方人士から官吏を補充する権限を、日本人に取って置かれた地位を別として、観察使たちに戻した。もちろんこの政策は植民地行政における中核的な地位には影響を与えなかったが、少しの間、地方社会で実際の権力と威信を失っていた旧地方人士と観察使を宥和する効果はもった。

ところが朝鮮の改革派エリートたちはこの政策を改革からの後退だとみなし、そのことで政府内は近代的な教育を欠いた資格のない旧地方エリートだらけになるだろうと予想した。大韓協会の会員であり天道教の信者であった李鍾一《イジョンイル》は、この政策が法制度の進歩と甲午改革後の新しい教育の推進からの逸脱であると考えた。観察使が地方人士の中から郡守を任命することなど無意味なことだと彼は書いた。というのも地方人士らは高等小学校以上の近代教育を受けておらず、この国の運命について無関心であったからである。腐敗した地方人士は政府内の威信ある地位を得たいという長年の望みを満たすためにこの政策を利用するだろうと李鍾一は結論した。[83]

伊藤による宥和の努力の最終段階は、朝鮮王朝最後の君主純宗の国内巡幸であった。伊藤は多くのエネルギーをこの巡幸に捧げ、自分自身をか弱い韓国皇帝の「親切で心強い庇護者」に擬した。[84]この巡幸に寄せる伊藤の初期の関心のひとつは、地方の安定を回復することであった。巡幸の間、彼は多くの公的な演説をおこなったが、それらは日本人と朝鮮人の間の共働を唱導し、地方に争いではなく安定をもたらすよう朝鮮人に求め、日本の「真の博愛」を疑うような反日朝鮮人には警告を発した。[85]

大邱において伊藤は、韓国皇帝が日韓両国民間の良き関係と地方の平和を維持することを望んでいると強調した。皇帝が不安定な地方の状況を憂慮し、地方の民衆各自がすべき仕事に集中して心に平和を取り戻すことを望んでおり、地方の平和を希求し、互いに安寧を図り、教育、産業に邁進《まいしん》することをも望んでいると伊藤は論じ、その意を汲むようにと朝鮮人民衆に促した。釜山では、東洋の平和のためには日本人と朝鮮人の親和が必要であると長広舌をふるい、再び地方の安定の問題へと立ち返った。彼は地方の争いを公平に解決し、地元関係者の利害を真摯に考慮することを約束した。[86]彼は「地方社会において進んだ者と高位官僚」を聴衆として指名し、彼のもっとも重要なメッセージ――日本の「博愛」、日本による朝鮮人援助の「真剣さ」、地方の争いの「公平な制御」という彼自身の約束――を朝鮮人の間に広めるよう彼らに求めた。[87]

日本の警察は巡幸後の地方の雰囲気を注意深く監視した。彼らの報告は、伊藤が両班貴族たちを引きつけ、旧地方エリートたちを宥和するべく多大の努力をおこなったことを明らかにする。伊藤は忠清道大田《テジョン》の儒者と個人的に会った。平安北道定州《チョンジュ》では警察は皇帝の聴衆のためとして老人たちを動員するよう面長たちに命令した。[88]地方エリートたちにこのように焦点を当てたことは効を奏したようにみえる。日本の警察は巡幸の効果が両班貴族たちと中流以上の朝鮮人たちの間では極めて肯定的であったが、朝鮮の「下流人民」の間では「反響ナシ」であったと評価した。

巡幸の中で日本の官憲は日本の意図に関して両班文人たちの間にあった誤解、もしくは噂を「正す」ために努力した。警務局長の報告に従えば、忠清北道では「頑迷思想ヲ懐ケル」両班儒生の中には、この巡幸が日本の圧力によって韓国皇帝を日本に送るものだと考える者たちもいた。彼らは不快感を抱き、巡幸を見るのを拒絶したが、その結果、郡守や警察官が巡幸の目的を説明するべく儒生のもとに送られた。それゆえ儒生たちは日本人役人や朝鮮人官吏の言葉が真実であるかどうかを確認するべく環幸〔皇帝の帰還〕を実際に見ることに決めた。忠清南道の両班儒生も、巡幸が韓国皇帝を日本に誘拐するものであるとの同様の噂の影響を受けた。しかしながら、皇帝が巡幸の際に老人たちを引見したとの報に接したことで、彼らの疑いは氷解したと警務局長は報告した。両班層のこのような態度の変化に比して、忠清南道の「下層民」の間では、目立った反応はなかったと警務局長は書き留めた。

皇帝の誘拐についての噂は少しばかり変容した形で平安道においても見られた。平安南道では、日本の警務局長が次のように書いた。住民たちは喜び、皇帝の巡幸を臣下の生活を視察するための朝鮮君主の秘密の旅にたとえ、この巡幸が文明への大いなる進歩の機会となることを期待している、と。ところが巨大な出費のゆえに、この巡幸を批判する者たちがいた。日本人官吏が巡幸に一六万圓も費やし、それで私腹を肥やそうとしているという噂が広まった。伊藤、李完用、宋秉畯が着服のために巡幸をおぜん立てしたのだと言う者もいた。

警務局長は巡幸中の平安道における複雑な社会的雰囲気について述べた。道民の中には強固な反日感情を持ち、その当時の日韓関係に対して好ましい態度を示さない者もいたが、他方では、日清日露戦争での日本軍の強さを目の当たりにしたがゆえに、どんな騒ぎにもかかわりたくはないという者もいた。平安道の「中流以上」の朝鮮人は、この巡幸の目的を理解していたものの、「下流人民」の中には、韓国皇帝が「国民間ニ動乱ヲ企ル者アル為メ避難」しているのだと疑っている者もいると警務局長は書いた。人々の中には、この巡幸の真の目的は人民に断髪を励行させるためだという噂を信じる者もいた。

警務局長の報告は、平安道の日本人官僚も地方貴族を説得することに焦点を当てていたことを示す多くの記録を含んでいる。彼らは「頑迷ノ」士とその他を府尹庁へと集め、高位朝鮮人官吏である土木局長と観察使にこの巡幸の目的を説明させた。[89]定州地方の動静に関する報告では、「頑固ナル」者の中には、韓国皇帝が真に人民の苦難を観察したいと望むなら、どうして哲宗《チョルチョン》の前例のように秘密裡におこなわないのかと疑問を呈する者もいた。彼らは、そのような目的の旅というのは、朝鮮王朝の君主たちがしてきたように静かで控えめなものであるべきだと考え、巡幸のためのたくさんの取り巻きは国家の歳入を奪うものだと批判した。ところが清州では、警務局長の判断によると、この巡幸によって気分が高揚させられた。また宣川《ソンチョン》では、この巡幸による影響が定州ほどは顕著に見られなかった[90]ものの、結果は同じようなものであった。

日本の官憲は皇帝が引見した者の名前と地位を名簿化した。その多くは高位の日本人と現職の朝鮮人官吏や元官吏、そして日本と朝鮮の組織の代表たちであった。一九〇九年一月二九日には義州において二五名の官吏が拝謁したし、一月三〇日、新義州で拝謁を許された人たちの中には七八名の搢紳《チンシン》（高官）、一八名の地方の幼學《ユハク》（無位無官の両班儒生）、そして一九四八名の父老《プロ》（地方長老）が含まれていた。一月三一日には皇帝は宣川駅で、汽車の外に整列していた宣川郡守他一八名の搢紳を引見した。定州駅休憩所内では定州郡守と三二名の搢紳を引見したが、そこには前郡守も含まれていた。新安州駅では、かつての正三品の官吏一名を含む九名の搢紳と安州《アンジュ》日本人会長を含む二名の日本人を引見した。[91]平壌では高位の日本人役人と朝鮮人官吏、高位にあったかつての朝鮮人官吏、そして平壌にあったさまざまな組織の代表者たちを引見した。開城《ケソン》では従二品六名、正三品二五名の朝鮮人官吏の拝謁を受けた。尹致昊と兪吉濬は開城で皇帝の謁見を賜った。[92]

日本の官憲は巡幸に際して、日韓の学生および各団体、愛国婦人会などを動員する一方、地方エリートを満足させ、日本人支配に対する彼らの態度を変えるべく、特別に努力を払った。日本の官憲は保守エリートの間の否定的な噂に積極的に応え、巡幸の間に日本による支配について肯定的に考えるよう彼らを説得するために会合を組織した。皇帝への拝謁はもっぱら伝統的なエリート、両班儒生、かつての高位官僚、そして日本人と朝鮮人の現職官吏に許された。日本の警務局長は平安道のエリート改革者とキリスト教徒たちの間に反日的な雰囲気を認めてはいたものの、その報告書では、過度な支出に対する批判にもかかわらず、伝統的なエリートたちの間に巡幸が喜びに満ちた反応を呼び起こしたと評価した。一進会の存在や下層の朝鮮人の反応など取るに足らないものだと書きとめられた。

巡幸の間に伊藤は、旧地方エリートたちに自分が地方社会における急激な権力交替よりも秩序と安定性を好んでいるという明確なメッセージを伝えた。彼は個人的な損得の問題を含む地方の争いを「公正に調整する」と公衆の面前で述べた。要するに、朝鮮における日本による支配の安定性のために、彼は一進会の動員に見られたような地方社会における現状の転覆よりも、むしろ地方の体制との妥協のほうを好んだのだ。伊藤は一進会に李完用内閣を補佐するよう強《し》い、この内閣は一進会が租税抵抗運動中に作り上げ、その内部的な混乱をいっそうひどくしていた一進会のアイデンティティを放棄させた。怒った地方の一進会会員たちはソウルの指導者たちに反旗を翻した。地方の一進会会員たちが李完用内閣に対する示威行進を組織した時、内田と伊藤は彼らを止めるようにと一進会の指導者たちに命じた。一進会の最終期においてその指導者たちは内田、宋秉畯、そして李完用の支配下に朝鮮を併合してくれるようにと日本政府に陳情する運動、合邦請願運動を組織した。初代総督の寺内正毅は、一進会が植民地秩序への不安要因となるかもしれないという理由で、日本が朝鮮を併合した一か月後の一九一〇年七月二六日、この組織を解散させた。

註

1 保護国支配のさまざまな形態については、以下参照。Jurgen Osterhammel, *Colonialism: A Theoretical Overview*, trans. Shelley L. Frisch (Princeton, NJ: Markus Wiener Publishers, 2005), pp.51-68（邦訳は、ユルゲン・オースタハメル著、石井良訳『植民地主義とは何か』（論創社、二〇〇五年）、一〇三〜一二七頁。）; Michael W. Doyle, *Empires* (Ithaca, NY: Cornell University Press, 1986), pp.141-231; Jane Burbank and Frederick Cooper, *Empires in World History* (Princeton, NJ: Princeton University Press, 2010), pp.287-368.

2 森山茂徳『日韓併合』（吉川弘文館、一九九二年）; 森山茂徳『近代日韓関係史研究――朝鮮植民地化と国際関係』（東京大学出版会、一九八七年）。

3 小川原宏幸『伊藤博文の韓国併合構想と朝鮮社会――王権論の相克』（岩波書店、二〇一〇年）、三〜一四頁。

4 小川原『韓国併合構想と朝鮮社会』一八五〜一九一頁。

5 小川原『韓国併合構想と朝鮮社会』二四五〜二八〇頁。

6 『独立新聞』一八九六年四月一四日付、一〜二頁。

7 『皇城新聞』一九〇四年一一月二日付、一頁; 一九〇六年九月一七日、二頁; 一九〇六年一一月一日、二頁;

一九〇六年一一月二日、二頁。

8 『皇城新聞』一九〇八年一二月一二日付、二頁。

9 ピーター・ドウスはこの文書を軍事高権、親改革的要素、貿易の利害、市民の拡大主義者たちについての日本の包括的な関心を明らかにする統監府支配の基本的な政策を表しているものとみなす。彼はこの文書の前提が一八八〇年代以来の朝鮮政策のための日本のガイドラインに一致すると考える。Peter Duus, *The Abacus and the Sword*, pp182-186.

10 金正柱編『朝鮮統治史料』第三巻（韓国史料研究所、一九七〇年）、六三四〜六三五頁。

11 『朝鮮統治史料』三、六三四〜六四〇頁。

12 『朝鮮統治史料』三、六四三頁。

13 『朝鮮統治史料』三、六四三頁。

14 『朝鮮統治史料』三、六三五〜六三六頁。

15 日本は、韓国の財政的混乱が九六九万七〇〇〇元のうち四一二万三〇〇〇元、つまり一九〇三年の韓国政府の全年間支出の四〇％以上にもあたる過度な軍事支出のせいにした。これは韓国政府の武装を解除させるための追加的な根拠を日本に提供した。日本は軍事支出を切り詰め、韓国軍兵士をほぼ一万六〇〇〇名にまで減らしたが、これは少数の護衛兵の数であった。

16 『各司謄録』三八、六八二〜六八三頁。

17 朝鮮政府の外部は一九〇六年に廃された。

18 『各司謄録』三八、六八六頁。

19 金載昊「甲午改革 이후 近代的 財政制度의 形成過程에 관한 연구」서울大學校 博士學位論文、一九九七年、二四六〜二四七頁。

20 金載昊「甲午改革 이후 近代的 財政制度의 形成過程에 관한 연구」一九〇頁。

21 その後、彼らは三段階に分けて、土地の包括的な調査を遂行した。まず一九〇九年から一九一〇年にかけての土地の実際の大きさの調査、一九一〇年から一九一七年にかけての土地の所有者の調査があったが、これは地籍調査と同時におこなわれた。そして一九一八年における土地の売却の可能性の調査である。金洋植「大韓帝國・日帝下 驛屯土 연구：地主制 經營과 小作農民層의 反應을 중심으로」檀國大學校 博士學位論文、一九九二年、一七三頁。

22 金洋植「大韓帝國・日帝下 驛屯土 연구：地主制 經營과 小作農民層의 反應을 중심으로」一七六～一七七頁。

23 金洋植「大韓帝國・日帝下 驛屯土 연구：地主制 經營과 小作農民層의 反應을 중심으로」一八五頁。

24 『各司謄録』三七、四一～四二頁。

25 彼がどこに派遣されたかについては記録の中にはっきりとは書かれていない。派員は彼が一進会から送られたことを示していたのかもしれない。車秉弘と金養善の間の係争は、旧舎音を一進会の舎音と、あるいは一進会の収租派員と取り替えるのは円滑になされなかったことを示している。

26 『各司謄録』三七、一一一頁。

27 『各司謄録』三七、一一一頁。

28 李は内蔵院からの認可の書簡を偽造した義州《ウィジュ》の住民のケースに言及した。この住民は軍田からの地代として、郷長から一万九〇〇〇両を徴収し、それを着服した。

29 『各司謄録』三八、二一二頁。

30 『各司謄録』三八、二一七～二一八頁。

31 『各司謄録』三八、二一七～二一八頁。

32 『各司謄録』三八、二一七～二一九頁。

33 『各司謄録』三八、一二二二～一二二三頁。

34 『各司謄録』二五、六一二頁。第二章で論じたカトリック信徒とは違って、一進会は黄海道ではもっと控えめなキャンペーンを展開した。警察の逮捕行動、私的な制裁、地方住民に対する強制労働のための動員のような不法なおこないに彼らが従事したという政府の報告はさらに少なかった。

35 『各司謄録』二五、六二四頁。

36 『各司謄録』二五、六二九～六三〇頁。

37 『各司謄録』二五、六三一頁。

38 『各司謄録』二五、六三二～六三三頁。

39 『各司謄録』二五、六三六頁。

40 『各司謄録』二五、六三六頁。

41 『各司謄録』二五、六四五頁。

42 『各司謄録』二五、六四五～六四六頁。

43 中間代行者が公土からの余剰分を地方の学校に割り当てたいと請願をおこなったケースがあった。一進会が地代徴収中間代行者のための加増を廃止し、一九〇六年一〇月に税の余分を自分たちの学校に割り当てた際、チョン・ソンドとクァク・コンホは、地方エリートの管理下にある学校へ、この地域の公土からの地代の余剰分を移管することを経理院に要請する、地方エリートたちによって共同署名された請願書を提出した。チョンは地代徴収中間代行者（中賭主）であった。地方官と郷会の指導者たちは、官庁内のある場所を学校のために準備した。経理院は公土からは予期される余剰など発生しないと主張して、この要請を拒絶した。

44 『各司謄録』二五、六二六～六二七、六六八頁。谷山郡守は一九〇六年一〇月、地代徴収中間代行者に関するもうひとつの係争を報告した。李昌善《イチャンソン》は古くからの舎音であり、白松への税を徴収した。李はもともと富裕な地方の土豪《トホ》（土地所有者）であった。彼は、木が強風で倒れたという口実で過度な数の木を伐採し、自分の利益のためにそれを売り払った。一九〇五年の秋、収租官の朴來勳は一進会会員の金永萬《キムヨンマン》を彼に替えた。他の一進会会員と相談した後、金は新しい木々の影となっていた四二本の枯れた松を切り倒し、李がすでに切り倒し、積み上げていた四一本の木に加えて、それを地方の学校を支援するために売却した。李は激怒し、彼の女婿が彼のために中央政府に陳情した。経理院は郡庁にそれらの一進会会員たちを逮捕するようにと命じた。郡守は、七名の一進会会員を尋問した後に、伐採された木は全部で一九〇本であり、申し立てられた数よりも多かったと結論した。これら一進会会員たちが木に対する税を納めていなかったことも彼は発見した。この郡守は一進会会員たちに二〇〇〇両を納めるようにと命令した。しかしながら郡守による非難の全体の調子は、彼らと、木を売却した金を学校に使うという彼らの計画に同情的であった。

45 五名の一進会会員がこの収租官に鳳山の一進会支会長洪錫祚《ホンソクチョ》の覚書を示した。彼らは査定された土地税が中租（中賭主への手数料）を含んでいるとして、その査定額の三分の一を徴収するよう要求した。

46 『各司謄録』二五、六七三頁。

47 『各司謄録』三八、二四七頁。

48 『各司謄録』三八、二〇七頁。

49 『各司謄録』三八、二二六頁。経理院は日本憲兵隊の指示は不適切だと回答した。

50 『各司謄録』二五、六五三頁。

51 『各司謄録』二五、六五八頁。

52 『各司謄録』二五、六七五～六七八頁。

53 『各司謄録』二五、七〇九頁。

54 『各司謄録』二五、七一四頁。

55　金洋植「대한제국기 驛屯土 소작농민층의 지향」『한국근현대사연구』一〇、一九九九年、一八五頁。
56　金泰雄「開港前後 - 大韓帝國期의 地方財政改革 硏究」서울大學校博士学位論文、一九九七年、二一九頁。
57　『各司謄録』二五、七一五頁。一九〇七年六月に、地方官たちはこの日本の規約に従って、面長や里長等に徴収された税を保持しておくようにさせた。
58　日本の侵略下にも残存していた旧来のエリート層のネットワークは民族主義を伝え、一九一九年の三・一運動において全国規模での反乱を指導した。その後、植民地政府は地方の指導者の構成を劇的に変化させ始めた。김익한「일제하 한국 농촌사회운동과 지역 명망가」『韓國文化』一七、一九九六年、二八三〜三二六頁参照。
59　金正明編『日韓外交資料集成』第六巻上、中（巌南堂書店、一九六四年）。当該箇所は上、二四〜二六、三〇頁。
60　森山茂徳『近代日韓関係史研究――朝鮮植民地化と国際関係』：韓明根「日帝의 韓國侵略論과 韓國政治勢力의 對應」崇實大學校 博士學位論文、二〇〇〇年。
61　葛生能久編『日韓合邦秘史』上巻（黒竜会出版部、一九三〇年）一二〜一四頁。
62　趙恒來『韓末社會團體史論攷』一二六頁：서영희「일진회의 합방 청원 운동」『한국사』四二（서울：國史編纂委員會）一九九九年、三八五頁。
63　「본교역사」『韓末天道教資料集』二、二七七頁。
64　『梅泉野録』五七三頁。黄 玹《ファンヒョン》は一進会の最初の成功を、一進会会員になると簡単に政府内の地位に就くことができるという広く広がっていた噂に部分的に求める。彼はその結果生じた雰囲気について次のように述べる。「人々は一進会に献金するために慌しく自分たちの水田を売った。遠く離れた面の人々ですら、狂おしく張り合って一進会に献金した。まもなく彼ら家族の財産は干上がったが、何の回答もなく、政府内の地位も与えられなかった。その時、彼らは自分たちの振る舞いを後悔し、彼らの多くが再び髪を伸ばした。彼らの中には、新聞に投稿して、お互いに非難し合った人たちもいた。」

65 趙恒來『韓末社會團體史論攷』一二七頁。

66 『日韓合邦秘史』上、四〇〜四三頁。

67 『日韓合邦秘史』上、一九八頁。

68 『日韓合邦秘史』上、一九六頁。

69 『日韓合邦秘史』上、一九八頁。

70 『日韓合邦秘史』上、二〇〇頁。

71 『日韓合邦秘史』上、二〇〇〜二〇一頁。

72 『日韓合邦秘史』上、二〇一〜二〇二頁。

73 『日韓合邦秘史』上、二〇三〜二〇五頁。

74 『日韓合邦秘史』上、二〇四、二三九〜二四〇頁。

75 『日韓合邦秘史』上、二四七頁。大阪毎日新聞のある日本人ジャーナリストは、宋秉畯と一進会のプロフィールを書き、宋秉畯を熱心な日本賛美者と述べた。彼は宋秉畯の生活スタイルについて次のように皮肉っぽく批評した。「野田平次郎と名乗った宋秉畯は、日本の住宅地の日本風家屋に住んでいる。彼の家の中では、女中も下男もすべて着物を着、日本語で話している。」彼はこの観察にショックを受けたことを隠さない。というのも、「純血の」朝鮮人であるその居住者たちを除いて、宋秉畯の家の中には日本風でないものなど何も見つけられなかったからである。

76 『日韓合邦秘史』上、二六五頁。

77 『日韓外交資料集成』六（中）、八五六〜八八〇頁。伊藤博文は義兵と、日本人による支配に対する朝鮮人官吏たちの政治的態度に疑いを抱いていた。彼は、「新しい」教育を助長し反日義兵を抑えるために日本軍を支援する努力を観察使たちはおこなっていないと主張した。
78 『日韓外交資料集成』六（中）、八八一～八八三頁。
79 『日韓外交資料集成』六（中）、八八一～八八三頁。
80 『朝鮮統治史料』四、七四一～七四三頁。
81 『日韓外交資料集成』六（中）、九二八～九二九頁。
82 『日韓合邦秘史』上、二六五頁。
83 李鍾一「各 觀察에 對한 觀念」『大韓協會會報』第四號、一九〇八年七月二五日付。
84 この脆弱さは、近代日本の輝きと日本民族国家の誕生を示す明治天皇の巡幸とは対照的であった。Takashi Fujitani, *Splendid Monarchy: Power and Pageantry in Modern Japan* (Berkeley, University of California Press, 1996).
85 『統監府文書』九（果川：國史編纂委員會編、一九九九年）、二一〇頁。
86 『統監府文書』九、二七〇頁。
87 『統監府文書』九、二七二頁。
88 『統監府文書』九、三四七頁。
89 『統監府文書』九、三二六頁。
90 『統監府文書』九、三三四～三三五、三四五頁。
91 『統監府文書』九、三七五頁。
92 『統監府文書』九、三八三頁。

結論

かつて一進会会員だった金明濬《キムミョンジュン》は、大韓協会の集会で次のように語った。「現今、文明と称するものとは、人民の権利を強固にし、個人の自由の諸権利が国法上に定められ、各人が安逸に暮らせることをいう。朝鮮人民はこの文明の時代に文明的に振る舞う自由を、たとえ人民が望んでも、持ってはいない。人民の自由と権利がなければ、我々はそれを健全国家（普通の国）とは呼べない」と。金明濬は、政府の権利はそのような「普通の」、あるいは「健全な」国家にのみ与えられ、こうした国家が言論、生活、居住、財産の自由を含む「天のもとで賦与された」人民の権利を保証すると主張した。[1] 韓国併合直前の一九〇九年三月、『大韓毎日申報』は社会契約思想を提唱して、「人民の国家、人民の政府、人民の法」の「回復」を要求する「人民の権利の必要性」に関する記事を掲載した。[2] 一進会会員は、民主主義とその実践の思想を格調高く表現することなくポピュリストとして突然出現しただけではあっても、韓国における人民主権へのイデオロギー的な移行過程で、欠くことのできない役割を果たした。

民主主義についての優れた政治理論家が、かつて「火と同じように、あるいは絵と同じように、あるいは書物と同じように、民主主義は何度もどこかで発明されてきたように思われる。結局、ある時ある場所である状況が民主主義の発明におあつらえ向きであるというのなら、同じような好条件が他所には存在しなかったというのだろうか」と書いた。[3] 一九世紀の朝鮮は、その民衆のどれほどかが民主主義を望み、あるいは民主主義の実践が試みられた場所、あるいは試みられた時があったところとは想像されてこなかった。従って一九一九年の三・一運動における有名な民主主義的な方向付けは、しばしば近代朝鮮の歴史において突発的なもの、あるいは異国起源と考えられてきた。[4] 本書は、歴史的に見て純粋かつ単純に背信的な親日組織とみなされてきた一進会が、自由の理念に満ちた声明を残し、人民主権を支持して君主の権力を再定義するという主張に基づいて行動したという、驚くべき事実を明らかにした。一進会会員の言行は荒削りではあるが、しかし彼らが、旧体制から朝鮮人民はたもとを分かつべきだというイデオロギー的転換ともっと広範な政治参加を主張したのは否定することができない。このことが意味しているのは、一進会運動が民主主義を発明したのではないにしても、不運な結果にはなったものの、一般の朝鮮人に民主主義を紹介することにおいて、重要な一章をしるしづけたという点である。

一進会は租税や生命、財産に対する政府の干渉や暴力からの保護といったような「現実」問題を表明するべく人々を動員した。一進会運動は政府官吏と人民の間の伝統的な関係を問題にし、既存の地方エリート構造に挑戦した。貴族の具完喜《クワニ》は、一進会は人々に「思うがままに自由にふるまっていいと感じ」させると不平を述べた。それとは対称的に、一進会会員の鄭智弘《チョンチホン》とその他の小作人たちは「改革の時代」の到来を喜び、もし自分たちの自由や財産、天賦の権利が侵されたならば、小作人たちはたとえ生きていたとしても死者と変わらないと宣言した。一進会活動の最中に発せられた一進会会員のこの言葉は、この団体の興隆に先立って、そしてその興隆とともに発展させられた民主主義思想の流布と対応する。この言葉は一進会の運動が固有の深い根を持っていたという事実をも明らかにする。北西部諸地方における一八九六年から一九〇四年にかけての民衆運動の中には、のちの一進会の運動に見られる反君主的な、あるいは国という枠を越える方向付けを明らかにしたものもあった。本書においても一進会は、イデオロギー的にも、政治的にも、組織としても独立協会運動と強く結びついており、公然とその「合法的な相続組織」であると主張したと論じた。同時代の朝鮮人は一進会の民衆集会やその親日的な傾向性の中におけるこの連続性を受け入れていた。[5]

　一進会の初期のころの公的告知は独立協会のイデオロギー的な影響を明らかに示す。この団体の一九〇四年の宣言は民主主義と政府についての『独立新聞』の記事の理路を繰り返した。この宣言は、人民が国家の構成における不可欠な要素だとし、彼らは国家に忠告を与え、「間接的に」立法行為に参加する権利と義務を有していると断言して、言論の自由、出版の自由、集会の自由のような民衆の民主的権利の必要性と、良き政府のための国会のさらなる重要性を宣言した。そして自分たちの政治的役割を遂行し、自分たちの生命、財産、利害を守るべく一進会という「協会」つまり結社に参加するよう呼びかける。

しかしながらこれら初期の声明は、一進会運動の軌跡の全体を決定付けたものではなかった。一進会は、さまざまな対抗的嘆願書、請願、抗議で政府の行政活動を混乱させはしたものの、民主的政府を形成するための運動へと熱心に民衆の抗議を引き上げたのではなかった。そのかわり一進会は独立協会が主張した民主化構想を穏健なものにし、人民の生命、財産の保護、韓国帝室の独立と韓国政府の財政的軍事的改革という彼らの四大綱領を政府が実施することだけを要求した。この綱領はあいまいであり、韓国の財政を管理し、韓国君主の財政的軍事的な権力の土台を解体することを狙った「施政改善」と呼ばれる日本の政策と共犯関係にあった。ひとつの例外として、一進会は一九〇七年のハーグ事件の後、内閣に改革案を提出し、憲法の制定と国会の開設を明確に要求した。しかしこの急進的な提案は韓国の保護国化から「事実上の併合」へと変わった日本のそれ以後の行動の中でなんら意味のある場を見つけることはなかった。

一進会の運動は、その本来の目的とその全般的な政治的パフォーマンスとの間の、そしてその公式声明とその会員たちの行動の間の多くの矛盾を明らかにした。一進会のレトリックは韓国の独立保持と韓国帝室の維持を支持していたが、しかし行動においては、一進会は大韓帝国に対する民衆の抵抗を動員した。一進会はいつも政府官吏が信用できないと表明したし、「腐敗」し「不道徳」

な政府官吏の振る舞いのスキャンダルを公にし、歳入を「着服」したり、無辜の民を「殺害」したことがあったというような汚点を持つ政府官吏の任命には同意しなかった。民衆集会に対する韓国皇帝による迫害に直面する中で、一進会は韓国政府を専制体制と呼び、一進会会員を殺《あや》める政府官吏を「民族外の輩」とみなすように人々に訴えかけた。一進会は、強力な租税抵抗運動を指導していた際、朝鮮民衆の間に韓国政府に対するこのような反感をも広めた。

一進会と転向した東学教徒との合体はこの組織に強固な農村の基盤を与えることになり、政府の収税行政に対して、民衆が大きく介入することを可能にした。一進会とその支援者は政府当局に従わず、官吏の権威に挑戦し、韓国君主の権力を決定的に掘り崩した。一進会の抗議者たちは政府の収税官吏たちを追い払い、内蔵院の旧収税代行者たちを拒絶し、そして雑税を廃止する闘争中に、政府の収税事務所を閉鎖するほどまでに至った。公土における一進会の小作人は集団で地代率を査定し、中賭主の過度な加賭を除去し、政府の収税代行人たちを脅して一進会による収税に関する決定に従わせた。一進会は大部分の旧舎音を自分たちの会員に替えた。この行動はポスト甲午期における自発的な小作人抗議者の要求――すなわち旧舎音の除去と「民願舎音」を通しての「自願上納」――に対応していた。[6] 一進会はこのような抵抗の合法性を保証することによって、その運動のピーク時には、政府行政を麻痺させ、税の査定と徴収における一進会の公的な役割を制度化しようとした。一進会会員も民衆の政治参加を高める手段として、地方政府の行政に対して組織としての直接の影響力を得ようと努めた。一八九四年の東学農民反乱時の執綱所のように、政府とのこの直接の相互取引は、国会を開設するという「抽象的な」理想のために闘うよりも、「民衆の意志」を実行するためには、朝鮮人にとって見慣れた、あるいは実行可能な道であったかもしれない。

一進会会員たちは反乱者ではなかった。彼らは政府を軍事的手段で倒す意図など持っておらず、それよりは甲午内閣の改革的政策を回復するか、開かれた民衆集会や立憲君主制の構想を含む、独立協会の政治的実験を見習いたいと考えていた。その意味で、一進会の運動は、ある程度君主に権力を集中させようとする高宗の改革に対する社会的政治的リアクションであった。地方官、郷会の長、そして一進会の抗議者たちの間における「地方同盟」の一時的な実現は、高宗の改革が、政府の伝統的な行政ネットワークを弱体化させてしまい、自らの支援基盤を拡大させる政府のもうひとつの枠組みを作り出すことに失敗したことを示している。皇帝が内蔵院／経理院の捧税官／収租官を直接地方へと派遣した時、彼は古いネットワークの主要な関係者――郷任、地方官吏、観察使たち――の利益を踏みにじったのだ。日本人役人たちが内蔵院／経理院の権力を抑えつけた時、ようやく収税官たちの中に、地方における一進会の権力を認め、収税のある程度の公的義務を会員たちに委譲する者も現れてきた。高宗の改革は、もし彼がもっと早く民衆集会と折り合いをつけ、君主の新しい支持基盤として民衆集会を繰り入れたならば、生き残ったかもしれない。

本書では一進会の運動がポピュリズムの性格を持っていると論じてきた。小作人の抗租運動や反税抵抗運動は一九世紀の朝鮮全土で生じたが、一進会の指導は、民衆の物的不満を処理する民衆の権利を主張し、改革の新しいレトリックでその集団的な政府行政への介入を正当化し、より大きな政治参加を保証する民衆の「義務」という理想を推し進めたがゆえに、新しいものであった。一進会のポピュリズムにおいてその主要な敵は一般的な意味での両班貴族ではなかったし、地主階級でもなかった。むしろ一進会は民衆の権利を「専制政府」の官吏たちに対置した。一進会は民衆の自由と政治的役割を国家の維持のための前提条件と指定しながら、韓国の政府官吏を民衆の「略奪者」だと批判し、自分たちの会員こそ民衆を「代表する者たち」だと見せかけた。このポピュリスト的な性格は一進会の政策を韓国のエリート改革者たちの政策とは違ったものとした。というのも韓国のエリート改革者たちは一般の人々からは遠いところに身を置き、一般の人々は無知であり、もっと民主的な政治参加への準備ができていないとみなしていたからである。

韓国の改革をこのようにポピュリスト的に理解すれば、一進会会員たちが韓国国家の主権に比較的無関心であったことも納得できる。一進会の公の声明は「独立」とか「愛国」というような言葉を繰り返しており、彼らには韓国とその他の国との間の国境が認識されていた。[7] それにもかかわらず彼らはこれらの国境が「境界を示し、主権にかかわる」とはみなしていなかった。一九〇五年の一進会の宣言はこの団体の協力の理路、つまり「従属を通しての独立」を明らかにした。この理路によると、韓国の形式的な「独立」は「名目的な」ものであり、それに対して良き政府と民衆の「福利」は「実質的な」ものであった。この理路はその内政「改革」のためには韓国の排他的な主権を取り下げることを擁護するものであった。この理路を極端にまで推し進めた一九〇九年の一進会による合邦請願は、もし形式的な主権の放棄が大日本帝国――この請願の主張によれば、この帝国のもとで、「日本と韓国のより大きな政治的単位」が形成されることになる――という名の下に市民として日本人と「同等の」地位を得ることを意味するならば、韓国の形式的な主権を犠牲にすることに同意するとした。もし「民族主義」が国民国家とその主権に優先権を与える近代政治イデオロギーのことであるならば、一進会を民族主義集団と呼ぶことは誤っている。

一進会は、国内における対立と近代主権に関する柔軟な解釈――もしくは「誤解」――への執着の結果として、ポピュリズムと協力の特異な組み合わせを考え付いた。一進会は日本を「文明的」で「改革的」な帝国とみなし、この団体自身の改革計画のために好都合な条件を作り出すために日本の支援を期待した。この意味で、一進会会員は「行動主義的」「改革的」協力者であった。もともと帝国の周縁に存在している政治的分断は帝国との協力を生じさせうるし、地方におけるこうした対抗関係は必ずしも伝統的な諸条件によって明確化されることはなく、もっと普遍的な理想によって助長されることもありうる。一進会を協力の事例のひとつとするものは、一進会の本来の目的がその運動の軌跡全体を決定したのではなかったという事実である。外国の支援との協力を通して改革を追求するという一進会の選択は、韓国において現れつつあった日本の植民地支配という状況の中では、実行可能なものではなかった。一進会会員たちは目の醒めるような短期間での成功の後、彼ら本来の目的と日本への従属の間での衝突を解決しようと苦心し、日本による抑圧と同国人たる朝鮮人による道徳的非難の間の罠に、急速に落ち込んでしまった。一進会のポピュリストたちは自分たち自身の難点をも抱え込んでいた。彼らは近視眼的で経験不足であったため、自分たちの支持者のより狭い利害にしがみつき、地方社会のより幅広い層の人々を説得するための振る舞いの新しい規範や儀礼を作り上げることはなかった。

統監府は最終的に一進会を挫折させ、租税抵抗運動で得たその成果を無にしてしまった。日本の役人たちは韓国を「改革すること」において自分たちの「排他的な権威」を強く主張し、従って収税行政における一進会の公的な役割を否定した。むしろ統監府は一九〇七年以後、一進会による民衆運動が韓国における日本支配の安定性を毀損することを恐れ、伝統的な地方エリートとそのネットワークを容認したのであった。日本による朝鮮支配の黒幕たる伊藤博文は、一進会による「転覆」を容認するよりも、地方エリートと貴族たちを宥和する道を選んだ。一進会と日本の官憲の間のこの緊張は、朝鮮人改革者たちの運動の目論見と韓国での日本人の目的の間の決定的な亀裂を明らかにした。改革者たちは国家の権力を抑えようと目論んだが、日本人はそれを拡大しようと望んだのだ。もし一進会が親日的傾倒を引っ込めて、このような日本の干渉にもかかわらず、その闘争に執着したならば、一進会の指導部にはもっと大きな試練を与えることになるが、彼らのポピュリズムは革命的な方向へと発展したかもしれない。しかしながら李容九と宋秉畯は安易な道を取り、日本人に従属する代わりに、権力を享受した。一進会は租税抵抗運動を中止し、組織の生き残りと会員たちの狭い短期的な利益に焦点を集中させた。伊藤は高宗廃位のため一進会の指導者たちを選び出して彼らと結託し、その代わりに彼らのうちのいく人かを政府内の地位に就けた。

一進会が韓国の君主に反対して日本人と協力し、その結果、地方の現状を承認することになる植民地体制と手を結ぶことになったのは逆説的である。内蔵院／経理院の捧税官／収租官たちが、韓国の君主体制の崩壊が食い止めようがないところに来てようやく、地方の一進会支会と和解しようと試みたのも皮肉なことであった。高宗は朝鮮王朝を「近代化する」ことを望んでいたのかもしれないが、それよりもむしろ臣下との関係を革新し、多くの民衆集会で表明された強力な一般参加の要求を認めた方が良かっただろう。不運なことに彼は民衆のために権力を手放すだけの構想も勇気も持ち合わせてはいなかった。伊藤と旧地方エリートとの妥協が実際に統監としての彼が望んだこと――地方の平和と安定――を実現させたのかどうかも疑問の余地がある。事実、日本は一九一〇年の併合後、軍事支配に頼らざるを得なかったし、わずか一〇年で韓国の独立を求めての全国規模での示威運動に直面した。伊藤による地方の現状の承認は、民族主義の火の粉が舞うことや朝鮮人の間で民族主義が急速に高まることを止めることはできなかった。

最後に、一進会の運動は、東アジアにおける大日本帝国との地方的な協力を理解するためのものっと幅広い歴史的意味合いを持っている。一進会の運動は、二〇世紀初めに成長し、しかも東アジアの文化的「要素」を保持することに関心を有する東アジアの「国境を越えた」「救世団体」の中にその根をもっていた。[8] プラセンジット・ドゥアラは、国境を越える社会と中国の民族国家との間の緊張を明らかにし、満洲における日本の支配におけるその組織を調査する。ドゥアラに従えば、少なくとも言説のレベルでは、日本は満洲を「国民国家」として作り上げ、これら「救世団体」の利害を包含している満洲のための「文化的な正統性」を作り上げることによって、そのための主権を要求したのである。彼は日本によるまとまりのない戦略の中に、東アジアの国民国家がその所与の領域内部において、「市民の権利」の確立に先立ち、領域内の主権を正当化し、この状態の「目的」に適合しない国家を超えようとする勢力を「抑えつける」方法のパターンを見て取る。[9] 一進会運動は、国家を超えようとする性質が国内の権力を再配分するための行動と癒着したがゆえ、理論的な枠組みと競い合うことになった。換言すれば、一進会は内部的な主権のより民主的な再配置に関心を持ち、日本の天皇がこの再配置を受け入れることができるかどうかを試してみたのだ。一進会会員が喜んで韓国国家の主権を犠牲にしようとしたにもかかわらず、最終的に大日本帝国は「市民の権利」のこの追求をはぐらかした。

日本は一九三〇年代に中国を占領した際、この拡大のパターン、つまり地方エリートとの同盟や草の根組織の無効化を繰り返した。ティモシー・ブルックとラーナ・ミッターは、日本は満洲と揚子江デルタ地帯の両方で、地方エリートの既存のネットワークを認めたことを指摘する。ミッターは満洲の地方エリートたちは、この地方に広がっていた匪賊行為や合法的な危険から生き延びるために軍事的な自衛と地方自治の伝統内において自分たちの地位を確立していた権力ブローカーであったと特徴づける。[10] これら地方エリートは、実利的な理由で民族主義にアプローチし、彼らが影響力を発揮しうる領域で現状の維持を優先させた。関東軍は日々の行政の仕事、公秩序の維持のために、その委員会に加わるよう地方エリートたちを説得した。[11] この地方的な占領への黙諾があったがゆえに、日本人は地方的なことにはあまりかかわらないようにし、それゆえ逆説的に満洲国のイデオロギー（つまり満洲民族主義）を地方住民の心の中に浸透させるのに失敗したのだ。[12] ミッターの研究は、満洲の地方エリートは日本人と取引する余地を享受し、満洲国中枢部の管理は実際上「権限の付託に従っていた」という点でロナルド・ロビンソンの協力の理論を確認する。[13]

ブルックは日本支配下の中国の中心部を分析するのに、もう少し違った立ち位置を示唆する。そこでの中国人の協力も、食料供給の維持、地方の安全性、そして商売の流れのようなありふれた日常生活の仕事を解決するための「共犯関係の領域」内部で始まった。[14] ミッターと比較して、ブルックは占領国家――それを彼は「占領権力の利益のために被占領領域を運営するべく据え付けられた政治体制」と定義する――という状況における協力という困難な問題にもっと注意を向ける。[15] この占領国家においては、支配側は相互の取引を無視したが、しかし国家は連続的にもつれた地方ネットワークとの対抗関係に巻き込まれているし、このように「下から掘り崩される」ことに弱かった。[16] ブルックはこの占領国家――この国家は合法性の承認を要求するものの、このような要求を地方住民に納得させる「手段」をほとんど持っていない――の政治的不安定性を説明する。[17] もし占領体制が占領者と被占領者の間の政治的な権利付与の問題を取り除かないならば、事実上、軍事力を土台としたままの「合法性の見かけ」を作り上げることができるだけだろう。この文脈において、ブルックが結論づけるように、協力者たちは、体制の二極化されたヒエラルキーと、占領が地方住民のために存在するというその主張の間の「この架橋できない裂け目に架橋する挑戦」に直面するのだ。[18]

本書は、韓国における地方エリートの構造が、日本による併合後、時間とともにどのように変わったか、あるいは韓国のエリートが朝鮮人の間に自分たちの権威を保持する十分な場を持っていたのかどうかを扱ってはいない。後になって、日本人と協力し合っていた地方エリートは、特に一九三〇年代と一九四〇年代において日本の植民地支配が文化的民族主義者のための場を除去してしまった後、正当性の喪失で苦しみ、日本への自分たちの従属を正当化するために闘った。傷を負っていたエリートの権威は植民地からの解放後、韓国において政治的風景を形成する土台となった。[19]

一進会による民衆主権の追求は、民族国家の構想以上に「改革主義的帝国」のイメージと結びついていたがゆえに、独特なものであった。一進会は「専制」と「民衆」の間のポピュリスト的二元主義に基づいて行動した。この二元主義が韓国において出現しつつあった日本帝国という文脈に合致しなくなった時、一進会会員は、その政治的目的と日本への従属とを折り合わせる余地を失ってしまった。一九〇七年の日韓協約の後、一進会会員は日本による民衆動員への反対と、義兵の反一進会攻撃[20]、そして韓国の土俗的民族主義――これは「韓国」の民衆の「自由」のための反日の新しいフロンティアを明確にした――の勃興の間で、押しつぶされてしまった。一進会会員は「民衆の自由」ともっと大きな政治参加に対応することができる「想像の」帝国を期待したのかもしれない。[21]一進会運動は時流には合わず、そのことによって民主主義の時代における帝国の政治的限界と帝国主義の勃興期においては自由が的外れであったことを明らかにしたのだ。

註

1 『皇城新聞』「民權의 如何」一九〇八年四月一八日付、第一面。

2 『大韓毎日申報』一九〇九年三月一七日付、第一面。

3 Robert A. Dahl, *On Democracy* (New Haven, CT: Yale University Press, 2000), p.9.

4 Dae-yol Ku, *Korean under Colonialism: The March First Movement and Anglo-Japanese Relations* (Seoul: Published for the Royal Asiatic Society Korea Branch by Seoul Computer Press, 1985).

5 조재곤「대한제국 말기（一九〇四～一九一〇）褓負商 단체의 동향」『北岳史論』五、一九九八年、一一七～一五六頁。

6 金洋植「大韓帝國・日帝下 驛屯土 연구——地主制 經營과 小作農民層의 反應을 중심으로」檀國大學校 博士學位論文、一九九二年、一八五頁。

7 『萬歲報』一九〇六年九月六日付、第二面。

8 Prasenjit Duara, "Transnationalism and the Predicament of Sovereignty: China, 1900-1945," *American Historical Review* 102, no.4 (October 1997): 1030-1051.

9 Duara, "Transnationalism", p.1032. Prasenjit Duara, *Sovereignty and Authenticity: Manchukuo and the East Asian Modern* (Lanham, MD: Rowman and Littlefield, 2003) も参照のこと。

10 Rana Mitter, *The Manchurian Myth: Nationalism, Resistance, and Collaboration in Modern China* (Berkeley: University of California Press, 2000), pp.61-64.

11 Mitter, *The Manchurian Myth*, pp.101-103.

12 Mitter, *The Manchurian Myth*, pp.93-94.

13 Mitter, *The Manchurian Myth*, p.70.

14 Brook, *Collaboration*, p.7.

15 Brook, *Collaboration*, p.12.

16 Brook, *Collaboration*, pp.194-195.

17 Brook, *Collaboration*, p.49.

18 Brook, *Collaboration*, p.223.

19 解放後韓国における協力とその影響については、Bruce Cumings, *The Origins of the Korean War: Liberation and the Emergence of Separate Regimes*, vol.1 (Princeton, NJ: Princeton University Press, 1981), especially pp.135-178.（邦訳は、ブルース・カミングス著、鄭敬謨、林哲、加地永都子訳『解放と南北分断体制の出現——一九四五年～一九四七年』（明石書店、二〇一二年）、一二六～一五九頁。

20 義兵による一進会への攻撃については、국가보훈처、공훈전자사료관ホームページより（http://e-gonghun.mpva.go.kr.）警務局、暴徒에 관한 編冊（一九〇七～一九〇九年）を参照。

21 Michael Hardt and Antonio Negri, *Empire* (Cambridge, MA: Harvard University Press, 2001), p.13. 邦訳は、アントニオ・ネグリ、マイケル・ハート著、水嶋一憲ほか訳『帝国——グローバル化の世界秩序とマルチチュードの可能性』（以文社、二〇〇三年）、二九頁。

解説——一進会をどう考えるか

一進会とは二〇世紀初頭の韓国で活動していた、当時最大規模を誇った「親日」団体である。ここでは一進会がどのような団体で〔概要〕、これまでどう論じられてきたのか〔先行研究〕、そして何が問題となっているのか〔論点〕の三点について、政治的動向を中心に説明していきたい。「訳者あとがき」にもある通り、敢えて本書とは別にここに解説を加えた理由としては、まず、つかみどころのないように見える一進会運動を、見通しが立つ程度には整理して、読者に示しておきたかったからである。もう一点は、現代でも日韓で親日問題が話題に上がるたびに、ナショナリズムを伴ってしばしば一進会が現れてくるように、一進会が依然として現代の政治的イシューとなっているためである。そのため本書が読まれるにあたって、著者の意図するところとは別の読まれ方がされないよう、一進会についての基本的な情報を提示しておきたい。

概要

組織の概要

本書の内容と重複する点もあるが、一進会の全体像を把握すべく、まずはその概要から論じていきたい。

(1)結成

一進会は、独立協会を前身とする維新会（二日後に一進会と名称変更をするので、以後維新会／一進会と記す）と、東学教徒を基盤とする進歩会が[1]、一九〇四年一二月に合同して結成された組織である。維新会／一進会設立は宋秉畯《ソンビョンジュン》が助言、画策したもので、進歩会は東学教教主の孫秉熙《ソンビョンヒ》から李容九《イヨング》に設立が委託された。維新会／一進会は尹始炳《ユンシビョン》が、進歩会は李容九がそれぞれ会長を務め、一進会への合同後は当初は尹始炳、翌年一二月からは李容九が会長に就任した[2]〔林雄介一九九七年、四九六～四九八頁〕。

(2)主義主張の内容

合同前の両者の主張から見ていきたい。まず進歩会については、その主要な目的が「開明」にあること、政府の虐政に反対すること、現在の進歩会がかつての東学とは異なることなどを主張し、逮捕された会員の釈放を要求した〔金東明一九九三年、一〇〇、一〇一頁〕。一方、維新会／一進会では政府の失政を糾弾すべく、「政府貪官汚吏の横行、傭兵の無益、悪貨濫発の悪影響など」〔林雄介一九九七年、四九六頁〕を批判する趣旨書を提出した後、「四大綱領」を政府に送りつけた。この内容は、一、皇室を尊重し国家の基礎を強固にすること。二、人民の生命財産を保護すること。三、政府は施政改善を実施すること。四、軍政と財政を整理することの四点にまとめられており、当時の朝鮮社会が抱えていた問題に対応し得る改革案であった〔林雄介一九九九年b、五六、五七頁〕。このような反政府的性格故に、韓国政府からは厳しく弾圧された。それに対し合同前の両会は、政府および地方官庁に抗議文を送り続けていた。林雄介の統計によると、このような抗議文は一九〇四年から一九〇九年の間に二〇八件が提出された〔一九九九年b、五七頁〕。なお合同に先立って、維新会／一進会では会員の団結を図るため、他方進歩会では東学が「排日」でないことを示すため、各々で一斉に断髪が行われた〔林雄介一九九七年、四九六頁；金東明一九九三年、一〇〇頁〕。進歩会は維新会／一進会の「四大綱領」の主義主張が進歩会のものと重なることなどから合同を推進した。[3]

(3)組織の形態と規模

一進会の組織は、中央と地方から成り立っていた。地方においては道に支部会（一九〇五年九月以前までは支府）、郡に支会が設置された。林雄介の調査によると、支会は全国に組織されたが、特に黄海道、平安道、咸鏡南道での組織率が高く、反対に組織率が相対的に低かったのは慶尚道、全羅南道、咸鏡北道などであった〔一九九七年、五〇五～五〇九頁〕。会員数は、約六年にわたる活動期間の中で増減を繰り返したが、少なくとも十万人は下らなかったと目されている〔林雄介一九九九年b、四五、四六頁〕。これは、当時韓国で設立された他団体とは比べる余地がないほどの最大規模であった。[4]

(4)会員の構成

次に会員の構成に目を移すと、維新会は元々ソウルの一部知識人たちの組織に過ぎず、東学教徒という宗教的結束を持ち合わせた進歩会と合同した後に全国的な組織基盤を得た。そのため人的構成がやや複雑であるが、永島広紀の侍天教の四類型［一九九五年、一八～二二頁］を一部参考にして、これを一進会に当てはめて考えてみると以下のようになる。（一）東学の宗教的基盤をもとに政治活動に従事した者。宗教活動と政治活動を両立させたおそらく大多数の農民層。（二）宗教的関心の薄い「浮動層」。利権獲得を目的に一進会人気に便乗して、あるいは官職を得たいがために入会し、一進会への帰属意識が薄かった者。よって形勢が不利になれば退会をいとわなかった者。（三）政治活動に参与せず宗教活動に専念した者。以上の三つの層に分けられるように思う。会員の構成は時期によって流動的で、（一）は前半期に多く、（二）は後半期に多く見られたと考えられる。

活動の概要

一進会は政治、経済、教育、宗教など幅広い分野にわたって活動を展開していた。ここでは日本と関係した政治活動に限定し、その主だったものの概要について時系列を追って見ていきたい。

(1)日本軍への戦争協力

初期の一進会の代表的な対日協力として、日露戦争における二つの協力が挙げられる。一つは「京義鉄道」敷設である。日本は、中国の国境線に位置する新義州とソウルの間に軍用鉄道を敷くべく、現地住民を駆り出して事業を進めていたが、住民の不満が噴出し、慢性的な労働力不足に陥っていた。一進会はこの工事に協力すべく一九〇四年一〇月から翌年九月にかけて人夫一三万人以上を動員した。もう一つは「北進輸送隊」である。これは日本軍を後方支援するために兵員輸送、物資運搬、敵情偵察、兵糧供給を買って出たもので、遅くとも一九〇五年一月から翌年一〇月まで、一一万人以上の会員が派遣された［林雄介一九九七年、五一一頁］。これら日本軍への援助によって会員には「無報酬に近い」［李亮一九八五年、五八頁］賃金が支払われたが、これすらも日本へ軍事費として献納された。

(2)保護条約賛成の宣言書と一進会の分裂

第二次日韓協約（以後、保護条約）が締結される直前の一九〇五年一一月六日、一進会はこれに賛同する趣旨の宣言書を発表した。一方この時期、幹部の意見の不一致により、一進会は分裂してしまう。地方では一進会の勢力伸長に便乗して会員が悪行を重ねており、加えて保護条約に賛成する立場をとったことで、一進会に対する民衆からの反感が強まっていた。そのため孫秉熙は地方組織を廃止して、中央本部のみを存続させるよう提案したが、李容九らは会を解散すれば政府に圧迫されると考え、これを拒否した。一九〇六年五月に孫秉熙は天道教《チョンド》5を分離させることを決め［李亮一九八五年、六一頁］、同年九月、孫秉熙は一進会の多数の幹部を天道教から除名処分にし、天道教と一進会の分離を正式に公表した。なお、残された李容九は一九〇六年一二月に侍天教《シチョン》を創設した。以後、分離した天道教は宗教活動に専念することになるが、孫秉熙を教主として仰ぐ会員の多くはこの時に退会したとみられている［林雄介一九九七年、五一四、五一五頁］。

この時期の一進会は、日露戦争時の日本軍への協力やその他事業により財政難に陥っていたこと、一九〇六年八月には、玉璽盗用の罪に問われていた李逸植《イマンシク》を匿ったとして宋秉畯が逮捕されるなど、さまざまな困難を抱え、結成以来最初の危機を迎えていた。

(3)内田、伊藤との結びつきと政界進出

一進会が窮地に立たされる中、彼らにまず接近したのが黒龍会主幹、後の統監府嘱託となる内田良平であった。一九〇六年三月、韓国統監に就任した伊藤博文に対し、内田は一進会の援助を上申した。[6] 伊藤から一進会の内情調査を命じられた内田は一九〇六年九月、李容九に宋秉畯救済を申し出、宋秉畯は翌月に釈放された。そして内田は同じ月、一進会の顧問となる。折からの財政難にあった一進会であったが、この時期の統監府は「一進会にかなりの利用価値を認めていた」〔林雄介一九九九年a、二六八頁〕ため、一進会は資金援助の取り付けに成功する。[7] 同じ月、伊藤は李完用《イワニョン》内閣を発足させた。統監府は朝鮮で反政府、排日機運が高まり続ける「四面楚歌」〔李亮一九八五年、六五頁〕の状況であった。加えて、一進会がその窮地を打開するにあたり反日団体との連合が模索されていた状況にあった。伊藤は一進会の「困窮状態を見抜き」〔金東明一九九三年、一〇四頁〕、親日勢力として一進会の力をつなぎとめ、李完用内閣および統監政治を安定させるべく、宋秉畯を農商工部大臣として抜擢した。宋秉畯の入閣とともにこの時期多くの一進会会員が官界進出を果たし、「一躍政治団体としての最盛期を迎え」た〔林一九九九年a、二七〇頁〕。一進会会員の政府官吏登用状況を見ると、一九〇五年には郡守一名のみだったものが、一九〇六年には観察使一名、郡守四名が任官し、最盛期の一

九〇七年には観察使四名、郡守一六名を見るに至った。一九〇八年は観察使一名、郡守五名が任じられた[8]［李亮一九八五年、六五、六六頁］。

(4) 伊藤との決別

一方、かねてより早期の韓国併合を主張していた内田は、併合は時期尚早と見ていた伊藤に不満を抱いており、また統監政治の失敗を感じていた。内田は一九〇七年二月頃、韓国の併合を見越し、一進会の「政治色を払拭して」［林雄介一九九九年a、二七一頁］、活動の方向を経済方面に転換させようとしていた。同年八月、内田は伊藤にこれを提案して了承され、五〇万円の支給が約束された。しかし紆余曲折があって、まず一〇万円のみが支給されることが申し入れられた［林一九九九年a、二七三頁］。これに対しては李容九も不満を持ち、その後一進会指導部は、桂太郎や寺内正毅など、伊藤以外の元老との接近を図るようになる。

一進会は李完用内閣にも不満を持っていたが、宋秉畯が内閣にとどまっているうちにこれを糾弾するのは不可能であった。そのため、宋秉畯が辞任すれば伊藤を辞任に追い込むことができ、一挙両得であるとして一九〇八年五月頃、内田がこれを画策した。宋秉畯は伊藤に辞任を申し出るが、伊藤はこれを許せば統監政治の崩壊を招くと判断し、李完用らに宋秉畯に対し謝罪させた上で六月、宋秉畯を内部大臣に就任させてしまった［林雄介一九九九年a、二七四頁］。しかし第三次日韓協約以後は大臣のポストとは名ばかりで、実質日本人次官が実権を握るようになっていた。既にこの時の組閣では、伊藤は一進会よりも「もっと利用価値のあり」、「日本を裏切ることのできないもっとも信頼の置ける親日勢力」〔李亮一九八五年、七〇頁〕を確保していた。日本留学組を核とした親日者たちである。加えて伊藤は、地方会員の横暴が義兵運動を触発させているとも考えており、「一進会の勢力伸長が日本の韓国支配にかえって逆効果をもたらしていた」〔李亮一九八五年、七一頁〕と認識していた。結局、宋秉畯の辞任が許されたのは一九〇九年二月で、その頃には既に伊藤も一進会を見限っていた。

(5)日韓合邦請願書の提出

一進会は、最も力のある後援者たる統監府からは見放され、李完用内閣からは排除の機会を狙われ続けるという、三度目の危機的状況にあった〔李亮一九八五年、七二頁〕。一九〇九年六月に伊藤は統監を辞任して曽禰荒助が後任となり、七月には「韓国併合に関する件」が閣議決定された。徐々に日本による韓国併合が現実味を帯び、併合への危機感が一般認識になりつつある中で、一進会は排日を標榜する他団体と李完用政権打倒という共通の目的から一時、協力関係を結ぶなどした(三派提携)。一〇月に伊藤がハルピンにて暗殺されると、一進会ではこれを機に「年来の計画たる日韓合邦を断行」〔林雄介一九九九年a、二七八、二七九頁〕すべく動き出した。

同年一二月四日、一進会は韓国皇帝、内閣、統監府宛ての三通の合邦請願書を提出し、一通の声明書を発表した。内田らと李容九の間で合邦形式を巡って食い違いがあり、そのため請願書と声明書の間に、内容の点で大きな相違があった。合邦請願書はその計画から作成まで日本側の意向が大きく働いたものであった。請願書は、韓国は「もはや国家の体をなしていない」と前置きした上で、「①優勝劣敗、②東亜の平和、③日韓の同祖同文」に言及しつつ、日韓合邦を正当化するものであった〔小川原宏幸二〇〇五年、一八九、一九〇頁〕。一方、声明書には李容九の意志が反映された。声明書にも請願書同様、「韓国皇室の保全と韓国国民の日本国民と同等の政治的権利、待遇」を要求しているが、後述する通り、これらは「政合邦」という方法で要求を満たそうとしている点で請願書とは異なっていた〔小川原宏幸二〇〇五年、一九〇頁〕。

三通の請願書は受け取りを三度拒まれた末、同月一六日、四度目の提出で受理された。その背景には「早期併合論者」である山県有朋、寺内正毅が請願書に難色を示す桂を説得し、曽禰に請願書を受け入れるよう働きかけたためである。寺内らの目論見として「請願書を通して、併合が韓国人の自発的なものであるという印象を内外に与えること」〔李亮一九八五年、七三、七四頁〕があったと指摘されている。翌年八月、日韓併合条約が締結されて韓国は日本に併合された。九月一二日、一進会は解散を命じられ、二五日に解散するに至る。

先行研究

一進会の研究史においては、日韓で相互に参照されつつ研究が進展してきたことが確認できる。ここでは個別的な研究を含め、そのすべてに言及することはできないが、ある程度の道筋を示してみたい。

一進会に関する研究は、古くは一九六〇年代頃から見られる。まず日韓併合史という枠から、その併合前夜において一進会に言及したのが山辺健太郎『日韓併合小史』岩波書店、一九六六年〕である。

山辺は「一進会の『日韓合邦論』は、まったく宋秉畯、李容九の政治的野心から出たもので、朝鮮人の意思の一かけらも代表して」おらず、一進会の合邦請願書提出などがなくても「日本の朝鮮併合の方針は、早くから決まっていた」として、一進会が日本の政策決定に何ら影響を持たなかったとする立場と同時に、その存在を過小評価する。もっと言えば、山辺は一進会を団体として「実体のない」ものとすら規定している［二三〇、二三一、二三四頁］。実証を何より重んじる山辺からすると、これは当時の史料上の限界を示すものでもある。このような見解は、早くから批判されてきた。

韓国においても同じころから一進会研究が登場し始めた。一進会がその姿を現す一九〇四年ごろ、まさに日本によって韓国の主権が奪われつつある状況の中で、朝鮮人によって国権を取り戻そうとするさまざまな運動が展開された。そこでは大きく分けて義兵運動と愛国啓蒙運動についての研究が活発になされてきたが、一進会はこれとは相容れない売国団体、反民族団体としての見方が形成されていった。各種運動団体についての研究が活発になる中、一進会活動の全体像を最初に描いたのが趙恒來《ジョハンネ》の一連の研究［一九六九、七二、八四年ほか］である。趙は一進会を実体ある組織として認め、山辺の主張に異議を唱える。趙の基本的立場は、一進会やその周辺団体が日本の「手先」であり、日本の軍部から派遣された日本人顧問が「その背後でいつも操縦していた」［一九八八年、三六五、三六六頁］というもので、一進会の活動における日本人（顧問）の主体性を強調している。

これに一部疑問を呈したのが、邢文泰《ヒョンムンテ》［一九七七年］である。邢は一進会を、「東学運動が甲午改革から三・一独立運動に継承される過渡期に接したこの運動の性格」究明の重要さを指摘し、これまでの「学会の通説」、すなわち「一進会と進歩会は別個の団体として出現し、特に孫秉熙を含めた東学の正統派は一進会の組織とその運営に全く関与しなかった」、という「素朴で偏見的な見解」を批判する。そしてこの二つの団体が「発起当初から親日を標榜した同一性格の異名同体」［五八、五九頁］であることを明らかにした。ただし天道教との分離以前においては、孫秉熙にも親日としての罪が問われるべきだと結論づけられる点で、一進会が結局断罪されるべき親日団体であるという枠から外れるものではなかった。

一進会の親日売国的性格が当然とされる状況にあって、一進会研究は停滞してしまう。他方、図らずもその周辺的な研究成果が再び一進会への関心を呼び起こした。日本では黒龍会関係者に関する研究、または李容九についての研究、韓国では東学や進歩会運動の意義に関する研究などが相次いで発表されたことで、一進会関連資料が掘り起こされるとともに、一進会研究に新たな地平を切り開くきっかけとなった。

このような流れを汲んで八〇年代に入ると、これまで一進会に規定されてきた受動的性格よりもむしろ彼らの主体性に焦点を当てる研究が登場した。李亮［一九八五年］は、一進会を終始一貫した「併合推進団体」として見ることに再考を促し、一進会指導部の動きを分析する中で、一進会が日本の対韓政策の変化と密接に関わっていたことを明らかにした。合邦請願書の提出は、当時彼らが陥っていた苦境を乗り切るための手段であったと説明し、「合併」と「合邦」を使い分けて両者の立場を明確に区分した。

さらに九〇年代には一進会側の資料の発掘が進んだことで、一進会研究はその最盛期を迎えた。金東明［一九九三年］はこれら資料を活用することで、既存の研究での資料的制約から見えてこなかった問題点を指摘し、一進会の主体性をより積極的に認める立場をとっている。金は特に「政合邦」の意味するところについて論じ、合邦に関する李容九と内田良平の考えの隔たりについて具体的に明らかにした。金はこのように一進会の主体性を認めつつも、一進会の親日的活動が結果的に反日勢力を潰すことになった点、当時韓国における国権回復、主権国家樹立という歴史的な課題に何ら寄与することができなかった点を挙げ、結果的に日本の政策に協力することになった一進会の問題点についても言及する。

またこの時期の林雄介の一連の仕事［一九九七、九九a、九九年b］は、現在の日本における一進会の基礎的研究としてその研究の指標となっている。一連の研究は李亮の研究をより実証的に深めたものともいえる。林は、人々から売国奴として罵られながらも、なぜ当時最大規模の団体を誇ったかという問題意識のもと［一九九九年b］、親日団体という関心から一旦離れ、朝鮮の民衆史の中に一進会を位置付けることを試みている［一九九七、九九年a］。ただし一進会中央部の動向が重視され、地方会員の動きについては一部課題が残った。

二〇〇〇年代に入ると、このような課題に呼応する形で研究が立ち現れた。韓国では金鍾俊《キムジョンジュン》［二〇〇二、〇五年］、アメリカではユミ・ムン［二〇〇五、一三年］のまとまった研究が発表される。これらは一進会の地方会員の動向に注目し、一進会自身の資料、あるいは朝鮮政府関係資料の『各司謄録』が駆使される。一進会との関係に葛藤を示す地方官吏の記録、あるいは一進会会員に不満を抱く民衆の政府への訴状を引用していく中で、地方における一進会の実態が一層明らかにされた。特に一進会の徴税権に対する関与を取り上げ、徴税を取り巻く争いが、地方ではある時から「作弊」として規定されていく過程が描かれる。金は特に一進会と郷村社会の関係性に着目し、朝鮮時代においても中央の支配層が「在地士族との妥協を通して郷村支配を実現してきた」ことを念頭におきつつ、一進会による「官権に対する挑戦は郷村支配層に対する挑戦でもあった」［二〇〇二年、二二三頁］ことを指摘した。ムンは西北地域、忠清道を中心に地方会員の動向を追っている。その分析枠として欧米の理論を取り入れつつ、一進会の政治運動に「ポピュリズム的」特徴を見出した点で独自性がある。内容の詳細はムン［二〇一三年］の邦訳である本書に譲りたい。

日本でも近年、一進会の宗教的側面あるいは教育事業に特化した永島広紀［一九九五、二〇〇一年］の研究、「政合邦」を小国思想としてのアジア主義という文脈から論じた小川原宏幸［二〇〇五年］の研究など、注目すべき個別の研究についても蓄積されつつある。

なお、近年の資料刊行状況についても付言しておきたい。韓国の世宗大王記念事業会において二〇〇四年から刊行されてきたハングル翻訳版の『各司謄録』が二〇一六年に全巻の刊行を終えた。また、現在『元韓国一進会歴史』が韓国国立中央図書館のホームページから閲覧することができる（二〇一七年九月現在）。資料読解、あるいは入手のハードルが下がったことで、一進会研究の一層の蓄積が今後も期待されるところである。

論点――Q＆A

ここまで、一進会の概要およびこれまでの研究の流れについて概観してきた。それら基本的情報を踏まえた上で、主に一進会の政治性、親日性にまつわる疑問点を検証すべく、ここでは以下に五つのポイントを挙げてみた。Q&A形式で論じてみたい。

一進会設立に関する疑問

「一進会は日本に取り入るために組織された？」

一進会が親日的と言われる理由について、まずは一進会の前身である維新会／一進会と進歩会の設立経緯から見ていきたい。これらの団体設立の背景には、朝鮮の支配層に対する彼らの根強い不信感があった。一進会の結成以前、この両団体には数々の苦い経験があった。彼らには政府の政策や官吏の横暴に対する不満から起こった甲申政変、東学農民戦争、甲午改革、独立協会の運動などの一連の改革や戦いは、主に支配層の弾圧により失敗してきたという認識があった。そのような背景のもと、彼らには政府の弾圧から逃れ、自らの保護勢力を確保する必要性があったのである〔金東明一九九三年、一一五、一一六頁〕。

一進会の結成以前、維新会／一進会は日露戦争が迫りつつある一九〇三年冬、「政府の無能さを感じ」「民権を伸長し国力を維持しようと考え、日本に援助を期待した」。一方、進歩会は一九〇三年ころ、日露戦が避けられない情勢の中で、孫秉熙は「傍観すれば祖国が戦勝国に隷属させられるのはさけられない」と考え、「戦勝国側に加担して戦勝国の地位を確保する」のが得策と考えた。そして「地理的条件そのほかから日本の勝利を予想し」て日本に接近したのである〔林雄介一九九七年、四九五～四九七頁〕。

この段階における彼らの目論見は失敗に終わったものの、日露戦争前の段階において、彼らは朝鮮の生き残るべき道を模索する中で「親日」的方針を固めていった。逆に言えば、「親日」が目的ではなかったのである。彼らの目論見通り、実際「日露戦争が始まると、韓国政府は暴動を恐れて東学教徒への弾圧を強め、日本軍も甲午農民戦争の前例があるため教徒を見れば殺すといったありさまであった。」このような状況で李容九が進歩会を組織し、会員に断髪を断行させたのは、彼らが排日団体でないことを証明し、身を守るための手段だったのである〔林雄介一九九七年、四九七〜四九八頁〕。

戦争協力に関する疑問

「一進会はなぜ日本に戦争協力した？」

日露戦への協力は日本からの要請ではなく、一進会の自主的な判断によるものである。日本軍部では東学の動向に注意が向けられていたため、一進会はその身の安全を守るためにも「日本軍の警戒を解く必要性」〔永島広紀一九九五年、六五、八四頁〕があった。戦争協力の背景には以下のような理由が考えられる。直接的な行動によって日本に信義を示し、「日本軍の信頼を獲得することによって韓国政府の弾圧に対して保護を受け、政治結社としての活動の自由を得ることを狙った」〔金東明一九九三年、一〇三頁〕のである。このように一進会は、日露戦争期には日本軍部とつながりを深め、韓国政府と対立する場面ではことごとく日本軍の庇護を受けている。

ただし日本の中でも一進会に対する方針に葛藤を見せていた。駐韓日本公使の林権助は軍部が一進会に肩入れすることにより、公式的外交ルートとしての韓国政府との間に波風を立てたくなかったため、このような姿勢に警鐘を鳴らしていた。日本軍部もやはり、終始慎重な姿勢を崩さなかった。軍事行動の安定と韓国内の治安維持のために戦争中は一進会を利用したが、京義鉄道完成後は利用価値のなくなった一進会とは疎遠な関係になり、結局軍部は一進会を切り捨てたのである〔李亮一九八五年、五八〜六〇頁〕。

人々からの支持と反発に対する疑問

「なぜ一進会は人気を集め、そして嫌われた？」

前述の通り、会員の多くは東学という宗教的結束を基本としていたが、その後、漸次その理念、政治的主張に共感した者、あるいは利益に誘導された者が加わった。具体的には地方士族、農民、商人など、幅広い階層から支持され、会員数を増やしていった〔林雄介一九九九年b、五〇、五二頁〕。とりわけ、それまで朝鮮で打ち出されてきた一連の改革案と異なる独自色を見せたのは、農民に土地を平均的に耕作させるという、土地を持たない農民や没落小作人の立場に立った方針であり、これは彼らには魅力的に映った〔金東明一九九三年、一〇一、一〇二頁〕。このように一進会が会員を増やしていったのは「一部支配層の恣意的な支配を排除し」、「民意を反映した活動を地道に行って」いたためである。さらに「悪徳地方官吏の更迭、懲罰要求」や、「土地や官職といった極めて現実的な利益を提示」することで、家や土地を売り払ってでも会員になろうとする者たちが続出した〔林雄介一九九九年b、五四頁〕。これが特定の支持基盤ではなく全国的全階層的に一進会が支持を獲得した理由である。

このような大衆的人気を博した一方、一進会がある時から人々の反発を招いたのは、二つの理由が挙げられる。第一に、一進会に売国奴のレッテルが貼られたことである。一九〇五年末、保護条約に賛同する趣旨の宣言書を発表したこと、一九〇九年末に日韓合邦請願書を提出したことで、全国に猛烈な一進会売国奴の声が起こった。二点目に、利益追求のみを目的に一進会に入会した者たちが、各地で問題をひき起こしたからである。それは、「あるべき近代的国家の姿を追求」する「一進会が掲げた理念とは正反対」の姿だった。一九〇五年九月、一進会は国有未墾地の開墾を目的とした「国民農業会社」を設立するが、これが「旧来の土地利用慣行を破壊して土地を獲得していこうとした」ことで、「民衆との間に大きな軋轢を生じる原因となった」。旧来の制度に手を付けたことが人々にとって不利に働いたが故、一進会は民衆にとって「単なる略奪者集団以外の何者でもない」存在へと転落してしまったのである〔林雄介一九九九年b、五九〜六三頁〕。このような土地を巡る軋轢が、一進会会員に付与されていた親日売国奴のレッテルと相まって、その嫌悪感を一層増幅させたのである。

保護条約賛成の宣言書に対する疑問
「一進会は日本による統監府支配を望んでいた?」

一九〇五年の第二次日韓協約の直前に、一進会が全国から非難を浴びながらも保護条約賛同を発表した背景には、前述した日露戦後に疎遠となった日本軍との関係がある。一進会の立場としては、日本軍部の後ろ盾を失ったことは再び政府の激しい弾圧を浴びることを意味したため、あらためて日本と結びつく必要があった〔李亮一九八五年、六一頁〕。その際、佐瀬熊鉄がこれを機に軍部と手を切って伊藤博文に接近するよう、宋秉畯に宣言書作成を働きかけた。佐瀬は李容九と申し合わせの上、

「一進会が機先を制して……外交権委任宣言書を発表することを計画」し、宣言書の起草もおこなった〔林雄介一九九七年、五一三頁〕。一進会は宣言書を発表することにより、新たな日本勢力からの庇護を得ようとした。そして韓国の国内情勢と政権の安定を模索していた伊藤との利害が一致したことで、伊藤は一進会を「保護」（＝利用）した。

このような説明がある一方、この一件から、一進会の日本認識の転換を読み取る研究者もいる。金東明は、宣言書の発表が示すのは、一進会が日本に対して期待してきた東洋の平和ではなく、むしろ日本による侵略への現実的な認識および警戒であると読み解いており〔金東明一九九三年、一〇三、一〇四頁〕、一進会の日本認識の転換点を暗に示唆している。それは後述する李容九の「政合邦」の論理からも読み取れる。

日韓合邦請願書提出に関する疑問
「一進会は日本の植民地となることを望んでいた？」

一進会が日本との合邦を目指していたことは確かである。では一進会の構想していた合邦とは何だったのか。結論から先に言うと、一進会の考える合邦とは日本の植民地になることではなく、日本との対等な立場を念頭においたものだった。それは李容九の声明書の中で語られる「政合邦」の主張に表れている。要約すると「政合邦」論とは、「韓国皇帝の尊崇と存置を条件として、」日韓人民の「対等な権利保護などを保障する」ものであり、「保護状態以上の状態になるための条約」であるという。李容九の意図するところとしては、「現在の保護の状態を脱して……『政合邦』を推進し、近づきつつある日本の植民地政策を避けようとした」〔金東明一九九三年、一〇七、一〇八頁〕のである。李容九は「日本の保護政策の真意」が「韓国の国家権力解体を目指す」ものであることを理解していた。一般に排日団体と見られている大韓協会が保護状態の維持を図ったのに比べ、李容九の現状認識こそが、実は日本の意図をより「的確に見抜いていた」〔小川原宏幸二〇〇五年、一八八、一八九頁〕のである。韓国併合の直前、合併と同時に一進会の解散を宣言することを武田範之に提案された李容九は、これを頑なに拒否した。李容九は一進会が「韓国を日本に捧げる為に存在したと誤解されて会員の将来は悲惨を極める」し、解散するのは「民衆に一進会の真の目的が認知された後でなければならない」〔林一九九九年a、二八四頁〕と最後まで考えていたからに他ならない。

ただし、これは李容九の「政合邦」構想を論じたものであり、一進会会員にはこれが正確に伝わっていなかった点には若干の注意を要する。日韓合併については、ほとんどの会員が「韓国の国権が回復されるものと……本気で信じていた」〔李亮一九八五年、七四頁〕と仮定したとしても、「政合邦」についてはその構想はおろか合邦請願書すら、その内容を事前に知らされていなかった。請願書に反発して相当数の退会者が出た事実は、李容九の主張が会員に浸透していなかった〔林雄介一九九九年a、二八〇頁〕、あるいは、請願書の主張が李容九のものであると信じられた状況を裏付ける。「政合邦」の主張が合邦請願書に反映されなかった背景には、事前に内田らが「日韓併合がすぐにでも行われるかのように強調し、一進会に危機感を抱かせ」、日本人の作成した「合邦請願書の提出を押し付け」〔金東明一九九三年、一〇八頁〕たためであった。日本政府としても、「政合邦」の内容が「朝鮮植民地支配を制限する要素」〔小川原宏幸二〇〇五年、二〇二頁〕を含んでいたがために、広く世に出回ることがはばかられた状況が窺えるのである。

以上、一進会の政治的活動を中心に振り返ってきた。一進会の運動とはつまるところ、朝鮮の危機に対して生き残りを模索する人々の一つの動きとして捉えられるべきではないだろうか。一進会が活動していた当時、今後の事態がどう推移していくのか、正確に答えを知る者はいなかった。ましてや一九一〇年初頭まで、韓国の植民地化をいつ、どのような形で進めるのか、日本の政権内部においてすら議論がまとまっていなかった。そうである以上、民族運動、反日運動が朝鮮の人々の唯一の選択肢ではなかったし、日本をどう考え、どう関係を持つべきかといった問題は常に横たわっていたはずである。そして一進会に結集した人たちは、彼らなりに、そうした複雑な状況に対応しようとした。彼らの政治的な語りは首尾一貫したものではなかったものの、反租税運動に見られるように、民衆の側に立ち、民衆の生活を守ろうとする反権力運動の側面を有していた。この運動をそのような視点から見れば、民衆の生活向上の可能性を日本に期待したものの、結果として日本に裏切られたこの運動を、新しい朝鮮を作る潜在力を持った民衆運動としての性格を有していたと見ることも可能であることを指摘して、本稿を閉じたい。

註

1　維新会は一九〇四年八月に、進歩会は一九〇四年一〇月に結成された。維新会は結成の二日後に一進会と改名したため、活動は実質一進会の名のもとでなされた。合同後の一進会との混同を避けるため合同前までを維新会／一進会と呼ぶことにする。なお、合同前までの一進会を林雄介は「原初一進会」と呼んで区別している。林以降の研究ではほぼこの呼称に統一されている。

2　これらの人物は一進会を語る上で欠かすことができないので簡単に説明しておきたい。孫秉熙は一八九七年に東学第三代教祖となった。東学は孫秉熙の代に天道教を名乗った。後の三・一独立運動における指導者の一人でもある。李容九は東学第二代教祖崔時亨《チェシヒョン》の高弟で孫秉熙とは兄弟弟子にあたる。東学農民戦争の際には農民軍を率いて日本軍と戦っている。一九〇六年に侍天教教主となる。宋秉畯は、かつて金玉均《キムオッキュン》暗殺を命じられ日本に渡ったが、目的を果たさなかったことで身の危険を感じて日本へ亡命し、日露戦争の折に日本軍の通訳として帰国した。宋秉畯が維新会結成を促したといわれる。

3　政治活動の場では皇室保全、内政刷新、旧弊排除、衛生意識の喚起、教育の重要性などが演説で主張された［永島広紀一九九五年、六四頁］。

4　なお一進会自身が記述するところによれば、その会員数を百万人以上擁したと主張するが、当時の韓国の人口（一九〇四年当時の朝鮮人男性：約六八六万人）から見て整合性が低いことが指摘されている［李亮一九八五年、五七頁］。蛇足ながら、一部の歴史修正主義者も一進会百万人説を支持するが、大多数の朝鮮民衆は韓国併合を支持していたという説を正当化しようとする意図が透けて見える。

5　一九〇五年一二月に孫秉熙は東学を「天道教」と改称した［永島広紀一九九五、七四頁］。

6　なお、内田を伊藤に推薦したのは杉山茂丸である。彼らは「異民族支配そのものの正当性を全く疑問視することもなかった」［初瀬龍平一九八〇年、九七頁］者たちで、その朝鮮統治構想は「天皇制支配と何ら変わるものではなかった」［小川原宏幸二〇〇五年、一九三頁］。

7　一九〇七年一月から半年間、統監府より毎月二千円ずつの補助金交付が決まったのを皮切りに、五月には内田の働きかけにより陸軍機密費から一〇万円が支給された［林雄介一九九九年a、二六五～二七〇頁］。

8　誤解をおそれず単純化するならば、郡守とは現在の日本でいう市長レベル、観察使は県知事レベルにおおよそ対応するものとイメージできると思う。観察使は全国に一三名が配置された。

参考文献

李亮「対韓政策の一側面――一進会の位置」『九州史学』八四、一九八五年
小川原宏幸「一進会の日韓合邦請願運動と韓国併合――「政合邦」構想と天皇制国家原理との相克」『朝鮮史研究会論文集』四三、二〇〇五年
姜在彦「『日韓併合』と一進会」『季刊三千里』四九、一九八七年
金東明「一進会と日本――「政合邦」と併合」『朝鮮史研究会論文集』三一、一九九三年
桜井良樹「日韓合邦建議と日本政府の対応」『麗沢大学紀要』五五、一九九二年
永島広紀「一進会の活動とその展開――特に東学・侍天教との相関をめぐって」『年報朝鮮学』五、一九九五年
――「一進会立「光武学校」考」『朝鮮学報』一七八、二〇〇一年
初瀬龍平『伝統的右翼内田良平の研究』九州大学出版会、一九八〇年
林雄介「一進会の前半期に関する基礎的研究――一九〇六年八月まで」武田幸男編『朝鮮社会の史的展開と東アジア』山川出版社、一九九七年
――「一進会の後半期に関する基礎的研究――一九〇六年八月〜解散」『東洋文化研究』一、一九九九年(a)
――「運動団体としての一進会――民衆との接触様相を中心に」『朝鮮学報』一七二、一九九九年(b)
金度亨「日帝侵略初期（一九〇五〜一九一九）親日勢力의 政治論 研究」『啓明史學』三、一九九二年
金鍾俊「一進會支會의 활동과 郷村社会의 동향」서울大学校 大学院 석사 논문、二〇〇二年

――「대한제국 말기（一九〇四～一九一〇년）一進會 연구」서울대학교 대학원 박사논문、二〇〇八年
이용창「동학・천도교단의 민회설립운동과 정치세력화 연구（一八九六～一九〇六）」중앙대학교 대학원 박사학위논문、二〇〇四年
趙恒來「日本의 對韓侵略政策과 旧韓末 親日団體――一進組織過程의 時代的 背景과 그 活動相」『東洋文化』一〇、一九六九年
――『韓末社会団體史論攷』螢雪出版社、一九七二年
――『一進會 研究』중앙대학교 대학원 박사논문、一九八四年
――「一進會의 背後関係」『論文集』二八、一九八八年
崔埈「一進會의 言論活動分析：同會宣言書 및 合邦声明을 中心으로」『논문집』통권제 七호、一九六二年
韓明根「일진회의 대일인식과〝정합방〟론」『崇実史学』一四、二〇〇一年
邢文泰「一九〇四・一九〇五年代 東學運動에 대한 一考究――一進會・進歩會를 中心하여」『史學論志』四・五合集、一九七七年

訳者あとがき

最初に本書を翻訳することになった経緯を簡単に述べておきたい。いつのことであったか、はっきり思い出せないが、我々三人が集まって、韓国の植民地期をテーマとして輪読会をしようということになった。最初に選んだのが、マイケル・E・ロビンソン著『一九二〇年から二五年にかけての植民地朝鮮における文化的民族主義』（*Cultural Nationalism in Colonial Korea, 1920-1925*）であった。その後、もう少し植民地統治の実態を見ることにしようと、マーク・E・カプリオ著『一九一〇年から一九四五年にかけての植民地朝鮮における日本の同化政策』（*Japanese Assimilation Policies in Colonial Korea, 1910-1945*）を選んで読み始めた。三人の専門とは異なるものの、それぞれが有していた関心に合致したので、定期的に集まって輪読していた。そのうちどうせならこれを翻訳しようということになり、途中からきっちりとした日本語に直していった。ほぼ翻訳が終わったので、その一部を雑誌に載せ、著者に連絡して翻訳の許諾をいただくことにした。ところが著者に連絡すると、すでに他の人の手で翻訳がなされており、もうすぐ出版の見込みであると知らされた。我々は少々落ち込んだのであるが、その時、カプリオ氏がおもしろい本だから読んでみたらいいと薦めてくれたのが、ユミ・ムン氏の本書である。

再び三人で輪読会をしていたのであるが、二〇一五年夏にムン氏が所用で来日された時、李慶姫と徳間一芽が彼女と会う機会があり、彼女から本書翻訳の許可を得た。著者から翻訳を託された以上、出来るだけ早く出版することを目指して三人で翻訳作業を続けていった。

翻訳作業中いちばん大きな問題であったのは、本書が扱う時期が朝鮮のなかでも変革期にあたり、政治機関の名称、制度、役人の肩書までが目まぐるしく変わっていった点であり、しかも英文の原書ではその点についてほとんど顧慮されず、同じ役割を持つ機関、制度、肩書であればほとんど同一の用語で英訳されている点であった。そのためそれを正確に訳し分けるのが我々の仕事の大部分を占めることになった。その意味では、制度や機関などの名称に関しては、我々の訳書の方が正確であると自負している。ともあれ、こうして著者との約束を果たし得て、肩の荷を下ろした気持ちになっているというのが正直なところである。

さて、「韓国併合は朝鮮人が望んだことでもあった」として日本の朝鮮支配を正当化しようとする動きが日本で後を絶たないが、その際度々登場するのが本書のテーマである一進会である。植民地正当化論者たちは、一進会が一九〇九年に提出した日韓合邦の請願書をもって、韓国の人々が自ら併合を望んだという根拠の拠り所としている。この点については韓国でも広く一般的な共通認識となっており、一進会が「親日売国奴」として嫌悪される所以である。そのような組織であれば、一進会のことを話題にするのがどれだけセンシティブなことであるか十分に理解できるだろう。しかし少なくとも十万名を擁したと目される組織の実態を単に日本の傀儡組織と見るにとどまるのであれば、それはそれで韓国民衆の民主化への努力を軽視することになる。彼らの行動を少しでも観察してみれば、さまざまな疑問が出てくる。彼らはすべて売国奴であったのか。あるいは彼らは愚かで、日本の意図が分からず、誤った行動をとったというのか。あるいは彼らの行動にはなんら正当化できることなどなかったのか。彼らは単に金をもらって国を売った卑怯者にすぎなかったのか。現在、こうした疑問が次第に明らかにされてきているが、まだ謎に包まれているところも多く残されている。

著者は一進会の運動を丁寧に読み解きながら、例えば西洋列強への鉱山利権譲渡に対する闘争や、農民による反租税闘争を一進会が主導したことに見られるように、一進会の初期における活動はまさに民衆運動の側面を持っていたことを明らかにした。初期の一進会は、「民衆」を代表して既存の政治権力に挑戦し、その目的を真摯に追求したのである。それが何ゆえ日本と結託することになり、日本の傀儡組織と罵られるまでに成り下がっていったのかを、本書は、当時の思想的潮流や一進会の指導者たちの動きと絡ませながら説得的に描いている。

一方、日本の手先として見られてきた一進会を主題として取り上げ、再評価すること自体、歴史修正主義的であるとの批判も予想される。最近の日本では書店に入れば呆れるほどの「ヘイト本」が書棚に並ぶのが目につくように、歴史修正主義的な主張が大手を振ってまかり通っている。特に「韓流」ブームが過ぎ去ってからは、そのような雰囲気があからさまなものとなっている。一進会を主題とした本書も、そのような仲間として読まれかねない。しかし歴史修正主義的であることと、ある既定の歴史像を修正することとは同義ではないと我々は考える。既定の歴史像を修正することは歴史学の試みであり、それがどのように奇妙な結果になろうとも、現代の歴史学において正当とみなされる手続きを踏み、正確な史料批判の結果であれば、その結果は受け入れなければならない。しかし現在の歴史修正主義的な「歴史学」は、そのような手続きを踏み、正確な史料批判の上になされている主張とは思われない。

たとえば、最近の歴史修正主義的な著述である『「日本の朝鮮統治」を検証する、一九一〇年－一九四五年』（ジョージ・アキタ、ブランドン・パーマー著、塩谷紘訳、草思社、二〇一三年）の中では、「修正主義とは、従来「真実」として容認されてきたが、少なくとも別の観点からの見直し（理想を言えば学者による反駁）が必要な研究、概念、あるいは原理に対するアンチテーゼの追求である」（二六頁）と主張されているが、その「真実」の否定がきわめて恣意的であり、まずは結論ありきの態度に見えるのである。歴史修正主義者の主張を逐一紹介し、それに批判を加えることなど、この小さなあとがきでは無理であるが、彼らの主張がどのようなものであるか、『「日本の朝鮮統治」を検証する』からひとつだけ取り上げて、紹介しておきたい。

三・一運動を弾圧するなかで朝鮮民衆を虐殺した第二代朝鮮総督長谷川好道が三・一運動後「騒擾善後策私見」なる文章を書いている。『「日本の朝鮮統治」を検証する』では、この文章を分析して次のような結論を導き出す。長谷川が言論と報道の自由に関して、従来の規制が厳しすぎた点を認め、これらの規制を緩和することによって、総督府が民衆の言わんとすることが聞けるようになると考えていたという点を取り上げ、「植民地政策を遂行するにあたって日本が、バランスを維持することの重要性を直視しつつ、現実主義的で穏健かつ相互主義的な原則、規範、そして行動を首尾一貫して厳守したことを示している」(七六頁)と結論づける。言うまでもなく、民衆が言わんとすることが聞けるようになることと、彼らの主張を認めることとはまったく別である。朝鮮民衆の主張がはっきりすれば、統治する側の対応も明確になる。それゆえ長谷川の文章は一種の統治技術の陶冶として考えるべきものなのであるが、この本は、それを日本の朝鮮支配がそれほど苛烈ではなかったとするための論拠として用いる。『日本の朝鮮統治』を検証する』の叙述には、この手の一種の論点ずらしが見られる。たとえば「騒擾善後策私見」には「天道教の活動を厳しく規制し」と書かれているのに、「『厳しく規制する』という表現は、要するに総督府には朝鮮人民を『抑圧する』ほどの過酷な措置を講ずる意思はなかったことを意味する」(八〇頁)という。どうして「要するに」なのか。長谷川が提案した解決策が天道教を解散させるのではなく、活動を厳しく規制すると言っているのだから、これは穏やかなものなのだというのだ。こうした主張が本当に真摯な歴史学の試みであると言っていいのであろうか。

本書のタイトルにも冠されるように、現在、世界で最も議論されている問題の一つにポピュリズムが挙げられる。ポピュリズムが力を持ってきた結果、アメリカではドナルド・トランプ氏が大統領になり、フランスでもマリーヌ・ルペン氏が人気を集めた。ドイツでは二〇一七年の総選挙で、右翼政党が得票数で三番目となった。ポピュリストはいたずらに愛国心を刺激し、敵対する勢力に対する憎悪を煽る。著者はこの一進会に集まった人々を、一種のポピュリストであったとみなす。

もちろん著者も現在のポピュリズムを統監期の韓国に投影し、まさに現在問題になっているようなことが、当時の韓国でも問題になっていたなどという時代錯誤的なことを言いたいわけではない。ポピュリズムの手法が知識人を敵として措定し、民衆を扇動することによって政治集団として議会での多数を得ようとする民主主義社会での方法論であるとすれば、統監期には議会もなければ選挙もないため、ポピュリズムが存在するはずがないともいえる。しかしながらポピュリズム研究は多様であり、ロシアのナロードニキ運動をもポピュリズムの一つに考える研究者もいることを踏まえると、著者が一進会の運動をポピュリズムとすることに問題があるわけではない。そしてポピュリズムの特徴をいくつか抜き出して見れば、一進会の運動はたしかにそのいくつかの特徴を共有している。その意味で一進会の会員たちは、「ポピュリスト的」ではある。しかし実は彼らをどのように位置づけるべきかは、名づけの問題ではなく、歴史のなかで考えることであり、歴史のなかに適切に位置づけてこそ、一進会という運動を理解することができるのである。具体的に彼らの運動がどのようなものであり、それがどうして日本に取り込まれていかざるを得なかったのかは、本書が的確に示してくれるであろう。それゆえ一進会の運動がポピュリズムであったかどうかの決定は、本書を読まれる読者に委ねることにしよう。もちろん一進会の運動がポピュリズムではなかったという結論が出されたとしても、実は本書の価値にはほとんど影響がない。

一進会会員のルーツの多くは、対日「義兵」として東学農民反乱に加わった東学教徒にある。反乱に敗北した後、その多くが一進会の会員となった。そして日本との結びつきを深めるや、今度は民族主義的な「義兵」たちの攻撃対象とされていく。そして一九〇九年には日本との合邦を提案するのである。ところが一九一〇年、彼らが望んでいた対等合邦の形をとらずに日本への併合という形で日韓は合体し、大韓帝国は消滅する。その直後一進会は総督府によって、解体されてしまうのである。失望した元一進会会員のなかには、一九一九年の三・一運動に身を投じたものも多かったという。

このように一進会という組織は理解することがなかなか難しい組織であり、不用意に本書を読むと、誤解をしたまま読み進めることになってしまう可能性がある。それを避けるため蛇足かもしれないが、本書では一進会についての解説を付け加えることにした。本書を読まれる前に、まずは解説を一読していただきたい。

一般的に翻訳は、各部分を手分けして訳し、最後に、翻訳者の一人が文章を整えて完成する。しかし最初に本書翻訳の経緯で述べたように、本書は最初から、三人の共訳者が共同で訳していった。しかし赤阪俊一が大学を退職して兵庫県に居を移し、徳間一芽が広島大学に移って以来、三人が集まって共同で訳せるような機会は年に数度しかなかった。我々は兵庫県、埼玉県、広島県と、お互い遠隔の地に住んでいる。この三者が顔を合わせずとも共同で翻訳できたのは、ひとえに現代のＩＴ技術のたまものである。我々はdropboxという一種のクラウド・システムを利用した。このシステムを利用すると、一人が原稿の手直しをすると、ほかの二人の原稿にも反映される。常に最新の原稿を三人が共有することができるのである。それゆえ本書は、言葉の本来の意味での共訳書である。常に三人で目を通しているので、誤訳は一人の時よりは少なくなっているはずであるが、それでも完全ではないと思う。朝鮮史特有の用語を使うべきところなのに、それができていないところがあるかもしれない。もしそのような誤りや誤訳が残っているとしたら、ひとえに訳者たちの能力不足のゆえである。どうかご容赦いただきたい。

著者と訳者の意図するところは一進会の名誉を回復することでもなければ、先に述べたように歴史修正主義に加担しようとするものでもない。一進会の運動を理解することは、朝鮮の人々がどのように近代化、民主化を成し遂げようと努力してきたか、そしてそれがどのように日本によって利用され捻じ曲げられてきたのかを理解することにつながる。また本書は、最近問題になっているポピュリズム論に対して、新しいスタンスで、ポピュリズムを理解しようとするものでもない。それゆえ誤解を防ぐために、本書の原タイトル『ポピュリストの協力者たち』を『日本の朝鮮植民地化と親日「ポピュリスト」』とした。読者諸賢にとって本書が日韓併合前史への理解の一助となれば幸いである。

最後に、本書出版に尽力してくださった明石書店の神野斉さんと、編集校正をしてくださった岩井峰人さんに深甚なる感謝の念を抱いていることを申し添えておく。

赤阪　俊一
李　慶姫
徳間　一芽

ラ行

ワ行

ヤ行

マ行

ハ行

ナ行

タ行

サ行

カ行

索引

【著者紹介】

ユミ・ムン（Yumi Moon）

現在　スタンフォード大学准教授

ソウル大学政治外交学部卒、ソウル大学碩士、ハーバード大学博士。

主な論文に、「민권과 제국 : 국권 상실시 민권 개념의 용법과 변화，1896-1910」『근대 한국의 사회과학 개념 형성사』（사을 : 창작과 비평사，2012）; "Immoral Rights: Korean Populist Reformers and the Japanese Colonization of Korea," *The American Historical Review*, Vol. 118, No. 1, February 2013; "Modern Utopia or Animal Society: American Imaginaries in Wartime Colonial Korea, 1931-1945," *Korean Histories*, Vol. 3, No. 2, 2013;「사건사와 일국사를 넘어서 : 개항기 조선에 대한 영미 학계의 연구 동향과 새로운 의제의 설정을 위해」『현대사 광장』2016.

【訳者紹介】

赤阪俊一（あかさか・しゅんいち）

元埼玉学園大学教授。主な著作に、『神に問う——西洋中世における秩序、正義、神判』（嵯峨野書房、1999年）、『対話で入門　西洋史』（森話社、2008年）、『パンデミック——病の文化史』（共著、人間と歴史社、2014年）。主な編著に、『文化としての暴力』（森話社、2006年）、『罪と罰の文化誌』（森話社、2009年）、『生活と福祉（ジェンダー史叢書8）』（明石書店、2010年）。主な訳書に、コルト・メクゼーパー他『ドイツ中世の日常生活——騎士・農民・都市民』（刀水書房、1995年）、ジョージ・ハッパート『西洋近代をつくった男と女』（朝日新聞社、1996年）、シーリア・シャゼル他『現代を読み解くための西洋中世史——差別・排除・不平等への取り組み』（明石書店、2014年）。

李慶姫（い・きょんひ）

埼玉学園大学人間学部人間文化学科卒、埼玉大学文学研究科日本アジア研究学科博士課程前期修了。

主な業績に、マイケル・エドソン・ロビンソン『1920年から25年にかけての植民地朝鮮における文化的民族主義』（共訳、埼玉学園大学紀要12号、2012年）、マーク・E・カプリオ『1910年から1945年にかけての植民地朝鮮における日本の同化政策』（共訳、埼玉学園大学紀要13号、2013年）。

徳間一芽（とくま・はじめ）

埼玉学園大学人間学部人間文化学科卒、大韓民国全南大学校人文大学史学科碩士課程修了、広島大学文学研究科博士課程後期在学中。

主な業績に、「개항기 목포 이주 일본인의 도시 건설과 도시 생활」전남대학교 석사논문，2010、マイケル・エドソン・ロビンソン『1920年から25年にかけての植民地朝鮮における文化的民族主義』（共訳、埼玉学園大学紀要12号、2012年）、マーク・E・カプリオ『1910年から1945年にかけての植民地朝鮮における日本の同化政策』（共訳、埼玉学園大学紀要13号、2013年）。「대한제국기 일본인들의 목포 생활사 : 일본인 관계망을 중심으로」『HISH』12、2015年。

日本の朝鮮植民地化と親日「ポピュリスト」
――一進会による対日協力の歴史

2018年1月25日　初版第1刷発行

著　者　ユミ・ムン
訳　者　赤阪俊一
　　　　李　慶　姫
　　　　徳間一芽
発行者　大江道雅
発行所　株式会社 明石書店
〒101-0021 東京都千代田区外神田6-9-5
電 話　03（5818）1171
FAX　03（5818）1174
振 替　00100-7-24505
http://www.akashi.co.jp
装丁　明石書店デザイン室
印刷　株式会社文化カラー印刷
製本　本間製本株式会社

（定価はカバーに表示してあります）　ISBN978-4-7503-4617-5